Paris está em chamas?
A EPOPEIA DA LIBERTAÇÃO DE PARIS
25 de agosto de 1944

DOMINIQUE LAPIERRE & **LARRY COLLINS**

Paris está em chamas?
A EPOPEIA DA LIBERTAÇÃO DE PARIS
25 de agosto de 1944

Tradução de Julia da Rosa Simões

L&PM
EDITORES

Texto de acordo com a nova ortografia.

Título original: *Paris brûle-t-il? (25 août 1944) Histoire de la libération de Paris*

Tradução: Julia da Rosa Simões
Capa: Ivan Pinheiro Machado. *Foto*: Victory in Europe Day, Avenue des Champs-Elysees, Paris, 8 May 1945. Artist: Unknown – The Print Collector / Alamy Stock Photo
Preparação: Patrícia Yurgel
Revisão: Nanashara Behle

CIP-Brasil. Catalogação na publicação
Sindicato Nacional dos Editores de Livros, RJ.

L317p

    Lapierre, Dominique, 1931-2022
    Paris está em chamas?: a epopeia da libertação de Paris (25 de agosto de 1944) / Dominique Lapierre, Larry Collins; tradução Julia da Rosa Simões. – 1. ed. – Porto Alegre [RS] : L&PM, 2023.
    408 p. ; 23 cm.

    Tradução de: *Paris brûle-t-il? (25 août 1944) Histoire de la libération de Paris*
    ISBN 978-65-5666-463-7

    1. Guerra Mundial, 1939-1945 - França - Paris. I. Collins, Larry. II. Simões, Julia da Rosa. III. Título.

23-85874   CDD: 940.53
                     CDU: 94(44)"1939/1945"

Gabriela Faray Ferreira Lopes - Bibliotecária - CRB-7/6643

© Éditions Robert Laffont, Paris, 1964, 1994, 2004

Todos os direitos desta edição reservados a L&PM Editores
Rua Comendador Coruja, 314, loja 9 – Floresta – 90.220-180
Porto Alegre – RS – Brasil / Fone: 51.3225.5777

PEDIDOS & DEPTO. COMERCIAL: vendas@lpm.com.br
FALE CONOSCO: info@lpm.com.br
www.lpm.com.br

Impresso no Brasil
Primavera de 2023

História de um livro

Para a preparação de *Paris está em chamas?* [lançado em 1964], Dominique Lapierre e Larry Collins, auxiliados por uma equipe de colaboradores na França, na Alemanha e nos Estados Unidos, se debruçaram sobre centenas de documentos, estudos históricos e mensagens de rádio e telégrafo enviadas vinte anos antes.

Eles estudaram centenas de metros de microfilmes de relatórios apreendidos com Hitler e seus generais, consultaram os arquivos do comando de Eisenhower e do SHAEF [Quartel General Supremo das Forças Expedicionárias Aliadas] na cidade de Alexandria, no estado da Virgínia, bem como todos os originais da correspondência trocada entre De Gaulle, Churchill, Roosevelt e Eisenhower, e também as mensagens compartilhadas entre a Resistência, em Paris, e o estado-maior da França Livre em Londres. Foram entrevistadas centenas de alemães, franceses e americanos, do general Eisenhower ao general Von Choltitz, último comandante alemão de Paris, passando pelo parisiense que hasteou a primeira bandeira tricolor no topo da Torre Eiffel no dia da Libertação, em 25 de agosto de 1944. Esta obra nos faz reviver, por meio de sua documentação minuciosa e de seu texto apaixonado, a luta de Paris pela vida e pela liberdade. Ela é o relato emocionante dos dias em que, por milagre, Paris escapou da destruição à qual Hitler a condenara; dos conflitos políticos que cercaram sua libertação e opuseram publicamente, e às vezes de maneira implacável, Charles de Gaulle, seus aliados americanos e seus compatriotas comunistas.

Esta é a história de grandes pessoas dedicadas a grandes causas, que lutaram para cumprir a promessa contida na frase dita por Adolf Hitler a um de seus generais num acesso de fúria, em uma noite de agosto de 1944, no bunker de Rastenburg, na Prússia Oriental: "Quem tem Paris tem a França!".

Sumário

História de um livro 5

Primeira parte | A ameaça..11
Segunda parte | A batalha..123
Terceira parte | A libertação 301

O que aconteceu com eles 399

Agradecimentos..404

SIGLAS

BCRA: Central de Renseignements et d'Action
CFLN: Comité Français de Libération Nationale – Comitê Francês de Libertação Nacional
CNR: Conseil National de la Résistance – Conselho Nacional da Resistência
COMAC: Comité Militaire d'Action – Comitê Militar de Ação
CPL: Comité Parisien de Libération – Comitê Parisiense de Libertação
FFI: Forces Françaises de l'Intérieur – Forças Francesas do Interior
FTP: Francs-Tireurs et Partisans
GQG: Grande Quartel-General

OB West: Oberbefehlshaber West – Alto-Comando do Oeste
OKW: Oberkommando der Wehrmacht – Alto-Comando da Wehrmacht
OSS: Office of Strategic Services – Escritório de Serviços Estratégicos

PMU: Pari Mutuel Urbain – Aposta Mútua Urbana

SD: Sicherheitsdienst – Serviço de Inteligência da SS
SIS: Secret Intelligence Service
M16: Military Intelligence Section 6
SHAEF: Supreme Headquarters of Allied Expeditionary Forces – Quartel-General Supremo das Forças Expedicionárias Aliadas
SS: Schutzstaffel – Polícia do Estado da Alemanha nazista

No dia 23 de agosto de 1944, às onze horas da manhã, os teletipos do grande quartel-general de Hitler transmitiram uma ordem ultrassecreta e urgentíssima aos seguintes destinatários: o comandante-chefe do Oeste, o chefe do Grupo de Exércitos B, o 1º Exército, o 5º Exército Blindado e o 15º Exército. A ordem repete o que Hitler acabava de dizer a seus generais no bunker de Rastenburg. Na mente do *Führer*, o destino de Paris precisava ser resolvido de uma vez por todas.

Geh. Kommandosache Chefsache
Nur durch Offizier
KR Blitz
O. B. West Ia
Okdo d. H. Gr. B. Ia
A. O. K. 1
Pz. A. O. K. 5
A. O. K. 15

A defesa da cabeça de ponte* de PARIS é de suma importância no plano militar e político. A perda da cidade levaria à ruptura de toda a frente do litoral norte do Sena e nos privaria de rampas de lançamento para o combate distante contra a Inglaterra.
Na História, a perda de PARIS sempre levou à perda de toda a França.
O Führer reitera sua ordem, portanto: PARIS deve ser defendida na posição de bloqueio à frente da cidade. Ele convoca para isso os reforços anunciados para o comandante-chefe do Oeste.
Na cidade em si é preciso intervir com os meios mais enérgicos aos primeiros sinais de motim, tais como destruição de quarteirões, execução pública dos amotinados, evacuação do bairro ameaçado; é assim que poderemos impedir da melhor forma a propagação de tais movimentos.
A destruição das pontes do Sena será providenciada. PARIS não deve cair nas mãos do inimigo, ou o inimigo deve encontrar apenas um campo em ruínas.

O. K. W. /W. F. St. /Op. (H)
Nr. 772989/44

23.8.44
11.00 horas

---

* Cabeça de ponte: uma posição estabelecida pela vanguarda de um exército invasor em território inimigo, para garantir acesso, avanço ou desembarque. (N.T.)

PRIMEIRA PARTE
A AMEAÇA

1

Ele nunca se atrasava. Todas as noites, quando chegava com a velha Mauser, o binóculo dentro do estojo puído e a gamela, os moradores de May-en-Multien pensavam: "Seis horas! O alemão voltou". E quando ele atravessava a praça do vilarejo, as primeiras notas do ângelus noturno invariavelmente soavam no campanário românico de Notre-Dame de l'Assomption, pequena igreja do século XII no topo de uma colina acima do rio Ourcq.

Como todas as noites, o alemão de têmporas grisalhas se dirigiu à igreja. Ele era um *Feldwebel** da Luftwaffe. Antes de entrar, ele tirou o chapéu. Depois, com o quepe na mão, subiu lentamente a escada em caracol que levavam ao campanário. No topo, havia uma mesa, um fogareiro a querosene e uma cadeira cujo assento de palha podia ser levantado e usado como genuflexório. Em cima da mesa havia um mapa topográfico, um calendário dos correios franceses e um telefone de campanha. O campanário da igreja de Notre-Dame de l'Assomption era um observatório da Luftwaffe.

Dali, o alemão podia vigiar toda a região com seu binóculo. Das torres da catedral de Meaux, ao sul, até as muralhas medievais do castelo de La Ferté-Milon, dezessete quilômetros ao norte, seu olhar abarcava um amplo meandro do rio Marne, o grande povoado de Lizy, com suas casas cor de giz, e as encostas verdejantes do vale do Ourcq, cobertas de choupos.

Dentro de algumas horas, a noite cairia sobre aquela paisagem agradável. Ouvindo o céu, perscrutando as trevas que o cercariam, o *Feldwebel* do campanário de May-en-Multien começaria então uma nova noite de vigília, a 58ª desde a invasão. Às primeiras luzes da aurora, ele pegaria o telefone de campanha e faria seu relatório ao quartel-general regional da Luftwaffe, em Soissons. Desde a última lua cheia, doze dias antes, os relatórios do *Feldwebel* se repetiam: "Nada a assinalar em meu setor".

Os alemães sabiam que os Aliados sempre esperavam a lua cheia para realizar lançamentos por meio de paraquedas para a Resistência Francesa. Sobre a mesa do campanário, o calendário indicava que a lua só ficaria cheia dentro de dezesseis dias, na noite de 18 de agosto.

---

* Patente militar não comissionada das forças armadas alemãs, equivalente à de sargento. (N.T.)

O alemão tinha certeza de que nada aconteceria na minúscula região da França Ocupada vigiada por ele naquela noite de 2 de agosto de 1944. Ele poderia cochilar sem medo no genuflexório das paroquianas de May-en-Multien. Estava enganado.

Enquanto ele dormia, a menos de três quilômetros em linha reta do campanário, dois homens e uma mulher* da Resistência balizavam uma área de aterrissagem de paraquedas no campo de trigo do fazendeiro Rousseau. Pouco depois das onze horas, eles ouviram o ruído esperado, o ronco surdo de um bombardeiro Lancaster que sobrevoava em baixa altitude o vale do Ourcq. Eles ligaram as lanternas.

Do alto, ao avistar o minúsculo triângulo luminoso que procurava entre as trevas, o piloto do bombardeiro apertou um botão e, na cabine, uma luz vermelha ficou verde. Era o sinal que um homem esperava para se atirar na escuridão.

Enquanto pairava em silêncio na noite morna, o paraquedista – um jovem estudante de medicina chamado Alain Perpezat – sentia uma pochete roçando sua barriga. Ele continha cinco milhões de francos. Mas não era para levar aquela pequena fortuna que Alain acabara de pular: escondido na sola de seu sapato esquerdo havia um pedaço de seda no qual estava inscrita uma mensagem com dezoito grupos de letras codificadas. Seus chefes consideravam aquela mensagem tão importante e tão urgente que, ao contrário do que costumavam fazer, eles tinham organizado aquele salto de paraquedas numa noite sem lua.

Perpezat ignorava o conteúdo da mensagem. A única coisa que ele sabia era que devia entregá-la o mais rápido possível ao chefe do Intelligence Service** na França. O nome desse chefe era Jade Amicol e seu quartel-general ficava em Paris.

Eram sete horas da manhã seguinte quanto Perpezat saiu do monte de feno no qual os três resistentes o haviam escondido depois da aterrissagem. Sua roupa de paraquedista já fora cuidadosamente enterrada embaixo de uma pilha de esterco. Atravessando os campos, Alain se dirigiu à rodovia Nationale 3. Havia uma única maneira de chegar a Paris, que ficava a oitenta quilômetros de distância: pedir carona.

Vários veículos passaram. Até que um caminhão parou. Apavorado, Alain reconheceu – tarde demais – a placa com a insígnia amarela, vermelha e preta da Luftwaffe. Na carroceria do caminhão, havia uma metralhadora

---
* Tratava-se de Jean Laire, diretor da cooperativa agrícola de Lizy-sur-Ourcq, do vendedor de grãos René Body e de sua mulher Odette. (N.A.)
** Secret Intelligence Service (SIS), ou MI6 (Military Intelligence Section 6), agência britânica de inteligência. (N.T.)

antiaérea e quatro soldados alemães de capacete. A porta da cabine se abriu e o motorista perguntou: "*Nach* Paris?".* Controlando o medo, Alain sorriu e ocupou o lugar ao lado do alemão, um velho soldado do exército territorial. Sentando-se, o paraquedista voltou a sentir a pochete cheia de notas roçando suas costas. Ele teve a súbita impressão de que a pochete tinha um peso enorme, e se perguntou se a barriga volumosa que ela o fazia ter não atrairia as suspeitas do alemão. Mas este engatou a embreagem sem dizer palavra. E o pesado Mercedes seguiu caminho para Paris.

* * *

Ajoelhadas na penumbra da capela, as nove irmãs da ordem da Santa Agonia recitavam o terceiro rosário do dia quando três longos toques de campainha, seguidos de uma batida breve, ecoaram no silêncio do convento. Duas delas se levantaram na mesma hora, fizeram o sinal da cruz e saíram. Para a irmã Jean, madre superiora, e a irmã Jean-Marie Vianney, sua assistente, aqueles toques eram um sinal. Eles queriam dizer: "Visita importante".

Ao longo de quatro anos, os alemães tinham procurado desesperadamente aquele convento parisiense, situado no número 127 da Rue de la Glacière. No parlatório desse leprosário construído entre um terreno baldio e as sinistras muralhas do hospital psiquiátrico Sainte-Anne, escondia-se o quartel-general de Jade Amicol, o chefe do Intelligence Service na França Ocupada.

Protegido por aquelas vetustas pedras e pela coragem tranquila de um punhado de religiosas, o quartel-general de Jade Amicol sobrevivera aos terríveis golpes da Gestapo à Resistência Francesa, a todas as perseguições, a todas as denúncias, a todas as investigações.**

Pelo postigo da estreita porta de carvalho do convento, irmã Jean viu o rosto de um jovem.

"Meu nome é Alain", ele disse, "tenho uma mensagem para o coronel."

Irmã Jean abriu a porta e deu um passo à frente para ter certeza de que o jovem estava sozinho e não fora seguido. Fez um gesto para que ele entrasse.

No parlatório, sob o austero retrato do lazarista desconhecido que fundara a Ordem da Santa Agonia, Alain Perpezat tirou o sapato esquerdo.

---

* Para Paris? (N.T.)
** Em 1943, o parlatório do convento abrigara inclusive um encontro secreto entre o almirante Canaris e o chefe do Intelligence Service na França. Canaris queria perguntar a Churchill quais seriam as condições de uma eventual paz entre a Alemanha e os Aliados. Jade Amicol transmitira seu pedido a Londres. Quinze dias depois, a resposta de Churchill chegara ao número 127 da Rue de la Glacière. Ela cabia em três palavras: "Capitulação sem condições". (N.A.)

Depois, abriu com a lâmina de uma faca as diversas camadas da sola. Um pedaço de seda apareceu. Alain o estendeu a um homem, um gigante careca de olhos azuis, que esperava calmamente numa poltrona. Aquele homem era o coronel Claude Ollivier – vulgo Jade Amicol.

O coronel examinou as letras misteriosas inscritas no pedaço de seda e fez um sinal à irmã Jean, que se afastou com passinhos miúdos. Alguns instantes depois, a irmã voltou com uma espécie de lenço. Era a grade que Jade Amicol utilizava para decodificar as mensagens. O tecido, mais fino que uma lâmina de barbear, era feito num material solúvel que podia ser engolido prontamente em caso de perigo. Irmã Jean escondia o objeto na capela, sob o tabernáculo do altar do bom ladrão.

Ollivier ajustou a grade sobre a mensagem que o visitante acabara de trazer. Ao chegar às últimas linhas, seu rosto se turvou. O alto-comando aliado, dizia a mensagem, "tomou a decisão de contornar Paris e atrasar o máximo possível sua libertação. Advertimos que esse plano não será modificado de maneira alguma". A mensagem era assinada pelo "General".*

O coronel levantou a cabeça na direção de Alain.

"Meu Deus", ele disse, "é uma catástrofe."

Na peça vizinha, no carrilhão de um relógio Luís XIII, as primeiras badaladas do meio-dia ecoavam no silêncio do convento.

2

Paris, naquela manhã de agosto, vivia seu 1.503º dia de ocupação. Ao meio-dia em ponto, o soldado de 2ª classe Fritz Gottschalk desceu a Avenue des Champs-Élysées junto com os 250 homens do 1º Sicherungsregiment,** ao qual ele pertencia. Naquele dia, porém, havia poucos parisienses nas calçadas da avenida triunfal para ver o desfile diário do soldado Gottschalk e de seus camaradas. Fazia tempo que os parisienses tinham aprendido a evitar tais humilhações. Desde 15 de junho de 1940, as únicas bandeiras tricolores que eles podiam contemplar livremente estavam nos Invalides, dentro das vitrines empoeiradas do Museu do Exército.

---

*"General" era o codinome do general Menzies, chefe supremo do Intelligence Service. Ele só assinava as mensagens destinadas aos agentes do Intelligence Service em casos extremamente importantes. (N.A.)

** Regimento de segurança, encarregado de manter a ordem, combater a resistência e garantir a proteção da retaguarda e dos territórios ocupados. (N.T.)

As cores vermelha e preta que ondulavam no topo da Torre Eiffel eram do emblema nazista e sua suástica. As mesmas cores ornavam centenas de hotéis, monumentos e prédios de todos os tipos, requisitados pelos conquistadores de Paris.

Sob as arcadas da Rue de Rivoli, em torno da Place de la Concorde, na frente do Palais du Luxembourg, da Câmara dos Deputados, do Quai d'Orsay, as guaritas da Wehrmacht, em preto, branco e vermelho, proibiam aos parisienses o acesso às calçadas de sua própria cidade.

Na frente do número 74 da Avenue Foch e do número 9 da Rue des Saussaies, na frente de outros prédios mais discretos, mas não menos conhecidos, outros homens montavam guarda. Suas dragonas exibiam as insígnias da SS. Os vizinhos dormiam mal. À noite, gritos impossíveis de abafar saíam pelas janelas desses imóveis.

Os alemães tinham modificado a aparência da cidade. Mais de uma centena das mais belas estátuas tinham sido removidas, como o enorme bronze de Victor Hugo que costumava reinar perto da casa onde morrera o poeta da liberdade. Enviadas para a Alemanha, elas tinham sido derretidas e transformadas em canhões.

Os arquitetos da Organização Todt* as tinham substituído por monumentos menos evocativos, mais eficazes: dezenas de pequenos blocauses,** cujas armas poderiam devastar os principais cruzamentos de Paris.

Uma floresta de placas de trânsito havia surgido na Place de l'Opéra, acima das cadeiras de vime do Café de la Paix. As direções que elas indicavam tinham nomes estranhos: Der Militärbefehlshaber in Frankreich [Comando Militar na França], General der Luftwaffe [General da Força Aérea] e Hauptverkehrsdirektion Paris [Direção Central de Transporte de Paris]. Naquele verão, um novo letreiro fora acrescentado, no qual se podia ler: Zur Normandie Front [Para o Front da Normandia].

Os amplos bulevares da cidade nunca pareceram tão vazios. Não havia ônibus. Os táxis estavam desaparecidos desde 1940. Os poucos veículos que tinham um *ausweis**** alemão para circular utilizavam gás de carvão como combustível. Esse dispositivo era chamado de gasogênio. Ele soltava uma fumaça preta e espessa pelas ruas.

A bicicleta e a tração a cavalo reinavam nas ruas. Os parisienses lhes dedicavam o zelo e o afeto antigamente prestados a seus automóveis. Alguns

---

* Organismo paramilitar de construção e engenharia do Terceiro Reich, anexado ao exército e ativo durante a Segunda Guerra Mundial. (N.T.)
**Abrigo defensivo blindado, dotado de peças de artilharia. (N.T)
*** Documento que autorizava a circulação durante a ocupação nazista na França. (N.T.)

motoristas de táxi tinham transformado seus carros em fiacres. Outros tinham inventado o bici-táxi. Várias engenhocas curiosas eram puxadas por antigos competidores do Tour de France.* Vários bici-táxis exibiam inscrições como Les Temps Modernes [Tempos modernos] ou Le XXe Siècle [O século XX], que expressavam a insolência dos parisienses, jamais vencida pelos alemães.

O metrô fechava das onze horas da manhã às três horas da tarde nos dias úteis e o dia todo nos finais de semana. À noite, ele parava de funcionar às onze horas. O toque de recolher estava marcado para a meia-noite. Quando os alemães interceptavam um parisiense depois do toque de recolher, levavam-no para a Feldgendarmerie** e costumavam obrigá-lo a lustrar botas ou cerzir botões até o amanhecer. Às vezes, porém, pelo simples crime de ter perdido o último metrô, homens e mulheres se tornavam reféns, que os alemães fuzilavam covardemente quando um membro da Wehrmacht era morto pela Resistência.

Três dias por semana, os estabelecimentos comerciais não serviam álcool. Nos terraços dos cafés, os parisienses degustavam um líquido escuro à base de bolotas de carvalho chamado de "café nacional".

A capital estava praticamente privada de gás e eletricidade. As donas de casa tinham aprendido a cozinhar queimando bolinhas de papel em pequenos fornos fabricados com latas de conserva.

Acima de tudo, Paris tinha fome. Como uma grande aldeia, Paris acordava todas as manhãs com o canto do galo. Os parisienses tinham transformado banheiras, armários e quartos de hóspedes em galinheiros. As crianças criavam coelhos nos baús de brinquedos do quarto. Para alimentar os animais, todas as manhãs antes da escola elas arrancavam tufos de grama das praças públicas.

Para todo aquele mês de agosto, os parisienses receberiam por seus tíquetes de racionamento apenas dois ovos, cem gramas de óleo e oitenta gramas de margarina. A ração de carne era tão reduzida que os cancioneiros diziam que podia ser enrolada num bilhete de metrô – desde que o bilhete não tivesse sido furado, caso contrário a carne poderia cair pelo buraco. Porque Paris ainda se esforçava para rir.

Cartazes convidavam os operários parisienses a "se unirem aos operários alemães" ou a se engajarem na "Legião contra o bolchevismo". As primeiras páginas de jornais colaboracionistas como *Le Petit Parisien*, *L'Œuvre* e o semanário *Je suis Partout* proclamavam que "o trabalho na Alemanha não é

---

* Tour de France [Volta da França]: competição de ciclismo disputada anualmente desde 1903 (com exceção dos períodos das duas guerras mundiais). (N.T.)

** Feldgendarmerie (Feldjäger, em alemão): polícia militar alemã, ativa do fim das guerras napoleônicas até o fim da Segunda Guerra Mundial. (N.T.)

sinônimo de deportação" e anunciavam com orgulho que "o alto-comando alemão nunca teve tanta confiança no futuro". Nas páginas internas, anúncios discretos ofereciam "mudanças realizadas com cavalos".

No número 13 da Rue Auber, o escritório da Waffen SS continuou recrutando voluntários para o Terceiro Reich até o dia 16 de agosto.

Paris, no entanto, havia mantido o mesmo coração do pré-guerra. Suas mulheres nunca tinham parecido tão bonitas. Quatro anos de privações e de pedaladas diárias de bicicleta tinham fortalecido seus corpos e afinado suas pernas. E apesar da escassez de tecidos, elas usavam, naquele verão, grandes chapéus floridos como os dos quadros de Renoir.

Em julho, Madeleine de Rauch, Lucien Lelong e Jacques Fath tinham lançado a moda marcial: ombros quadrados, cintos largos, saias curtas.

Alguns tecidos eram feitos com fibra de madeira. Quando chovia, as parisienses diziam, brincando, que eles brotavam.

Naquele mês de agosto, os parisienses ficaram em casa. A guerra assolava o território francês e raros eram os que conseguiram ir para o mar ou para o campo. Muitas escolas estavam abertas. Milhares de pessoas se bronzeavam nas margens do Sena. Naquele verão, as águas do rio se transformaram na maior piscina do mundo.

Para os colaboracionistas e seus contatos alemães, para os novos ricos do mercado negro, ainda havia champanhe e caviar no Maxim's, no Lido e em alguns cabarés como o Shéhérazade e o Suzy Solidor. Naquela semana, com o bilhete de número 174.184 do 28º sorteio da Loteria Nacional, um sortudo francês ganharia seis milhões de francos – mais que Alain Perpezat trouxera a Paris em sua pochete de paraquedista.

Aos sábados, domingos e segundas-feiras, havia corridas de cavalos nos hipódromos de Longchamp e Auteuil. Os cavalos estavam um pouco mais magros do que antes da guerra, mas o turfe conservava seus milhares de entusiastas. O parque de diversões Luna Park publicava anúncios publicitários para consolar os parisienses "por não terem saído de férias. Com poucas pedaladas, aqui você encontrará ar fresco e sol".

Yves Montand e Édith Piaf cantavam juntos no Moulin Rouge. Serge Lifar escrevia sobre a última temporada de dança e parabenizava dois jovens desconhecidos, Zizi Jeanmaire e Roland Petit.

Alguns cinemas continuavam abertos graças aos geradores elétricos acionados por valorosos ciclistas. O Gaumont Palace anunciava "estacionamento gratuito para trezentas bicicletas".

Os teatros estavam sempre cheios. Eles abriam às três horas da tarde.

As colunas Morris* anunciavam mais de trinta peças teatrais diferentes. O Théâtre du Vieux-Colombier apresentava *Entre quatro paredes*. O autor, Jean-Paul Sartre, se escondia num sótão da vizinhança e escrevia panfletos para a Resistência.

Acima de tudo, porém, um costume sagrado manteve os parisienses em casa todas as noites daquele memorável verão. Durante a breve meia hora em que a eletricidade voltava, toda a cidade ouvia as notícias proibidas da BBC com os ouvidos colados nos aparelhos de rádio, tentando limpar as interferências alemãs. Na noite de 3 de agosto, ao fim de um lindo dia, milhões de parisienses ouviram a notícia que logo se tornaria seu grande pesadelo. Naquela noite, Varsóvia ardia em chamas. Enquanto os libertadores soviéticos pararam às portas da cidade, a guarnição alemã esmagava a insurreição precoce de seus habitantes. A capital polonesa se transformaria num amontoado de escombros fumegantes que engoliriam duzentos mil poloneses.

Mas Paris estava intacta. De todas as suas janelas, os parisienses podiam contemplar um dos mais espantosos milagres da guerra: a catedral de Notre-Dame, a Saint-Chapelle, o Louvre, o Sacré-Cœur, o Arco do Triunfo, os Invalides, todos os monumentos que faziam daquela cidade o farol da civilização humana, saíam sem um arranhão de cinco anos do conflito mais destruidor da História.

A hora da libertação se aproximava. E o terrível destino de Varsóvia logo ameaçaria Paris. Três milhões e meio de parisienses, orgulhosos de serem os guardiões de um tesouro inestimável, estavam cada vez mais conscientes dessa ameaça. Assim como milhões de pessoas mundo afora, para quem Paris representava o símbolo dos valores em defesa dos quais o mundo livre lutava contra a Alemanha nazista.

Mas para três homens separados uns dos outros por milhares de quilômetros, Paris naquela noite representava outra coisa. Para eles, Paris era um objetivo.

3

Para o americano que libertaria Paris, a cidade era um dilema. No trailer de seu posto de comando operacional em um bosque tomado pela chuva, a dois quilômetros da praia normanda de Granville, o general Dwight Eisenhower

---

*Colonne Morris: típico suporte publicitário da cidade de Paris em forma de coluna cilíndrica, que concentrava os cartazes teatrais ou propagandas variadas. (N.T.)

finalmente tomara uma decisão. Talvez a decisão mais importante desde o desembarque: Paris seria libertada o mais tarde possível. Os exércitos sob seu comando não marchariam sobre a capital francesa. Eles primeiro contornariam e cercariam seu objetivo. Paris só seria libertada dali a dois meses, não antes de meados de setembro.

Aquela não fora uma decisão tomada levianamente pelo comandante supremo. Eisenhower conhecia melhor do que ninguém a enorme repercussão apaixonada que a libertação de Paris causaria nos franceses, em seus próprios soldados, no mundo inteiro. Ele tinha consciência da crescente impaciência dos 3,5 milhões de parisienses.

Em sua mente, porém, a fria argumentação de um relatório militar de 24 páginas datilografadas pesara mais do que a palavra mágica *Paris*.

O envelope azul que o continha dizia: Ultrassecreto – Operação Pós--Netuno* – Travessia do Sena e Tomada de Paris. Seus autores eram os conselheiros militares do SHAEF,** três oficiais que tinham por missão fornecer ao comandante-chefe informações e recomendações que lhe permitissem elaborar sua própria estratégia.

Eisenhower sabia que os alemães defenderiam Paris com unhas e dentes. "Todas as razões geográficas e estratégias os levavam a isso", ele diria mais tarde.

Mas Paris era, justamente, uma batalha que o general americano não queria travar. O relatório de 24 páginas deixado sobre a mesa de madeira que lhe servia de escrivaninha explicava por quê.

"Se os alemães decidirem manter Paris a todo custo", advertiam os conselheiros do SHAEF, "será preciso, para retirá-los, travar uma longa e custosa batalha de ruas, como em Stalingrado; batalha que resultará na destruição da capital francesa."

Eisenhower se recusava a correr esse risco. E ele também se recusava a enviar seus blindados, espalhados quase que livremente pelo interior da França, para o vespeiro de Paris.

Acima de tudo, porém, uma consideração primordial determinara sua decisão. Ela estava contida num parágrafo do relatório.

---

* Originalmente chamada de Operação Overlord, a invasão passou a ser referida, depois dos desembarques da Normandia, como Operação Netuno. (N.A.)
** Supreme Headquarters of Allied Expeditionary Forces – Quartel-General Supremo das Forças Expedicionárias Aliadas. (N.A.)

"A libertação prematura de Paris causaria a nossas forças graves problemas de abastecimento e transporte. As obrigações civis que ela nos obrigaria a assumir corresponderiam à manutenção de oito divisões de combate."*

Em outras palavras, para Eisenhower a tomada de Paris faria um quarto de seu exército correr o risco de ficar sem combustível. Ele nunca correria esse risco. A gasolina, naquele verão, era o que havia de mais precioso no mundo. "A perda de um só litro de gasolina", ele diria mais tarde, "me era insuportável". Paris lhe custaria centenas de milhares de litros.

Pois o libertador de Paris teria a obrigação moral de prestar socorro aos 3,5 milhões de parisienses. Aquele era um problema angustiante. "Apenas em abastecimento e medicamentos", indicava o relatório do SHAEF, "as necessidades da população civil de Paris se elevam a 75 mil toneladas nos dois primeiros meses. Mais 1.500 toneladas de carvão por dia para os serviços públicos".

Com as estradas de ferro inutilizáveis, seria preciso mobilizar milhares de caminhões para transportar até Paris, a partir dos únicos portos disponíveis e já saturados – Cherbourg e as praias do desembarque –, ou seja, por 650 quilômetros, ida e volta, a enorme tonelagem necessária aos parisienses. *Avoid that commitment – and liberating Paris.* "Evite assumir essa responsabilidade – e libertar Paris, o máximo de tempo possível", insistiam os conselheiros do SHAEF.

Eles sugeriam ao comandante supremo outro plano, que consistia em executar um amplo movimento em pinça pelo norte e pelo sul de Paris, atravessando vastas planícies propícias para o avanço massivo dos tanques e para o uso intensivo da aviação.

Enquanto isso, os Aliados poderiam tomar as rampas de lançamento de V-1 e V-2,** situadas no norte da França. A destruição dessas bases, avaliavam os conselheiros de Eisenhower, era tão urgente que bastava para justificar "uma tomada de riscos superior à média".

O 21º Grupo de Exércitos ingleses comandados por Montgomery atacaria o baixo Sena, entre o rio Oise e o mar. Apoderando-se do porto de Le Havre e das rampas de lançamento de V-1 e V-2, Montgomery avançaria para o norte até Amiens, a 138 quilômetros de Paris. De Amiens, ele lançaria dois corpos de exército para o leste, na direção de Reims. Enquanto isso, ao sul de Paris, o 12º Grupo de Exércitos americanos cruzaria o Sena na altura de Melun e avançaria para nordeste na direção de Reims. Ingleses e americanos

---

* Naquela data (1o de agosto), 37 divisões haviam desembarcado. (N.A.)
** O Vergeltungswaffe 1 (V-1) foi o primeiro míssil de cruzeiro da história, e o Vergeltungswaffe 2 (V-2) o primeiro míssil balístico guiado de longo alcance, ambos desenvolvidos pela Alemanha nazista. (N.T.)

operariam a junção de seus exércitos, cercando numa gigantesca armadilha os 1º, 7º e 15º Exércitos alemães. Segundo as previsões, Paris cairia entre 15 de setembro e 1º de outubro.

Para Eisenhower, esse plano apresentava três vantagens. Salvava Paris da destruição, poupando-a de uma batalha de ruas, permitia o aniquilamento de importantes forças alemãs e, acima de tudo, economizava cada preciosa gota de gasolina, com vistas a um objetivo primordial: um buraco na Linha Siegfried* e uma cabeça de ponte do outro lado do Reno, antes do inverno.

Numa noite brumosa, na Normandia, Dwight Eisenhower finalmente se decidira por esse plano. Na mesma hora, a engrenagem bem lubrificada que ele comandava começou a rodar para executá-lo.

Mas um simples grão de areia poderia tirar essa engrenagem do eixo. Como um levante da população parisiense, por exemplo. Porém, Eisenhower não se preocupava com isso. As instruções muito firmes que ele dirigira ao general Pierre Kœnig, chefe das Forças Francesas do Interior (FFI), ordenavam que nenhuma ação armada ocorresse, em Paris ou em qualquer outro lugar, sem o seu consentimento. Era essencial, ele advertira Kœnig, "que nenhum acontecimento de natureza a prejudicar nossos planos se produza em Paris".

Eisenhower entendia que, para os parisienses impacientes de serem libertados, aquela seria uma difícil provação. Mas se eles pudessem conviver "mais alguns dias com os alemães, seu sacrifício talvez nos permita encerrar a guerra mais cedo", ele confiou ao general Walter Bedell Smith, seu brilhante chefe de estado-maior.

Para encorajar os franceses a aceitar este último sacrifício, um agente do Intelligence Service chamado Alain Perpezat saltara de paraquedas sobre a França Ocupada numa noite sem lua.

4

Para um francês chamado Charles de Gaulle, o destino da França e o dele próprio seriam decididos em Paris. Naquele dia, no calor úmido do palácio mourisco de Argel onde ele se impacientava, o líder da França Livre sabia que o único lugar onde seria vencida ou perdida a audaciosa aposta que ele fizera quatro anos antes era Paris. Os acontecimentos que se desenrolariam na capital francesa ao longo das próximas semanas teriam, ele estava convencido,

---

* Linha defensiva alemã construída ao longo da fronteira oeste do país e que se estendia por mais de 630 quilômetros, em frente à linha defensiva francesa (Linha Maginot). (N.T.)

um alcance considerável. Eles decidiriam a autoridade que se estabeleceria na França do pós-guerra.

Charles de Gaulle estava determinado a que essa autoridade fosse a sua. Mas no caminho até o poder ele sabia que, naquele verão, alguns homens conspirariam contra ele. Alguns eram seus adversários políticos, os comunistas franceses; os outros eram seus aliados militares, principalmente os americanos.

Depois de uma breve lua de mel em 1940, as relações entre os Estados Unidos e De Gaulle tinham se degradado progressivamente. O reconhecimento do governo de Vichy pelos americanos, o acordo assinado em Washington com o almirante Darlan,* o fato de que Roosevelt não julgara oportuno informar De Gaulle sobre o desembarque na África do Norte e por fim um certo antagonismo pessoal entre o general francês e o presidente americano tinham criado as condições de uma desconfiança mútua que envenenavam as relações franco-americanas durante aquele verão de 1944.

Nada irritava mais De Gaulle do que a recusa sistemática de Roosevelt de reconhecer seu Comitê Francês de Libertação Nacional (CFLN) como governo provisório da França. Ele via nisso uma recusa pública e oficial da América em reconhecer a autoridade de sua pessoa sobre a França. Numa mensagem ao general George Marshall datada de 14 de junho de 1944, Roosevelt definira a posição dos Estados Unidos a seu respeito. "Devemos aproveitar plenamente, em benefício de nosso esforço militar, qualquer organização e influência de De Gaulle, estando naturalmente subentendido que não imporemos pela força seu governo ao povo francês", escrevera o presidente americano. Roosevelt também avisara a Eisenhower que o SHAEF poderia tratar com o Comitê Francês de Libertação Nacional "desde que se tratasse de não reconhecê-lo como um governo provisório da França".

Mais confiantes eram as relações que De Gaulle mantinha com Eisenhower. Mas este último dizia que "De Gaulle sempre tenta nos fazer mudar isso e aquilo para acomodar seus próprios desígnios políticos". Numa nota redigida em junho de 1944, o general Walter Bedell Smith, chefe de estado-maior de Eisenhower, escrevera: "Eu ficaria feliz de manter [De Gaulle] informado se ao menos alguém pudesse me definir sua posição em relação a este QG. Pelo que sei, ele não tem nenhuma".

---

* Para evitar qualquer resistência militar francesa ao desembarque aliado no norte da África, os americanos tinham tratado secretamente com Darlan, que agia em nome do marechal Pétain. No dia 8 de novembro de 1942, ao acordar, o general De Gaulle, informado por seu ajudante de ordens sobre o desembarque dos Aliados, teve a seguinte reação: "Espero que Vichy os devolva ao mar". (N.A.)

Entre as múltiplas diferenças* que naquele verão opunham De Gaulle a seus aliados, havia uma para a qual o líder da França Livre não faria nenhuma concessão. Ele nunca toleraria que os Aliados instalassem em solo francês um único funcionário do governo militar que eles haviam criado para administrar os territórios libertados. Durante sua primeira visita a Washington, em julho, Charles de Gaulle levantara essa questão diante do próprio Roosevelt. Os dois homens tinham finalmente concordado que a França libertada seria dividida em duas zonas. Na chamada "zona do interior", a autoridade caberia aos representantes designados pelo general De Gaulle. Na chamada "zona de operações", o SHAEF seria soberano. A definição geográfica dessas duas zonas seria deixada a cargo do próprio Eisenhower.

Tratava-se de um acordo limitado. Ao deixar a Casa Branca, De Gaulle confidenciara ao embaixador Murphy: "Todo acordo ao qual chegamos se tornará obsoleto no dia em que a guerra acabar". Esse acordo não continha nenhuma cláusula a respeito de Paris. Washington entendia que Paris permaneceria na zona de operações por algum tempo depois de sua libertação. Roosevelt não tinha a menor intenção de deixar entrar na cidade um governo que ele não tivesse reconhecido.

Roosevelt só se esquecia de uma coisa: a feroz e inflexível determinação de Charles de Gaulle de instalar-se com seu governo, o mais rápido possível, em Paris. Seu próprio destino, e o da França, dependeriam disso.

Naqueles críticos dias do início de agosto de 1944, De Gaulle estava convencido de que Roosevelt faria uma última tentativa de barrar seu acesso ao poder.** Enquanto os agentes do Departamento de Estado arquitetassem alguma combinação política, o presidente americano tentaria impedir que Charles de Gaulle chegasse a Paris. Esses planos não teriam êxito, De Gaulle não tinha dúvida. Mas ele temia que eles conseguissem retardar seu retorno, o suficiente para permitir que seus verdadeiros adversários, os comunistas franceses, tomassem o poder. Pois uma corrida impiedosa se preparava entre ele e os comunistas, De Gaulle sabia. O ponto central dessa corrida era Paris. Ao vencedor, caberia toda a França.

De Gaulle se preparava para essa corrida havia muito tempo. Em janeiro de 1943, ele proibira que o responsável pelas remessas de paraquedas, o coronel

---

* De Gaulle se indignava sobretudo com o fato de os Aliados espionarem suas mensagens de rádio. Estas, por razões técnicas, passavam por instalações inglesas e americanas. De Gaulle também se sublevara terminantemente contra a pretensão que os Aliados tinham de pôr em circulação uma moeda militar depois do desembarque. (N.A.)

** As suspeitas do general De Gaulle estavam longe de ser infundadas. Em julho de 1944, Roosevelt confessara ao embaixador Murphy que estava "perfeitamente disposto a aceitar qualquer outra solução que não De Gaulle, contanto que possamos encontrar uma". (N.A.)

Passy, enviasse armas aos comunistas. No dia 14 de junho de 1944, ele estendera essa proibição a todas as remessas de paraquedas na região parisiense. No dia do desembarque, De Gaulle colocara em ação o plano que havia elaborado para impedir os comunistas de tomar o poder nas regiões libertadas.

À medida que o território nacional fosse libertado, a autoridade civil seria colocada nas mãos de um comissário da República nomeado pelo próprio De Gaulle e subordinado unicamente a seu governo. Instruções muito estritas eram passadas a esses comissários da República a respeito de suas relações com os comitês locais de libertação, que, De Gaulle estava convencido, estavam dominados pelos comunistas. Esses comitês não deveriam exercer nenhuma autoridade direta sobre as regiões libertadas. E sob pretexto algum eles deveriam ser transformados em Comitês de Salvação Pública aos moldes dos comitês da Revolução Francesa.

De Gaulle recebera vários relatórios alarmantes. Esses relatórios eram unânimes ao dizer que os comunistas estavam mais bem organizados, eram mais fortes e pareciam mais do que nunca decididos a tomar o poder.

De Gaulle estava convencido de que o confronto decisivo ocorreria em Paris, onde já havia 25 mil comunistas armados. O Partido Comunista tentaria desencadear um levante popular, graças ao qual tomaria os postos de comando. Quando De Gaulle e seus ministros entrassem em Paris, eles se veriam diante de uma Comuna que "proclamaria a República, se responsabilizaria pela ordem, distribuiria a justiça...".

Num primeiro momento, o próprio De Gaulle receberia algum cargo honorífico obviamente desprovido de efetiva autoridade. Depois, quando os comunistas tivessem consolidado suas posições, viria o momento em que ele seria simplesmente eliminado da vida política francesa.

Tais eram, na mente de Charles de Gaulle, os objetivos de seus adversários políticos naquele início de agosto de 1944.

Alexandre Parodi, o alto funcionário que representava o líder da França Livre em Paris, sabia que De Gaulle tinha certeza de que os comunistas, para alcançar seus objetivos naquele verão, não hesitariam em fazer uso da força para se opor aos propósitos do general francês.*

---

* O Partido Comunista e vários não comunistas mais tarde negariam que essas fossem as intenções comunistas em agosto de 1944. É provável que nunca saibamos até onde os comunistas estavam dispostos a levar as coisas. Parece claro, no entanto, que eles estavam decididos a tomar os postos de comando, que lhes permitiriam, como mais tarde em Praga, tomar o poder propriamente dito. Talvez o que melhor resuma os verdadeiros sentimentos dos comunistas em relação a De Gaulle seja a opinião de um líder búlgaro da Resistência. Para Yvan Kaleff, à frente de uma célula no sul da França, De Gaulle era "por enquanto, um mal necessário. Mas quem sabe se depois da guerra a França quererá De Gaulle...". (cont.)

Para enfrentar essas ameaças, o general De Gaulle dispunha de uma tática simples. Apoderar-se dos instrumentos de autoridade antes dos comunistas. Qualquer que fosse o preço, quaisquer que fossem os meios, ele estava decidido a chegar primeiro ao poder.

Enquanto Dwight Eisenhower, de seu quartel-general na Normandia, finalmente decidia retardar a libertação de Paris, em Argel Charles de Gaulle dirigia ao general Kœnig, chefe das Forças Francesas do Interior, um memorando secreto. "Queiram ou não os Aliados", dizia De Gaulle, "é essencial que Paris seja libertada o mais cedo possível." Com a Libertação, ele entraria na cidade e imediatamente imporia sua autoridade e a de seu governo.

De Gaulle já tomara as primeiras providências. Para ele, como para Eisenhower, um levante armado em Paris seria tão desastroso que ele também tinha dado ordens imperativas para impedir que isso acontecesse. O homem encarregado de fazer essas ordens serem respeitadas se escondia numa mansarda. As ordens eram claras. Sob nenhum pretexto Paris se sublevaria contra o ocupante sem o consentimento pessoal do general De Gaulle.

5

Para o alemão que, do fundo de um abrigo de concreto e aço em Rastenburg, na Prússia Oriental, dirigia os exércitos do Terceiro Reich, Paris talvez significasse ainda mais.

Durante quatro anos, de 1914 a 1918, seis milhões de alemães como o cabo Adolf Hitler tinham lutado nas trincheiras do front ocidental sob o mágico grito de guerra de *Nach Paris*. Dois milhões haviam morrido. Vinte e

---

(cont.) Quaisquer que tenham sido os objetivos comunistas, os acontecimentos internos que se seguiram à libertação da França mostraram que as suspeitas dos gaullistas não eram tão exageradas assim. No sudoeste, onde a presença comunista era considerável, o poder legal do general De Gaulle levou vários meses para controlar a região. Em 26 de outubro de 1944, o relatório do 2º gabinete americano sobre "a situação interna francesa e as intenções comunistas" revelava aos Aliados que "se a situação interna francesa continuar tão ruim quanto hoje [...] podemos esperar uma revolução comunista". O relatório do Office of Strategic Services (OSS) também indicava que, diariamente, cinquenta pessoas eram presas ilegalmente em Toulouse e que quarenta mil Francs-Tireurs et Partisans (FTP) armados estavam prestes a ser enviados clandestinamente a Paris "na eventualidade próxima de um golpe de Estado". Segundo o OSS, dez mil homens já estavam em posição. O golpe de Estado ocorreria no mês de janeiro. Dentro de oito ou dez dias, os comunistas pensavam poder tomar todos os postos de comando. Eles acreditavam que os Aliados não interviriam, pois se trataria de um assunto estritamente francês. (N.A.)

dois anos depois, porém, a vitória que eles não tinham alcançado em quatro anos de luta fora obtida por Hitler em quatro semanas de guerra relâmpago.

Na segunda-feira, 24 de junho de 1940, às sete horas da manhã, o cabo Adolf Hitler chegara a Paris. Naquela manhã, poucos parisienses tinham visto seu Mercedes preto parar na frente da esplanada do Trocadéro. Por longos minutos, o conquistador contemplara a admirável vista que se estendia diante de seus olhos: o Sena, a Torre Eiffel, os jardins do Champ-de-Mars, a cúpula dourada do túmulo de Napoleão nos Invalides e, ao longe, à esquerda, as torres quase milenares de Notre-Dame.

Depois de cinco anos de guerra, Paris era, de todas as suas conquistas, a única joia que lhe restava. Fazia cinco dias que Adolf Hitler seguia, pelos mapas do bunker de Rastenburg, o avanço dos exércitos aliados, que irrompiam pela brecha de Avranches. Hitler sabia que a batalha da França estava em curso. Se ele a perdesse, só lhe restaria uma: a batalha da Alemanha.

E como Charles de Gaulle, Hitler sabia que Paris era o eixo em torno do qual a França girava. Adolf Hitler atacara Paris duas vezes em sua breve vida. Por ironia da História, ele logo desempenharia o papel oposto. Hitler seria obrigado a defender Paris. Os estrategistas aliados sabiam que ele tinha todos os motivos para querer se agarrar ao formidável dispositivo de defesa que a aglomeração parisiense formava sobre o Sena. Perder Paris significava perder as rampas de lançamento das armas milagrosas que definiriam o resultado da guerra. Significava permitir que os exércitos aliados chegassem às portas do Reich. Hitler ainda lutaria por Paris, portanto, assim como lutara por Stalingrado e Monte Cassino. Dentro de poucos dias, no fundo de seu bunker na Prússia Oriental, o líder do Terceiro Reich decidiria defender Paris até o último homem. Batendo o punho sobre sua mesa de carvalho, ele gritaria para seus generais: "Quem tem Paris tem a França".

6

Dois mil quilômetros a oeste de Rastenburg, perto da pequena aldeia normanda de La Lucerne, um general alemão desconhecido admirava o crepúsculo. Para além das altas grades de ferro ao fim da alameda do castelo onde ele instalara seu posto de comando, Dietrich von Choltitz podia avistar a torre gótica da abadia medieval de La Lucerne e, logo atrás dela, acima de uma cortina de álamos, a pequena colina que o separava da entrada de La Haye-Pesnel. Com os olhos fixos no topo dessa colina, Choltitz olhava para os clarões intermitentes dos tiros de artilharia. Sabia que eles vinham dos canhões de seu 84º corpo de exército. Para além da colina, as bombas caíam sobre os tanques americanos que penetravam pela brecha de quinze quilômetros aberta pelos Aliados.

Exausto, Choltitz não ouviu baterem à porta. Mas o ordenança do general, o cabo Helmut Mayer, costumava entrar sem esperar convite. Mayer segurava um envelope. Choltitz o abriu e desdobrou a folha que ele continha. Pela cor azul do papel, logo viu que se tratava de um telegrama.

Ele se aproximou da lamparina à óleo que ficava em cima de sua mesa de trabalho, ajustou o monóculo e começou a ler. O telegrama ordenava ao general de corpo de exército Von Choltitz que se apresentasse imediatamente no quartel-general do OB West* do marechal Gunther von Kluge, em Saint--Germain-en-Laye, para um "comunicado da mais alta importância".

Sem demonstrar o que sentia, ele dobrou lentamente o papel e o entregou a Mayer.

"Talvez seja meu *Brötchengeber* (ganha-pão) me chamando", ele disse, piscando com cumplicidade ao ordenança. Os dois utilizavam aquela expressão quando queriam fazer uma brincadeira. Na gíria militar, o *Brötchengeber* de fato era Hitler. Mas não havia motivo algum para que o pequeno general barrigudo fosse convocado pelo *Führer*. Depois do atentado de 20 de julho, somente um motivo poderia conduzir um general à presença de Hitler. E, no grande quartel-general, ninguém duvidava da indefectível lealdade de Choltitz. Naquele mesmo dia, aliás, falando a seu respeito, um oficial superior dissera: "Ele nunca hesitou em executar uma ordem, qualquer que fosse sua severidade".

Choltitz observou o ordenança e viu que seu rosto estava marcado pelo cansaço. "Vá dormir, Mayer", ele disse, "sairemos às cinco horas". Pensando em lhe fazer um agrado, ele acrescentou: "Talvez possamos parar em Paris".

* * *

No quinto andar de um prédio luxuoso do bairro de Auteuil, da janela de sua mansarda, outro homem contemplava o crepúsculo naquela noite. Na penumbra, ele só conseguia distinguir um conjunto de linhas partidas que seguiam até o horizonte: os telhados de Paris. Seu nome era Jacques Chaban-Delmas. Embora tivesse apenas 29 anos, ele também era general. E, naquela noite, também tinha recebido uma mensagem.

Não fora seu ordenança que a levara até ele. O general Chaban-Delmas não tinha um ordenança. Numa esquina de Paris, um homem que fingia encher

---

* OB West, ou Oberbefehlshaber West: o alto-comando do Oeste, ou seja, o centro de comando da Wehrmacht no front ocidental. (N.T.)

o pneu de uma bicicleta lhe murmurara algumas palavras ao ouvido. Era a mensagem que Jade Amicol decodificara naquele mesmo dia ao meio-dia no parlatório do convento das irmãs da ordem da Santa Agonia.

Para Jacques Chaban-Delmas, a notícia contida no sapato esquerdo de Alain Perpezat era um verdadeiro desastre. Sobre seus ombros largos de jogador de rúgbi, Charles de Gaulle depositara um fardo extremamente pesado: o jovem general era, na França Ocupada, seu representante pessoal clandestino para todos os assuntos de ordem militar. Entre todas as tarefas que lhe tinham sido confiadas, Chaban-Delmas sabia que nenhuma preocupava mais De Gaulle do que a que envolvia Paris. As instruções exatas que ele recebera secretamente de Londres, onde se encontrava o estado-maior militar de De Gaulle, e de Argel, onde ficava a sede de seu governo provisório, tinham dois objetivos. Jacques Chaban-Delmas devia, por um lado, ter controle absoluto sobre os elementos clandestinos armados que estavam em Paris. Sob pretexto algum, por outro lado, ele devia permitir que uma insurreição eclodisse na capital sem a autorização direta de De Gaulle.

Chaban-Delmas sabia que essas ordens eram impossíveis de serem cumpridas. General sem tropas, ele não podia exercer um controle de fato sobre todos os elementos armados dispersos por Paris. A maioria destes, ele sabia, só obedecia aos comunistas.

O chefe do estado-maior das Forças Francesas do Interior era um general comunista chamado Alfred Malleret-Joinville. Para o departamento da Île-de-France, o chefe regional era o bretão comunista Rol-Tanguy. Seu assessor direto era um enérgico comunista chamado Fabien, que, dois anos antes, na estação de metrô Barbès, alvejara o primeiro alemão morto em Paris.

O Partido controlava os sindicatos e boa parte da imprensa clandestina. Ele dominava dois dos três comitês de libertação e neutralizara o terceiro.* Ao longo de uma audaciosa operação, um comando comunista se apoderara de importantes fundos destinados a Chaban-Delmas pelo estado-maior das FFI de Londres. Fazia meses que os comunistas reforçavam suas posições, colocando homens em todos os postos de controle da capital. Dia após dia, ansiosos e impotentes, Chaban-Delmas e seus assessores viam homens se juntarem às milícias comunistas armadas que se organizavam à sombra.

---

* O Partido Comunista controlava o Comitê Parisiense de Libertação (CPL) e o Comitê Militar de Ação (COMAC), e estava representado por uma minoria influente no Conselho Nacional da Resistência (CNR). Fundado em 1943 por De Gaulle, o CNR era teoricamente a assembleia em que estavam reunidas todas as tendências políticas da Resistência. Em agosto de 1944, o CNR, na verdade quase paralisado pelos comunistas, havia perdido a confiança de De Gaulle. (N.A.)

Nenhuma organização, no entanto, lutara de maneira mais eficiente e pagara um tributo mais pesado à causa da libertação da França do que o Partido Comunista Francês. Embora tivessem esperado que Hitler invadisse a Rússia para se lançar na batalha clandestina contra os nazistas, na qual vários outros movimentos já os haviam precedido, os comunistas, naquele verão, devido a seu número, sua disciplina e sua coragem, constituíam um dos grupos armados mais poderosos da Resistência Francesa.* Por meio de centrais de rádio clandestinas e de agentes na Suíça, o Partido não deixara de receber ajuda e instruções de Moscou em nenhum momento.

Naquele verão, o prestígio o Partido nunca estivera tão elevado.

E todos os sacrifícios que os comunistas tinham aceito ao longo de três anos de luta clandestina produziriam frutos. Esses frutos seriam colhidos primeiro em Paris.

Jacques Chaban-Delmas sabia que os comunistas se preparavam para desencadear uma grande insurreição popular para expulsar os alemães e, a seguir, se tornarem os senhores de Paris. "Eu estava convencido", ele confessaria, "de que os comunistas estavam dispostos a arriscar a destruição da cidade mais bonita do mundo pela chance única de instaurar uma nova Comuna."

Por semanas a fio, ele fizera de tudo para convencê-los a desistir dos planos, mas fracassara. Como toda Paris, Chaban-Delmas ouvira na BBC as notícias do levante de Varsóvia. Para que Paris escapasse do trágico destino da capital polonesa, para ele havia uma única esperança: a entrada imediata dos Aliados na cidade, o que impediria os comunistas de concluir seus preparativos. Mas a mensagem que Alain Perpezat trouxera no sapato varrera para longe essa última esperança. A insurreição ocorreria.

Duas terríveis ameaças pesavam sobre Paris. Ou a Wehrmacht esmagaria a insurreição, como fizera em Varsóvia, reduzindo a cidade a uma pilha de escombros, ou os comunistas conseguiriam tomar o poder. A capital nas mãos dos comunistas receberia Charles de Gaulle, Chaban-Delmas tinha certeza, mas lhe ditaria suas próprias vontades. A França do pós-guerra, ele temia, correria o risco de se ver totalmente mergulhada numa nova tragédia.

Para o jovem general e para alguns homens do exército secreto que representavam Charles de Gaulle naquela Paris ainda percorrida pelas botas alemãs, restava uma única chance de livrar a cidade daquele dilema. Chaban-Delmas precisaria fazer a viagem de Alain Perpezat em sentido contrário. Ele

---

* Em 6 de setembro de 1944, o general Kœnig diria a Eisenhower que avaliava as forças do Partido Comunista em 250 mil homens armados e duzentos mil homens passíveis de serem armados. O exército regular da França, naquele momento, contava com menos de quinhentos mil homens. (N.A.)

tentaria chegar em Londres. Alertaria De Gaulle, Churchill, Roosevelt. Com a energia do desespero, ele suplicaria a Eisenhower que mudasse os planos e lançasse seus blindados imediatamente na direção de Paris.

7

A 120 quilômetros por hora, o Horch conversível atravessava a região da Champagne. De cada lado da estrada, sob o sol quente daquela tarde, as uvas carmins começavam a amadurecer. Confortavelmente instalado no banco de trás, Dietrich von Choltitz comia o pão integral e as salsichas que seu motorista Alfred Priez lhe preparara. Naquela manhã, Choltitz não tivera tempo de parar em Paris.

Assim que chegara ao palacete de tijolos vermelhos que abrigava, em Saint-Germain-en-Laye, o quartel-general do OB West, um coronel suado apeara de seu do cavalo e correra em sua direção.

"Felicitações, meu general", lhe dissera o coronel Heinz Abey, chefe de pessoal do OB West, "o senhor tem um novo posto. Acaba de ser nomeado comandante do Gross Paris."*

Abey acrescentara que o general precisava se apresentar imediatamente em Berlim para receber as últimas instruções antes de ocupar o posto. Ignorando o pequeno desvio que teria representado a travessia da cidade cujo destino logo estaria em suas mãos, Choltitz pegara a estrada para o leste imediatamente. Ele queria ganhar tempo. De todo modo, ele já visitara Paris duas vezes. Para Choltitz, depois de 28 anos de carreira militar, Paris era apenas um novo posto.

E quando os jornais parisienses anunciassem sua chegada, sete dias depois, o oficial que naquele momento mordia uma salsicha seria apenas mais um general alemão para os 3,5 milhões de parisienses.

Para um certo Burgdorf, porém, que estava no quartel-general de Hitler naquela tarde, Choltitz não era só mais um general. O general Wilhelm Burgdorf era o chefe de pessoal dos oficiais superiores do exército. Ele pessoalmente escolhera Choltitz para o comando do Gross Paris.

Três dias antes, Burgdorf retirara três dossiês secretos do arquivo metálico que guardava em seu cofre. Um deles tinha o nome de Dietrich von Choltitz.

Ao estudar o dossiê, Burgdorf ficara impressionado com uma coisa: a lealdade daquele oficial parecia acima de qualquer suspeita. Burgdorf precisava

---

* A extensão geográfica do Gross Paris [Grande Paris] compreendia a cidade, o departamento do Sena e amplas fatias dos departamentos de Seine-et-Oise e Seine-et-Marne. (N.A.)

de homens daquele tipo. O derrotismo começara a gangrenar o corpo de generais alemães. Nenhuma esfera parecia mais afetada do que a dos oficiais em guarnição na cidade de Paris. O comandante-chefe da França, o general Carl von Stülpnagel, fora um dos principais atores da conspiração de 20 de julho. Cego e moribundo desde uma tentativa de suicídio, ele jazia naquela tarde num enxergão da prisão berlinense de Plœtzensee e logo seria enforcado por ordens de Hitler. O comandante do Gross Paris, o velho general Wilhelm von Boineburg, tampouco inspirava confiança em Burgdorf, que também suspeitava que aquele tivesse estado envolvido no complô.

Para os dias difíceis que se preparavam em Paris, Burgdorf sabia que o OKW* precisaria de um homem de obediência e lealdade incondicionais. Choltitz parecia ser este homem. Burgdorf submetera seu dossiê ao próprio *Führer* e recomendara sua nomeação.

"Choltitz nunca discutiu uma ordem", ele dissera a Hitler, "qualquer que fosse sua severidade."

Para o oficial irrepreensível que os nazistas enviavam a Paris, a guerra no front ocidental começara às 5h30 da manhã do dia 10 de maio de 1940. Ao sair do primeiro Junker 52 que aterrissara no aeroporto de Rotterdam, o tenente-coronel Von Choltitz, à frente do 3º batalhão do 16º regimento de infantaria aerotransportada, fora o primeiríssimo invasor alemão da guerra no front ocidental.** Sua missão era tomar as pontes do Novo Mosa, ao sul da cidade.***

Mais tarde, quando lhe perguntassem se o comando de uma operação que violava abertamente a neutralidade de um país nunca perturbara sua consciência, ele simplesmente responderia: "Por que perturbaria?".

---

* OKW, ou Oberkommando der Wehrmacht: o alto-comando das forças armadas alemãs durante a Segunda Guerra Mundial. (N.T.)
** Os Panzer dos generais Heinz Guderian e Erwin Rommel atravessaram a fronteira naquela manhã apenas uma hora e meia depois da aterrissagem de Choltitz em Rotterdam. (N.A.)
*** Depois de quatro dias e noites de combates furiosos, os homens do coronel holandês Scaro ainda resistiam aos ataques de Choltitz. Por volta do meio-dia de 14 de maio, Choltitz ordenara a um padre e a um leiteiro holandês que moravam perto da ponte que ele não conseguia tomar que eles fossem às linhas holandesas para tentar convencer o coronel Scaro a se render, "caso contrário Rotterdam seria bombardeada impiedosamente". Duas horas depois, os dois plenipotenciários voltaram na companhia dos adjuntos do coronel Scaro e declararam que não tinham conseguido entrar em contato com ele. A Luftwaffe começou então a bombardear a cidade. Choltitz revelou aos autores deste livro que, depois de avaliar que o bombardeio já causara destruição suficiente, ele disparara um sinalizador para interrompê-lo. No entanto, havia tanta fumaça saindo de um navio atingido ao lado da ponte que os aviadores da terceira onda de assalto não viram o sinal. Segundo os números fornecidos em Nuremberg pelos holandeses, esse bombardeio causou 814 mortes e feriu ou desalojou 78 mil pessoas. Todo o centro de Rotterdam foi destruído. (N.A.)

Choltitz aprendera a não se fazer perguntas. Desde o dia em que nascera, na propriedade florestal de sua família, na Silésia, seu destino estava traçado. Três gerações antes da sua já tinham deixado a velha casa coberta de ardósias e ido para o exército. Formado na dura disciplina do corpo de cadetes da Saxônia, Dietrich von Choltitz demonstrara tanto ardor que fora designado para servir na corte da rainha da Saxônia na qualidade de pajem.

Choltitz vivera as horas mais gloriosas de sua carreira durante o cerco de Sebastopol. Fora lá que ganhara as dragonas de general. Quando o cerco ao grande porto do mar Negro começara, seu regimento contava com 4.800 homens. Em 27 de julho de 1942, restavam apenas 347 sobreviventes. Mas Dietrich von Choltitz, com o braço atingido por um tiro, tomara Sebastopol.

Para obter essa vitória, ele não hesitara em obrigar prisioneiros russos a levar munições a seus canhões e com elas carregar a artilharia. Ele sempre se lembrava daquela "brincadeira" pregada nos russos, quando os obrigara a carregar os canhões com as bombas que explodiriam suas próprias casas.

Nomeado a seguir para o grupo de exércitos do centro, a divisão de Dietrich von Choltitz recebera missões de combate de retaguarda. Segundo seu hábito, o general executava pontualmente as ordens que recebia. E essas ordens, naquele ano de 1943, lhe disseram para deixar a terra arrasada após a passagem do exército alemão.

A reputação de destruidor acompanharia até Paris esse general desconhecido que naquela tarde atravessava os vinhedos da Champagne. Ela não era totalmente imerecida.

"Depois de Sebastopol", o próprio Choltitz confessaria a um diplomata sueco, "minha única missão consistiu em proteger a retaguarda de nossos exércitos e destruir tudo após sua passagem."

8

Ao longo do cais, cansados e resignados, os soldados de licença esperavam. Em poucos minutos, cuspindo um vapor negro, o *Fronturlauberzug** de Berlim deixaria a estação da Silésia e os levaria para o front oriental.

Dietrich von Choltitz viajara naquele trem várias vezes. Naquela noite, porém, ele pegaria outro. Na parede externa do longo vagão no qual um leito lhe fora reservado, algumas palavras em francês, quase apagadas, trouxeram

---

* Literalmente, o trem para soldados de licença. (N.T.)

a Choltitz a lembrança de outra época. O antigo vagão da Compagnie Internationale des Wagons-Lits et des Grands Express Européens* agora pertencia ao Offizier General Führersonderzug D2,** o trem que conduziria o general a Rastenburg, na Prússia Oriental, onde ele teria seu primeiro encontro com Hitler na manhã seguinte.

Dietrich von Choltitz começou a desabotoar a túnica. Sobre a superfície de mogno envernizado acima do lavabo, o fiel Priez alinhara um sabão, uma velha lâmina Gilette e o tubo de pílulas de Rivonal que o general usava para dormir.

Choltitz estava acostumado a percorrer longos trajetos de carro, mas naquela noite ele se sentia cansado. Tendo saído da Normandia às cinco horas da manhã, ele chegara a Berlim às nove horas da noite. Assim que se instalara num quarto do hotel Adlon, o telefone começara a tocar. Era Burgdorf, que lhe ordenava viajar imediatamente para Rastenburg. Hitler, ele anunciara, queria lhe entregar pessoalmente suas novas ordens. Um encontro fora marcado para o dia seguinte, às 11h30 da manhã.

A ligação o preocupara. Raros eram os marechais que Hitler convocava. Mais raros ainda eram os generais aos quais ele se dignava conceder uma parcela de seu precioso tempo. Qual poderia ser, perguntava-se Choltitz, o motivo daquela honra? Quando o trem finalmente se pôs em movimento, ele decidiu parar de se atormentar. Começou então a folhear as páginas do grande volume de capa dura que pegara na biblioteca do hotel Adlon. Era *A história militar da guerra franco-prussiana*.

A 1.500 quilômetros da estação berlinense, sob o teto de vidro da Gare de Lyon, em Paris, outro trem se punha em movimento naquela noite. De todos os viajantes embarcados, Jacques Chaban-Delmas era o único a saber que aquele trem corria o risco de, por duas vezes antes de chegar a Lyon, ser imobilizado por longas horas devido a descarrilhamentos previstos pelo plano de sabotagem que visava desorganizar as comunicações alemãs. O próprio Chaban-Delmas havia participado desse plano. Algumas horas antes, porém, ele ordenara a título excepcional que deixassem passar o noturno Paris–Lyon, porque ele estaria no trem. Na escuridão de seu compartimento sem luz, a única coisa que Jacques Chaban-Delmas podia fazer era esperar e torcer para que suas ordens tivessem chegado aos homens que, por duas vezes naquela noite, colocariam sob os dormentes os explosivos para detonar a via.

O general Chaban-Delmas tinha um encontro marcado com um tal Lysander para a noite seguinte, num campo perto de Mâcon. Como todos os

---

* Companhia Internacional de Vagões-Leito e de Grandes Expressos Europeus. (N.T.)
** O trem especial do Grande Quartel-General (GQG) de Hitler (N.T.)

aviões que pousavam na França Ocupada, esse Lysander receberia ordens de esperar apenas três minutos por seu passageiro. Depois, com ou sem ele, o avião decolaria e voltaria para a Inglaterra. Da pontualidade desse encontro dependeria, acreditava Chaban-Delmas, a salvação de Paris.

9

Nos treze anos em que vinha servindo ao exército do Terceiro Reich, Dietrich von Choltitz só se encontrara com Hitler uma única vez. No verão de 1943, por ocasião de um almoço no quartel-general do general Von Manstein, perto de Dnipropetrovsk, Choltitz se vira sentado na frente de Hitler. Durante o silêncio religioso que acompanhara o monólogo habitual do *Führer*, Choltitz examinara à vontade o líder do Terceiro Reich. Três coisas o haviam impressionado: o otimismo contagiante que emanava de seu corpo nervoso, a total ausência de um sorriso em sua face e, por fim, "os modos de camponês silesiano com que ele comia".

Um ano depois, naquele fim de manhã chuvosa de 7 de agosto de 1944, Dietrich von Choltitz voltaria a ver Hitler. Dessa vez, porém, as circunstâncias seriam outras. As previsões otimistas de um almoço às margens do Dniepre não tinham se concretizado. As vanguardas do Exército Vermelho estavam a menos de cem quilômetros da Toca do Lobo e, a oeste, Choltitz sabia melhor do que ninguém, a Wehrmacht estava perdendo a batalha da Normandia.

Mas o general que descia do trem especial do OKW ainda estava disposto, ele confessaria mais tarde, a se deixar "reinflamar" por Hitler. Choltitz acreditava na missão histórica da Alemanha. Ele ainda acreditava na vitória. Mas, como todo crente, ele às vezes sentia a fé vacilar sob os golpes do destino que atingiam seu país. O encontro com Hitler seria uma espécie de peregrinação, portanto, da qual ele esperava sair com novas forças, "reconfortado e convencido de que ainda havia uma chance de mudar o resultado da guerra".

O homem que o recebeu à descida do trem era o ajudante de campo da SS de Hitler, o *Hauptsturmführer** Gunsche. O Mercedes de Gunsche logo entrou na densa floresta e se dirigiu ao Wolfsschanze – a Toca do Lobo. No primeiro posto de guarda das três *Sperrkreis* – barreiras de proteção –, Gunsche lhe explicou, desculpando-se, que as medidas de segurança excepcionais, em vigor desde o atentado de 20 de julho, exigiam que todas as bagagens dos

---

* Patente da SS equivalente à de capitão (*Hauptmann*) no exército alemão. (N.T.)

visitantes fossem revistadas. Terminada essa formalidade, o carro passou pelas três barreiras, formadas por arames farpados, campos minados e metralhadoras antiaéreas. Choltitz chegou então a uma última cerca de arame farpado eletrificado que protegia o santuário dentro do qual, sob a guarda de sete companhias do regimento de elite Gross Deutschland, viviam o ditador nazista e seus principais colaboradores.

O general Burgdorf esperava o visitante para levá-lo imediatamente até o *Führer*. No caminho do bunker, enquanto Burgdorf apontava para os escombros da cabana onde explodira a bomba de 20 de julho, Dietrich von Choltitz expressou sua gratidão pela confiança de que era depositário e perguntou o motivo daquela honra.

"Sabemos", respondeu Burgdorf com pressa, "que cumprirá as ordens em Paris."

Os dois jovens oficiais da SS que montavam guarda diante da porta do bunker de Hitler revistaram os dois homens para garantir que eles não levavam nenhuma arma. E sumiram. Com os dedos crispados sobre a viseira de seu quepe, sentindo atrás de si a respiração contida de Burgdorf, Choltitz caminhou até o meio da sala sem janelas. Quando chegou a meio caminho do homem que se mantinha de pé atrás de uma simples escrivaninha de madeira, deteve-se. Então, estancando bruscamente em posição de sentido, levantou o braço e exclamou:

"Às suas ordens, meu *Führer*!"*

Mas o homem que o visitante tinha à sua frente naquele momento era muito diferente daquele de um ano antes. Ele parecia, Choltitz diria mais tarde, "um velho". Tinha o rosto cinzento e o ar abatido. Seus olhos salientes tinham perdido o brilho e os ombros estavam encurvados. Choltitz notou que a mão esquerda de Hitler tremia e que ele tentava dissimular esse tremor com a mão direita.** Mas, acima de tudo, o que mais impressionou o visitante foi a voz de Hitler. As invectivas roucas que tinham inflamado e aterrorizado centenas de milhões de homens não passavam, no fundo daquele bunker iluminado com luz neon, de um fraco rumor. Um ano antes, a voz do *Führer* restaurara a confiança do próprio Choltitz.

Mas Hitler ainda reservava ao novo comandante do Gross Paris o habitual crescendo das grandes cenas de seu repertório. Com uma voz cansada,

---

* A partir de 20 de julho, a saudação nazista se tornara obrigatória para todos os membros das forças armadas. (N.A.)

** Alguns médicos estavam convencidos de que Hitler sofria do mal de Parkinson. (N.A.)

quase inaudível, ele primeiro evocou o passado, as circunstâncias sob as quais havia criado o Partido Nacional-Socialista, instrumento perfeito de condução do povo alemão ao destino histórico que lhe estava reservado.

O fraco rumor logo se tornou mais forte e mais distinto. Hitler começou a divagar. Ele falou da vitória que se preparava, de armas secretas, da Normandia. Gritos começaram a sair de sua boca e a deformá-la. Ao sair do bunker, Choltitz registraria algumas das palavras pronunciadas por Hitler naquela manhã. Mencionando o atentado de 20 de julho, Hitler rugira subitamente: "Dezenas de generais, *Herr* General, acabaram na ponta de uma corda por tentarem me impedir de concluir minha obra. Mas essa obra, que consiste em conduzir o povo alemão à vitória, ninguém poderá me impedir de realizá-la...".

"Um pouco de baba escorria dos cantos dos lábios de Hitler enquanto ele dizia essas palavras", contaria Choltitz. "Como um boneco articulado, o *Führer* se levantava, gesticulava, se deixava cair no sofá, e seu olhar se inflamava com um brilho feroz."

Com o rosto convulsionado, o corpo sacudido por espasmos, os olhos ardentes, Hitler vituperou por mais um bom tempo contra "a corja de generais prussianos" que tentara matá-lo. Até que se acalmou. Depois de um longo silêncio, ele levantou os olhos para o general que atravessara metade da Europa para aquele encontro. Dietrich von Choltitz consultaria com tanta frequência as poucas frases anotadas em seu caderno, saídas então da boca do *Führer*, que as aprenderia de cor. "O senhor irá para Paris", exclamara Hitler, "para Paris, onde hoje as únicas batalhas, ao que parece, são pelos melhores lugares à mesa dos oficiais [...] Que vergonha para nossos soldados, que travam na Normandia o maior combate da História! Portanto, *Herr* General, o senhor começará colocando tudo isso em ordem [...] Depois, transformará Paris numa cidade do front e fará com que ela se torne o terror dos emboscados e dos fugitivos. Para isso, nomeio-o comandante-chefe do Gross Paris, *Herr* General, e seus poderes serão os maiores que um general já teve [...] Confiro-lhe todas as prerrogativas de um comandante numa fortaleza sitiada..."

Hitler deu a entender que dias difíceis se preparavam em Paris e que ordens impiedosas poderiam ser dadas. Esperava-se que Choltitz as executasse sem fraquejar.

"O senhor", acrescentara Hitler, "esmagará qualquer tentativa de revolta da população civil, reprimirá sem piedade qualquer ato de terrorismo, qualquer sabotagem contra as forças armadas alemãs. Tenha certeza de que para isso, *Herr* General, receberá de mim todo o apoio necessário."

Choltitz se lembraria para sempre "do olhar cruel, desumano, demencial" que acompanhara essas últimas palavras. Naquele mesmo dia, ele murmuraria para seu motorista: "Priez, o que me espera em Paris é terrível...".

Dietrich von Choltitz fora a Rastenburg para ver um líder. Encontrara um doente. Muitas coisas decorreriam dessa decepção.

10

Para os dois homens exaustos que naquele momento atravessavam o Sena na altura da ponte de Saint-Cloud, num Horch coberto de folhagens, os telhados de Paris pareceram, em contraste com o que eles tinham acabado de ver, a Terra Prometida. O jovem e brilhante general Walter Warlimont e o major Helmut Perponcher, seu ajudante de campo, nunca se esqueceriam dos dois dias passados havia pouco no front da Normandia.

Warlimont, chefe adjunto do estado-maior da Wehrmacht, tinha sido enviado à Normandia por Hitler para supervisionar o contra-ataque de Avranches, na Operação Liège, que visava fechar a passagem por onde avançavam os tanques de Patton em direção à Bretanha. A operação fracassara. Durante as poucas horas passadas no front, Warlimont vira desmoronar a última esperança da Alemanha de empurrar os Aliados até o mar. As divisões alemãs tinham sido imobilizadas pela aviação anglo-americana. Ele próprio e seu ajudante de campo só tinham conseguido se salvar graças à extraordinária habilidade de seu motorista.

Depois de margear o Sena, o carro sujo de lama estacionou no pátio do Palais du Luxembourg. Walter Warlimont faria uma breve parada em Paris antes de voltar para Rastenburg: ele jantaria com o homem cujos aviões tinham tragicamente abandonado os soldados da Normandia, o marechal Hugo Sperrle, comandante-chefe da Luftwaffe no front ocidental.

Retesado numa túnica branca imaculada, com o peito coberto de condecorações, o enorme marechal pareceu ao jovem general "a própria imagem da serenidade quase inconsciente que parecia reinar no início de agosto de 1944 nos estados-maiores alemães instalados em Paris".*

---

* O general Jodl, ao voltar de uma inspeção no Oeste, escreveu em seu diário, em 9 de janeiro de 1944: "Há mais de 52 mil militares em Paris, dos quais apenas doze mil são combatentes". Jodl ficara atônito com o número de estados-maiores instalados em Paris, com a superabundância de seus efetivos e com a ausência de disciplina que parecia reinar entre eles. Para o austero Jodl, não havia a menor dúvida de que Paris "digerira" completamente a combatividade dos oficiais com que ele se encontrara. (N.A.)

Nos suntuosos salões onde outrora aconteciam as festas de Maria de Médici, Luís XVI e Napoleão, naquele Palais du Luxembourg tão cheio de História, onde a República Francesa instalara sua assembleia de sábios,* o marechal alemão e seu estado-maior eram provavelmente os últimos oficiais do Terceiro Reich que naquele verão ainda usavam túnicas brancas. Mostrando a seu hóspede o lugar onde Jacques-Louis David fizera o primeiro esboço de *O rapto das sabinas*, Sperrle ergueu sua taça de champanhe e sugeriu um brinde à "cidade de Paris, onde a suástica deveria tremular por mais mil anos".

Os oficiais superiores da Wehrmacht não eram os únicos a esperar, naqueles primeiros dias de agosto, que a suástica tremulasse por mais mil anos sobre Paris. Para centenas de modestos oficiais e para muitos simples soldados, os anos de guerra em Paris tinham sidos os melhores de suas vidas. Grande apreciador de música, fazia três anos que o *Sonderführer*** berlinense Alfred Schlenker, intérprete do tribunal militar que todos os dias condenava parisienses à morte, não perdia uma noite na Ópera de Paris. Naquela noite, como todas as terças-feiras, ele esperava o retorno do colega Eugen Hommens, que fora para Nogent-sur-Marne tomar banho de rio com a namorada francesa, para degustar com ele, na sala de jantar do palácio, seu prato preferido: tripas à Kœnigsberg.

No outro extremo de Paris, num elegante palacete requisitado em Neuilly, o aristocrático coronel Hans Jay, estrela das competições hípicas internacionais do pré-guerra, entrava naquele momento no banheiro. Na frente do espelho, por longos minutos, ele ajustou o monóculo, talvez imaginando o rosto da jovem que pretendia seduzir naquela noite na penumbra cúmplice do cabaré Shéhérazade. Desde sua chegada em Paris, em 1943, esse homenzinho cortês era um dos personagens mais assíduos da vida noturna de Paris. E nada, naqueles primeiros dias de agosto, prenunciava a necessidade de mudar seus hábitos.

Do outro lado do Bois de Boulogne, no número 26 da elegante Avenue Raphaël, em pleno coração do bairro de Passy, uma bonita loira de 24 anos chamada Annabella Waldner acendia, como todas as noites havia quatro anos, os candelabros de prata maciça do palacete do bilionário perfumista François Coty. Fazia quatro anos, de fato, que Annabella era a anfitriã oficial daquela bela casa, que se tornara a residência do governador militar da cidade de Paris.

---

* O Senado francês. (N.T.)
** Literalmente, líder especial. Posto criado pelos nazistas para peritos e especialistas civis em cargos com fins militares, num amplo leque de funções, como intérpretes, engenheiros civis, administradores, médicos, veterinários etc. (N.T.)

Em seus salões, ela vira passar toda a nata da Alemanha nazista, da Itália fascista, da França de Vichy. As adegas e as despensas sobre as quais ela reinava abrigavam os vinhos mais raros da França, caviar da Rússia, os melhores foies gras do Périgord. Para aquela jovem e bela mulher, aqueles quatro anos tinham sido um sonho de Cinderela. Ela tinha seu próprio carro, um motorista e até mesmo, benefício supremo, um camarote na Ópera de Paris, o camarote do general.

Alemães como Hans Jay e Annabella Waldner não era os únicos, naquela noite, a esperar que a suástica tremulasse por mais mil anos sobre a capital francesa. Vários parisienses também partilhavam dessa esperança. Para a morena Antoinette Charbonnier, de 25 anos, filha de um respeitável industrial parisiense que perdera um braço em Verdun, nada no mundo poderia ser mais horrível do que a perspectiva da libertação de Paris. Antoinette Charbonnier estava apaixonada por um oficial alemão. Os semideuses vitoriosos de junho de 1940, ela confessaria, a tinham maravilhado. "Com seus olhos de aço, suas botas pretas, seus torsos bronzeados, seus cabelos loiros, eles representavam", ela recordaria, "um mundo em que tive a súbita vontade de viver. Um mundo de força, beleza, virilidade." Por quatro anos, ela vivera nesse mundo. De braço dado com o capitão Hans Werner, ela desafiara os pais, os amigos, o próprio meio. Juntos, eles viviam a belle époque do Terceiro Reich em Paris. Frequentavam o cinema, o teatro, os cabarés. Quando Antoinette passava, patriotas indignados cuspiam no chão e cartas anônimas a ameaçavam. No entanto, apaixonada por Hans Werner, iludida pela propaganda colaboracionista, a parisiense Antoinette Charbonnier acabara acreditando nos milagres de Hitler. Não imaginava que um dia seu sonho chegaria ao fim. Naquela noite, os violinos de *Monseigneur* a fariam rodopiar nos braços do capitão Hans Werner. No movimento, sua blusa roçaria a Cruz de Ferro do belo oficial.

Mas nenhum homem gostava mais de Paris do que o ordenança do general Von Choltitz, o cabo Helmut Mayer. Nas primeiras noites, em seu quarto de serviço no hotel Ritz, Mayer tivera pesadelos. Ele vira aviões terríveis mergulhando atrás dele. Para Helmut Mayer, como para muitos alemães, o milagre que poupava Paris do destino de Berlim, Hamburgo, Munique e Colônia era a coisa mais incompreensível que havia.

Naquela noite, Helmut Mayer foi ao cinema pela primeira vez em dez meses. Ele assistiu ao primeiro episódio de *Familie Buchholz*, uma comédia alemã que estava passando no cinema Vendôme. Mayer esperava que o general demorasse para voltar. O segundo episódio só passaria na outra semana. E Helmut Mayer não queria perdê-lo por nada no mundo.

11

As esperanças do cabo Helmut Mayer seriam frustradas. Quando ele entrou no cinema Vendôme, Choltitz já estava a caminho de Paris. Às oito horas daquela noite de 7 de agosto, a bordo do trem especial de Hitler, o general deixara Rastenburg acompanhado do motorista Alfred Priez. O mesmo Mercedes preto que o buscara pela manhã o conduziria até o longo vagão azul e amarelo. Dessa vez, porém, um jovem tenente do regimento Gross Deutschland se sentara ao lado do motorista. Quando o carro parara ao lado do trem, o jovem oficial pegara a mão de Dietrich von Choltitz e murmurara: "Boa sorte, meu general, como o invejo por ir a Paris!". Choltitz se lembraria do incrível reconforto que aquela confidência lhe trouxera. "Não pensei que pudesse haver uma única pessoa no mundo que me invejasse por ir a Paris naquela noite." O encontro que ele tivera à tarde com o chefe de estado-maior da Wehrmacht, o coronel-general Alfred Jodl, não lhe deixara nenhuma dúvida sobre a natureza de sua missão em Paris. Choltitz tinha o pressentimento de que essa missão, resumida por Jodl numa ordem em cinco partes, um dia mancharia seu próprio nome e sua honra com o sangue e as cinzas da cidade mais bonita do mundo.

Da janela de seu compartimento, o general viu os pinheiros de Rastenburg desaparecerem lentamente. A noite logo chegou e o Führersonderzug percorreu as grandes planícies de trigo, planas e monótonas, de Brandemburgo. Ele tirou do bolso do casaco um charuto que o marechal Keitel lhe oferecera naquele mesmo dia, ao final do almoço. Com pequenas dentadas, metodicamente, Choltitz cortou a ponta. Depois, percebendo que não tinha fósforos, ele se levantou e abriu a porta do corredor. Debruçado na janela aberta, um viajante de cabelos grisalhos e com o peito ornado com a insígnia da suástica dos *Reichsleiter** fumava tranquilamente no meio do vagão. O general pensou reconhecer o *Reichsleiter* ao lado de quem, naquela manhã, ele se vira à mesa do marechal Keitel. Seu nome, ele se lembrava, era Robert Ley. O alto funcionário nazista parecia de excelente humor. Ele se apressou a acender o charuto do oficial e os dois logo começaram uma conversa animada. Dando pequenas baforadas em seu charuto, Choltitz contou ao *Reichsleiter* que tinha acabado de ser nomeado governador militar de Paris. Ele descreveu a entrevista que tivera com Hitler e a missão especial de que fora encarregado. O *Reichsleiter* o parabenizou vivamente e expressou a certeza de que um soldado de sua qualidade sem dúvida teria sucesso em tudo o que empreendesse. Ele sugeriu

---

* Literalmente, líder nacional. Segundo mais alto cargo político do partido nazista, logo abaixo de Hitler, e também a mais alta posição de todas as organizações nazistas. (N.T.)

um brinde ao sucesso da missão. Os *Französiche Schweine*,* aliás, produziam vinhos maravilhosos, ele disse. O mordomo de Hitler inclusive o presenteara com uma garrafa de Bordeaux que ele adoraria compartilhar ali mesmo com o novo comandante do Gross Paris.

Os dois entraram no compartimento do general e brindaram alegremente.

Confidência após confidência, o alto funcionário nazista contou ao general Von Choltitz que também se encontrara com o *Führer*. O motivo do encontro dizia respeito ao texto de uma nova lei que ele preparara e para a qual obtivera o acordo final de Hitler. Essa lei seria promulgada no dia seguinte em Berlim. Desenhando finos arabescos com a fumaça de seu Kyriazi de ponta dourada, o Reichsleiter revelou que a nova lei se chamaria *Sippenhaft*.

"*Sippenhaft*?", repetiu Choltitz com espanto.

Falando no puro sotaque da região de Hannover, da qual era originário, o *Reichsleiter* começou a explicar que a Alemanha estava passando por um dos períodos mais difíceis de sua História. Choltitz devia saber que generais a traíam todos os dias. Alguns se rendiam ao inimigo sem resistir, outros se mostravam inferiores às tarefas que recebiam, outros tentavam suprimir o próprio *Führer*. Aquelas fraquezas eram intoleráveis, não é mesmo? Os generais alemães deveriam ter uma única ambição, é claro: seguir à risca as ordens do *Führer*.

A *Sippenhaft*,** caro general, responderia justamente a isso. Com uma voz tranquila, sem demonstrar qualquer emoção, o *Reichsleiter* revelou então ao general Von Choltitz que a partir do dia seguinte, 8 de agosto de 1944, "as mulheres e os filhos dos oficiais alemães seriam considerados reféns. As famílias responderiam pela conduta dos homens. Em alguns casos, os reféns poderiam ser condenados à morte e executados".

"Ao ouvir essas palavras", diria Choltitz, "senti um longo arrepio gelar minha velha carcaça de soldado." Contemplando fixamente o líquido avermelhado que restava no fundo de seu copo, ele sentiu uma súbita vontade de vomitar. Hesitante, ele balbuciou que se a *Sippenhaft* realmente fizesse aquilo, seria o sinal de que a Alemanha simplesmente voltara às práticas da Idade Média. O *Reichsleiter* soltou um suspiro e disse que Choltitz e ele próprio infelizmente precisavam compreender que a situação atual exigia aquelas medidas.

Com essas palavras, o *Reichsleiter* esvaziou seu copo e se levantou. Os dois homens se desejaram boa noite. Eles nunca mais se veriam.***

---

* Porcos franceses. (N.T.)

** A palavra Sippenhaft significa detenção e prisão de membros de uma mesma família. (N.A.)

*** Choltitz declarou aos autores deste livro ter acreditado por muito tempo que seu encontro com o Reichsleiter Ley não fora uma simples coincidência, mas deliberadamente organizado pelo OKW. Não encontramos nenhuma prova que possa amparar essa afirmação. O general Warlimont, embora não estivesse em Rastenburg naquele dia, estava a par da visita do Reichsleiter. Segundo ele, essa visita fora marcada antes de Choltitz ser convocado por Hitler. (N.A.)

Naquela noite, o comandante do Gross Paris ficou longas horas sem conseguir conciliar o sono. Atônito com as inesperadas revelações de seu companheiro de viagem, ele pensou no destino que aquela lei demoníaca reservaria a sua família se, por infelicidade, um dia ele não pudesse executar as ordens do homem que o recebera na atmosfera glacial de seu bunker.

Após uma breve parada em Berlim, dois dias depois ele desceria em Baden-Baden, a caminho de Paris, para abraçar as duas filhas, Maria-Angelika, de catorze anos, e Anna-Barbara, de oito anos. Uberta, sua mulher, tiraria do berço o pequeno Timo e o general o faria cavalgar sobre seus joelhos. Talvez aquela fosse a última vez que o severo general alemão veria as quatro pessoas que ele mais amava no mundo e que tão pouco vira ao longo daqueles cinco anos de guerra.

Por volta das três horas da manhã, Choltitz ainda estava acordado. Então fez o que nunca fizera na vida: engoliu de uma só vez três comprimidos de Rivonal e caiu imediatamente num sono profundo.

12

Envolta num manto de neblina, a pequena cidade apenas começava a despertar no fundo do vale. No fim da Viktoriastrasse, atrás das cúpulas da igreja russa, uma velha senhora abria sua loja. Era *Frau* Gerber, a padeira. Antigamente, naquela hora, algum Duesenberg, Rolls ou Bugatti às vezes parava na frente de sua padaria. Para os notívagos de smoking e vestido longo, terminar a noite com os pretzels de *Frau* Gerber era uma tradição. Naquele quinto ano de guerra, infelizmente, Baden-Baden já não tinha notívagos. Ao fundo de um gramado, atrás de colunatas brancas, o cassino *belle époque* estava fechado. A primeira cliente de *Frau* Gerber seria a pequena criada de uma família de refugiados do bairro. Para Dietrich von Choltitz, os pretzels que Johanna Fischer compraria seriam os últimos da guerra.

Entre Rastenburg e Baden-Baden, o general fizera uma única e breve escala em Berlim: o tempo de Priez correr até uma loja da Potsdamerstrasse e comprar as novas dragonas que ele agora usaria no uniforme. Pois, ao descer do trem do OKW, um telegrama esperava Choltitz. Assinado pelo general Burgdorf, ele anunciava ao comandante do Gross Paris sua promoção a general de exército "por decisão especial do *Führer*".

No carro que o conduziu a Baden-Baden, Dietrich von Choltitz passou a noite toda se perguntando sobre os obscuros desígnios que aquela súbita promoção esconderia. O OKW, ele sabia, nunca confiara o governo de uma cidade, ainda mais uma capital, a um general de exército. Em Paris, nenhum governador jamais estivera acima da patente de general de divisão.

Quando o Horch preto chegou às primeiras casas de Baden-Baden, Dietrich von Choltitz decidiu parar de se atormentar: ele sabia que, para Uberta von Choltitz, neta e filha de oficiais, não haveria maior alegria, naquela manhã, do que as novas dragonas do marido.

Maria-Angelika e Anna-Barbara ainda se lembram do pantagruélico café da manhã que festejou a chegada do pai. "Ele trouxe de Rastenburg", contam elas, "um grande pacote misterioso que ele chamava de *Führer Packet*. Era o presente que Hitler reservava aos visitantes da Toca do Lobo. Ele continha *pumpernickel*, geleia, chocolate, latas de patê, bombons e até um *stollen*, o saboroso pão de especiarias e gengibre."

Mas Maria-Angelika e Anna-Barbara pouco ficariam com o pai. Por volta das dez horas, o general Von Choltitz, recém-barbeado, se despediu da família e entrou no carro. Nenhuma emoção aparente marcara as breves horas daquele encontro. Por gerações e gerações que se sucediam sob a bandeira da Alemanha, os Choltitz não conheciam a dor das separações. Em dezoito anos de casamento, Uberta von Choltitz se acostumara àquelas ausências. Para ela, Paris era um novo posto na carreira do marido e nada mais. E embora ela sentisse uma apreensão fora do comum naquele momento, tratava-se de um sentimento estritamente pessoal que só dizia respeito a ela mesma e à ideia que ela tinha de Paris. Alguns minutos antes que o Horch preto levasse seu marido para o oeste, Uberta von Choltitz notara que Alfred Priez subira rapidamente ao quarto do general para buscar a pesada mala que ele havia esquecido. Uberta sabia que a mala continha vários trajes civis.

13

Naquela manhã, na Rue Saint-Martin, um homem curvado sobre o guidom de sua bicicleta pedalava cantarolando. Era o sindicalista Yvon Morandat. Ele tinha todos os motivos do mundo para estar feliz. Era jovem. Estava apaixonado. E a causa à qual ele apaixonadamente se dedicara logo triunfaria: a hora da libertação se aproximava.

Morandat se sentia seguro, inclusive. Apenas três pessoas sabiam que ele passaria por aquela rua antes das dez horas da manhã, os três jovens comunistas com quem ele justamente marcara um encontro na Rue Saint-Martin.

Para Yvon Morandat, aquela aventura começara numa manhã de junho de 1940. Naquele dia, no Trentham Park de Manchester, cinco caçadores alpinos*

---

* Soldados de infantaria do exército francês especializados em combates em terrenos montanhosos. (N.T.)

tinham saído das fileiras de seu regimento para se juntar a um general chamado De Gaulle. Morandat era um deles.* Seu instinto e sua confiança, desde então, tinham sido recompensados: Yvon Morandat era hoje um dos poucos parisienses em quem Charles de Gaulle tinha total confiança. Ao lado de Jacques Chaban-Delmas, ele pertencia ao seleto pequeno grupo de homens que formava a liderança gaullista.

Yvon Morandat pedalou com mais força. O meio-fio que acompanhava a rua logo deu lugar a um pequeno muro. O ciclista o reconheceu e viu que estava quase chegando. Foi então que sentiu a presença, à sua esquerda, de outro ciclista tentando ultrapassá-lo. Quando este chegou a seu lado, Morandat viu um pé tocar sua roda da frente. Bruscamente desequilibrado pelo choque, ele soltou o guidom e, caindo, voou na direção do muro. Naquele momento, Yvon Morandat ouviu um motor acelerando ruidosamente. Ele se virou e viu um veículo se aproximando dele como um touro. Com grande esforço, ele tentou se levantar e se agarrar às pedras para subir no muro. Mas o muro era alto demais. Num piscar de olhos, Morandat decidiu se achatar contra esse muro. Ele sentiu o para-lama do carro roçar seu corpo enquanto as rodas esmagavam sua bicicleta. O carro seguiu em frente e desapareceu no Boulevard Saint-Denis.

Morandat ainda tremia quando o primeiro pedestre o ajudou a se levantar. "Meu Deus", exclamou o homem, "tentaram matar o senhor."

Abandonando a carcaça retorcida da bicicleta no meio da rua, Morandat seguiu a pé para o encontro com os três comunistas que o esperavam. O espanto que descobriu em seus rostos, quando eles o viram, o fez ter certeza. Yvon Morandat convenceu-se para sempre de que, naquela manhã, os comunistas tinham tentado matá-lo.**

---

* Os outros 144 membros da unidade, todos evacuados de Narvik, escolheram, a conselho de seus oficiais, voltar para a França. (N.A.)
** Morandat também tinha certeza do motivo pelo qual os comunistas tinham tentado assassiná-lo. Alguns dias antes, na ponte Mirabeau, um amigo comunista lhe apresentara um homem que falava francês com um sotaque eslavo muito forte. Ao socialista Morandat, o desconhecido explicara que o Partido Comunista o considerava há muito tempo um purista e um idealista. O grande perigo que a Europa corria, ele explicara, era a colonização e a exploração econômica dos Estados Unidos. A única nação sobre a qual a Europa podia contar para escapar dessa tirania era a Rússia soviética. Ele convidara então Morandat a trabalhar para o Partido. O que se esperava dele, o homem afirmara, era apenas que mantivesse um agente de ligação do Partido informado sobre as instruções que Londres enviava à delegação gaullista de Paris. Em contrapartida, ele dissera, Morandat podia contar com o Partido para apoiar incondicionalmente qualquer carreira política que ele seguisse depois da guerra. Morandat recusara a proposta secamente. Alguns dias depois, ele descobrira a identidade de seu misterioso interlocutor. Ele se chamava Kaganovich. Era um primo de Lazar Kaganovich e fazia viagens frequentes da Suíça para a França Ocupada para levar ao Partido Comunista Francês as instruções de Moscou. (N.A.)

* * *

Curvadas sobre seus genuflexórios, algumas idosas vestidas de preto terminavam o rosário na penumbra do coro. Na igreja Saint-Germain-l'Auxerrois, sob o campanário que, quatro séculos antes, soara a noite de São Bartolomeu,* a missa das oito horas acabava de terminar. Na sacristia, onde o padre guardava seus ornamentos, um homem abriu de repente a porta. "Padre", ele disse, "eu gostaria de me confessar."

Muitos anos depois, antes de morrer, depois de ele mesmo se tornar pároco de uma pequena aldeia do Périgord, o austero coronel Henri de Margueritte revelaria por que, naquela manhã, ele quisera se confessar.

Convencido de que havia uma ameaça para o futuro da França entre os membros da Resistência parisiense, da qual era um dos líderes, ele fora pedir a um padre, no sigilo de um confessionário, autorização para cometer um assassinato.

O homem que o coronel Henri de Margueritte queria matar se chamava Rol. Esse homem fora nomeado no lugar do engenheiro Pierre Lefaucheux, depois da prisão deste, para liderar os elementos armados da Resistência parisiense. Ele era comunista. Escondido num posto de comando do subúrbio leste, Rol tinha muitas preocupações naquela manhã. Articulava aquele que seria o acontecimento decisivo de seus 36 anos de vida, o que De Gaulle e Eisenhower temiam acima de tudo: uma insurreição em Paris. Quando a insurreição eclodisse, ele seria o líder. Desde que fora nomeado líder regional das Forças Francesas do Interior para a Île-de-France, Rol não poupara a si mesmo nem seus homens para aquele momento.

Filho de um oficial naval bretão, Rol dedicara mais da metade de sua jovem vida ao serviço do Partido Comunista Francês. Aos treze anos, ele abandonara a escola para ganhar a vida. Então se matriculara em aulas noturnas e se inscrevera no Partido. Tornando-se militante sindicalista, Rol entrara para a Renault como operário não especializado. Em pouco tempo, porém, as fábricas Renault, Citroën e Breguet expulsaram esse organizador de greves. Em 1936, Rol se engajara nas brigadas internacionais e lutara na Espanha. Oito anos depois, adotara na Resistência o pseudônimo Rol, em homenagem a um companheiro morto em Sierra Caballes.** Três anos depois, com a eclosão da

---

* Os sinos da igreja Saint-Germain-l'Auxerrois teriam tocado insistentemente na noite de 24 de agosto de 1572, soando o alarme na cidade e desencadeando um massacre de civis protestantes, naquele que ficou conhecido como Massacre da Noite de São Bartolomeu. (N.T.)
** O líder das FFI da Île-de-France se chamava, na verdade, Henri Tanguy. (N.A.)

guerra mundial, por mais comunista que fosse,* Rol não tentara se subtrair às obrigações militares de seus compatriotas. Ele cumprira corajosamente seu dever e fora ferido num regimento de atiradores senegaleses. Recuperado dos ferimentos, juntara-se à Resistência e, desde então, não cessara de lutar. A coragem tranquila, a obstinação feroz e o patriotismo incontestável despertavam admiração até mesmo em seus inimigos políticos mais inflamados.

O fato de um católico fervoroso chamado Henri de Margueritte cogitar assassinar esse homem e de um socialista de nome Morandat suspeitar que os comunistas tentavam matá-lo mostrava a que ponto as paixões políticas ameaçavam dividir a Resistência parisiense quando sua hora mais gloriosa soava.

Com a interrupção dos lançamentos de armas por paraquedas na região parisiense, no mês de junho, o abismo que separava comunistas e gaullistas não parava de crescer. Agora, os comunistas seguiam seu próprio caminho. A vitória, eles sabiam, dependeria da capacidade de mobilizar e manejar as massas populares parisienses, que estavam longe de se submeter aos comunistas, partilhar sua fé ideológica e conceder à política stalinista o mesmo apoio incondicional. Mas a população de Paris, como a da França em geral, tampouco tinha sido conquistada pelo gaullismo militante. Na verdade, as massas populares, da mesma forma que a Resistência organizada, estavam majoritariamente constituídas de franceses patriotas, ansiosos por expulsar o ocupante. E essa vontade de ação imediata se coadunava muito mais com a tática preconizada pelos comunistas do que com a sugerida pelos gaullistas. Percebia-se isso muito bem no Conselho Nacional da Resistência, onde os comunistas dispunham de uma minoria de assentos, correspondentes à sua influência e a seus efetivos, mas onde sempre havia unanimidade quando era preciso escolher entre a espera e a ação.

Em poucos dias, os comunistas lançariam a onda de greves que inevitavelmente levaria a cidade a uma insurreição armada contra os alemães. Para Paris, para seus habitantes, para a França, aquela seria uma decisão de riscos incalculáveis. Mas os comunistas estavam dispostos a pagar o preço.

O sólido bretão chamado Rol, que o coronel Henri de Margueritte queria assassinar naquele dia, logo bateria o punho sobre uma mesa e exclamaria: "Paris vale duzentos mil mortos!".

---

* Em 1939, a Alemanha era aliada da União Soviética. (N.A.)

14

Nos degraus de entrada do palacete da Avenue Raphaël, número 26, o general Wilhelm von Boineburg Lengsfeld e seu ajudante de campo, o subtenente conde Dankvart von Arnim, conversavam tranquilamente à espera de seu convidado. Entre o velho oficial de monóculo e o jovem nobre brandemburguês, vários laços tinham se formado nos últimos dezoito meses e a relação entre eles dispensava o protocolo. Cruelmente mutilado por um tanque soviético às portas de Stalingrado, onde comandava a 23ª divisão blindada, Boineburg fora nomeado governador de Paris em fevereiro de 1943. Até a primavera do ano seguinte, em toda a Europa ocupada pelos nazistas, nenhum território seria mais fácil de administrar do que os 55 quilômetros quadrados da capital francesa.*

O relatório que todas as manhãs reunia no hotel Meurice, às onze horas, o governador de Paris e os oficiais comandantes das unidades da guarnição, havia sido, até o dia 14 de março de 1944, uma simples formalidade. Naquele dia, porém, um oficial enviado por Berlim se apresentara ao general Von Boineburg e lhe solicitara certo dossiê empoeirado. A capa desse dossiê dizia: "Medidas de defesa caso o inimigo lance uma operação aérea sobre Paris". Feito em agosto de 1942, depois do desembarque de Dieppe, esse dossiê desde então dormia nos arquivos do governador militar de Paris.

Dez dias depois, o mesmo oficial voltara de Berlim. Os oficiais do 3º gabinete do OKW tinham achado aquele plano de defesa "grosseiramente insuficiente". Entre as modificações feitas ao plano, havia uma lista de destruições que deveriam ser provocadas na cidade caso esta se tornasse um campo de batalha.

Julgando essas destruições inúteis e criminosas, Boineburg propusera então que o OKW formasse uma linha de defesa à frente de Paris. Ocupada pelos 25 mil homens da 325ª divisão de segurança, dotada de uma artilharia potente, essa linha seria, ele argumentava, um obstáculo importante antes de Paris. Assim nascera um novo dossiê. Nas pastas do hotel Meurice, ele era chamado de Linha Boineburg.

Iniciados com ímpeto depois da invasão,** os preparativos tinham bruscamente desacelerado no início de julho. Uma notícia extraordinária de fato

---

* Em dezessete meses, os homens do 1º regimento de segurança, comandado por um velho amigo de Boineburg, o coronel barão Kurt von Kræwel, só precisaram lidar, segundo esse coronel, com cinco casos envolvendo franceses. E mesmo assim, ainda segundo Kræwel, tratava-se de delitos de direito comum. (N.A.)
** A invasão da Normandia, ou Dia D, teve início em 6 de junho de 1944. (N.T.)

se disseminara no círculo imediato do general Von Boineburg: em Berlim, um grupo de oficiais se preparava para suprimir Hitler. Embora nunca tenha deixado transparecer nenhum de seus reais sentimentos, Boineburg compartilhava das ideias dos conspiradores. Em 20 de julho, quando o código *Uebung* chegara ao estado-maior do general Von Stülpnagel, comandante militar na França, Boineburg não hesitara. Em sua presença, às 22h30 daquele dia, seu amigo tenente-coronel Von Kræwel, à frente de um batalhão do 1º regimento de segurança, prendera 1.200 membros da SS e agentes da Gestapo. Naquela noite, porém, nos salões do palacete Raphaël, Boineburg ouvira a voz de Hitler anunciando o fracasso do atentado e a impiedosa repressão que se abateria sobre os conspiradores.

Resignado, Boineburg esperara, dia após dia, uma punição. Esta chegara na noite de 3 de agosto, na forma de um telegrama do OB West que anunciava secamente que o general Wilhelm von Boineburg estava "suspenso de suas funções no posto de governador militar de Paris e seria substituído pelo general Dietrich von Choltitz".

O governador a princípio ficara surpreso com a relativa clemência de sua destituição. Depois, se perguntara sobre o desconhecido general que o substituiria. Ele consultara o anuário do exército. "Rotterdam... Sebastopol...", ele lera.

Para o velho general, o homem que por volta das oito horas da noite do dia 9 de agosto de 1944 descera de seu Horch e sem mais nem menos exclamara "*Heil* Hitler!" à frente da entrada do número 26 da Avenue Raphaël só podia ser, dadas as circunstâncias, um nazista incondicional. Vendo-o subir os degraus da entrada, Boineburg confidenciara em voz baixa a seu ajudante de campo: "Acredite, Arnim, ele só pode ser *ein ganz harter*, 'um sujeito durão'".

Dez olhares perscrutadores esperavam, numa pequena sala de veludo verde, o novo comandante do Gross Paris. Para o austero e arrogante coronel Von Unger, chefe de estado-maior, para o chefe do 2º gabinete, o enigmático coronel Hagen, para o elegante e cínico coronel Jay, chefe do 3º gabinete, e para alguns outros oficiais, "foi um momento patético", conta Dankvart von Arnim. Alguns daqueles homens tinham participado ativamente da fase parisiense do complô de 20 de julho. Mas também havia entre eles alguns nazistas convictos. Qualquer que fosse a política de Choltitz em Paris, ele precisaria fazer uma triagem daqueles homens. Entre rostos desconhecidos, no ambiente refinado demais daquela noite, ele já sentia as primeiras angústias da solidão que o acompanharia até o desfecho final, dezesseis dias depois.

Entre hortulanas e profiteroles de chocolate do chef Gourguilev, Boineburg e seus oficiais ouviram, no silêncio religioso do jantar, o convidado falar com voz grave e firme de seu encontro com Hitler.

Ao fim do longo monólogo de Choltitz, depois que ele contou sobre seu encontro com o *Reichsleiter* Robert Ley e as revelações a respeito da *Sippenhaft*, houve, conta Arnim, "um rumor incômodo entre os presentes". Não havia mais dúvidas quanto às intenções de Hitler em relação ao papel estratégico destinado a Paris. Mas uma incerteza permanecia: de que maneira Choltitz executaria as ordens que recebera pessoalmente do *Führer*? Ele retomaria os preparativos da linha Boineburg e garantiria a defesa de Paris por fora da cidade? Ou, ao contrário, faria da própria Paris um verdadeiro campo de batalha?

Ao longo do dramático tête-à-tête que teve com Choltitz um pouco mais tarde naquela noite, Boineburg, ainda assombrado com a lembrança de Stalingrado, instou seu sucessor a "não tentar nada que pudesse causar destruições irreparáveis em Paris". Diante dessas palavras, porém, o rosto de Dietrich von Choltitz, segundo Arnim, permaneceu tão impenetrável quanto o do Buda barrigudo que reinava sobre o aparador da lareira de mármore não muito longe de um grande retrato de Hitler.

Pouco antes da meia-noite, deparando-se no vestíbulo com o cabo Helmut Mayer, seu fiel ordenança, Dietrich von Choltitz deu a primeira ordem de seu novo comando: "Mayer", ele pediu, "mande preparar meu quarto no hotel Meurice!". Depois, virando-se para Boineburg para se despedir, ele acrescentou, com um toque de sarcasmo na voz: "Para os dias que tenho pela frente, general, é de um posto de comando que preciso, não de uma residência".

Depois que o barulho do Horch desapareceu na escuridão, Wilhelm von Boineburg pegou seu jovem ajudante de campo pelo braço e murmurou num suspiro: "Os belos dias de Paris, conde Von Arnim, chegaram definitivamente ao fim...".

15

Para o engenheiro Pierre Lefaucheux, de 45 anos, o drama havia começado no dia 7 de junho às seis horas da tarde, quando a porta do apartamento onde ele estava, no quarto andar do número 88 da Rue Lecourbe, foi derrubada. Naquela noite, de uma só vez, a Gestapo prendera Lefaucheux, líder da Resistência em Paris, e sete de seus associados. A maior captura em quatro anos.

Agora, com o corpo mortificado por dias de tortura, Pierre Lefaucheux jazia sobre um enxergão na penumbra de uma cela da prisão de Fresnes, de ouvidos em pé. Ele espreitava o som metálico da rolante que trazia o café. O rangido desse carrinho pulando nas pedras desiguais do pátio, cinco andares abaixo, tinha um significado especial para Pierre e para os outros 2.980 detentos da prisão de Fresnes.

Se o carrinho passasse, era o sinal de que um novo comboio de prisioneiros partiria naquele dia de Fresnes para os campos de concentração alemães. Pierre Lefaucheux ouviria, umas depois das outras, as pesadas portas das celas dos que partiriam serem abertas. Na aurora esbranquiçada, a rolante lhes levaria o último café que eles beberiam em solo francês. Tenso, angustiado, Pierre esperaria então que o carrinho passasse por sua cela. Quando seu rangido finalmente sumisse, no fundo do corredor, ele soltaria um longo suspiro.

Pela lucarna de sua cela, Pierre avistou as primeiras luzes da aurora e sentiu um alívio. O dia nascia. Ele agora podia ter certeza de que naquele dia, 10 de agosto de 1944, a rolante do café não passaria...

Pierre sabia, portanto, que aquele seria mais um dia, o 64º, na prisão de Fresnes, mais um dia em que ele não seria deportado para Dachau ou Buchenwald, durante o qual os exércitos aliados se aproximariam de Paris, em que ele poderia manter a esperança de que, cedo ou tarde, seria libertado.

Para Pierre Lefaucheux, como para todos os prisioneiros da Gestapo em Paris, para os 3.230 prisioneiros políticos de Fresnes e do sinistro forte de Romainville, para os 1.532 judeus presos nos prédios do campo de Drancy, aquelas manhãs de agosto eram manhãs de espera e esperança.

De sua janela do bloco III, em Drancy, o operador de câmbio Paul Appel olhava para os ônibus verdes enfileirados sob o sol matinal. Antigamente, aqueles ônibus transportavam parisienses pelas ruas da capital. Agora, Paul Appel sabia que eles seriam utilizados para transportar os últimos judeus do campo de Drancy até a pequena estação vizinha de Bobigny, onde seriam embarcados em vagões de carga. Ninguém sabia melhor do que Appel o que os esperava ao fim da viagem. Desde julho de 1943 ele conseguia evitar sua própria deportação trabalhando na administração do campo. Ele não tinha nenhuma ilusão sobre o significado das deportações. Naquela manhã, Appel sabia que estaria no último comboio a deixar Bobigny. Na véspera, o comandante austríaco do campo, *Hauptsturmführer* Brunner, lhe entregara uma lista de cinquenta nomes de prisioneiros que deviam a todo custo ser enviados para a Alemanha. O nome de Appel era um deles.

No forte de Romainville, o caderno que um tenente da SS segurava embaixo do braço anunciava a preparação de um novo comboio. Nos dias de partida, o oficial sempre chegava ao campo, antes da chamada das seis horas da manhã, com aquele caderno. Durante a chamada, ele abria o caderno e gritava o nome dos prisioneiros que deviam partir, riscando-os do papel.

Como todas as manhãs, a prisioneira Yvonne de Bignolles, cozinheira do campo, esvaziava um pote de geleia numa panela e esperava a chegada do oficial com seu caderno. Ela sabia que, no fundo do pote de geleia, encontraria um pedaço de papel ali escondido pela velha zeladora, que todos os dias era autorizada a levar aquela modesta oferenda: um pote de geleia para 257 prisioneiros. Yvonne de Bignolles sacudiu o pote de cabeça para baixo e finalmente encontrou o pequeno pedaço de papel. Naquele dia, leu as seguintes palavras: "Presença americana Alençon". Alvoroçada, a jovem se atirou nos braços de sua melhor amiga no campo, uma cantora polonesa tuberculosa chamada Nora, e murmurou: "Eles estão em Alençon". Na hora do café da manhã, aquela mensagem de esperança se espalharia pelo campo inteiro. Ela permitira que 257 prisioneiros angustiados aguentassem mais um dia.

Para alguns prisioneiros da Gestapo, a deportação para a Alemanha parecia, ao contrário, o destino mais desejável. Muitos acreditavam, como a jornalista bretã Yvonne Pagniez, detida em Fresnes, que todos os que ficassem para trás depois do último comboio seriam fuzilados. Para homens como o capitão Philippe Kuen e o engenheiro Louis Armand, qualquer coisa parecia melhor do que as torturas da Gestapo, na Rue des Saussaies. Kuen, assessor de Jade Amicol, do Intelligence Service, e Armand, líder de uma rede de resistência das estradas de ferro francesas, tinham acabado de chegar a Fresnes. A Gestapo sabia da importância desses dois homens. Ela não abriria mão de nenhum suplício para obter as informações desejadas. Para Armand e Kuen, isso significava que a qualquer momento eles podiam ser atirados num furgão preto e levados para a Rue des Saussaies.

Com o ouvido colado na parede de sua cela, Louis Armand ouvia um som imperceptível. Ele reconheceu a voz de seu vizinho de cela. "Coragem", dizia a voz, "não vamos partir!"

Mas nada no mundo teria deixado Louis Armand mais feliz naquela manhã do que saber que deixaria Fresnes.

A poucos quilômetros da prisão de Fresnes, no conforto macio de seu luxuoso apartamento da Rue Montrosier, um homem rechonchudo de pijama de seda branca fazia, mentalmente, o inventário de todos os alemães que ele conhecia em Paris. Raoul Nordling, cônsul-geral da Suécia, conhecia muitos. Na qualidade de decano do corpo consular da capital, ele era regularmente convidado às recepções oficiais. Caminhando de um lado para outro na sala de janelas altas com vista para o Bois de Boulogne, Nordling buscava uma maneira de chegar ao único alemão com quem ele gostaria de falar naquele dia. Ele só o conhecia pelo nome de Bobby. Vira-o uma única vez, em 1942, no terraço do Chez Francis, na Place de l'Alma. Eles tinham sido apresentados pelo único alemão em quem Nordling confiava, um empresário berlinense que o sueco suspeitava manter relações com o Abwehr, o serviço secreto do exército alemão.

"Se algum dia precisar que uma porta se abra", ele lhe aconselhara, "procure Bobby. Em Paris, ele abre todas as portas."*

Raoul Nordling de fato precisava abrir algumas portas. Portas de verdade, as que fechavam as celas de Pierre Lefaucheux, Yvonne de Bignolles, Louis Armand e milhares de presos políticos que ele queria colocar sob a proteção da Cruz Vermelha. Nordling sabia que em Caen e em Rennes os soldados da SS tinham massacrado os prisioneiros antes de partir. Ele tinha certeza de que a mesma coisa aconteceria em Paris. Até então, todas as suas iniciativas junto à Gestapo tinham fracassado. Mas a Gestapo logo partiria** e, se o irremediável não fosse cometido com sua partida, a Wehrmacht se encarregaria dos prisioneiros políticos. Essa perspectiva lhe dava uma nova chance. Ele interviria junto ao novo governador de Paris. Para um encontro com o general, Nordling tinha certeza de que Bobby, se ele conseguisse encontrá-lo, seria o homem certo para isso.

No apartamento do número 6 da Rue Euler, que requisitara para uso pessoal, Emil Bender fechava suas últimas malas naquele exato momento. Em poucas horas, ele deixaria Paris. Bender recebera ordens de seu superior, o coronel Friedrich Garthe, chefe do Abwehr na França, para se apresentar em Sainte-Menehould antes do cair da noite. Mas Bender tinha outros planos. Munido de um salvo-conduto do Abwehr, sua intenção naquele dia era ir para a Suíça, encontrar a noiva em Zurique e se retirar da guerra.

Seria com tristeza que o belo piloto de têmporas grisalhas deixaria Paris. Pseudorrepresentante de uma fábrica suíça de pasta de celulose, Emil Bender trabalhava em Paris para a Abwehr desde 18 de junho de 1940. Sua primeira missão consistira em se infiltrar no mundo dos negócios franceses. Mais tarde, o Abwehr o encarregara da delicada missão de localizar e requisitar objetos de valor que, vendidos na Suíça, proporcionariam ao Abwehr o dinheiro necessário

---

* Os serviços de contraespionagem americanos sabiam onde Bobby estava naquela manhã. Seu nome e seu endereço figuravam numa lista ultrassecreta de pessoas a serem capturadas com prioridade absoluta assim que os Aliados entrassem em Paris. Sob o número-código P 2411126, lia-se: Bender Emil, vulgo Bobby, escritório: Rue Galilée, no 24 Apartamento: Rue Euler, no 6, Paris. (N.A.)

** Nenhum membro da Gestapo e da polícia podia cair nas mãos do inimigo. Era uma ordem formal de Himmler. Nordling conhecia essa ordem e por isso pensava que, com a proximidade dos Aliados, a Gestapo deixaria Paris sem demora. (N.A.)

para pagar os milhares de agentes que mantinha mundo afora. Mas essas não eram as únicas atividades de Bender. Desde 1941 ele também se tornara um dos membros mais importantes de uma rede antinazista constituída dentro do próprio Abwehr.

O telefonema de Nordling, Bender se lembra, foi atendido pouco antes de ele deixar o apartamento. O velho diplomata precisou fazer uso de toda sua habilidade para que Bender aceitasse adiar a viagem por alguns dias. Ele prometeu apoio ao cônsul. Em três ou quatro dias, calculou, ainda conseguiria chegar à fronteira suíça.

Estava enganado. Em quinze dias, se tornaria prisioneiro dos franceses. Durante essas duas semanas, porém, teria a oportunidade de reembolsar, multiplicados por cem, todos os quadros e joias pilhados em Paris pela Abwehr.

16

Somente um inglês particularmente observador poderia notar um detalhe incomum no Rover verde que naquela noite saía das folhagens do Hyde Park e entrava na avenida The Mall. Dezenas de carros como aquele percorriam havia cinco anos as ruas de Londres e todos tinham em seus para-choques a mesma insígnia vermelha, branca e azul, as cores do Império Britânico. Mas um detalhe insignificante diferenciava o Rover que logo parou na frente do Almirantado. As cores das insígnias nos para-choques estavam invertidas: azul, branco e vermelho, como a bandeira da França.

Dois generais desceram do carro. Um estava em trajes civis. Jacques Chaban-Delmas havia chegado a tempo para o encontro com o avião que fora buscá-lo perto de Mâcon.

Desde que chegara em Londres, Chaban-Delmas defendia a causa da capital de seu país junto a todos os chefes aliados que aceitavam recebê-lo. Agora, acompanhado do general Pierre Kœnig, chefe das Forças Francesas do Interior, ele se dirigiria pessoalmente a uma autoridade superior.

Vinte e cinco metros embaixo da terra, em seu pequeno gabinete coberto de mapas perto do Admiralty War Room, o general sir Hastings Ismay, chefe de estado-maior pessoal de Winston Churchill, aceitara receber os dois franceses. Nos mapas, lembra-se Chaban-Delmas, as linhas vermelhas que avançavam como tentáculos ilustravam com exatidão a intensa movimentação em torno de Paris, que os gaullistas queriam a todo custo deter. Com todo o ardor de sua juventude, Chaban-Delmas explicou os riscos terríveis que Paris correria se os Aliados não alterassem seus planos. Ismay o ouviu gravemente, com interesse e simpatia. Ele prometeu mencionar imediatamente o caso de Paris ao próprio Churchill. Mas advertiu seu visitante que ele deveria tentar de tudo para manter o controle da situação em Paris, pois era *most unlikely*, muito pouco provável, que os Aliados aceitassem modificar sua estratégia.

Por trás das janelas cuidadosamente vedadas do prédio vitoriano ao número 7 da Bryanston Square, em Chelsea, as luzes ficariam acesas até o nascer do sol. Antes de voltar para a França Ocupada, Jacques Chaban-Delmas prepararia com Kœnig e seu estado-maior um plano de emergência para tentar manter, de qualquer forma, o controle da situação em Paris.

Acima de tudo, antes de ir embora ele enviaria um SOS a Charles de Gaulle. Enquanto De Gaulle não dissesse a palavra final, o "não" dos Aliados não seria definitivo, ele pensava.

Chaban-Delmas não podia saber a que ponto Charles de Gaulle, em seu aparente isolamento em Argel, estava decidido a dar a palavra final.

No outro extremo da Europa, sob a copa impenetrável das árvores centenárias de Rastenburg, Adolf Hitler teria naquela noite sua segunda conferência estratégica cotidiana.

As instalações do mais importante quartel-general que o exército alemão já teve em sua história, mergulhadas num blecaute impiedoso, "davam a impressão de cidade fantasma", lembra o general Walter Warlimont. Até a imensa floresta parecia ter sido abandonada pelos animais num raio de centenas de quilômetros. Lobos, raposas e corujas haviam fugido, expulsos pelas minas e pelos arames farpados eletrificados. Nos acampamentos, nos bunkers, nos postos de guarda, outros sons substituíam os da floresta. O zumbido dos ventiladores, as campainhas incessantes dos telefones, o clique dos teletipos e das máquinas de escrever desgastavam 24 horas por dia os nervos de centenas de homens que, duas vezes por dia, esperavam que o líder do Terceiro Reich comunicasse suas decisões.

Segundo seu hábito, o general Walter Warlimont chegara meia hora antes do início da conferência. Ele levava vários dossiês e, enrolados embaixo do braço esquerdo, os mapas de estado-maior nos quais Hitler estudaria a situação. Desde 22 de julho Warlimont deixara de usar sua pasta de documentos de couro de porco, para não passar pela humilhação de ser revistado pelos jovens SS de uniforme preto da guarda pessoal de Hitler.

Sem esperar a chegada do *Führer* e dos outros oficiais, ele abriu sobre a mesa de conferências o imenso mapa em escala 1:1.000.000 de todo o front ocidental, depois os mapas de setor, em escala 1:200.000, nos quais os oficiais do 3º gabinete tinham traçado a linha do front tal como estava nas últimas horas do anoitecer. Logo mais, depois do exame da situação no Leste, Warlimont colocaria os mapas na frente de Hitler e este os cobriria, como sempre, de rabiscos. Naquela noite, Warlimont sabia, o traçado do front provocaria um novo ataque de fúria de Hitler, pois indicava que 46 divisões inimigas* rumavam para o Norte e se aproximavam do Sena entre Rouen e Elbeuf. Ao sul e a sudoeste de Paris, Dreux, Chartres e Orléans tinham sido alcançadas. Warlimont sabia que, estrategicamente, Hitler tinha razão, pois se o Sena fosse atravessado, os alemães precisariam evacuar as rampas de lançamento de V-1 que bombardeavam a Inglaterra e desmanchar as rampas de V-2 em construção. Todos os dias, Hitler recebia de seu futuro cunhado, o general da SS Hermann Fegelein,** um relatório sobre o estado das obras de construção das rampas de lançamento de V-2. O estado-maior da SS*** do 5º Corpo de Mísseis instalado em Maisons-Laffitte anunciava que cerca de cinquenta mísseis disseminados pelo Norte da França**** logo se tornariam operacionais. Quanto aos V-1 que caíam sobre Londres desde 16 de junho, Hitler sabia que seu raio de ação era pequeno demais para que pudessem ser utilizados em caso de recuo.*****

A salvaguarda das rampas de lançamento não era o único motivo que incitava o comandante-chefe dos exércitos alemães a ordenar uma defesa desesperada sobre o Sena. Hitler sabia que os Aliados, rumando diretamente para o Norte, pegavam o caminho mais curto para o coração da Alemanha. Em pouco tempo, as grandes planícies do Norte, onde as cavalarias de tantos exércitos ao longo da História tinham se enfrentado, veriam a chegada dos tanques Sherman de estrela branca. Naquele terreno ideal para as batalhas de tanques, os últimos Panzer de cruz preta de que o líder da Alemanha nazista ainda dispunha precisariam lutar numa proporção de 1 contra 10.

Um acontecimento marcaria para sempre aquela conferência na memória do chefe de estado-maior adjunto do OKW. Naquela noite, pela primeira vez desde 21 de junho de 1941, Hitler empurrou para longe o mapa do front oriental que o coronel general Alfred Jodl lhe apresentava e quis começar a conferência pelo exame da situação no front ocidental. Warlimont ainda se

---

* Os relatórios de inteligência do OB West estavam enganados. Os Aliados tinham apenas 37 divisões na França. (N.A.)
** Fegelein era casado com a irmã de Eva Braun. Hitler se casaria com Eva Braun no dia de sua morte. (N.A.)
*** As armas V-1 e V-2 dependiam dos SS. (N.A.)
**** Vários deles na região de Beauvais. (N.A.)
***** No Norte da França e na Bélgica havia 93 rampas de lançamento de V-1. (N.A.)

lembra do ar de "fera acossada" que o *Führer* tinha. Com as duas mãos sobre a pesada mesa, ele se debruçou sobre os mapas que Jodl colocara sob seus olhos. Seu olhar se deteve no documento em escala 1:200.000, que pegou para examinar detalhadamente.

No centro do mapa, incrustada entre três meandros do Sena, uma mancha enorme semelhante a uma teia de aranha chamou a atenção do chefe dos exércitos alemães. Aquela mancha, de onde partiam todas as estradas do Norte e do Leste, era Paris e seus subúrbios. Pegando um lápis do estojo à sua frente, Hitler começou a traçar riscos vermelhos em torno de Paris. Depois, reerguendo-se, anunciou que chegara o momento de se preparar para defender Paris. "Resistir sobre o Sena", ele exclamou, "significa em primeiro lugar resistir à frente de Paris, resistir dentro de Paris." A notícia da queda de Paris, ele acrescentou, daria a volta ao mundo. Teria repercussões desastrosas para o moral da Wehrmacht e da população alemã.

Hitler se virou bruscamente para Jodl e começou a ditar uma ordem em três pontos que seria a primeira ordem direta dada pelo *Führer* para a defesa da capital. Todas as pontes do Sena, sobretudo as pontes de Paris, seriam imediatamente minadas, com vistas à destruição. A atividade da cidade seria paralisada. Todos os reforços disponíveis de homens e equipamentos seriam enviados ao comandante da cidade.

Quando Jodl acabou de escrever, Hitler se levantou e, passando os olhos pelos generais, declarou que "Paris seria defendida até o último homem, sem consideração pelas destruições que poderiam se produzir".

Depois de um longo silêncio, a voz de Hitler, lembra-se Warlimont, voltou a rugir: "Por que deveríamos poupar Paris?", ele perguntou. "Os bombardeiros inimigos, neste exato momento, estão destruindo as cidades alemãs!"

17

Era uma daquelas manhãs de verão que Deus cria para Paris e os poetas. De tempos em tempos, sob os primeiros raios de sol, agachados nos cais do Sena, pescadores vigiavam com olhos impassíveis as águas esverdeadas do rio. Na proa da Île de la Cité, na ponta do Square du Vert-Galant, um artista solitário rabiscava uma tela. Em poucas horas, aquelas margens adormecidas pelo calor se cobririam de banhistas. Milhares de parisienses desceriam até o rio em busca de um lugar ao sol. Porque a guerra, naquele pacato dia de verão, parecia muito distante.

Para os moradores da capital, aquele domingo, 13 de agosto, marcava o início de um feriado de três dias. A festa da Assunção ocorreria no terceiro.

A estudante Colette Massigny pôs um vestido rosa e acomodou numa cesta, com cuidado, um tomate, dois pedaços de frango frio e uma garrafa de vinho da Alsácia. Em poucos minutos, depois de atravessar Paris de bicicleta, ela se juntaria a Gilles de Saint-Just, seu noivo, na mansarda onde ele se escondia, perto de Saint-Germain-des-Prés. Ali, sob os telhados de Paris, ao abrigo da Gestapo, os namorados fariam seu almoço dominical.

No hotel Crillon, o soldado alemão Eugen Hommens enrolava as salsichas que o gerente do hotel lhe dera. Ele também faria um piquenique. Como todos os domingos daquele verão, Hommens e Annick, sua namorada francesa, foram para Nogent-sur-Marne tomar banho de rio.

Na Rue de la Manutention, à frente da entrada de um palacete, um sulky vermelho e preto, ao qual estava atrelada uma égua cinza, aguardava. Em poucos instantes, de cartola e luvas brancas, binóculos a tiracolo e distintivo verde de comissário de corridas na lapela, o marquês de Fraguier, símbolo da França eterna, pegaria as rédeas do veículo e lançaria sua égua a pequeno galope na direção do hipódromo de Auteuil.

Na escola de meninas do triste subúrbio de Issy, onde estava instalada a Nachrichtenabteilung III,* outro tipo de turfista ajustou o chapéu, afivelou a cartucheira e tirou a Mauser do armeiro. Com a arma a tiracolo, como um pacato turista, o *Funkermann*** Alfred Schneider, de Berlim, partiu a pé para Auteuil.

Mas nenhum parisiense estava mais feliz com aquele belo domingo do que um rapagão vestido com um macacão de trabalho que mal chegava a seus tornozelos. Do parapeito da ponte de Nanterre, na qual parara, ele olhava para baixo na direção dos serventes da bateria antiaérea que, sem camisa, se bronzeavam ao sol nas margens da ilha de Chatou. Somente a criança e o homem que acompanhavam o rapaz podiam ver o ódio que brilhava em seus olhos. Dois meses e meio antes, no dia 28 de maio, às 11h15, aqueles mesmos serventes tinham derrubado no céu de Paris o B-26 do tenente americano Bob Woodrum, de Biloxi, Mississippi.

Naquele dia, disfarçado de operário, o piloto americano saía pela primeira vez de seu esconderijo. Conduzido por Louis Berty, o corajoso charcuteiro de Nanterre que o escondia, e por seu filho de sete anos, ele visitaria Paris.

---

* Unidade encarregada das comunicações. (N.T.)
** Operador de rádio, responsável por estabelecer e manter a comunicação entre unidades militares. (N.T.)

Aquele domingo pareceu tão bonito e pacato ao novo comandante alemão de Paris que ele mandou abrir a capota de seu Horch para ir até o quartel-general do OB West, em Saint-Germain-en-Laye, aonde fora convocado.

Nenhum tiro e nenhum avião aliado perturbaram sua viagem. O contraste com o abrigo subterrâneo onde o esperavam foi por isso ainda mais violento.

"Paris será defendida", declarou à queima-roupa o marechal Von Kluge. "Não existe a possibilidade de se tornar uma cidade aberta. E o senhor é que a defenderá, *Herr* General."

Os relatórios de inteligência do OB West, ele explicou, indicavam que os exércitos aliados tentariam contornar a cidade. Resistindo dentro de Paris, Kluge pensava diminuir a velocidade de avanço dos Aliados, obrigando-os a lutar em condições desfavoráveis ao uso massivo de blindados. O 7º Exército da Wehrmacht inteiro estava, naquele momento, preso na armadilha da Bolsa de Falaise, depois do desastroso contra-ataque de Mortain, ao qual Kluge se opusera violentamente. Mas ele ainda dispunha de quase todas as dezenove divisões do 15º Exército, o mais importante exército em solo francês, que o OKW imobilizara em Pas-de-Calais até o início de agosto, prevendo um segundo desembarque. Quando o momento chegasse, prometeu Kluge, ele retiraria desse exército os reforços de que Choltitz precisasse. Com três divisões, o governador de Paris poderia travar uma terrível batalha de ruas por no mínimo três semanas. Choltitz pediu ao marechal que lhe enviasse esses reforços imediatamente, mas Von Kluge disse que não. A situação em Paris, ele afirmou, ainda não exigia que o comandante ali imobilizasse forças importantes.

Quando a reunião chegou ao fim, o *Feldmarschall** convidou seu visitante para almoçar. Foi uma refeição um tanto lúgubre, relembra Choltitz. Na hora da sobremesa, Kluge repetiu tudo o que dissera. "Temo, meu caro Choltitz", ele acrescentou, "que Paris se torne uma posição bastante desagradável. Ela começa a lembrar um funeral."

O general se manteve em silêncio por um longo momento. Até que respondeu: "Ao menos, marechal, será um funeral de primeira classe".

* * *

O tenente Bob Woodrum sentiu a mão do garotinho pegar a sua. Jamais um quadro do Museu da Marinha fora examinado com tanta atenção quanto naquele dia a obra de Vernet intitulada "Le Midi ou le Calme". Tendo ouvido

---

* Patente militar de general de campo na Alemanha, equivalente a general de exército em alguns países. Foi a mais alta patente do exército alemão até Hitler criar a de *Reichsmarschall* (marechal do Império) para Hermann Gœring (N.T.)

as botas de um oficial alemão pararem às suas costas, o americano se esforçava para esconder sua angústia, olhando fixamente para a bandeira tricolor que tremulava bem no meio do quadro, na popa de um veleiro. Visivelmente intrigado com a cor dos cabelos, a altura e a roupa estranha do visitante, o alemão se aproximou do americano e lhe perguntou alguma coisa. Bob Woodrum viu o garotinho se colocar entre eles e dizer, com voz cândida: "Meu pai é surdo-mudo, senhor".

* * *

Com a Mauser a tiracolo, Alfred Schneider se dirigiu ao primeiro guichê do PMU* e apostou dez francos no Fourreur, no prêmio de Trouville, porque gostou da jaqueta branca e dourada do jóquei. Pouco depois, Schneider voltaria ao mesmo guichê para receber os duzentos francos ganhos na aposta, a última que ele faria por muitos anos. Logo acima do guichê, na tribuna dos comissários, o marquês de Fraguier fingiu não ver o discreto cumprimento que o capitão barão Wilhelm von Zigesar-Beines lhe dirigia. No entanto, era graças à intervenção desse oficial da Wehrmacht que as autoridades alemãs tinham permitido a reabertura dos hipódromos parisienses, em 1940.

De repente, o marquês de Fraguier soltou o binóculo e ficou de ouvidos em pé. Como um trovão, um barulho surdo e distante vinha do sul. Virando-se para seu vizinho, ele disse: "Um canhão, meu caro".

* * *

Choltitz atravessou a toda velocidade o Bois de Boulogne e ouviu a multidão de Auteuil aplaudir o início da quinta corrida.

No gabinete do hotel Meurice, um relatório o aguardava e ele estava ansioso para lê-lo. Referia-se à delicada operação lançada naquela mesma manhã: o desarmamento dos vinte mil policiais parisienses. Kluge de fato ordenara que toda a polícia francesa fosse desarmada de surpresa naquele dia.

Na região parisiense, a operação havia iniciado no comissariado de Saint-Denis e rapidamente se espalhara a todos os comissariados da capital. A operação, dizia o relatório, se desenrolara sem incidentes. Não houvera nenhuma resistência e mais de cinco mil armas tinham sido apreendidas. Choltitz podia se considerar satisfeito, portanto. O espetáculo da cidade tranquila e o sucesso daquela primeira medida eram de bom augúrio. Quando ele acabou a leitura

---

* Pari Mutuel Urbain (Aposta Mútua Urbana): sociedade que gerencia as apostas de corridas de cavalos na França. (N.T.)

do reconfortante relatório, o tenente Von Arnim estendeu ao comandante do Gross Paris um telex enviado pelo OB West. Era uma confirmação escrita da ordem verbal que Kluge lhe dera antes do almoço. "Paris deve ser defendida a qualquer preço", dizia secamente a mensagem.

O sol começava a descer atrás dos salgueiros da pequena praia de Nogent-sur-Marne quando o soldado Eugen Hommens decidiu dar um último mergulho. Após entregar o estojo de couro de sua pistola a Annick, sua namorada, ele se atirou do trapiche e começou a nadar vigorosamente até o meio do rio. Depois, boiando de costas, ele se deixou levar preguiçosamente pela corrente. De repente, porém, ouviu um grito e viu dois vultos fugindo.

Dois franceses desconhecidos tinham vingado os policiais de Paris arrancando das mãos de Annick a pistola de Eugen Hommens.

18

O *Feldwebel* Werner Nix, do 190º Sicherungsregiment, amaldiçoava o governador de Paris. Em vez de estar, como todas as segundas-feiras, numa macia poltrona do Soldatenkino* da Place Clichy, pela segunda vez em uma hora ele atravessava a Place de l'Opéra num Panzerspähwagen** cheio de metralhadoras.

Naquele dia, num fluxo interminável e ameaçador de tanques, canhões, caminhões e homens, o general Von Choltitz decidira fazer suas forças desfilarem pelas ruas de Paris. Nos jardins das Tulherias, transformados num gigantesco campo militar, acontecia desde o meio-dia o mais importante desfile militar que os alemães organizaram em Paris. Uma espécie de revanche, quatro anos depois. Pois no dia 28 de agosto de 1940, naquelas mesmas ruas, Adolf Hitler quisera mostrar ao mundo, durante um enorme desfile de suas divisões vitoriosas, o destino milenar do Terceiro Reich. Na última hora, porém, por intervenção pessoal de Gœring, o desfile precisara ser cancelado.***

Naquele mês de agosto de 1944, o propósito do governador de Paris era menos ambicioso. Ele só queria impressionar os parisienses com uma demonstração de força.

Nem o *Feldwebel* Werner Nix, nem seus milhares de colegas, nem nenhum dos parisienses que naquele dia estavam na Place de l'Opéra notaram a

---

* Cinema para soldados. (N.T.)
** Veículo de reconhecimento blindado. (N.T.)
*** A Luftwaffe comunicara que não poderia garantir a proteção aérea de Paris durante a cerimônia. Três dias antes, a Royal Air Force bombardeara Berlim pela primeira vez. (N.A.)

silhueta do pequeno homem vestido de cinza que fingia ler o jornal na frente do Café de la Paix. A seu lado, de braços dados, estavam sentadas três mulheres de vestidos coloridos. Quando os primeiros tanques passaram, elas soltaram uma espécie de risadinha desdenhosa que fez o vizinho sobressaltar. Pois o pequeno homem era o general Dietrich von Choltitz em pessoa. Tendo trocado o uniforme por um anônimo traje civil, ele queria ver com os próprios olhos o efeito causado pela parada militar sobre a população. A risadinha desdenhosa das três jovens o fez perder as ilusões. O comandante do Gross Paris agora sabia que precisaria de muito mais que um desfile para causar medo aos parisienses.

Enquanto Choltitz perdia as ilusões numa rua de Paris, Adolf Hitler se preparava para lhe enviar um reforço inesperado. Em 14 de agosto de 1944, por volta da 1h30 da tarde, ouvindo o relatório da situação que o coronel general Alfred Jodl lia com sua voz cadenciada, Hitler pensava na defesa de Paris. Quando Jodl terminou a leitura, houve, lembra o general Warlimont, um silêncio prolongado. Depois, o chefe de estado-maior adjunto viu os olhos de Hitler se voltarem de repente para o general Buhle, que estava do outro lado da mesa.

Hitler consultava com frequência o especialista em armamentos e munições junto ao OKW.* Mas os membros do alto estado-maior nunca o tinham ouvido fazer uma pergunta daquelas: "General Buhle", perguntou Hitler, "quero saber onde se encontra neste exato momento o morteiro de seiscentos milímetros que construímos para o ataque de Brest-Litovski e Sebastopol. Quero enviá-lo para o general Von Choltitz". Surpreso com a pergunta e incapaz de responder, Buhle, lembra-se Warlimont, se virou para Keitel, que interrogou Jodl com o olhar, que se voltou por sua vez para Warlimont. Nenhum dos colaboradores imediatos do *Führer* sabia onde o morteiro estava. Nenhum deles sequer se lembrava de sua existência. Furioso com o silêncio dos oficiais, Hitler começou a bater o punho em cima da mesa e a gritar que exigia receber duas vezes por dia, até sua chegada em Paris, um relatório indicando a localização do morteiro em questão.

O general Warlimont fez uma anotação e saiu da sala de conferências na companhia do general Buhle para tentar obter junto aos serviços de artilharia algumas informações sobre o "misterioso morteiro". Oito horas depois, o comandante Helmut Perponcher trazia ao general Warlimont uma resposta para Hitler.

---

* As questões de armamento eram uma mania de Hitler. Ele conhecia as características dos canhões de quase todos os navios de guerra do mundo, bem como a espessura das blindagens e das paredes de um grande número de fortalezas. (N.A.)

O famoso morteiro fora encontrado num depósito dos arredores de Berlim. Especialmente concebido para as batalhas de rua, ele tinha sido utilizado em Brest-Litovski, Sebastopol e Stalingrado. O próprio general Von Choltitz o utilizara para esmagar as defesas de Sebastopol. Era a máquina mais terrível construída pelo homem da era pré-atômica. Chamado de Karl em homenagem a seu inventor, o professor Doktor Karl Becker, esse morteiro de 124 toneladas, montado sobre uma esteira articulada, podia lançar projéteis de 2.200 quilos a mais de seis quilômetros de distância e derrubar estruturas de concreto armado com espessura de 2,5 metros. Para destruir um bairro inteiro bastavam alguns projéteis bem posicionados.

Naquela noite, na segunda conferência estratégica da Toca do Lobo, o coronel general Jodl poderia anunciar a Adolf Hitler uma notícia que o faria soltar uma risadinha satisfeita: Karl estaria em Paris em menos de oito dias.

* * *

O suboficial de guarda explicou educadamente que os civis não estavam autorizados a entrar no hotel, a menos que tivessem um *ausweis*. Mas o pequeno homem que vestia um terno cinza não tinha nenhum *ausweis* a apresentar. O único papel com seu nome que carregava naquele dia era a fatura de um alfaiate da Avenue des Champs-Élysées, no qual acabara de comprar o casaco cinza chevronado que levava embaixo do braço. Embaixo da marca "Knize – Alfaiate para homens – Paris, Londres, Berlim", o suboficial de guarda leu o nome do homem que nos últimos dez minutos ele vinha proibindo de entrar no hotel Meurice. Era o general Von Choltitz. Aquele casaco de inverno, que ele fora comprar depois do desfile de suas tropas, era a melhor prova de otimismo que ele podia dar a si mesmo.

Vinte anos depois, o suboficial Werner Nix, que fora privado de sua folga pelo mesmo desfile, ainda se lembraria do prazer que aquela inesperada vingança lhe proporcionara.

* * *

Do outro lado do canal da Mancha, na pista de um terreno de aviação no sul da Inglaterra, um general francês transportava dentro de uma sacola as roupas civis com que contava atravessar as linhas inimigas e voltar a Paris. O general Chaban-Delmas pedira para ser lançado de paraquedas diretamente na região parisiense, mas seu chefe, o general Pierre Kœnig, negara o pedido. Depois de trocar o uniforme de general por um short, um pulôver e um velho par de tênis, Chaban-Delmas voltaria a Paris de bicicleta, com uma raquete de tênis e uma galinha no porta-bagagens. Aos alemães que o parassem, ele diria apenas que, depois de uma partida de tênis na casa de amigos, aproveitara para levar "alguns mantimentos" para seus filhos.

Na pista, a poucos metros de distância, estava o caça americano que o levaria à Normandia. Lá, um *command-car** o esperaria para levá-lo até as linhas aliadas, de onde ele seguiria viagem de bicicleta.

Caminhando de um lado para outro, Chaban-Delmas decorava algumas frases datilografadas numa folha de papel vegetal. Eram as mais recentes instruções do estado-maior das Forças Francesas do Interior a respeito de Paris. Elas autorizavam o eventual desencadeamento de um levante na capital *24 horas* antes da entrada dos Aliados em Paris, "a fim de dar à população a sensação de participar de sua própria libertação".

Outras instruções diziam respeito às medidas a serem tomadas até a chegada dos Aliados, "caso os comunistas tentassem um golpe súbito". A última linha datilografada na folha de papel vegetal era uma frase de quatro palavras. Essa frase anunciaria o desencadear de uma operação que o próprio Chaban-Delmas concebera. A operação era tão audaciosa e envolvia tantos riscos que ele esperava nunca ouvir aquelas palavras nas ondas da BBC: "Você almoçou bem, Jacquot?".

Ele releu tudo uma última vez. Depois, entregou o papel ao oficial que o acompanhava. Com a sacola embaixo do braço, ele se dirigiu ao avião.

Naquele momento, na sala dos fundos de um café da Rue de la Paix, no subúrbio popular de Levallois-Perret, dois homens sentados frente a frente brindaram seus copos de cerveja e os esvaziaram de uma só vez. Eles nunca tinham se visto. Cinco minutos antes, dirigiram-se a palavra e mostraram um ao outro uma metade de bilhete de metrô. As duas metades completavam o mesmo bilhete.

Um era o coronel Rol, líder das Forças Francesas do Interior para a região da Île-de-France. O outro se chamava Pierre. Ele dirigia a rede de tendência comunista da polícia parisiense. Naquele dia, Pierre conseguira fazer com que a polícia de Paris entrasse em greve.

Rol queria garantir que aquela mesma polícia aceitaria se sublevar. Ele sabia que os Aliados logo chegariam ao Sena, tanto a jusante quanto a montante de Paris, tanto para o lado de Mantes quanto de Melun. Em poucos dias, portanto, talvez em poucas horas, ele desencadearia a insurreição.

---

* Carro blindado aberto projetado especialmente para reconhecimento militar, capaz de percorrer terrenos acidentados. (N.T.)

Quando chegasse a hora H, o líder comunista queria acima de tudo que os vinte mil policiais de Paris estivessem a seu lado. Era justamente para garantir isso que ele estava naquele café.

* * *

Como todos os anos durante a festa da Virgem, a igreja de uma pequena aldeia, entre Paris e Londres, teria o mais belo altar da Picardia. Naquela véspera da Assunção de Maria, uma mulher alta e magra, com seus seis filhos, deixou cedo pela manhã o castelo estilo Luís XIII com telhado de ardósia que ela compartilhava com 65 alemães. A mulher e as crianças pedalaram até a aldeia vizinha de Warlus. Com os braços cheios de flores, a família Hautecloque entrou na igreja e começou a decorá-la para a festa de 15 de agosto.

Thérèse de Hautecloque era especialmente devota da Virgem Maria. Quatro anos antes, em 3 de julho de 1940, ela confiara à sua proteção a pessoa que mais amava no mundo, Philippe, seu marido, que naquele dia, por volta das seis horas da manhã, pedalando La Gazelle, sua bicicleta vermelha, deixara o vinhedo bordalês onde sua família se refugiara para, onde quer que fosse, pegar em armas pela França Livre e continuar a guerra.

Suas últimas palavras, enquanto as crianças ainda dormiam na velha morada, tinham sido: "A separação será longa... Coragem, Thérèse".

Ao longo de quase quatro anos, Thérèse de Hautecloque não tivera notícias diretas do marido. Até que numa noite de março de 1944, ouvindo as mensagens pessoais da BBC, escondida dos alemães que ocupavam as peças vizinhas, ela de repente teve a impressão de "que a terra se abria sob seus pés". Uma das mensagens difundidas naquela noite dizia: "Philippe, nascido em 22 de novembro de 1902, manda um beijo à sua mulher e à sua meia dúzia".

Uma mulher entrou de repente na igreja que se enchia com o perfume das rosas, dos lírios e dos gladíolos, e começou a gritar: "Senhora, venha rápido!". Era a sra. Dumont, dona do Café de la Place. Thérèse de Hautecloque atravessou o coro correndo e seguiu com pressa até a sala dos fundos do bistrô. Colando o ouvido no aparelho de rádio dos Dumont, ela ouviu a voz de um homem. Pela primeira vez desde a derrota, Thérèse de Hautecloque sentiu lágrimas escorrerem por suas bochechas. Com a mesma voz tranquila e segura com que dissera "Coragem, Thérèse", Philippe de Hautecloque anunciava dessa vez a todos os franceses que, à frente de uma divisão blindada francesa, ele voltara ao solo da pátria para participar de sua libertação. "Em breve", ele disse, "a bandeira tricolor tremulará sobre Paris..."

Philippe de Hautecloque era o general Leclerc. Em menos de dez dias, ele escreveria uma página gloriosa da história de Paris.*

Numa cela do forte de Romainville transformada em capela, outra mulher da mesma estirpe e da mesma fé de Thérèse Leclerc de Hautecloque também preparava o altar da Assunção. Mas ninguém interromperia os gestos da prisioneira Yvonne Baratte. Ela escolhia uma a uma as margaridas silvestres colhidas no pátio do forte durante a caminhada diária e fazia modestos buquês, que colocava em latas de conserva. O pequeno crucifixo de madeira clara sobre a mesa rústica que servia de altar logo desapareceria entre as flores.

No dia seguinte, sobre aquele altar decorado com amor, o capelão de Romainville celebraria a festa da Assunção. Amontoadas na cela e no corredor, centenas de mulheres pediriam à Virgem que as salvasse.

Uma lufada de esperança invadira todas as celas de Romainville naquela véspera do dia 15 de agosto. Yvonne Baratte não ouvira a promessa do general Leclerc, mas ela intuíra que a Paris onde ela havia nascido, tão próxima, logo estaria livre. À luz de uma vela roubada, ela começou a rabiscar algumas palavras que o capelão transmitiria a seus pais. "Estou cheia de esperança", ela escreveu, "os alemães não terão tempo de nos levar para longe." Ela pediu à mãe que lhe enviasse uma lixa de unhas, um lenço e, se possível, um exemplar do *Génie de la France*, de Péguy: "Amo todos vocês e tenho certeza de que logo nos reencontraremos", ela concluiu. Depois, assoprou a chama da vela e tentou dormir.

Dentro de poucas horas, um trem a levaria para um lugar de sofrimento e morte chamado Ravensbruck. Sete meses depois, numa gélida manhã de março de 1945, ela morreria de disenteria.

---

* Assim que se unira ao general De Gaulle em Londres, o capitão Philippe de Hautecloque decidira passar a ser chamado de Leclerc, a fim de evitar represálias para sua família, pois Leclerc era um sobrenome muito comum na Picardia. Em 10 de março de 1941, Thérèse de Hautecloque, que não sabia que seu marido mudara de nome, encontrara no galinheiro de sua propriedade um panfleto lançado por um avião inglês. Esse panfleto dizia: "Uma grande vitória francesa: o importante posto de Cufra capitulou no dia 1º de março, às nove horas, diante das tropas francesas comandadas pelo coronel Leclerc". O panfleto acrescentava que os soldados que tinham tomado Cufra eram franceses vindos do Chade e de Camarões, que tinham percorrido setecentos quilômetros desde suas bases, lutando contra o calor e a sede, para atacar o inimigo.
Naquela noite, durante o jantar, Thérèse de Hautecloque lera o panfleto com os seis filhos. Depois, ela lhes dissera: "Não sei quem é esse coronel Leclerc, mas sinto muita simpatia por ele. Ele age exatamente como o pai de vocês agiria". Dez meses depois, os alemães ocuparam o castelo. Mas não seria através dos alemães que Thérèse de Hautecloque descobriria que o coronel Leclerc não era ninguém menos que seu marido. Um funcionário de Vichy, por ordem do governo do marechal Pétain, um dia se apresentara no castelo e anunciara a Thérèse de Hautecloque que seu marido fora destituído da nacionalidade francesa e que "todos os bens de Philippe de Hautecloque, vulgo Leclerc", tinham sido confiscados. (N.A.)

* * *

Pela primeira vez desde que fora preso, Louis Armand, o engenheiro que desejava tão ardentemente ser deportado, estava feliz. A causa de sua felicidade estava na ponta de seus pés. Trazidas pelo capelão da prisão de Fresnes, as botinas que ele pedira aos familiares tinham finalmente chegado. Apesar do calor daquela noite de agosto, Louis Armand logo as colocara "para sentir sua presença tranquilizadora". Agora, ele pensou, poderia enfrentar os campos da Alemanha. Não teria frio nos pés.

Na outra ponta da prisão silenciosa, na escuridão de outra cela, Pierre Lefaucheux tentava adormecer. Um novo dia se passara e ele não fora deportado. Ao anoitecer, o tilintar de uma colher num cano lhe informara que os americanos estavam em Chartres. A notícia lhe dera novas forças. Se os alemães não o deportassem, em poucos dias ele estaria livre.

No enxergão vizinho, seu companheiro de cela também tentava conciliar o sono. De repente, o homem começou a falar: "Aposto que partimos amanhã", ele disse, numa voz desesperada.

* * *

Apesar dos uniformes, os três franceses e o americano que naquela noite bebiam uma garrafa de calvados no único hotel da aldeia bretã de Montaudin não eram militares. Eles pertenciam ao impaciente exército de quinhentos jornalistas credenciados junto ao comando aliado. Naquela noite, como em todas as noites anteriores, eles se faziam a mesma pergunta. Qual deles conseguiria a façanha com que todos sonhavam: ser o primeiro a narrar o mais formidável acontecimento que um jornalista poderia narrar naquele verão, a libertação de Paris?

O americano anunciou com voz decidida que ele seria esse homem. Paris, ele confessou, lhe evocava tantas lembranças que ele não adiaria por nada no mundo aquele encontro. Eisenhower que fosse para o inferno! Ele tentaria, naquela noite, cruzar as linhas alemãs e entrar em Paris sob um disfarce qualquer. Com um brilho malicioso nos olhos, ele declarou aos colegas que esperaria por eles onde costumava bater o ponto, no bar do Ritz.

Fernand Moulier, André Rabache e Pierre Gosset o ouviram com respeito. Eles conheciam de longa data aquele personagem barbudo e truculento, e sabiam que ele nunca lançava um desafio levianamente.

Mas sua honra de franceses os obrigava a aceitá-lo. Moulier já apostara com Larry Leseur, enviado especial da CBS, que seria o primeiro a chegar em Paris. Ele não se deixaria superar. Decidiu partir naquela noite, junto com os colegas.

Na lareira da sala de jantar, ao lado das duas lamparinas que pouco iluminavam o ambiente, o relógio de pêndulo marcava quinze minutos para as quatro horas quando os três franceses se levantaram sem fazer barulho e saíram. Esparramado sobre a mesa, com as duas mãos no gargalo da garrafa de calvados, o americano pegara no sono. Ele se chamava Ernest Hemingway.

* * *

A longa campainha do telefone atravessou bruscamente o apartamento do Boulevard Saint-Germain. Surpreendida durante o sono, a esposa do prisioneiro Pierre Lefaucheux acordou sobressaltada. Esticando o braço na direção da mesinha de cabeceira, ela procurou um fósforo. À luz da chama, viu que eram quatro horas. Marie-Hélène Lefaucheux atendeu o telefone e reconheceu a voz de um colega da Resistência: "Algo se prepara em Fresnes".

19

Quando Pierre Lefaucheux ouviu o rangido metálico do carrinho, ele teve a impressão de que "uma unha lacerava seu corpo". Cinco andares abaixo de sua cela, a rolante do café da prisão de Fresnes começava sua última ronda pelos corredores. Pierre ouviu as portas das celas baterem umas depois das outras. Teve a impressão de que nunca tantas portas tinham sido abertas. O rangido metálico logo se tornou mais forte. O prisioneiro ouviu o carrinho avançando pelo corredor úmido onde ficava sua cela. O barulho se aproximou ainda mais e, de repente, parou. Pierre Lefaucheux ouviu então o som da fechadura se abrindo. E viu, no marco da porta, a silhueta do guarda que trazia o café. Pela primeira vez naquela manhã, Pierre Lefaucheux ouviu a voz de seu companheiro de cela.

"Viu só", o homem disse, "acertei."

No setor feminino da prisão de Fresnes, o dia havia começado muito antes do nascer do sol com a visita de um oficial alemão. A estudante Jeannie Rousseau, de vinte anos, a moça mais bonita da prisão, soltou um grito quando viu um oficial entrar em sua cela. Mas ela logo distinguiu na escuridão o crucifixo que pendia sobre a túnica do oficial e reconheceu o abade Hans Steinert, capelão militar da prisão.

"Senhoritas", ele disse em voz baixa às cinco jovens que ocupavam a estreita cela sem janelas de Jeannie, "vim trazer a comunhão para que ela as reconforte diante da provação que as aguarda dentro de poucas horas."

Eram quatro horas da manhã.

Muito além das muralhas de Fresnes, para os milhões de parisienses que dormiam na cidade silenciosa, o dia prestes a nascer seria o último dia de férias de uma época chamada "Ocupação". Para Pierre Lefaucheux, para seu companheiro de cela, para os 2.800 homens e mulheres detidos nas prisões de Paris e arredores, ele marcaria o fim da esperança. Em Fresnes, Drancy, Romainville, naquela aurora nascente da Assunção, um longo calvário tinha início.

Na cozinha do forte de Romainville, Yvonne de Bignolles se preparava para esquentar o "café" do desjejum quando ouviu "um brado gutural que vinha do pátio". Ela correu até a janela. O tenente da SS, com seu caderno na mão, começava a leitura dos 175 nomes de uma lista escrita à mão. Era a mais longa lista de nomes que Yvonne de Bignolles ouvia desde sua chegada a Romainville. Quando o tenente fechou o caderno e se afastou, ela se benzeu silenciosamente. Seu nome não estava na lista.

Ao lado, no Lager II, Yvonne Baratte fora uma das primeiras a ouvir o chamado de seu nome. Ela se dirigiu calmamente para a capela que decorara na noite da véspera. Ela se ajoelhou por um breve momento. Depois, pegou seus buquês de margaridas. Não haveria missa na capela. Ela recolheu as flores e, uma por uma, distribuiu-as às mulheres que partiriam com ela.

No prédio III do campo de Drancy, Paul Appel e sua mulher brincavam com Babichou, o filho adotivo de dez meses.* Durante toda a noite, os guardas do campo, podres de bêbados, tinham se divertido lançando granadas nos barracões dos prisioneiros. Os Appel e os demais ocupantes dos barracões e dos prédios tinham passado a noite inteira deitados no chão, apertados uns contra os outros, enquanto os estilhaços das granadas voavam a seu redor.

Na rua, Paul agora ouvia os gritos dos guardas. Ele foi até a janela e espiou. Brunner, o comandante do campo, o viu. Com um gesto brutal, ordenou a Appel que descesse imediatamente. Os alemães iam e vinham em torno da fila de ônibus amarelos e verdes que conduziriam Appel e seus companheiros à estação. Brunner estava furioso. Nenhum ônibus ligava. Alguém desmontara e retirara os carburadores de todos os veículos.

---

* O bebê fora entregue pelos pais ao gerente de um hotel de La Sappey, perto de Grenoble, durante uma detenção massiva de judeus ocorrida na região em março de 1944. Um soldado da SS descobriu o bebê, arrancou suas fraldas e, constatando que era circuncidado, enviou-o a Drancy. Quando Appel o viu chegar, conseguiu convencer o chefe do campo, Brunner, a confiar a criança à sua mulher. Ele retirou a sua ficha da lista de judeus designados para a deportação. No item "motivo da prisão", Appel viu que o soldado da SS escrevera "terrorista". (N.A.)

Em Fresnes e Romainville, infelizmente ninguém sabotara os ônibus.

Aos 175 detentos do forte de Romainville designados para a deportação, 25 nomes suplementares foram acrescentados de última hora. Da janela da cozinha, Yvonne de Bignolles via a fila se dirigir aos ônibus verdes e amarelos. Entre as últimas prisioneiras estava uma jovem adoentada. Era Nora, a pequena polonesa cantora e tuberculosa, sua melhor amiga. Yvonne ouviu o rugido dos motores e os três ônibus aceleraram. Do último ônibus, ela ouviu uma voz forte e clara. Era Nora, que cantava:

Espere por mim nesse país, a França,
Logo estarei de volta, mantenha a confiança.

Em Fresnes, os dois mil homens do comboio foram retirados de suas celas logo depois da partida dos ônibus das mulheres. O capitão Philippe Keun, chefe adjunto do Intelligence Service na França, agradeceu a Deus por ter sido selecionado. As torturas tinham chegado ao fim. Qualquer que fosse o lugar para onde os alemães o levassem, ele partiria com a consciência tranquila. Não falara.

Os alemães reuniram os prisioneiros por ordem alfabética. No primeiro grupo, da letra "A", havia o engenheiro Louis Armand. Armand nunca parecera tão feliz. Ele finalmente ia embora. E ia embora com as belas botinas que havia recebido. No grupo dos "A", Armand encontrou um velho colega, o engenheiro Pierre Angot. Angot, por sua vez, estava desesperado. "Em poucos dias, eu seria libertado", ele confidenciou a Armand. Gaston Bichelonne, ministro da Produção Industrial do governo de Vichy, era seu amigo. Ele prometera tirá-lo de Fresnes. Agora, Bichelonne não poderia fazer mais nada por ele...

Armand procurou o que dizer para reconfortar e tranquilizar o velho colega desesperado. Apontando para as centenas de homens que enchiam o pátio da prisão, ele garantiu a Pierre Angot "que eles sairiam dessa porque já não seriam mortos como cães algumas horas antes da chegada dos Aliados". Armand falava com tanta convicção que não ouviu um guarda gritar seu nome. Seu vizinho o empurrou com o cotovelo. "Estão chamando você", ele disse.

A única viagem que Louis Armand faria naquele dia o levaria do pátio de Fresnes até a cela que ele deixara uma hora antes. Na última hora, os alemães retiraram seu nome da lista do comboio. Escoltado por dois soldados, desesperado e temeroso, o engenheiro foi reconduzido à cela.

Quando ele entrou no cubículo escuro, o pequeno bretão com quem o compartilhava olhou para ele e disse: "O senhor sempre teve sorte. Eu nunca tive. Desta vez, não há mais esperança: eles vão nos liquidar aqui, tanto eu quanto o senhor...". Assim que ele disse essas palavras, os passos do guarda ecoaram no corredor. A porta se abriu e um soldado sinalizou ao pequeno bretão que saísse. Ele ocuparia o lugar de Armand no comboio. "Sinto muito", murmurou o bretão. A porta bateu, se fechando atrás dele. O engenheiro Louis Armand ficou sozinho com seu desespero.

Entre os detentos de Fresnes, havia um para quem o espetáculo da partida daqueles franceses era especialmente cruel: um alemão chamado Willy Wagenknecht, cabo-chefe no centro de transmissões do OB West. Fazia dois meses que ele cumpria uma pena de seis meses de prisão por ter esbofeteado um oficial. Wagenknecht não conseguia entender por que os alemães levavam franceses para a Alemanha e ele próprio continuava ali, naquela sinistra prisão parisiense.

Na rua, na frente da prisão, as mãos de Marie-Hélène Lefaucheux se crisparam nervosamente no guidom da bicicleta quando ela finalmente viu as portas se abrirem. Ela encarou com angústia cada um dos prisioneiros quando estes passaram na frente das metralhadoras dos guardas SS.

De repente, ela viu o marido. Ele parecia tão magro e cansado que ela não conseguiu conter um grito. Mas logo se sentiu invadida por uma enorme alegria. "Ele estava vivo." Pierre tinha sido espancado, torturado, dilacerado. MAS ESTAVA VIVO. Esse pensamento lhe pareceu tão reconfortante que Marie-Hélène levou vários segundos para avaliar a tragicidade da cena que continuava se desenrolando à sua frente. Ela entendeu de repente que Pierre estava sendo deportado. Empurrando os soldados, ela tentou se aproximar do marido. Enquanto ele subia no ônibus, ela o viu esboçar um sorriso e fazer um pequeno aceno com a cabeça em sua direção. Ele a vira! Ele a reconhecera. E lhe dissera adeus. Marie-Hélène não conseguiu conter as lágrimas. Ela correu na direção do capelão alemão Steinert, que abençoava com um gesto discreto a interminável fila de prisioneiros.

"Senhora", murmurou o capelão, "não fique triste. É uma bênção ele estar partindo... Temo um massacre na prisão."

Os motores dos ônibus se fizeram ouvir e a longa fila de veículos amarelos e verdes entrou em movimento. Marie-Hélène correu até sua bicicleta. Sem saber por quê, começou a pedalar atrás do comboio.

20

Naquela manhã da festa de Assunção, a missa das nove horas soava na igreja de Saint-Germain-en-Laye quando o Horch preto do general Von Choltitz parou no Boulevard Victor Hugo na frente do quartel-general do OB West. Pela segunda vez em 48 horas, o marechal Von Kluge convocava o comandante do Gross Paris.

A conferência começou com uma apresentação do chefe de estado-maior, o luzidio e barrigudo general Gunther Blumentritt.* Com voz dura e decidida, Blumentritt propunha para a região parisiense o que ele chamava de *"uma política limitada de terra arrasada"*.** Como cada projeto elaborado pelo Leiter der Führungsabteilung*** do alto-comando do Oeste, o documento datilografado de dezesseis páginas que Blumentritt lia era um plano ao mesmo tempo metódico e preciso. Blumentritt acompanhava sua demonstração com referências frequentes ao mapa de 1:10.000 aberto em cima da mesa de conferência. Sobre a placa de acetato que cobria o mapa, dezenas de quadradinhos vermelhos tinham sido desenhados a lápis. Eles indicavam a localização das usinas de gás, das centrais elétricas e dos reservatórios de água que alimentavam os cinco milhões de habitantes da região parisiense.

A execução do plano estava dividida em duas fases. Blumentritt achava que a primeira fase devia ser executada imediatamente. Era preciso proceder à destruição sistemática das instalações de gás, água e eletricidade da cidade.**** A segunda fase envolvia a "sabotagem seletiva" das instalações industriais da cidade.

---

* Entre as lembranças de Paris às quais o general Blumentritt mais voltava estava um pequeno galo de prata maciço dado pelo proprietário do restaurante Coq Hardi, perto de Saint-Germain-en-Laye. Blumentritt e o predecessor de Kluge, o marechal Von Rundstedt, ali jantavam regularmente todos os sábados às sete horas da noite. (N.A.)
** Os alemães ainda não tinham aplicado à França a tática da terra arrasada. Não por simpatia pelos franceses. No sul da Itália, país aliado da Alemanha, os alemães, lembra Eisenhower, "mataram todas as vacas e galinhas que não podiam levar". Na França, porém, depois da brecha de Avranches eles tiveram que recuar rápido demais para ter tempo de deixar para trás tais lembranças! (N.A.)
*** Terceiro Gabinete do Exército (Operações). (N.A.)
**** Em relação à água, os alemães pretendiam explodir os três aquedutos que forneciam 97% do consumo parisiense. Ao contrário do rumor então disseminado em Paris, os alemães nunca planejaram envenenar a água dos reservatórios. Quanto às centrais elétricas, os alemães hesitavam entre duas táticas: detonar explosivos nas turbinas das centrais mais importantes da região parisiense ou destruir as centrais de distribuição de corrente elétrica. Segundo o engenheiro-chefe das usinas Siemens instaladas em Paris, "o recurso à primeira tática teria privado Paris de energia industrial por dois anos". Limitando a destruição às centrais de distribuição, os alemães, segundo o mesmo especialista, "privavam Paris de energia elétrica por no mínimo seis meses". (N.A.)

Os alemães sabiam, em meados de 1944, que já não dispunham nem do tempo nem da mão de obra necessários para destruir todas as usinas da metrópole parisiense. Mas se eles suprimissem as fontes de energia que alimentavam essas usinas, eles as tornariam inutilizáveis para os Aliados. Essa "política limitada de terra arrasada", declarou Blumentritt, era "o lógico meio-termo". Estrategicamente, era mais sensata, caso a Alemanha quisesse impedir que a indústria parisiense se voltasse contra ela assim que os Aliados chegassem. Semeando o pânico na população, paralisando a cidade, essas destruições também provocariam a desaceleração do avanço dos exércitos inimigos, obrigando-os a utilizar uma parte de seus recursos militares no auxílio aos parisienses.

Blumentritt repetiu que a primeira fase do plano deveria ser executada imediatamente. Ele estendeu a Choltitz uma folha de papel na qual o comandante do Gross Paris encontraria a lista dos depósitos da Kriegsmarine e do exército que poderiam fornecer os explosivos necessários.*

O plano que o general Blumentritt propunha não surpreendeu nem um pouco o comandante do Gross Paris. Na véspera, ele recebera a primeira ordem direta do OKW desde sua chegada ao comando de Paris. A ordem prescrevia "a destruição ou a paralisia total do complexo industrial parisiense". Ele sabia que o OB West recebera uma cópia dessa ordem e esperara ser convocado a Saint-Germain-en-Laye.

Tal ordem, ele admitiria mais tarde, não o chocara. Num momento em que a cada noite os bombardeiros inimigos reduziam cidades alemãs a cinzas, pareceu natural a Choltitz, bem como aos outros oficiais reunidos em torno daquela mesa de conferência, que o alto-comando se preocupasse em impedir que a indústria parisiense um dia pudesse trabalhar contra a Alemanha.

O governador de Paris, no entanto, não concordava com o chefe do estado-maior do alto-comando do Oeste em um ponto. Esse desacordo dizia respeito ao momento em que deveria começar a execução do plano "Terra Arrasada". Por enquanto, o que preocupava Choltitz era a preparação da defesa de Paris, não sua destruição. O desencadeamento prematuro do plano de Blumentritt, ele explicou, atiraria milhares de trabalhadores nos braços da Resistência e colocaria a população em rebelião aberta contra suas tropas. Além disso, ele acrescentou, não sem um quê de ironia, os soldados alemães também bebiam água.

---

* Blumentritt, lembra Choltitz, em certo momento utilizou a expressão "explodir Paris". O major general Hans Speidel, chefe do estado-maior do Grupo de Exércitos B, que participava da conferência, deu de ombros e replicou em alto e bom som: "Explodir Paris? O que isso quer dizer? Por acaso encontraram uma central elétrica em Notre-Dame?".

Esses argumentos não pareceram desprovidos de sentido ao sensato e tranquilo marechal Von Kluge. Arbitrando a discussão entre o fervoroso chefe de estado-maior e o comandante do Gross Paris, ele declarou que todas as disposições deveriam ser tomadas para a aplicação do plano "Terra Arrasada".

Mas ele acrescentou que se reservava o direito de escolher o momento oportuno para desencadeá-lo. Por isso, daria novas ordens posteriormente.

No entanto, 56 horas depois – bruscamente informado de que seria substituído por um dos marechais mais enérgicos e mais duros do exército alemão –, o pequeno marechal de monóculo ordenaria a Choltitz que desencadeasse o terrível plano de destruição proposto naquela manhã por Blumentritt. E depois se suicidaria.

Quatro civis estavam na antessala do governador de Paris quando ele voltou de Saint-Germain-en-Laye. Na ordem de missão coletiva que eles tinham apresentado ao coronel Von Unger, Choltitz encontrara a assinatura do próprio coronel general Jodl. Os quatro eram engenheiros e tinham recebido o título de *technische Beratter* – conselheiros técnicos. O objetivo de sua missão era "supervisionar a preparação e a execução da destruição das instalações industriais da região parisiense". Os técnicos traziam seus próprios instrumentos de trabalho: uma dezena de estojos cilíndricos de papelão contendo as plantas baixas das principais usinas.

O líder do grupo, um certo professor Albert Bayer, natural de Essen, garantiu ao general Von Choltitz que a colocação de um número razoável de cargas explosivas deveria "desorganizar completamente Paris por um período de no mínimo seis meses".

O comandante do Gross Paris instalou os visitantes num apartamento no quarto andar do seu hotel e ordenou que vários carros fossem colocados à disposição do grupo.

Quando ele foi visitá-los à tarde, "eles estavam mergulhados", relembra Choltitz, "num mar de plantas e mapas". "Se os anglo-americanos um dia ocuparem Paris", garantiu um deles, "eles não encontrarão nenhuma fábrica em condições de funcionar."

21

O tórrido sol de agosto queimava os telhados de metal dos vagões de carga na garagem da estação de Pantin. Em cada vagão, mais apertada do que nas horas de pico do metrô, a carga humana escolhida pela SS para ser deportada à Alemanha sufocava. Dois mil e duzentos homens e quatrocentas mulheres, oito décimos de todos os presos de Fresnes e Romainville, a elite da Resistência francesa, esperavam desesperadamente a partida do trem.

Noventa e duas mulheres se amontoavam no vagão onde estava Jeannie Rousseau. "Não havia lugar nem para nosso suor", relembra a jovem. A única abertura, fechada por tábuas e arame farpado, era alta demais para que se pudesse ver o que acontecia na rua. Jeannie Rousseau nunca se esqueceria da sensação de lenta asfixia que sentiu durante as primeiras horas passadas dentro do vagão. Uma a uma, as mulheres começaram a tirar a roupa, ficando apenas de roupa de baixo. Num canto do vagão, perto do recipiente de folha de flandres que servia de balde para as necessidades, as mulheres liberaram um minúsculo pedaço de chão, onde três prisioneiras agachadas podiam descansar. As outras, em pé, esperavam a vez por horas a fio.

No vagão vizinho, onde estava Yvonne Pagniez, as prisioneiras eram menos numerosas. A jornalista bretã se lembra que as mulheres podiam se agachar, "com os joelhos embaixo do queixo". Mas elas desmaiavam de calor. Ao cair da noite, a primeira das seis mulheres que morreriam naquele vagão começou a delirar.

Subitamente, a porta se abriu. Yvonne Pagniez reconheceu na plataforma o vulto massivo do soldado ucraniano da SS que dirigia as sessões de tortura no quartel-general da Gestapo, na Avenue Foch. Ele viera desejar "boa viagem" às prisioneiras. Vendo seus corpos seminus, ele começou a rir. A lembrança daquela risada sinistra assombraria Yvonne Pagniez por longos meses. Aquele homem, ela pensou, viera assistir à partida para o matadouro "do rebanho que ele mesmo marcara com ferro em brasa".

As condições eram ainda piores para os homens. Seminus, amontoados em mais de cem por vagão, eles suplicavam aos guardas que fizessem "partir esse maldito trem".

Em seu vagão, exaurido de fome, sede e calor, Pierre Lefaucheux, o homem que tanto esperara evitar aquela viagem, também pedia para que o trem partisse logo. Atrás dele, um prisioneiro de lábios secos tentava lamber o suor que escorria por suas costas.

* * *

Com a cabeça baixa, os ombros encurvados, um homem saía da estação de Pantin. Émile Bender, vulgo Bobby, agente do Abwehr, tentara impedir a partida do trem com um blefe. Fracassara. Os soldados da SS tinham apontado para ele o cano de suas metralhadoras e o haviam expulsado. Bender entrou num café, pediu uma ficha e telefonou para o consulado da Suécia. "Senhor cônsul", ele suspirou, "eu me pergunto se conseguiremos parar esse trem."

Fazia dois dias que o cônsul Nordling e Émile Bender moviam céus e terra para fazer com que as prisões parisienses fossem colocadas sob a proteção da Cruz Vermelha.

Nordling interviera pessoalmente junto a Laval*, junto ao embaixador da Alemanha Otto Abetz, junto ao chefe da SS Karl Oberg. Sem sucesso. O general Von Choltitz dissera estar ocupado demais para receber o cônsul.

Outros homens também tentaram, naquela manhã, livrar os detentos de Pantin da terrível viagem que os esperava. Enquanto os soldados da SS trancavam os prisioneiros nos vagões de carga, um jovem pedalava furiosamente na direção da pequena aldeia de Nanteuil-Saacy. Ele levava ao líder da Resistência da aldeia uma mensagem verbal urgente das FFI de Paris. A mensagem era uma ordem: "A qualquer preço, não importam os meios, interrompa a via férrea Paris–Nancy. Por esta via passará, dentro de algumas horas, um trem de deportados para a Alemanha".

De um emissor escondido numa mansarda parisiense, naquele mesmo dia por volta do meio-dia, uma mensagem de rádio seria enviada a Londres: "Para comunicação imediata a todos os líderes das FFI", dizia, "os alemães organizaram a deportação dos detentos das prisões de Paris por trem passando pelo trecho Metz–Nancy. Tememos um massacre geral durante a viagem. Tomem todas as medidas possíveis para sabotar o transporte".

No campo de Drancy, onde algumas horas mais cedo os judeus tinham sido salvos pela sabotagem dos ônibus, novos perigos ameaçavam os detentos. O comandante do campo, o *Hauptsturmführer* Brunner, decidira organizar seu próprio comboio para a Alemanha, saindo da estação vizinha de Bobigny. Ele ordenou a Appel que o acompanhasse à estação para lhe servir de intérprete, pois ele exigia que um trem de quarenta vagões fosse disponibilizado para aquele mesmo dia.

Cercado por dois guardas da SS, Appel entrou com Brunner na sala do chefe da estação de Bobigny. Batendo o punho sobre a mesa do chefe da estação, Appel começou a bradar: "Drancy precisa de um trem de quarenta vagões pronto até a noite!". Depois, baixando subitamente o volume da voz, o prisioneiro acrescentou num tom desesperado: "Mas pelo amor dos céus, nunca deixe esse trem partir".

---

* Pierre Laval: destacado político francês, que ocupou várias vezes o cargo de ministro. Grande defensor e implementador do regime colaboracionista de Vichy, foi chefe de governo entre 1942 e 1944. (N.T.)

22

A tragédia de Pantin passaria quase despercebida na Paris da festa da Assunção. Angustiada com o espectro da fome, grande parte dos 3,5 milhões de parisienses se perguntava o que comeria naquele dia e nos próximos. Os tíquetes de racionamento não eram descontados, os pacotes aéreos não chegavam e na maioria dos lares as parcas reservas tinham acabado. No jornal *Le Petit Parisien*, um certo sr. Chevalier, da Academia de Ciências, tentava tranquilizar a todos. "Em caso de situação desesperada", ele escrevera, "a população deve saber que as folhas das árvores são comestíveis. Principalmente as de tília, olmo e freixo."

Outra ameaça aguardava os habitantes de Paris ao acordar. Colados durante a noite nos muros da cidade, cartazes amarelos e pretos assinados pelo general Von Choltitz anunciavam que a ordem seria mantida com a mais extrema severidade. O governador de Paris decidira proibir o acontecimento mais importante do dia, a grandiosa peregrinação que todas as crianças da cidade fariam até a catedral de Notre-Dame para pedir à Virgem Maria, padroeira da França, que protegesse Paris, sua capital.

* * *

Na hora em que a peregrinação das crianças deveria ter começado, na ponte de Neuilly, a oeste da capital, um capitão alemão de 36 anos descia de um Kübelwagen* coberto de folhagens. Com um gesto, Werner Ebernach parou a fila de caminhões da 813ª Pionierkompanie** que seguia seu carro e avançou até a balaustrada da ponte. O oficial de olhos azuis, que perdera três dedos da mão esquerda armando explosivos numa cabana no front russo, acendeu um cigarro e começou a observar o rio. Ele nunca pensou que fosse tão largo. O Spree, que atravessava Berlim, sua cidade natal, não passava de um córrego ao lado do Sena. À frente, Ebernach podia ver, surgindo entre as folhagens do Bois de Boulogne, os arcos majestosos da ponte de Puteaux. Do outro lado, rio acima, a ponte de La Jatte atravessava em dois lances uma pequena ilha cheia de casas cinza. O capitão abriu um mapa sobre o parapeito da balaustrada e começou a contar lentamente.

De um extremo a outro de Paris, entre o subúrbio de Pecq, a oeste, e o de Choisy, a sudeste, 45 pontes como as que Ebernach tinha diante dos olhos

---

* Veículo militar leve da marca Volkswagen. (N.T.)
** Companhia de soldados especializados responsáveis por tarefas de engenharia militar (construção ou demolição de fortificações, minas, pontes, estradas, trincheiras etc.). (N.T.)

atravessavam o Sena. Essas 45 pontes eram as artérias vitais pelas quais corria o sangue de toda a metrópole parisiense. Além da população e dos veículos, o metrô, o gás, a eletricidade, a água e o telefone atravessavam o rio rente ao calçamento das pontes ou sob os arcos. Sem essas pontes, o Sena, com seus meandros, voltaria a ser o que era dois mil anos antes, um formidável obstáculo natural. O capitão alemão Ebernach provavelmente não sabia que algumas pontes eram verdadeiras obras de arte, e que outras eram testemunhas da História. Os nomes dos heróis gravados nos pilares da ponte de Austerlitz evocavam a epopeia napoleônica e as pedras da ponte da Concorde pertenceram à Bastilha. Sobre as pedras seis vezes centenárias da ponte de Tournelle velava a estátua de Santa Genoveva, padroeira de Paris... A história da França e de Paris estava inscrita naquelas 45 construções. No bolso de sua jaqueta, sob a Cruz de Ferro de primeira classe, o capitão Werner Ebernach carregava um pedaço de papel azul que em breve mostraria ao general Von Choltitz. O papel tinha a assinatura do coronel general Jodl e o cabeçalho "KR Blitz" – Muito urgente. Era a ordem de preparar a destruição das 45 pontes da metrópole parisiense. Werner Ebernach não sabia por que Hitler exigia aquela destruição. Simples técnico, Ebernach não conhecia os segredos dos deuses do OKW e de suas estratégias. Em sua carreira, ele detonara dezenas de pontes. As de Paris, ele pensava, não apresentariam maior dificuldade do que as de Kiev ou Dnipropetrovsk. Logo mais, para o governador de Paris, ele poderia prever, portanto, que "o Sena deixaria de correr depois que todas as pedras de todas as pontes de Paris tivessem caído no rio".

Antes de voltar para seu Kübelwagen, o capitão Werner Ebernach decidiu fazer uma importante inspeção. Na companhia do chefe da seção de explosivos de sua unidade, o *Hauptfeldwebel** Hegger, ele desceu às margens do rio e observou com atenção os pontos de sustentação da ponte. De repente, o feixe de sua lanterna se deteve na placa metálica que ele procurava embaixo do arco. Como se acabasse de fazer uma descoberta, Ebernach exclamou: "Veja só, Hegger, graças aos *Sprengkammers*** construídos pelos franceses, vai ser muito mais rápido do que pensei".

* * *

O sol inundava a clareira de carvalhos e pela primeira vez em meses o general Chaban-Delmas ouviu o canto dos pássaros. Três quilômetros a

---

* Patente militar não comissionada das forças armadas alemãs, com posição de liderança sobre a de Feldwebel (primeiro-sargento). (N.T.)
** Câmaras de explosivos. (N.A.)

oeste da estrada empoeirada que ele acabava de pegar, os primeiros tanques americanos entravam na aldeia de Connerré, perto de Le Mans, famosa em toda a França por suas *rillettes*.*

Paris ficava a menos de 150 quilômetros em linha reta. Os dois oficiais americanos que tinham conduzido o general francês ao limite extremo do avanço aliado lhe entregaram uma bicicleta e uma pequena maleta que continha uma roupa de jogador de tênis, uma raquete, uma galinha e uma couve-flor enrolada em jornal.

Chaban-Delmas tirou a roupa e vestiu o disfarce com que esperava cruzar as linhas alemãs. Depois, dobrou cuidadosamente na maleta o belo uniforme de general que só usara por quatro dias.

Enquanto fechava a maleta, um dos dois oficiais americanos, um rapaz alto e magro, lhe confessou constrangido que gostaria de guardar uma lembrança dos breves momentos que eles tinham passado juntos. "O senhor talvez não saiba", ele disse a Chaban-Delmas, "mas é o primeiro general francês que conhecemos." E acrescentou, num tom admirado: "De bicicleta, o senhor chegará a Paris antes de nossos tanques!".

Chaban-Delmas se sentiu comovido. Delicadamente, retirou as duas estrelas da manga da jaqueta e estendeu uma para cada oficial americano. Depois de um aperto de mão, subiu na bicicleta e desapareceu na estrada empoeirada na direção de Paris.

* * *

O jovem romancista Paul Andreota também decidira fazer um passeio naquela tarde. Seria um passeio infinitamente mais curto, mas não menos memorável do que o de Jacques Chaban-Delmas. Como todos os franceses de sua idade, Andreota fora convocado pelo Serviço de Trabalho Obrigatório para trabalhar na Alemanha. Até o momento, ele conseguira escapar das buscas, mas nunca saía de casa, para não ser capturado numa das batidas que os alemães faziam com frequência por Paris.

Acompanhado de Gloria, sua mulher, e do cachorro Nimbus, Andreota subia a Avenue des Champs-Élysées quando um homem de trinta e poucos anos os abordou e perguntou: "*Do you speak english?*". Paul e Gloria levaram um susto. As prisões da França estavam cheias de franceses presos daquela maneira por agentes infiltrados. Num inglês que lhes pareceu ter um forte sotaque

---

* Prato típico de carne de porco (ou de ave e peixe), desfiada e cozida na própria gordura, conservada na forma de patê ou geleia. (N.T.)

americano, o desconhecido disse estar perdido e pediu para ser levado até a Rue Lauriston. Perplexos, Andreota e a mulher trocaram um olhar temeroso enquanto Nimbus, puxando a coleira com força, arrastava os três até a Place de l'Étoile. Dez minutos depois, chegando à frente do prédio onde tinha seu compromisso, o homem se atirou nos braços de Gloria e exclamou, dessa vez num francês impecável: "A senhora é a primeira parisiense abraçada por um oficial americano! Permita-me que lhe agradeça e que lhe anuncie que Paris será libertada dentro de poucos dias". E desapareceu sob a arcada do imóvel.* Apavorados, Paul e Gloria viram quatro botas pretas pararem na calçada da frente. Quando eles perceberam o que os dois sentinelas alemães estavam fazendo, soltaram um suspiro de alívio: os soldados olhavam para Nimbus, o cachorro de pelo avermelhado.

* * *

Para Dietrich von Choltitz, a ordem que o capitão Werner Ebernach lhe apresentara ao entrar em seu gabinete não era uma surpresa. Von Choltitz já conhecia o teor daquela ordem, da qual recebera uma cópia enviada pelo OKW. A presença de Ebernach, em contrapartida, constituía uma verdadeira surpresa. Antes da guerra, ele tivera a oportunidade de apreciar o brilho com que Ebernach cumprira uma tarefa semelhante à que estava sob seu encargo. Em Grimma, na Saxônia, durante as manobras de 1936, sob os olhares admirados de Choltitz e de um punhado de generais, Ebernach destruíra de uma só vez duas pontes sobre o Mulde. O ar decidido e seguro do oficial naquele dia indicava ao general que ele realizara as promessas de juventude. Choltitz não teve a menor dúvida, ao vê-lo entrar, de que Ebernach poderia obstruir o Sena sob os escombros de suas pontes. O governador de Paris, no entanto, queria manter o controle absoluto da operação. "Tome as disposições necessárias", ele disse ao capitão. Mas Choltitz o advertiu de que nenhuma detonação poderia ocorrer em Paris sem sua autorização pessoal. Ele se lembra de ter colocado a mão no ombro do ardoroso oficial e dito: "O Sena, Ebernach, não é o Mulde, Paris não é Grimma, e o mundo inteiro, não apenas um punhado de generais, tem os olhos fixos em nós".

---

* Nascida em Nova York de pai americano e mãe francesa, Gloria Andreota acredita se lembrar de que o misterioso americano lhe contara, ao subir a Champs-Élysées, que era natural de Saint Louis. Apesar de todas as nossas pesquisas, não conseguimos identificá-lo. Encontramos dois americanos do Office of Strategic Services (segundo gabinete) que estavam em Paris no dia 15 de agosto de 1944, mas nenhum dos dois se lembra de ter ido à Rue Lauriston naquele dia. Aquele oficial devia ser um aviador ou um agente do serviço de inteligência de passagem por Paris. (N.A.)

Assim que Ebernach saiu do gabinete do general Von Choltitz, o chefe de estado-maior, o coronel Von Unger, entrou com dois relatórios na mão. Depois de ler o primeiro, o governador de Paris deu de ombros: era sobre a greve da polícia. Mas a leitura do segundo o fez esboçar uma careta. Oito soldados alemães tinham sido mortos à tarde numa emboscada preparada pela Resistência no subúrbio de Aubervilliers. Era o primeiro incidente grave que acontecia na cidade.

Von Choltitz, lembra Von Unger, procurou no mapa preso à parede onde ficava Aubervilliers. Quando seu indicador finalmente parou no extremo norte do mapa, Von Unger ouviu-o soltar um suspiro e murmurar: "Hoje eles atacam o subúrbio. Amanhã, atacarão Paris!".

* * *

Uns depois dos outros, os vagões de carga foram sacudidos como os elos de uma longa corrente. Nos trilhos da garagem de Pantin, as rodas hesitaram e começaram a se mover. Para 2.600 prisioneiros, os sinistros rangidos do trem em movimento punham fim a um pesadelo. De um velho vagão de madeira com sua carga de miséria e sofrimento se espalhou um canto que todas as vozes, nos outros vagões, repetiram em coro. Era *A marselhesa*.

Quando *A marselhesa* se dissipou na escuridão, a jornalista Yvonne Pagniez ouviu outro canto vindo do último vagão do trem. Ela reconheceu, sobre todas as outras, a voz quente e trêmula de Yvonne Baratte, a jovem que, na noite da véspera, decorara o pequeno altar de Romainville com margaridas.

"É apenas um até logo, irmãos...", ela cantava, "sim, voltaremos a nos ver..."

O velho relógio de pêndulo com números góticos da estação de Pantin marcava quase meia-noite. Com os olhos cheios de lágrimas, um ferroviário se dirigiu a uma mulher que esperava na frente da estação. "Acabou", ele murmurou, "eles se foram." Diante dessas palavras, Marie-Hélène Lefaucheux subiu em sua bicicleta e foi embora. Dentro de três horas, ela partiria para o Leste de bicicleta, decidida a alcançar o trem e a segui-lo o máximo possível.

Um estranho silêncio reinava nas prisões quase desertas de Fresnes e Romainville. Sozinha ao lado do enxergão vazio de Nora, a pequena cantora polonesa, Yvonne de Bignolles, a cozinheira de Romainville, não dormia. Ela chorava.

Em Fresnes, dilacerado, desesperado, o engenheiro Louis Armand também não dormia. Ele espreitava em vão o tinido metálico das colheres sobre os canos, que todas as noites transmitiam as notícias. Naquela noite, porém, as paredes de Fresnes estavam silenciosas. Louis Armand só ouvia sua voz interior, que lhe dizia que ele seria, junto com todos os que restassem, fuzilado no dia seguinte.

No outro extremo da prisão, na ala feminina, a secretária Geneviève Roberts, que salvara seu chefe se deixando prender, ouvia a mesma voz. Enquanto o trem de Pantin entrava em movimento, o capelão entrara em sua cela para lhe levar a comunhão. Para Geneviève Roberts, a questão não era mais saber se ela seria fuzilada ou não, mas quando. Por volta de uma hora da manhã, ela ouviu um barulho no corredor e pensou que morreria. Uma chave girou na fechadura e a porta se abriu. Como uma pilha de roupa suja, um guarda atirou uma mulher em sua cela. Era Nora, a pequena cantora tuberculosa de Romainville. Na última hora, um terrível acesso de tosse a salvara do comboio de Pantin.

23

O sargento de intendência Herman Plumpfranck, de 43 anos, esvaziou as gavetas da cômoda em duas maletas de papelão duro e fechou-as cuidadosamente com cintas. Plumpfranck esperava que os cinquenta pares de meias de seda que levava lhe servissem de moeda de troca para os dias difíceis que, ele pensava, se aproximavam.

Ele desceu ao hall do hotel Continental, onde morara ao longo dos quatro belos e tranquilos anos de ocupação, e anunciou ao recepcionista que estava indo embora. Plumpfranck afirmou, porém, que voltaria antes do Natal. Depois, como um turista da belle époque, carregando as duas malas, ele se dirigiu ao quiosque do Palais-Royal para comprar pela última vez o *Parizer Zeitung*, jornal alemão de Paris. Naquela manhã, porém, a velha vendedora sacudiu a cabeça: "Meu caro", ela disse, "o *Parizer Zeitung* fechou...". O 221º, último número, saíra na véspera.

Durante a noite, toda a redação se retirara para Bruxelas. Vendo o alemão empunhar as maletas, uma mulher de cabelos despenteados, que comprava seu jornal, exclamou: "Então está nos deixando?". Era Colette, a escritora, que morava ali perto e cruzava com o alemão quase todos os dias havia quatro anos.

Milhares de burocratas como o sargento Hermann Plumpfranck de fato deixavam Paris naquela manhã de 16 de agosto de 1944. Na véspera, o general Warlimont informara ao OB West por telefone que Hitler autorizara a evacuação de Paris de todos os estados-maiores e dos serviços não combatentes, inclusive o SD* e a Gestapo.**

Colunas ininterruptas de caminhões, que os levariam para o Leste, causariam os primeiros engarrafamentos das ruas de Paris desde o início da guerra. Sentados nos terraços dos cafés, os parisienses impassíveis acompanhavam a partida dos ocupantes. De pé nas carrocerias dos caminhões, sorrisos amarelos choravam agitando lenços, homens cantavam "É apenas um até logo" ou gritavam que estariam de volta antes do Natal. Mas o mais espantoso eram os caminhões de mudança que acompanhavam essas partidas. Paris se esvaziava de suas banheiras, de seus bidês, de seus tapetes, de seus móveis, de seus aparelhos de rádio, de suas caixas de vinho. No Square Lamartine, sob os olhares consternados dos moradores, que antecipavam o banquete que fariam com os dois porcos que ali alimentavam, na última hora os alemães embarcaram os animais. O *Mineralölofﬁzier* Walter Neuling, do serviço de combustíveis, viu no hotel Majestic um oficial retirar as cortinas de seu quarto e guardá-las na mala "para mais tarde fazer uma roupa", ele explicara. No hotel Florida, no Boulevard Malesherbes, o *Obergefreiter**** Erwin Hesse, do serviço de fortificações do Oeste, viu seu chefe, o *Oberleutnant***** Thierling, empacotar os lençóis e arrancar os fios do telefone para levar o aparelho.

Em muitos lugares, faltaram caminhões para levar tudo o que algumas unidades tinham acumulado ao longo de quatro anos de requisições e pilhagens. A falta de transporte proporcionou a alguns parisienses distribuições inesperadas de víveres. Na Rue Boursault, no 17º arrondissement, os funcionários de uma oficina mecânica ofereceram aos moradores do bairro milhares de garrafas de conhaque e vinho. Na Rue de la Chaussée-d'Antin, soldados da intendência atiraram tabletes de manteiga para donas de casa atônitas.

---

* Sicherheitsdienst (SD): o serviço de inteligência da SS. (N.T.)
** As unidades do OB West se retirariam para Metz, as do comando da marinha do Oeste para Saverne e as da 3ª frota aérea para Reims. As ordens a respeito dessa evacuação diziam que as retiradas ocorreriam com o máximo de discrição possível, para evitar o pânico. Os escalões de comando do OB West, instalados em Saint-Germain-en-Laye, e os do Grupo de Exércitos B, instalados em La Roche-Guyon, se retirariam respectivamente para Verzy, perto de Reims, e para Margival, perto de Soissons.
Ordens muito estritas tinham sido passadas para a vigilância de todas essas evacuações. Nenhum homem deveria partir para o Leste se não tivesse recebido ordens expressas do serviço do qual dependia. Choltitz organizou barreiras de Feldjäger em todas as saídas de Paris para controlar todas as evacuações. Ele pôde, assim, recuperar vários milhares de infratores que foram imediatamente incorporados aos batalhões de alerta. (N.A.)
*** Primeiro-cabo do exército alemão. (N.T.)
**** Primeiro-tenente do exército alemão. (N.T.)

Na maioria das vezes, porém, os alemães queimavam o que não conseguiam levar. Desde o alvorecer daquele 16 de agosto, o céu de Paris escureceu com uma fumaça preta que espalhava pela cidade as cinzas de toneladas de arquivos e papéis secretos. O major Max Braubach, chefe do 1º gabinete do comando militar na França, se lembra de ter queimado nas caldeiras do hotel Raphaël, na Avenue Kléber, "os arquivos secretos de quatro anos de ocupação em Paris". Na Rue Boissy-d'Anglas, logo atrás das venezianas fechadas da embaixada americana, a secretária do tribunal militar de Paris, Irma Kohlhage, de 26 anos, atirou nas chamas as centenas de dossiês dos parisienses que seu chefe, o juiz Dotzel, condenara à morte. Ela se lembra de ter levado a manhã inteira "para acabar com todos aqueles malditos papéis".

Alguns oficiais, no entanto, deixaram Paris como verdadeiros gentlemen. Antes de abandonar o luxuoso apartamento requisitado que ocupava na Avenue Victor-Hugo, em Neuilly, um coronel da SS pegou uma folha de papel e escreveu uma carta. "Agradeço a meu anfitrião desconhecido", ele escreveu, "por sua involuntária hospitalidade. Que ele saiba que deixo seu apartamento no estado em que o encontrei. Paguei as contas de gás, eletricidade e telefone e recoloquei no devido lugar, na biblioteca, os três volumes de Voltaire que tive o prazer de ler." Depois de assinar, o coronel tirou da carteira uma nota de cem francos, que colocou sob um peso de papel ao lado da carta, "como indenização pelas duas taças de cristal que infelizmente foram quebradas".*

Para alguns homens, as ordens de retirada causaram verdadeiros dramas de consciência. O capitão Hans Werner, do serviço de abastecimento da Rue Beaujon, precisou escolher entre Antoinette Charpentier, sua amante, e a Wehrmacht. Ele escolheu Antoinette. Por volta do meio-dia, em roupas civis e com uma pequena maleta, ele discretamente deixou seu apartamento da Avenue Mozart e se dirigiu a um hotel de má fama da Rue Henri-Rochefort, onde Antoinette preparara um refúgio para seu herói conquistador de 1940. Eles se esconderiam ali até que "tudo voltasse à ordem". E então se casariam.

O sargento aviador Willy Schmitz, de Koblenz, também decidiu desertar. Ele enrolou o uniforme e o revólver num jornal e atirou o pacote num esgoto da Rue Jules-David, perto da Porte des Lilas. Depois, a pé, ele foi ao encontro da namorada, a tintureira Marcelle Brasart, no pequeno quarto do hotel Star onde eles tinham decidido se esconder. Já o *Feldwebel* Eugen Hommens, o homem que três dias antes tivera um revólver roubado pelas FFI, desistiu de

---

* O comandante Richardson, do 9º exército aéreo americano, foi quem encontrou essa carta no dia 25 de agosto, ao se instalar nesse apartamento. (N.A.)

ficar com Annick, sua namorada. A escolha, ele admitiria, foi ditada sobretudo "pelo medo de ficar à mercê de uma francesa que um dia poderia me trair".*

Para muitos alemães prontos para partir, um simples acaso decidiria seus destinos naquele dia. Logo antes de entrar no carro que a levaria até a Alemanha, a secretária de estado-maior Maria Fuhs, de Wiesbaden, se lembrou que deixara seu relógio para consertar num relojoeiro do Boulevard Haussmann. Ela pediu aos colegas que a esperassem por alguns minutos. O relojoeiro, vendo-a entrar toda ofegante em sua loja, exclamou: "Srta. Fuhs, ainda não foi embora?".

Quando Maria Fuhs voltou ao hotel Continental, o carro havia partido. Ela ficaria em Paris e seguiria o destino dos milhares de combatentes que se preparavam para defender a cidade.

* * *

Naquele dia, os soldados do general Von Choltitz se tornariam os assassinos de 35 jovens franceses.

Na Rue du Docteur-Roux, no subúrbio de Chelles, um operário comunista de 22 anos esperava um caminhão. Acima de seu relógio de pulso, que marcava oito horas da manhã, duas iniciais haviam sido tatuadas: J.S. Ele se chamava Jacques Schlosser.

"Fretes & Mudanças Seigneur. Chelles". Quando viu esse letreiro no caminhão que parou, Jacques correu até o quarto do pai e exclamou: "Pai, esta noite invadiremos a prefeitura". Para o ferroviário Alexandre Schlosser, nenhuma promessa podia ser melhor do que aquela: ele fora designado pela Resistência de Chelles para ser o primeiro prefeito da Libertação. Depois que o caminhão desapareceu no fim da rua, Alexandre Schlosser voltou ao quarto, se sentou numa cadeira e começou a esperar.

Em Chelles, Villemomble e Draveil, Coco, o boxeador, motorista do caminhão, parou treze vezes para pegar treze colegas de Jacques Schlosser. E para treze famílias teria início uma longa jornada de espera.

A quinze quilômetros de Chelles, no bairro popular da Bastilha, outros rapazes saíam de casa. Subindo na bicicleta, o estudante de medicina Michel Huchard, membro do grupo de Jeunes Chrétiens Combattants [Jovens Cristãos Combatentes], se virou e abanou para a velha Jeanne, sua babá bretã, que olhava da janela da cozinha. Ele usava o paletó azul-marinho que ela tantas

---

* Eugen Hommens acabou não deixando Paris. Na hora de partir, ele foi incorporado ao batalhão de alerta n. 1, encarregado da defesa do Palais du Luxembourg. Hommens foi preso no dia 25 de agosto. (N.A.)

vezes passara. As calças do rapaz estavam tão gastas que ela precisara costurar elásticos na barra para que sua forma se mantivesse. A coisa que Jeanne mais detestava no mundo eram aqueles encontros misteriosos aos quais seu Micki às vezes comparecia. Naquela manhã, porém, ele parecia tão radiante que a velha Jeanne tinha certeza de que Micki cumpriria sua promessa: ele chegaria a tempo para o almoço-surpresa que ela estava preparando. Pois Michel Huchard, naquele dia, festejava seus 21 anos.

No quarto andar de um velho prédio da Rue de Capri, uma mãe preocupada via o filho sair. O estudante de odontologia Jean Dudraisil, de 21 anos, anunciara que não poderia levar ao pai, preso no campo de Saint-Denis, o habitual pacote da quarta-feira. Ele precisava "realizar uma missão". E voltaria para o jantar.

A funcionária dos correios e telégrafos Paulette Restignat não sabia que o filho participava dos Jeunes Chrétiens Combattants da paróquia Saint-Marcel. Naquela manhã, quando saiu para o trabalho, Jacques Restignat, de dezessete anos, ainda estava na cama. Dentro de poucos minutos, depois de prometer à mãe que almoçaria com ela na cantina Danton, como todos os dias, ele também pegaria sua bicicleta.

De caminhão ou bicicleta, 35 rapazes se dirigiam naquela manhã para um mesmo lugar. Os comunistas e os católicos não se conheciam, mas todos pertenciam às Forces Unies de la Jeunesse Patriotique [Forças Unidas da Juventude Patriótica]. Os líderes desse importante grupo tinham sido contatados por um certo capitão Serge em nome do Intelligence Service ao qual ele dizia pertencer. A esses jovens cheios do desejo de lutar, o misterioso capitão oferecera a mercadoria mais rara e mais cobiçada daquele verão: armas. Em busca dessas armas, comunistas, católicos, camponeses, operários e estudantes, ao todo 35 rapazes, se dirigiram naquela manhã de 16 de agosto para sua última hora.

24

Como todos os moradores de Saint-Cloud, a professora de liceu Thérèse Jarillon sabia que os oitocentos metros do túnel que desembocava sob as janelas de sua agradável residência estavam cheios de explosivos. Naquela manhã, porém, a solteirona da Rue Joseph Lambert estava alarmada. Ela acabara de ser informada pela sra. Capitaine, sua faxineira, que os alemães se preparavam para explodir o túnel. Se fosse verdade, Thérèse Jarillon sabia que "Meu Sonho", sua pequena casa, e centenas de outras moradias construídas na encosta de Saint-Cloud desapareceriam na explosão.

Ela começou, então, a enrolar cada peça de louça em jornais velhos e a escondê-las embaixo da cama. Depois, ajudada pela sra. Capitaine, ela deitou o armário bretão no chão, abriu as janelas, desligou a água, o gás e a eletricidade e fugiu com pressa.

Chamado de Pilz (cogumelo) pelos alemães, o túnel rodoviário cuja explosão a srta. Jarillon temia era na verdade uma fábrica de torpedos. Até o fim de 1943, fabricara quase todos os torpedos dos submarinos alemães da Mancha e do Atlântico. Quando a guerra submarina desacelerou por falta de submarinos, a produção de Pilz continuou no mesmo ritmo. Os torpedos foram armazenados em câmaras especiais ao lado dos dormitórios onde os alemães amontoavam os prisioneiros que constituíam a mão de obra da usina. Cerca de mil pessoas viviam naquele universo concentracionário subterrâneo guardado pela Kriegsmarine, a Marinha alemã.

Pilz era uma das instalações alemães mais protegidas de Paris.

Ninguém podia entrar sem um salvo-conduto especial e os sentinelas tinham ordem de atirar em qualquer civil que se aproximasse a menos de cinquenta metros dos arames farpados e dos blocauses das defesas externas. Nenhum bombardeio podia atingi-lo. Para destruí-lo, só havia uma maneira: explodi-lo por dentro.

Era justamente isso que a Kriegsmarine se preparava para fazer quando o capitão Ebernach, chefe dos demolidores da 813ª Pionierkompanie, chegou. Trazendo um salvo-conduto especial assinado pelo general Von Choltitz em pessoa, ele foi conduzido para dentro das instalações para fazer um inventário dos explosivos ali presentes, com vistas à destruição da qual fora encarregado.

O que ele descobriu sob a abóbada interminável do Pilz lhe deu vertigens. Guardados lado a lado dentro de caixas, havia trezentos torpedos carregados e prontos para ser enviados. Várias centenas de ogivas e caixas cheias de explosivos aguardavam para ser montados em outros projéteis. No fim do túnel, cuidadosamente alinhados, brilhavam centenas de tonéis vermelhos cheios de TNT.*

"*Donnerwetter!***", murmurou Ebernach com certo respeito. Depois, virando-se para o *Obergefreiter* Hegger, cujos olhos arregalados contemplavam

---

* Um primo distante de Choltitz, o engenheiro Joachim von Knesebeck, que dirigia durante a guerra a filial parisiense da Siemens, visitava com frequência o interior do Pilz, cujas instalações elétricas ele realizara. Durante uma entrevista em Nova York, em dezembro de 1963, ele explicou aos autores deste livro que o espanto do capitão Ebernach ao visitar o túnel era muito compreensível. Segundo o engenheiro, em agosto de 1944 havia dentro do túnel de Saint-Cloud "torpedos suficientes para no mínimo duas guerras". (N.A.)

** Caramba! (N.T.)

os tesouros daquela caverna de Ali Babá, ele disse: "Com todos os explosivos que temos aqui, poderíamos explodir metade das pontes do mundo!".

O capitão Werner Ebernach se dirigiu então ao *Kapitänleutnant** da Kriegsmarine que o acompanhava e lhe disse numa voz seca: "Requisito tudo o que está dentro deste túnel em nome do general comandante do Gross Paris".

* * *

A cem metros da entrada do túnel, um Horch preto e dois sidecars de escolta dobraram bruscamente à direita e entraram na Rue Dailly. Subindo a encosta, os veículos pararam do outro lado da colina de Saint-Cloud, diante de uma opulenta mansão da Avenue Pozzo-di-Borgo. O oficial que esperava nas escadas da frente era o principal subordinado de Von Choltitz, o tenente-coronel Von Aulock,** oficial encarregado de manter a linha de defesa externa de Paris. No grande salão com revestimento de carvalho, em torno de um magnífico piano Bechstein sobre o qual o sargento cartógrafo Coutzen abrira um mapa em escala 1:200.000 da metrópole parisiense, os dois homens tiveram sua primeira conferência estratégica para a defesa da capital francesa.

Choltitz ajustou o monóculo e começou a traçar a lápis uma linha em torno de Paris. Quando terminou, ele se virou para Aulock e para os oficiais presentes e disse apenas: "Aqui, senhores, é onde devem ficar".

Aulock examinou o mapa com surpresa. A linha de defesa que Choltitz havia traçado estava muito mais longe de Paris do que a que seu predecessor, Boineburg, sugerira. Descrevendo um arco de círculo de uma centena de quilômetros, ela tocava o Sena à oeste de Poissy e chegava ao Marne na altura de La Varenne-Saint-Hilaire. Ela englobava Saint-Germain-en-Laye, Versalhes, Palaiseau, Orly e Villeneuve-Saint-Georges, e bloqueava, trinta quilômetros à frente da cidade, os acessos oeste, sul e sudeste de Paris. No OKW, essa linha era chamada de *Paris Sperreriegel* [Ferrolho de Paris]. Em Saint-Cloud, naquele dia, foi chamada apenas de *die Linie*, a linha.

O governador de Paris sabia que o tenente-coronel Von Aulock dificilmente conseguiria manter um front tão extenso sem receber reforços de

---

* Capitão-tenente da Marinha Alemã. (N.T.)
** Antigo chefe de Freikorps [corpo de voluntários], Von Aulock era um nazista convicto e um oficial de elite. Seu irmão, naquele exato momento, lutava heroicamente na sitiada Saint-Malo. No dia seguinte, 17 de agosto, às duas horas da tarde, o comandante de Saint-Malo enviaria o seguinte telegrama a Adolf Hitler: "Meu *Führer*, os combates de Saint-Malo terminarão hoje ou amanhã. Sob um bombardeio terrível, as estruturas desmoronam umas depois das outras. Se perecermos, teremos lutado até o último homem. Que a mão de Deus o proteja. Viva nosso *Führer*. Aulock" (Mensagem n. 6242/44, transmitida no mesmo dia pelo Grupo de Exércitos B). (N.A.)

peso.* Esses reforços tinham sido prometidos por Hitler. Enquanto eles não chegassem, Von Aulock espalharia seus dez mil homens pela linha de defesa. Von Choltitz aceitou a sugestão de um dos adjuntos de Von Aulock, o coronel Fritz Meise, antigo chefe da esquadrilha Richthofen. Meise, que comandava o 11º regimento de paraquedistas, sugeriu começar o desmonte de todas as peças de artilharia da Defesa Antiaérea instaladas em Paris para utilizá-las como armas antitanque.** Esses canhões, ele observou, não serviriam para nada na cidade, "pois os Aliados com certeza não bombardeariam Paris".

Com essa artilharia, o coronel Meise constituiria em poucos dias vinte baterias de 88mm, 11 baterias de 75mm e 21 baterias de 37mm. Duzentas peças no total, com as quais, em exatos oito dias, os tanques da 2ª divisão blindada do general Leclerc se depararia.

Depois da conferência, o tenente-coronel Von Aulock mandou servir champanhe, que o infatigável coronel Theo Wulff, seu chefe de estado-maior, serviu em taças de cristal pertencentes ao proprietário da mansão, um israelita chamado Stern, refugiado nos Estados Unidos.

Theo Wulff se lembra que Choltitz ergueu a taça e disse algumas palavras sobre "as duras jornadas que nos aguardavam".

Ouviram-se então, vindas do grande piano Bechstein, as primeiras notas de uma melodia nostálgica de Lützow. Quem tocava era o coronel Seidel, de Dresden, chefe de um dos três grupos de combate. Os homens ouviram em silêncio. Com as taças nas mãos, relembra Wulff, eles contemplaram atrás da imensa abertura envidraçada da mansão o mais belo espetáculo do mundo: os telhados de Paris, que o sol do meio-dia dourava até o horizonte.

25

Naquela aurora do dia 16 de agosto, o sol se levantava atrás da alta torre medieval da catedral Saint-Étienne quando Marie-Hélène Lefaucheux chegou à cidade de Meaux, incrustada num meandro do Marne, a 44 quilômetros de

---

* O grupo tático de Aulock compreendia então uma unidade de elite com efetivos e equipamentos completos, o 11º regimento de caçadores paraquedistas da Defesa Antiaérea, 16 seções de metralhadoras 82, o batalhão do aeródromo de Paris, o 11º batalhão do 90º regimento da aeronáutica, vários batalhões de terra, um batalhão de intérpretes, um batalhão formado por ex-detentos militares da prisão de Fresnes e, por fim, unidades de alerta pertencentes aos diferentes Kommandanturen [Comandos Militares] do setor. (N.A.)
** Os alemães com frequência utilizavam seus canhões antiaéreos de 88mm como armas antitanque. Nenhuma blindagem aliada resistia a suas bombas. (N.A.)

Paris. Em sua velha bicicleta Alcyon sem marchas, Marie-Hélène deixara Paris antes do fim do toque de recolher para alcançar o vagão de carga que levava seu marido Pierre para o leste e para a Alemanha. Mas até aquele momento, em cada estação onde parava, ela invariavelmente recebia a mesma resposta: o trem passara havia duas horas.

Quando Marie-Hélène chegou a Meaux, vinte quilômetros depois, Pierre e seus 2.452 companheiros de infortúnio lutavam contra a asfixia no inferno de um túnel onde o trem estava parado fazia duas horas. O SOS lançado pelas FFI de Paris chegara a tempo. À saída do túnel de Nanteuil-Saacy, numa extensão de 75 metros, a via explodira duas horas antes da passagem do trem.

Para proteger o comboio de um ataque "terrorista", os guardas da SS o recuaram até o túnel. Quando o rumor de que a Resistência sabotara a via se espalhou, houve uma explosão de alegria e esperança nos vagões. Duas horas depois, porém, os 2.453 prisioneiros não esperavam mais nada. Quase asfixiados pelas espirais de fumaça preta da locomotiva, eles lutavam para não morrer. No vagão de Yvonne Pagniez, onde o ar se tornava rarefeito, ouvia-se "a respiração curta e ofegante dos peitos comprimidos, os gritos pungentes das mulheres que tinham ataques de nervos, os soluços das que vomitavam na sombra". Em muitos vagões, o pânico tomava conta das prisioneiras. "Era uma sensação mais forte que nossas vontades", lembra Yvonne Pagniez, "sentíamos naquela escuridão opaca a morte dos enterrados vivos nos sufocando em nossos próprios túmulos." No vagão de Jeannie Rousseau, as mulheres estavam convencidas de que os alemães tentavam asfixiá-las. Elas ouviam o martelar de suas botas ao longo da via férrea e suas vozes roucas abafadas pelas máscaras de gás que eles usavam.

No entanto, cada segundo de pesadelo aproximava os prisioneiros da liberdade. Escondidos nas laterais da ferrovia, cinco homens estavam à espreita. Eles tinham sido responsáveis por colocar nos trilhos os explosivos que haviam interrompido a viagem. E agora esperavam os reforços com que atacariam o comboio. Do esconderijo, eles observavam as idas e vindas dos soldados da escolta. Contaram mais de cem. Para Gaston, o professor que naquele verão comandava as FFI da região, somente um ataque surpresa poderia impedir que os guardas da SS massacrassem os prisioneiros que eles queriam salvar.

Gaston ganhara a primeira rodada. Ele sabia que por todo o vale do Marne, sozinhos ou em pequenos grupos, homens armados se dirigiam naquele momento para o túnel. De todo modo, ele tinha tempo: os alemães levariam dois dias para consertar a via e restabelecer a circulação.

Gaston estava enganado. Por um sinistro acaso, a menos de cinco quilômetros dali, atrás do túnel, os alemães tinham descoberto na estação de Nanteuil-Saacy um trem de gado que partia para a Alemanha. Nada mais fácil do que substituir os animais pelos prisioneiros.

Os alemães tiraram o trem do túnel. Na estrada que ficava ao pé da encosta, um vulto apareceu numa bicicleta: ofegante, sem fôlego, Marie-Hélène Lefaucheux finalmente alcançava o comboio.

Entre os espectros encovados e sujos que desceram do terceiro vagão estava Pierre. Nada no mundo, nem mesmo as metralhadoras dos guardas da SS, poderia impedir Marie-Hélène de falar com o marido. Levando a bicicleta, ela correu como uma louca pelo campo de papoulas que os separava, subiu a encosta, empurrou dois soldados e correu até o terceiro vagão. Quando chegou à frente de Pierre, fez a primeira coisa que lhe veio à mente. Pegou do bolso um lenço branco e enxugou seu rosto coberto de suor e fuligem.

Por um privilégio que ela nunca saberia explicar, os guardas autorizaram a jovem mulher a acompanhar a coluna enquanto o transbordo fosse realizado. Segurando a bicicleta com uma mão e com a outra apertando os dedos descarnados do marido, ela acompanhou o calvário de Pierre e de seus companheiros de infortúnio. De todas as frases que eles trocaram durante as duas cruéis e angustiantes horas que durou o transbordo, uma ficaria gravada para sempre na memória de Marie-Hélène. Ela provava que as torturas da Gestapo não tinham conseguido quebrar a alma daquele homem. Quando eles foram separados pelos SS, Pierre sorriu e murmurou, com voz calma: "Depois dessa viagem, Marie-Hélène, prometo que nunca mais reclamarei do preço de um vagão-leito!".

Outra mulher também teria pedalado "até o fim do mundo" pela simples felicidade de trocar algumas palavras com o marido. Vinte e cinco fileiras à frente da sra. de Renty, na mesma coluna, estava seu marido. Os dois tinham sido detidos juntos por esconder aviadores aliados. E os dois faziam parte do último comboio de Pantin.

De uma colina acima do vale, os cinco membros da Resistência, desesperados, viram o trem se afastar lentamente na direção de Château-Thierry e Nancy. Os alemães haviam ganhado. Os reforços esperados por Gaston chegariam tarde demais. Havia pouca esperança de arrancar os 2.453 prisioneiros do destino que os aguardava. Para a Resistência francesa, aquela seria uma cruel derrota.

Na estrada que acompanhava a via férrea, depois do vilarejo de Nanteuil--Saacy, uma silhueta branca encurvada sobre o guidom da bicicleta passava pelos vagões de madeira. Marie-Hélène Lefaucheux também continuava sua viagem.

* * *

Na Porte Maillot, à frente da saída do metrô que dava para o Boulevard Gouvion-Saint-Cyr, um homem alto e magro, de impermeável bege, chapéu mole enfiado até os grossos óculos de tartaruga, andava de um lado para outro. Às onze horas em ponto, um caminhão parou. O homem leu nas laterais: "Fretes & Mudanças Seigneur. Chelles". Ele se aproximou do veículo e perguntou em voz baixa ao motorista se era "para as armas". Ao sinal afirmativo de Coco, o boxeador, o homem disse: "Sou o capitão". E tirou do bolso um maço de Gauloises, oferecendo um ao motorista: "Tome, enquanto esperamos que todos estejam aqui". Coco, o boxeador agradeceu e notou que o homem tinha um sotaque estrangeiro. Alguns minutos depois, dois outros caminhões pararam e, em pouco tempo, vinte jovens fumavam na calçada os cigarros do generoso capitão. Quando os avistou de longe, Jean-Pierre Dudraisil diminuiu a velocidade e pensou: "Que estranha ideia marcar tantos encontros no mesmo lugar. Vamos todos ser presos!". Mas o grupo de jovens cristãos logo se juntaria ao capitão e aos jovens comunistas de Chelles. Entre eles havia uma moça: Diane, a líder feminina dos Jeunes Chrétiens Combattants.

O capitão fez então com que todos embarcassem nos caminhões, inclusive com as bicicletas, menos uma, que ele quis usar para guiar pessoalmente o comboio e garantir que o caminho estava livre. Pediu aos líderes que as lonas dos veículos ficassem o mais hermeticamente fechadas possível durante o trajeto, "a fim de que os alemães não notem nada de suspeito". E anunciou que eles fariam duas paradas. Na primeira, ninguém deveria se mover. A segunda seria na garagem onde estavam as armas.

Os caminhões arrancaram. No primeiro caminhão, Diane podia ver na penumbra os rostos tensos de seus colegas. Michel Huchard, Jean-Pierre Dudraisil e Jacques Restignat estavam sentados lado a lado e não se falavam. Depois de cinco minutos, o comboio parou. Diane, a única mulher do grupo, afastou a lona traseira e soltou um grito. Alemães armados de metralhadoras saíam de um terreno baldio e caminhavam na direção dos caminhões. Michel Huchard gritou "Silêncio!", mas uma voz começou a recitar o Pai Nosso e todos os ocupantes do caminhão começaram a rezar juntos. Dois ou três minutos depois, uma chuva de coronhadas e balas caiu sobre os veículos. "*Raus! Raus! Schnell!*",* ordenavam os alemães, empurrando as lonas com as metralhadoras. Alguém na avenida gritou em francês: "Pulem!". Diane reconheceu a voz do capitão. Jean-Pierre Dudraisil foi o primeiro a pular. Um soldado atirou uma

---

* Fora! Fora! Rápido! (N.T.)

breve rajada em sua direção e o garoto sentiu uma queimadura na perna. Outro rapaz o imitou. Então Diane apareceu, com seus longos cabelos loiros, e os tiros cessaram bruscamente.

Empurrados até a cerca do terreno baldio com a ponta das metralhadoras, os jovens dos três caminhões foram alinhados com os braços para o alto.

Uma hora depois, Diane e seus 35 companheiros se viram na frente de um muro no sinistro pátio do número 9 da Rue des Saussaies, onde tantos franceses foram torturados em seus últimos dias de vida. Depois de ficarem com os braços para cima por horas a fio, eles foram separados e interrogados. Diane foi conduzida a uma cela no quinto andar.

Por volta das oito horas da noite, ela ouviu a porta se abrir e alguém lhe anunciar que estava livre. "O que vocês fizeram com meus camaradas?", ela perguntou. "Vamos ficar com eles", responderam-lhe secamente.

No dia seguinte, numa garagem da Rue Chardon-Lagache, pais e mães desesperados procurariam os corpos de seus filhos entre os 37 cadáveres que os bombeiros haviam encontrado atrás da cascata do Bois de Boulogne. Os alemães os tinham assassinado com granadas. Os corpos estavam tão mutilados que era praticamente impossível identificá-los. Alexandre Schlosser, o candidato a prefeito de Chelles, a quem o filho prometera armas para tomar a prefeitura, se lembrou das iniciais tatuadas no punho de Jacques. E Jeanne, a velha babá bretã, pensaria nos elásticos que costurara nas calças de Michel Huchard.

Mas muitos pais e mães nunca reconheceriam seus filhos entre os corpos despedaçados dos primeiros 35 mártires da libertação de Paris.*

26

O subtenente Ernst von Bressensdorf, de 27 anos, oficial-adjunto da 550ª companhia de transmissões, levou um susto ao ver que a lâmpada vermelha acabava de acender. Isso significava que Berlim, ou Rastenburg, chamava pela

---

* As circunstâncias exatas da morte dos 35 fuzilados da cascata do Bois de Boulogne não são conhecidas. Segundo o testemunho de moradores dos prédios vizinhos ao Bois, ouviram-se inúmeras explosões por volta das nove horas da noite. Segundo o sr. Lucas, que descobriu os corpos na manhã seguinte e avisou os bombeiros (a polícia estava em greve), a posição dos corpos indicava que os jovens tinham sido mortos ao descer do caminhão. Os ferimentos indicavam que as vítimas tinham sido atingidas por granadas.
Quanto ao falso capitão do Intelligence Service, responsável pelo massacre, ele foi preso depois da Libertação, condenado à morte e fuzilado. Seu verdadeiro nome era Serge Marcheret.
Interrogado a respeito do massacre da cascata, o general Von Choltitz afirmou aos autores deste livro não ter tomado conhecimento dele à época. (N.A.)

linha direta ultrassecreta do governador militar de Paris. A linha passava pela central telefônica instalada nos quartos do terceiro andar do hotel Meurice. Cerca de trinta telefonistas e vários suboficiais se revezavam 24 horas por dia nos diferentes painéis da central. Ernst von Bressensdorf, apesar da pouca idade, era o chefe desse importante serviço. Entre suas prerrogativas, havia uma pela qual ele zelava acima de tudo: ele era o único a poder operar a linha direta com Berlim. Por causa desse privilégio, ele podia participar do conselho de guerra. Quatro dias antes, em 12 de agosto, ele pedira à operadora de Berlim que ligasse para seus pais em Leipzig. Eles lhe deram uma importante notícia: sua mulher dera à luz uma filha.

Naquela manhã, ele ouviu outra voz ao tirar o aparelho do gancho. A voz seca e precisa do coronel general Jodl falava do outro lado, "tão clara quanto se telefonasse do Louvre ou dos Invalides". Bressensdorf transferiu a ligação para o aparelho do general Von Choltitz. Depois, colocando outro cabo numa caixa de retransmissão, ele decidiu ouvir a conversa.

O jovem subtenente levou um susto ao ouvir as primeiras palavras de Jodl. Em que ponto, ele perguntou, estava o avanço das destruições ordenadas? O chefe de estado-maior do OKW disse que Hitler queria um relatório detalhado para a conferência estratégica do meio do dia. Houve, lembra Bressensdorf, um longo silêncio no aparelho. Até que Choltitz respondeu que infelizmente as destruições ainda não haviam sido iniciadas, pois os especialistas em demolição tinham chegado apenas na véspera. Ele garantiu que os preparativos seriam rapidamente concluídos. "Jodl", lembra Bressensdorf, "pareceu extremamente decepcionado." Ele disse que Hitler estava "muito impaciente". O governador de Paris aproveitou a ocasião para repetir a Jodl o que ele dissera na véspera a Blumentritt e ao marechal Von Kluge. Qualquer demolição em Paris, naquele momento, levaria a seu ver ao que ele mais temia: "a fúria desesperada dos parisienses e uma insurreição geral". Ele sugeria, portanto, que as destruições fossem retardadas por alguns dias. Jodl respondeu que transmitiria essas recomendações ao *Führer*, mas que não se deveria esperar que este modificasse seus planos. Ele ligaria de novo para transmitir a resposta de Hitler. A breve conversa chegou ao fim, lembra-se o jovem tenente, com uma frase tranquilizadora em que Choltitz afirmou ao chefe do OKW que a situação estava sob controle e que "os parisienses ainda não tinham ousado se mexer".

* * *

A chuva que caía desde o meio-dia em Paris varria as quadras de tênis com tanta violência que o sr. Martin, zelador do estádio Jean Bouin, não esperava ninguém aquela tarde. Engano seu. Por volta das três horas, no auge da tempestade, alguém bateu à porta. No marco da porta, ele viu aparecer, com uma raquete na mão direita e uma galinha na outra, um de seus melhores clientes. Exausto, encharcado, Jacques Chaban-Delmas se deixou cair sobre uma cadeira.

"De onde o senhor está vindo?", perguntou com espanto o sr. Martin.

"De Versalhes, tudo por essa maldita galinha", respondeu Chaban-Delmas apontando para a ave.

Em Argel, no calor tórrido daquela mesma tarde, o longo relatório sobre Paris que Chaban-Delmas enviara de Londres acabava de levar a uma decisão. Charles de Gaulle anunciou que estava partindo para a França. Antes de ir, porém, o líder da França Livre precisava cumprir uma formalidade infinitamente penosa: pedir autorização aos Aliados para voltar para seu próprio país. Sob o ventilador arquejante de seu gabinete do Palácio de Verão, De Gaulle convocou o general sir Henry Maitland Wilson, que representava o comando aliado em Argel. Ele comunicou a esse oficial cortês que faria uma simples inspeção da região da França libertada pelos Aliados.

Na verdade, os planos de Charles de Gaulle ultrapassavam o âmbito de uma simples inspeção. De Gaulle se preparava para transportar ele mesmo e seu governo para o território francês, mais especificamente para Paris. O líder da França Livre estava decidido a se estabelecer na França, quer os Aliados concordassem ou não, quer Roosevelt reconhecesse ou não sua autoridade. Se ele deixava de comunicar isso ao comando aliado era por duas razões. De Gaulle julgava, em primeiro lugar, que suas decisões não diziam respeito aos Aliados. Em segundo, ele sabia que os Aliados fariam de tudo, caso conhecessem suas intenções, para que ele não deixasse Argel.

Alguns dias antes, De Gaulle tomara conhecimento da manobra desesperada de Pierre Laval para bloquear seu caminho. Laval fora buscar Édouard Herriot, presidente da Câmara dos Deputados, na clínica em que os alemães o mantinham preso e o trouxera de volta a Paris. Laval contava obter de Herriot a convocação da extinta Câmara e a constituição de um governo que acolhesse os Aliados. De Gaulle julgava sem futuro esse complô de última hora. Mas a certeza de que essa intriga contava com o apoio dos americanos representava, para o líder da França Livre, um motivo suplementar para chegar a Paris com urgência.*

---

* Em suas Memórias (volume II, L'Unité, p. 290), De Gaulle escreve: "Laval acreditava, no início do mês de agosto, que obteria os auxílios julgados indispensáveis por ele. Por meio do sr. Enfière, amigo do sr. Herriot, utilizado pelos americanos por suas ligações com o presidente da Câmara, que mantinha relações com os serviços do sr. Allen Dulles em Berna, ele constatou que Washington veria com bons olhos um projeto que visasse ultrapassar ou afastar De Gaulle". (cont.)

* * *

No confortável trailer do posto de comando avançado de Shellburst, de onde conduzia as operações, o general Eisenhower exibia um sorriso satisfeito. De hora em hora, oficiais de seu estado-maior lhe levavam relatórios sobre o desenrolar dos confrontos na Bolsa de Falaise. E de hora em hora Eisenhower via aumentar a lista das unidades alemãs que caíam na armadilha. Ele agora podia pensar na próxima operação: a investida rumo ao Sena e à Alemanha. Não sentia nenhuma apreensão específica a respeito da situação de Paris. Ninguém se dera ao trabalho de avisar ao comandante-chefe que uma insurreição estava a ponto de eclodir na capital. Por algum motivo inexplicável, o SOS lançado por Chaban-Delmas não fora transmitido ao único homem responsável pela estratégia aliada.

* * *

Sessenta quilômetros ao sul de Paris, perto da aldeia de Tousson e de seus telhados de ardósia, uma luz começou a brilhar naquela noite de agosto. Seiscentos metros a leste, outra luz se acendeu, depois uma terceira, à mesma distância, mas para o sul. Em torno de todo o amplo platô coberto de colmos, escondidos entre buquês de juncos ou no mato alto das encostas, cinquenta homens armados vigiavam o piscar intermitente – dois longos e um curto – das três luzes.

Esses homens pertenciam à unidade dirigida por um rapagão de trinta anos que vestia uma camisa de aviador e calças de esqui. Era conhecido como Fabri. Na verdade, seu nome era Paul Delouvrier, e ele era inspetor de finanças.

Fabri instalara seu posto de comando – uma barraca, duas mesas, um rádio alimentado por uma bateria automotiva – na vegetação quase impenetrável

---

(cont.) Membros do círculo mais próximo do general De Gaulle estavam convencidos de que os Estados Unidos, por intermédio de Dulles, haviam garantido apoio a Laval.
Em Washington, em dezembro de 1963, ao longo de uma conversa com os autores deste livro, e numa carta datada de 20 de janeiro de 1964, o sr. Dulles formalmente desmentiu as acusações do general De Gaulle. "Posso garantir a vocês", ele nos declarou, "que nunca tomei parte em nenhuma manobra que visasse afastar De Gaulle. Pelo contrário, avisei Washington constantemente de que De Gaulle era a única autoridade que a Resistência francesa realmente respeitava. Devido à antipatia que eles sentiam por De Gaulle, acrescentou o sr. Dulles, é verossímil que Roosevelt e Cordell Hull não compartilhassem desse ponto de vista." Dulles reconheceu, no entanto, ter entrado em contato com Édouard Herriot na primavera de 1944, por ordem de Roosevelt. Ele não se lembra do nome do intermediário que estabeleceu esse contato, mas é possível que tenha sido o sr. André Enfière. (N.A.)

dos bosques vizinhos a Darvaux. Ali, camuflados sob uma espessa folhagem, também se encontravam dois automóveis com as cores da Wehrmacht que Fabri e seus homens haviam capturado durante uma operação.

Não havia tropa mais heterogênea. Ela contava com doze guardas republicanos que tinham desertado por se recusarem a fuzilar membros da Resistência na prisão da Santé, um artista pintor fugido da prisão de Amiens, membros da École des Cadres d'Uriage.* Também havia ex-milicianos de Darnand** e até um antigo sargento da Légion des Volontaires Français*** titular da Cruz de Ferro de primeira classe.

Abastecidos com víveres dados pelos camponeses e armas pelo açougueiro-charcuteiro de Nemours, a unidade de Fabri levava nas profundezas das florestas de Fontainebleau e Nemours uma vida espartana e militar. Era o orgulho de seu chefe. A missão que ele recebera era tão extraordinária que somente homens bem treinados e perfeitamente disciplinados poderiam, na hora certa, realizá-la.

Desde o mês de maio, a unidade Fabri vinha repetindo o exercício daquela noite de agosto, que consistia em possibilitar a aterrissagem de um avião. Esse avião, os homens sabiam, transportaria uma pessoa importante que eles deveriam levar a Paris num dos carros capturados da Wehrmacht.

Naquela noite de 16 para 17 de agosto, Paul Delouvrier estava especialmente satisfeito: seus homens tinham acumulado muita experiência. Ao anoitecer, ele mesmo fora de bicicleta a Paris, onde se encontrara com seu chefe, que voltara de Londres naquele dia. Ajoelhado na escuridão cúmplice da igreja Saint-Sulpice, Jacques Chaban-Delmas anunciara a Paul Delouvrier que este devia, a partir daquele momento, ficar em estado de alerta constante.

Depois do exercício, Paul Delouvrier reuniu seus assessores sob as folhagens do posto de comando e repetiu as palavras de Chaban-Delmas. A mensagem que eles deviam esperar nas ondas da BBC seria uma frase de quatro palavras. Seis horas depois de ouvir a pergunta "Você almoçou bem, Jacquot?", um Lysander surgiria acima do platô de Tousson para aterrissar. O carro deveria estar pronto para pegar o passageiro e conduzi-lo sob proteção armada ao destino que ele indicasse em Paris. Caso o inimigo se manifestasse,

---

* Instituição criada sob o regime colaboracionista francês de Vichy para formar as novas elites francesas. (N.T.)
** Joseph Darnand, secretário-geral e chefe operacional da Milícia Francesa, organização paramilitar de tipo fascista criada pelo regime colaboracionista de Vichy. (N.T.)
*** Unidade do exército alemão constituída por voluntários colaboracionistas franceses. (N.T.)

itinerários de fuga deveriam ser previstos. "Senhores, agora posso revelar", anunciou Paul Delouvrier, "a identidade de quem estará a bordo do avião: o general De Gaulle em pessoa."*

27

Como todas as manhãs na mesma hora, um homenzinho de chapéu preto passou pelos dois sentinelas e entrou com passo firme sob a abóbada da cúpula de oito faces do Palais du Luxembourg.

Marcel Macary era o único francês que os alemães deixavam entrar diariamente no sacrário do palácio que eles ocupavam desde o dia 25 de agosto de 1940. Na véspera, o robusto marechal Sperrle, seu estado-maior e os serviços da 3ª frota aérea haviam partido para Reims. À noite, outros alemães, dessa vez combatentes, os haviam substituído. Mas a história quatro vezes centenária do palácio não guardaria lembranças do breve capítulo da ocupação nazista. Marcel Macary sabia que Paris logo seria libertada. Em poucos dias, ele esperava poder entregar à República as chaves daquele monumento intacto que ele defendera com mais gana e habilidade do que faria por seus próprios bens. Marcel Macary era o zelador do Palais du Luxembourg. A cada vez que uma bota alemã esmagava uma bagana de cigarro numa escada ou num corredor, Macary via a cena e a sofria na própria carne.

Fazia quatro anos que seus dias começavam invariavelmente com uma ronda de inspeção pelos tesouros de seu palácio. De início a biblioteca, no primeiro andar, onde trezentos mil livros, dentre os quais alguns manuscritos antigos e edições originais de obras raras, eram protegidos por uma paliçada de dois metros de altura instalada em 1941. Depois, acima da janela, ele contemplava com certa beatitude o quadro que tivera tanta dificuldade de poupar da cobiça de um famoso colecionador chamado Hermann Gœring: "Alexandre guardando os poemas de Homero no cofre de ouro de Dario depois da vitória de Arbela", de Eugène Delacroix. O zelador atravessava então o "Gabinete Dourado" onde Maria de Médici realizava suas audiências, e entrava no grande salão de recepção com painéis dourados que os alemães tinham transformado

---

* Além do platô de Tousson, vários outros terrenos haviam sido identificados para a aterrissagem clandestina do general De Gaulle. A localização desses terrenos estava registrada num mapa do Instituto de Geografia Nacional transportado pela romancista Constance Coline no aro de sua bicicleta. Esses mapas eram repassados à rede de Chaban-Delmas, que as encaminhava a Londres. (N.A.)

em sala de jantar. Do alto de uma tela imensa, Napoleão em Austerlitz contemplava com ar desdenhoso os usurpadores daquele palácio que ele próprio habitara com Joséphine.

Antes de terminar a ronda, Marcel Macary decidiu atravessar o pátio central para acompanhar o avanço das obras do terceiro abrigo que os alemães construíam embaixo do palácio.* Mas o pátio central, naquela manhã, era uma terra de ninguém com acessos vigiados por soldados. Antes de ser afastado pelo cano de uma metralhadora, Marcel Macary teve tempo de ver uma cena que ele nunca esqueceria. Dentro de uma dezena de caminhões estacionados no pátio, homens da Organização Todt descarregavam caixas, que eram descidas para o subsolo. Nessas caixas, lembra o zelador, havia uma caveira e, em letras pretas, duas palavras: *Achtung Ecrasit*.** Outros homens desenrolavam longos cabos de britadeiras que eram ligadas a compressores posicionados perto dos caminhões.

Macary entendeu por que os alemães proibiram seu acesso ao pátio central. Eles estavam instalando explosivos no palácio, o palácio que ele protegera, por 1.453 dias, de todos os estragos dos ocupantes. Desesperado, Macary se perguntou o que poderia fazer para impedir aquele desastre. Teve uma ideia. Havia um homem, ele pensou, que talvez pudesse salvar o palácio da destruição. Um simples eletricista que se chamava François Dalby.

* * *

Em vários pontos de Paris, as mesmas operações de destruição estavam sendo preparadas naquela manhã, longe dos olhares indiscretos. Atrás das doze colunas coríntias do Palais-Bourbon, no pátio central da Câmara dos Deputados, o *Obergefreiter* berlinense Otto Dunst e alguns homens da 813ª Pionierkompanie vigiavam o vaivém dos caminhões de explosivos. Otto Dunst tinha ordens de utilizar uma tonelada de explosivos para minar um lado inteiro da Place de la Concorde, o Palais-Bourbon, o palácio da Presidência e o ministério de Relações Exteriores.

No outro extremo de Paris, na usina Panhard da Avenue d'Ivry, que fabricava peças para mísseis V-2, o *Feldwebel* Walter Hoffmann, de 41 anos, da

---

* Os alemães já tinham construído um abrigo em julho de 1943, sob os jardins. Eram nove salas equipadas com sistemas de ventilação autônomos e com todo o material necessário para uma estada prolongada embaixo da terra. Esse abrigo, bem como o que Macary construíra em 1936 para o presidente do Senado, estava interligado a uma antiga rede de pedreiras abandonadas que desembocava dois quilômetros adiante da Porte d'Orléans, no cruzamento de La Vache Noire. (N.A.)
**"Cuidado, ecrasita" (material explosivo). (N.T.)

511ª Zugwachabteilung,* recebera uma ordem de seu chefe, o major Steen. Essa ordem dizia respeito a dois caminhões, que deviam chegar para levar o TNT necessário para a destruição de todas as instalações. Os explosivos, insistira o major Steen, deviam ser colocados dentro da usina "sem chamar a atenção dos operários franceses".

No número 10 da Avenue de Suresnes, o telefone tocou por volta das dez horas da manhã no gabinete do engenheiro Joachim von Kneesebeck, diretor da Siemens na França. Era o hotel Meurice que o chamava. Do outro lado, uma voz desconhecida ordenou que Von Kneesebeck explodisse todas as máquinas da usina Schneider-Westinghouse de Fontainebleau.

A dois passos do matadouro de Vaugirard, na Rue Saint-Amand, os *Oberleutnants* Von Berlipsch e Daub e os *Feldwebels* Bernhardt Blache e Max Schneider, do 112º regimento de transmissões, colocavam em prática o aprendizado do "curso especial de demolição" que tinham feito após o desembarque. Metodicamente, eles espalharam uma tonelada de dinamite e duzentas cápsulas explosivas nos três andares subterrâneos da central onde 232 teletipos recebiam dia e noite o tráfego relâmpago codificado do front ocidental, da Noruega até a fronteira espanhola.

A explosão seria comandada pelo Sprengkommando** de Von Berlipsch de um carro estacionado na Rue d'Alleray. Enquanto isso, o *Oberleutnant* Daub e seus homens explodiriam a central telefônica dos Invalides detonando as 25 cargas que eles haviam fixado em tubos de oxigênio comprimido a uma pressão de 180 atmosferas.

* * *

Em suma, os demolidores do Terceiro Reich trabalhavam febrilmente por toda Paris.

Por volta do meio-dia, o elevador em forma de liteira do hotel Meurice deixou o comandante do Gross Paris no quarto andar. Choltitz encontrou os quatro peritos em demolição enviados por Berlim em plena atividade. Pela manhã, eles tinham visitado cinco grandes fábricas da região parisiense, especialmente Renault e Blériot, para determinar os lugares onde deveriam ser posicionadas as cargas explosivas. Esses lugares eram indicados em cada planta com pequenos pontos vermelhos. Para cada fábrica, lembra Choltitz, "havia um mar de pontos vermelhos".

---
* Unidade de guarda de trens. (N.T.)
** Equipe de demolição. (N.T.)

Quando o governador de Paris voltou para o gabinete, seu chefe de estado-maior, o impassível coronel Von Unger, lhe entregou um despacho do OB West, assinado pelo marechal Von Kluge. No alto à esquerda havia as menções "ultrassecreto" e "urgentíssimo". Duas linhas abaixo do quarto parágrafo desse despacho n. 6.232/44 chamaram a atenção do general. Elas diziam: "Ordeno a execução das neutralizações e destruições previstas para Paris".

* * *

No longo corredor coberto de papéis e destroços, dois homens corriam atrás de uma assinatura. Naquele dia, porém, nos gabinetes do hotel Majestic, não parecia haver mais ninguém para dá-la. Os serviços do governo militar da França Ocupada, o Militärbefelshaber in Frankreich, tinham deixado Paris algumas horas antes. Raoul Nordling e Bobby Bender chegavam tarde demais.

Eles tinham acreditado, porém, que finalmente poderiam poupar do temido massacre geral os 3.893 presos políticos que ainda se encontravam nas prisões parisienses.* Trinta minutos mais cedo, o general Von Choltitz lhes dissera estar disposto a libertar os prisioneiros, desde que "protegido pela assinatura de um oficial do Militärbefelshaber in Frankreich". Fazia quatro dias que eles moviam céus e terra e aquele tinha sido o primeiro encorajamento que recebiam.

Nordling e Bender se sobressaltaram. Um tinido metálico acabara de ecoar no corredor. Com um gesto furioso, o major Huhm, chefe de estado-maior, fechara a última gaveta de sua escrivaninha, cujos papéis acabavam de queimar na lareira. No imenso hotel deserto, Huhm era o último oficial ainda presente. Em poucos minutos, ele subiria em seu BMW e também voltaria para o leste.

Bender e Nordling se precipitaram em sua direção. Impassível, Huhm ouviu as explicações do cônsul da Suécia. Depois, respondeu que na ausência de seu superior, o general Kitzinger, ele não podia assumir aquela responsabilidade. Raoul Nordling jogou então sua última cartada. Anunciou ao oficial alemão que estava em condições de obter a libertação de cinco soldados da Wehrmacht para cada prisioneiro francês que lhe fosse confiado. Huhm pareceu hesitar. Ele perguntou que garantia o cônsul podia lhe dar de que as condições de tal troca seriam respeitadas. Nordling respondeu ter recebido autorização das mais altas autoridades aliadas para fazer aquela proposta.**

---

* Os detentos das prisões parisienses estavam divididos da seguinte maneira: 532 em Fresnes, 57 em Romainville, 1.532 em Drancy, 1.772 em Compiègne. (N.A.)

** Raoul Nordling declarou aos autores deste livro que, obviamente, nunca tivera a intenção de obter a libertação de nenhum soldado alemão. Seu único objetivo era conseguir, quaisquer que fossem os meios, a assinatura do major Huhm, exigida por Choltitz para a libertação dos prisioneiros políticos. (N.A.)

Diante dessas palavras, lembra Raoul Nordling, o alemão pareceu ceder. Numa voz seca, ele anunciou que aceitava estudar um projeto de troca. Mas, ele exigiu, deveria ser um contrato judicial redigido por um homem de lei.

Huhm consultou o relógio. Era meio-dia. "Senhor cônsul", ele declarou, "às treze horas em ponto terei partido."

Nordling atravessou Paris para encontrar um advogado.

Com mão hesitante, Joseph Huhm finalmente assinou, em nome do Militärbefelshaber in Frankreich, um texto de doze parágrafos que ordenava às autoridades penitenciárias alemãs de cinco prisões, três campos e três hospitais que entregassem todos os prisioneiros ao cônsul da Suécia. Raoul Nordling tirou o relógio do bolso. Enquanto o alemão redigia à mão um último parágrafo, faltavam três minutos para as treze horas.

* * *

No outro extremo de Paris, na plataforma da estação de Bobigny, outro homem também consultava o relógio. Para o *Hauptsturmführer* Brunner, comandante do campo de Drancy, chegara a hora de dar o sinal de partida. De todos os trens que, ao longo de quatro anos, tinham deportado para a Alemanha milhões de homens, este seria o menor. Tinha um único vagão. A Resistência impedira que os outros 39 vagões exigidos por Brunner chegassem até Bobigny. Para encher aquele único vagão, Brunner escolhera a elite de Drancy. No exato instante em que o major Joseph Huhm consignava sua preciosa assinatura num documento que salvaria tantas vidas humanas, Paul Appel e 49 companheiros partiriam para as câmaras de gás na Alemanha.

O *Hauptsturmführer* Brunner avistou seu adjunto na plataforma. O tenente Hans Kopel anunciou ao chefe que Berlim acabara de telefonar para pedir que ele fosse verificar com urgência, no QG da Gestapo, se todos os arquivos do campo tinham de fato sido incinerados. Brunner ordenou secamente: "Pegue Appel e leve-o à Avenue Foch".

* * *

Dietrich von Choltitz mandara buscar um mapa de Paris. Ele pousou a pesada mão sobre a folha e se dirigiu ao visitante: "Imagine que um de meus soldados seja atingido por um tiro num imóvel situado, por exemplo, no lado ímpar da Avenue de l'Opéra, entre a Rue Gomboust e a Rue des Pyramides. Pois bem, mandarei incendiar os prédios desse quarteirão e fuzilar os moradores".

Ele garantia ter meios amplamente suficientes para executar esse tipo de missão. Suas forças contavam com "22 mil homens de tropa, em sua maioria SS, uma centena de tanques Tigre e noventa aparelhos de bombardeio".*

O prefeito de Paris, Pierre Taittinger, não pôde esconder um estremecimento. Um telefonema desesperado o fizera solicitar aquela audiência com o governador de Paris. Do outro lado da ligação, uma voz anônima o advertira de que "os alemães começavam a evacuação dos imóveis situados nas imediações das pontes de Paris". E agora o oficial de monóculo que ele tinha à sua frente anunciava com voz tranquila que estava decidido, caso necessário, a destruir a cidade bairro por bairro.

O indicador ameaçador do general começou a acompanhar ao acaso os meandros do Sena. "O senhor é um oficial, sr. Taittinger", ele continuou passeando o dedo pelo mapa, "e por isso pode entender por que sou obrigado a tomar certas medidas em Paris." Choltitz tirou o monóculo bruscamente e levantou a cabeça. Fixando um olhar duro no do francês, ele enumerou com voz irritada e entrecortada algumas das medidas que planejava tomar. A destruição das pontes da cidade, das centrais elétricas e das vias férreas constava em seu programa.

Imóvel em sua poltrona, Taittinger disse para si mesmo que o general alemão "estava disposto a destruir Paris como uma aldeia qualquer da Ucrânia". Diante dessa ameaça, o prefeito de Paris não alimentou ilusões a respeito do peso de sua própria autoridade. No máximo, se a ocasião se apresentasse, ele poderia tentar comunicar a esse militar desprovido de imaginação um pouco do vínculo sentimental que ele tinha com Paris. O acaso quis que a ocasião se apresentasse naquela manhã de agosto. Choltitz, visivelmente irritado com suas próprias palavras, foi subitamente sacudido por um violento acesso de tosse.**

Quase sufocando, ele se levantou e levou o visitante até a sacada. Ali, enquanto o general alemão recuperava o fôlego, Pierre Taittinger encontrou na admirável vista que se abria à sua frente os argumentos que procurava. Na Rue de Rivoli, o vestido florido de uma parisiense, inflado pela brisa, desenhava

---

* Ao contrário do que escreveu depois da guerra, Choltitz não estava blefando ao dizer esses números a seu interlocutor. Segundo os relatórios da 2ª Divisão Blindada, os alemães tinham em Paris, no dia 25 de agosto, dezesseis mil homens, dezenove tanques Mark V-VI, 59 tanques Mark III-IV, seis peças de artilharia, 23 canhões de 105mm e de 150mm, 25 canhões de 7 mm e de 88mm. Além disso, na noite de 26 para 27 de agosto, 150 aviões alemães decolaram dos aeródromos da região parisiense para bombardear Paris. (N.A.)

** Choltitz tinha asma. Quando sentia a chegada de uma crise, ele em geral tomava dois comprimidos de um calmante que sempre levava consigo. No dia da Libertação, apesar de sentir a chegada de uma crise, ele não pôde tomar esses comprimidos: pensando que ele queria se suicidar, um oficial francês se atirara sobre ele e os arrancara de suas mãos. (N.A.)

sobre o asfalto uma corola multicor. Um pouco adiante, debruçados nas bordas dos espelhos d'água das Tulherias, crianças empurravam barquinhos brancos. Do outro lado do Sena, cintilante sob o sol do meio-dia, a cúpula dos Invalides resplandecia. Ao longe à direita, a estreita estrutura da Torre Eiffel se elevava num céu sem nuvens.

Unindo coração e eloquência, tomando como testemunha aquela Paris imortal que se estendia sob seus olhos, Pierre Taittinger lançou um apelo desesperado. Apontando para a fina colunata de Perrault e para as fachadas denteadas do Louvre, para as pedras luminosas do Palais de Gabriel e para as casas carregadas de história que seus olhos abarcavam, o prefeito de Paris exclamou: "Os generais costumam ter o poder de destruir, raramente o de edificar. Imagine um dia voltar aqui como turista e contemplar de novo esses testemunhos de nossas alegrias e de nossos sofrimentos... Poderá dizer: 'Eu, general Von Choltitz, um dia poderia tê-los destruído, mas os preservei para doá-los à humanidade'".

"General", ele perguntou, "isso não vale mais que toda a glória de um conquistador?"

Choltitz permaneceu um bom tempo em silêncio. Depois se virou para o prefeito de Paris. Lentamente, articulando bem as palavras, ele disse: "O senhor é um bom advogado, sr. Taittinger, cumpriu o seu dever. E da mesma forma eu, general alemão, devo cumprir o meu".

* * *

Depois da partida do último trem de Fresnes, Louis Armand, o engenheiro que tanto queria partir, só recebera para comer um enorme pedaço de roquefort. Fazia dois dias que o pedaço de queijo estava num canto de sua cela. Armand detestava queijo. Ele nunca conseguira engolir um pedaço sequer. E naquele momento ele preferia morrer de fome a ter que tocar naquilo.

Ele se perguntou se a fome não lhe causava alucinações. Mas o barulho isolado que ele ouvira subitamente se multiplicara pelos corredores úmidos. Armand reconhecera o rangido metálico das chaves girando nas fechaduras e o estalido seco das portas que se abriam umas depois das outras. Ele logo percebeu que essas portas permaneciam abertas. No pátio, ele tinha certeza, estava o pelotão de execução que agora o fuzilaria.

Louis Armand pensou calmamente em sua morte.

No outro extremo da prisão, na ala das mulheres, a secretária Geneviève Roberts ouviu o mesmo barulho. No marco da porta que se abriu, um guarda loiro apareceu e gritou "*Raus!*". Geneviève se benzeu lentamente e saiu.

O cônsul da Suécia Raoul Nordling contava os prisioneiros à medida que eles desciam ao pátio. Havia ao todo, além dos três condenados à morte, 532 pessoas.*

Essa primeira vitória ainda era provisória. O comandante da prisão se recusava a libertar os prisioneiros antes da manhã seguinte. Mas aceitara confiá-los, pela noite, à guarda da Cruz Vermelha.

Nordling acompanhava com impaciência a libertação dos detentos. Ele estava com pressa. Na rua, seu Citroën preto com a bandeira sueca o esperava para levá-lo ao campo de Drancy, ao forte de Romainville e ao campo de Compiègne. Depois, ele ainda tentaria deter o trem que levava Pierre Lefaucheux, Yvonne Pagniez e seus 2.451 companheiros de infortúnio para os campos da Alemanha.

* * *

Era quase um diálogo de surdos. Entre o quartel-general do SHAEF, em Londres, e o State Department, em Washington, a comunicação telefônica era tão ruim que os dois correspondentes precisavam gritar para se fazer ouvir. O general Julius Holmes, chefe dos assuntos civis do SHAEF, tinha um problema particularmente importante a submeter ao diplomata John J. McCloy. Sobre sua mesa havia um dossiê com duas iniciais: D.G. Significavam De Gaulle.

"A respeito da viagem de De Gaulle à França", solicitava Holmes, "gostaríamos de saber se o senhor não teria alguma objeção de ordem governamental a esse projeto."

"Aonde ele quer ir e qual o motivo da viagem?"

Holmes explicou que De Gaulle queria visitar os territórios libertados.

"Quanto tempo ele planeja ficar?", perguntou McCloy.

Holmes disse que não sabia.

"Isso significa que ele planeja ficar definitivamente na França", continuou McCloy. "Não se trata de uma visita, portanto, mas de um retorno. O senhor não acredita que seria melhor lhe perguntar quais suas verdadeiras intenções?", sugeriu McCloy. "Nossa autorização depende de sua resposta."**

---

* Na última hora, Nordling obtivera do major Huhm que ele acrescentasse à mão uma cláusula dizendo que os condenados à morte entravam no acordo. (N.A.)

** Podemos formular hipóteses sobre a decisão que Roosevelt teria tomado se tivesse conhecido as verdadeiras intenções de De Gaulle. Vários funcionários do State Department que na época se ocupavam dos assuntos franceses declararam aos autores deste livro que, na opinião deles, Roosevelt teria ao menos tentado retardar o retorno de De Gaulle à França. (N.A.)

Caso se tratasse de uma visita "ao estilo da viagem de Bayeux",* Holmes poderia enviar as autorizações necessárias. Caso contrário, o chefe dos assuntos civis do SHAEF deveria avisar Washington imediatamente.

Holmes desligou e pediu por telegrama o complemento de informação ao general Maitland Wilson. Algumas horas depois, ele recebia de Argel uma resposta tranquilizadora: De Gaulle planejava uma simples visita. Ele não tinha nenhuma intenção de se instalar definitivamente na França. Holmes, portanto, telegrafou o consentimento do SHAEF.

Nem o comando aliado nem Washington esperavam a surpresa que Charles de Gaulle lhes preparava.

28

As vozes e as risadas das crianças que brincavam nos jardins das Tulherias subiam até a sacada em que o general Von Choltitz, agora sozinho, pensava. Mas sua meditação seria curta. Ele logo ouviu um som de passos às suas costas e a voz potente do coronel Von Unger, que anunciava uma visita inesperada. Vestido com uma longa jaqueta de couro coberta de pó, com o rosto mais magro que nunca sob a longa viseira do quepe com folhas de carvalho, o *Feldmarschall* Walter Model entrou na sala. Um sorriso glacial iluminou seus lábios quando ele viu o rosto estupefato de Choltitz. Agitando nervosamente seu bastão de marechal, ele anunciou com voz cortante que era o novo comandante-chefe do Oeste. Sua missão era defender Paris e o front do Sena a qualquer custo. E também reordenar o front ocidental, que parecia uma grande bagunça, a julgar "pelo número de desertores com que seu carro cruzara entre Metz e Paris".

Choltitz sabia o que aquelas palavras significavam. Como todo soldado da Wehrmacht, ele conhecia a reputação de severidade inflexível, vontade tenaz e coragem quase indomável de Model. Ele sabia que Hitler o considerava seu homem dos milagres, o que ele realmente era. Na Rússia, inflamando os fortes, aterrorizando os fracos, ele conseguira recuperar situações desesperadas. Os próprios Aliados tinham por ele o mesmo respeito e o mesmo temor que por Rommel. Nos arquivos do 2º gabinete do SHAEF, a ficha pessoal de Walter Model dizia: "Sua fidelidade a Adolf Hitler é total. Para o *Feldmarschall* Model, a palavra 'impossível' não existe".

---

* Bayeux foi a primeira cidade libertada na Normandia, em 7 de junho de 1944, um dia depois do Dia D. No dia 14 de junho, De Gaulle visitou a cidade. (N.T.)

Choltitz sabia, portanto, o que Model seria capaz de lhe exigir. Em certo sentido, sua missão seria facilitada no plano militar. Model obteria do *Führer* os reforços necessários em homens e equipamentos. Mas Choltitz também sabia que, em caso de derrota, Model seria o homem da terra arrasada.

Sua chegada e a brusca destituição do *Feldmarschall* Von Kluge lhe dariam um descanso. O general Choltitz aguardaria as ordens do novo comandante-chefe antes de proceder às destruições previstas em Paris, que ele julgava militarmente tão desastrosas.

O descanso do comandante do Gross Paris seria de curta duração.

As poucas palavras que o pequeno *Feldmarschall* pronunciou, no vestíbulo do Meurice, antes de voltar para seu Horch, seriam registradas para a História pelo subtenente Von Arnim em um pequeno caderno de couro verde que lhe servia de diário.

"Acredite em mim, general Von Choltitz", disse Model de repente, "o que nos tomou quarenta minutos em Kovel nos tomará quarenta horas em Paris. Mas a cidade será destruída."*

* * *

Sobre uma grande escrivaninha Luís XVI retirada da casa do presidente de obras judaicas, o cônsul Raoul Nordling e seu sobrinho, o jovem industrial Édouard Fiévet, encontraram uma tigela de sopa pela metade e um prato de creme de chocolate. Eram os restos do último almoço do *Hauptsturmführer* Brunner, comandante do campo de Drancy. Alguns minutos antes da chegada do sueco, Brunner e os últimos guardas tinham fugido de Drancy.

Nordling desceu até o pátio onde os prisioneiros estavam reunidos e começou a gritar, comovido: "Vocês estão livres... Vocês todos estão livres!". Depois de pronunciar essas palavras, ele se lembra de ter tido a impressão de que uma grande onda puxava aqueles infelizes em sua direção. Gritando de alegria, gratidão e alívio, os prisioneiros se precipitaram rumo ao pequeno cônsul, que logo se perdeu numa indescritível confusão.

"As estrelas, as estrelas!", gritou uma voz poderosa. Houve então um brusco silêncio no pátio do campo. Os 1.482 judeus levaram as mãos ao peito e arrancaram as estrelas amarelas que por anos tinham sido o símbolo de seu sofrimento. Quando o cônsul da Suécia deixou o campo, lembra seu sobrinho Édouard Fiévet, as estrelas amarelas enchiam o pátio "como um tapete de folhas mortas".

---

* Kovel foi uma cidade da Polônia riscada do mapa pelas tropas de Model. (N.A.)

Enquanto Nordling libertava Drancy, um dos últimos prisioneiros desse campo, onde tantos judeus tinham vivido a última etapa de sua vida antes da câmara de gás, libertava a si mesmo numa rua de Paris. Paul Appel subira num Citroën com os dois SS enviados pelo *Hauptsturmführer* Brunner ao quartel-general da Gestapo, na Avenue Foch, para verificar se os arquivos de Drancy tinham de fato sido queimados. Na Porte de la Villette, a sorte quis que um pneu furasse com o carro bem no meio de um engarrafamento de caminhões alemães que iam para o Norte. Furiosos, os SS desceram e começaram a desmontar a roda. Appel aproveitou para sair do carro. Fugindo entre os pesados veículos que atravancavam o trânsito, ele chegou a um caminhão de leite, para dentro do qual pulou. Escondido entre os galões, Appel ouviu as vociferações dos guardas ao descobrir a fuga. Mas os gritos roucos logo se dissiparam. O caminhão de leite acelerara. Paul Appel aproximou lentamente a mão do peito. E, com um gesto brusco, arrancou a estrela amarela.

* * *

Fernand Moulier, André Rabache e Pierre Gosset, os três audaciosos jornalistas franceses que tinham jurado vencer Hemingway e outros quinhentos colegas na corrida para Paris, estavam desesperados. A 21 quilômetros de Paris, em plena Versalhes, eles caíram numa batida alemã. Presos junto com outros 75 franceses num depósito escuro, eles aguardavam ser enviados à Alemanha para acabar a guerra num campo de trabalho.

O mais difícil para o trio era pensar que eles tinham fracassado tão perto do objetivo. Na Normandia, um fazendeiro lhes dera roupas civis; em Rambouillet, um membro da Resistência lhes conseguira papéis falsos e até uma senha que os levaria a Paris por meio de uma rede de intermediários clandestinos.

Agachados contra uma parede, cerrando os dentes de raiva e desespero, os três homens repetiam sem parar: "O quarteto de Beethoven chegou", a famosa frase que abriria as portas de Paris para eles.

Por volta das seis horas da tarde, as portas do depósito se abriram para um caminhão alemão. Um tenente contou cinquenta homens, que mandou entrarem no veículo. Depois, ele gritou para o motorista: "*Zum Bahnhof!*" [Para a estação!].

Uma hora depois, as portas do depósito voltaram a ranger e o mesmo tenente alemão apareceu. Moulier, Rabache e Gosset entenderam que agora era a vez deles. Resignados, eles se levantaram e se juntaram ao pequeno grupo de versalhenses que não partira no caminhão anterior. Na rua, porém, não havia nenhum veículo. "Voltem para casa", murmurou o tenente, indicando as portas abertas.

Os três jornalistas saíram sem pressa. Depois, apertando o passo, eles se dirigiram a uma pequena rua. Chegando à grade de um jardim, apertaram uma campainha. Um homem vestido de preto apareceu. "O quarteto de Beethoven chegou", murmurou Moulier. O homem, um pastor protestante, abriu a porta e disse: "Entrem".

* * *

Com o rosto tenso e contraído, a jovem de chapéu de palha branco entrou na ponta dos pés. O cumprimento obsequioso do maître, a luz cúmplice dos castiçais em cima da mesa e o discreto som de um violino constituíam uma mudança brutal do dia exaustivo que ela tivera. Em sua bicicleta, ela percorrera Paris carregando grandes pacotes de jornais velhos. Esses jornais continham mais dinheiro do que ela provavelmente veria em toda a sua vida. Com os oito milhões de francos em notas de mil que ela transportara naquele dia às barbas dos alemães, a Resistência parisiense poderia continuar a luta.

Sentado na antessala, o jovem gaullista que lhe passara as ordens de circular por Paris aquele fabuloso tesouro tamborilava nervosamente algumas notas de cem francos e se perguntava se teria dinheiro suficiente para pagar o jantar. Quando viu a jovem, ele se levantou e pegou a mão dela com delicadeza. Nos oito meses em que trabalhavam lado a lado na mesma rede da Resistência, eles só se conheciam pelos nomes de guerra. Ela se chamava Claire, ele Pierrelot. Naquela noite, porém, naquele restaurante clandestino onde ele decidira oferecer a ela a única verdadeira compensação que um parisiense podia oferecer naquele mês de agosto, um bom jantar, Pierrelot também lhe reservava uma surpresa. Desde o glacial dia do inverno anterior em que eles tinham se conhecido na frente do túmulo de Napoleão, Pierrelot amava Claire. Mas seu amor nunca traíra uma das regras mais estritas da Resistência: ele permaneceu tão secreto quanto seu próprio nome. Pierrelot olhou para a jovem e ergueu sua taça: "Eu me chamo Yvon Morandat", ele disse.

Ao ouvir essas palavras, Claire tomou lentamente um gole do velho Borgonha que o sommelier lhe servira. E, com ar pensativo, ela repetiu o nome do homem com quem se casaria menos de um ano depois.

Para Claire e Yvon Morandat, a noite chegou ao fim com uma situação inesperada. O jornalista Pascal Copeau, antigo correspondente em Berlim, que se unira a eles, fez uma demonstração do extraordinário número de imitação que ele trouxera de sua temporada na Alemanha. Com um pente, Copeau puxou uma mecha de cabelo até a testa e começou a imitar Hitler. A semelhança era tão perfeita e os gritos roucos do ditador tão realistas que Claire e Morandat, curvados de tanto rir, não ouviram a porta se abrir. De repente, o rosto de Claire se imobilizou. Um oficial alemão acabava de aparecer no marco da porta.

Os olhos petrificados dos franceses cruzaram com os do alemão durante um silêncio interminável. "Por favor, continuem", disse então o oficial. E fechou a porta.

* * *

No outro extremo da Paris mergulhada na escuridão, atrás das altas persianas de um luxuoso palacete do século XVIII, residência dos presidentes do Conselho, um velho homem solitário e derrotado descansava numa banheira de mármore.

Pierre Laval perdera sua última aposta. Recapturando Édouard Herriot, a Gestapo de Himmler colocara um fim ao projeto de Laval de convocar as Câmaras. Agora, a falência do poder era total. A seu redor, o mundo desmoronava e só lhe restava fugir. Lá embaixo, nos cascalhos do pátio do Hôtel Matignon,* o Hotchkiss preto que o levaria para o Leste e para a Alemanha já estava à sua espera. Havia pouco, à luz de um castiçal de prata, ele se sentara à frente da grande escrivaninha de onde governara a França por tantos anos. Esvaziara todas as gavetas que continham seus papéis pessoais.

Em poucos minutos, ele faria o nó de sua famosa gravata branca, pegaria seu chapéu e sua bengala e desceria até a biblioteca do térreo para apertar a mão de alguns apoiadores que estavam ali para cumprimentá-lo. Na grande sala iluminada por algumas velas, como numa vigília fúnebre, aqueles homens seriam os últimos sobreviventes do imenso grupo da política de colaboração com o inimigo de que Pierre Laval fora o grande artesão.

Depois ele abraçaria sua filha Josée e entraria no Hotchkiss. Mas antes que o carro arrancasse, ele sairia do veículo, subiria as escadas da entrada e se atiraria mais uma vez nos braços de sua única filha, murmurando com voz patética: "Você, sempre você". Na próxima vez que ela veria o pai, seria entre dois guardas republicanos, num box onde ele defenderia – em vão – a própria cabeça.

Quais foram os pensamentos que passaram pela mente astuciosa do *auvergnat* Pierre Laval durante os últimos momentos que ele passou naquela sala onde o levara sua gigantesca ambição ninguém jamais saberá. Mas uma

---

* Residência oficial do presidente do Conselho, chefe de governo francês (hoje em dia, do primeiro-ministro francês). (N.T.)

coisa é certa: Laval nunca imaginaria que o próximo ocupante da poltrona seria um rapaz de 26 anos, filho de um impressor, chamado Yvon Morandat.

* * *

O Hotchkiss preto fez o cascalho do pátio estalar e desapareceu pelas ruas desertas. Com um estampido seco, o portão do Hôtel Matignon se fechou. A casa de Vichy estava vazia. Um triste capítulo da história da França se fechava junto com aquela grade. E na penumbra da cidade escura, por toda parte em torno do Hôtel Matignon, novas forças, que guiariam uma outra França, entravam em ação.

29

Para os poucos pedestres que estavam na frente das vitrines vazias do Le Bon Marché, aquele era um simples casal de namorados. Afetuosamente enlaçados por cima de suas bicicletas, eles murmuravam um no ouvido do outro intermináveis declarações de amor. A jovem passou a mão pelos cabelos do namorado e eles se abraçaram. Depois, pegando a bicicleta, ela começou a pedalar e se afastou.

Ninguém, durante os minutos daquele abraço, viu o homem trocar a bomba de sua bicicleta pela da bicicleta da jovem. Ela voltou tranquilamente para casa e subiu os três andares até seu apartamento na Rue Sédillot. Depois de fechar com cuidado a porta, ela pegou na biblioteca um volume com encadernação de couro vermelho sobre pintura flamenga e folheou as páginas até uma reprodução em cores de Brueghel. Então, com a ponta dos dedos, ela descolou delicadamente a reprodução e retirou um pedaço de papel de seda. Ela abriu a bomba que seu namorado prendera ao quadro de sua bicicleta e retirou outra folha de papel. Alisando os dois pedaços de papel, começou a trabalhar.

Essa jovem se chamava Jocelyne. Ela era uma das duas codificadoras da Resistência parisiense. A Gestapo teria pago qualquer coisa para conhecer o conteúdo da folha de papel escondida em sua biblioteca. Era o código de rádio do quartel-general da Resistência gaullista na França. Jocelyne fazia parte de uma rede complexa da qual Chaban-Delmas era o chefe. Essa rede garantia toda a transmissão de rádio entre Paris e o quartel-general da França Livre de Londres. Havia três transmissores em Paris, Pleyel Violet, Montparnasse Noir e Apollo Noir, e mais três nos subúrbios de Chilly-Mazarin, Chevilly-Larue e

Savigny-sur-Orge. Os aparelhos de Paris emitiam nos dias pares; os aparelhos do subúrbio nos dias ímpares. Naquela tarde, depois de terminar a codificação, Jocelyne levaria a mensagem que recebera na frente do Le Bon Marché a outro homem de bicicleta, com quem se encontraria no Quai Voltaire. Esse agente de ligação levaria a mensagem até um quarto em mansarda sob o telhado do número 8 da Rue Vaneau. Ali, num pequeno recanto acima da velha descarga do sanitário, escondido atrás de uma pilha de livros, ficava Apollo Noir.*

Por medida de segurança, caso ela fosse presa e torturada, Jocelyne treinara para nunca tentar entender o sentido das mensagens que codificava. Naquele dia, porém, codificando o último grupo de palavras, ela levou um susto. E, apesar das instruções recebidas, releu o texto que acabara de codificar. Era o primeiro relatório que Chaban-Delmas enviava a Londres desde que voltara.

"Encontrei situação Paris muito tensa", dizia a mensagem. *"Greve polícia, correios e ferroviários com tendência crescente à greve geral. Todas as condições prévias insurreição foram cumpridas. Incidentes locais, seja fortuitos, seja provocados por inimigo ou mesmo grupos Resistência impacientes bastariam para causar graves perturbações com represálias sangrentas, pelas quais alemães parecem ter decidido e reunido meios. Situação agravada por paralisia serviços públicos: sem gás, uma hora e meia de eletricidade por dia, falta de água em alguns bairros, reabastecimento calamitoso. Necessário intervir junto aos aliados para pedir ocupação rápida de Paris. Avisar população oficialmente de maneira clara e precisa pela BBC para evitar nova Varsóvia."*

"Varsóvia", repetiu Jocelyne, angustiada. A situação seria tão grave? Da janela, ela podia ver a vegetação frondosa e tranquilizadora que se estendia do Champ de Mars à Torre Eiffel. Seria possível que Paris tivesse o terrível destino de Varsóvia?

Vários sinais alarmantes justificavam os temores de Chaban-Delmas naquela manhã ensolarada. Os ministros de Vichy tinham fugido e sua partida criava um vácuo no poder que alguns poderiam ficar tentados a preencher. A imprensa colaboracionista evaporara. As estradas de ferro, o metrô, os correios e telégrafos, a polícia e o próprio Banque de France estavam em greve. Além

---

* Durante as transmissões, a antena do aparelho de rádio era aberta por dentro da calha. Enquanto era feita a emissão, outro homem, armado com duas granadas de mão, montava guarda no topo da escada. A princípio, as transmissões duravam apenas vinte minutos, para evitar que o local fosse encontrado pelos aparelhos de radiogoniometria da Gestapo, que percorriam as ruas dentro de caminhões. As transmissões em geral aconteciam na faixa de dezenove metros. Mas cada aparelho podia, a qualquer momento, passar para outras quatro frequências. (N.A.)

disso, as pessoas estavam prontas para a revolta. Humilhado em sua alma e em sua carne por quatro anos de ocupação, faminto, aterrorizado, o povo de Paris sabia que a hora da vingança se aproximava. O cenário estava pronto para a insurreição que Chaban-Delmas recebera ordens de impedir. Só faltava uma coisa para desencadeá-la – uma voz potente que lançasse o grito de guerra de "Todos às barricadas!". Naquele momento, o Partido Comunista estava pronto para lançar esse grito.

* * *

Dez quilômetros ao sul da Notre-Dame, a rotatória de Petit-Clamart estaria totalmente deserta sob o sol do meio-dia sem a silhueta solitária que se movia em torno de uma bicicleta apoiada num painel enferrujado com um anúncio do sabão Cadum. O coronel Rol, das Forças Francesas do Interior, saiu então da estrada de Paris, pegou a rotatória e pedalou lentamente na direção do ciclista parado. Os dois homens se cumprimentaram. Rol perguntou se podia ajudar. Eles trocaram algumas palavras. Depois, o homem que parecia consertar a bicicleta se levantou e saiu pedalando. Rol o seguiu.

O mineiro Raymond Bocquet, natural de Lille, repetira aquela cena, que acabara de transcorrer sob o retrato enferrujado do bebê do sabão Cadum, seis vezes em três horas. A cada vez, pedalando atrás dele, um desconhecido o seguira até uma cabana de zinco situada no número 9 da Rue d'Alsace, em Clamart. Ali, passando uma horta de legumes, atrás de uma velha cerca, numa peça menor que uma cela monástica, estavam reunidos cinco dos seis membros do Comitê Parisiense de Libertação.*

Rol se lembra que, no calor sufocante que reinava no local, as camisas molhadas de suor colavam umas às outras. André Tollet, o pequeno comunista colérico que dirigia o comitê, tomou a primeira decisão do dia. Ninguém fumaria. Tollet não queria que nada pudesse revelar a reunião daquela tarde. Sob nenhum pretexto ela podia correr o risco de ser interrompida. Os cinco homens reunidos naquela cabana abandonada precisariam tomar a decisão mais importante de suas vidas. Essa decisão, Tollet tinha plena consciência, podia levar à destruição da cidade mais bonita do mundo e talvez custar a vida de milhares de habitantes. Pois naquela cabana deteriorada, ao fim de uma rua de subúrbio, André Tollet pediria aos quatro colegas que concordassem com um levante armado nas ruas de Paris.

Aquele seria, o duro Tollet diria mais tarde, "um risco absurdo". Além disso, ele imaginava que sua decisão provocaria "represálias massivas" sobre

---

* Única ausente: Marie-Hélène Lefaucheux. (N.A.)

Paris. No entanto, 48 horas antes, Tollet recebera instruções secretas dos chefes do Partido. Ele não deveria sair daquela reunião sem a aprovação formal de seus camaradas. Essa aprovação conferiria, de certa forma, legitimidade aos movimentos que eles desencadeariam no dia seguinte. Os cartazes que chamariam a população às armas já estavam prontos e guardados no armazém de uma usina em Montrouge.

O plano dos comunistas era simples. Uma vez desencadeada a insurreição, eles tinham certeza de que nada poderia detê-la. Contavam obter apoio político suficiente para justificar sua ação durante aquela reunião secreta do comitê, que era controlado por eles. Assim, poderiam dar início à insurreição, certos de levar consigo milhares de patriotas não comunistas que ardiam de desejo de combater os alemães. Quando os gaullistas entendessem o que estava acontecendo, seria tarde demais. Eles se veriam em meio a um fato consumado. A insurreição estaria em marcha, sob controle comunista. Uma única precaução deveria ser tomada, no entanto. Ela era essencial: Chaban-Delmas, Parodi e todos os outros gaullistas influentes da cidade deveriam ser mantidos na ignorância mais estrita do que era tramado.*

Tollet tinha certeza de que obteria o apoio desejado. Os membros do Partido eram maioria no Comitê. O único homem de quem ele não tinha certeza era um enérgico professor de direito chamado Léo Hamon. Para Tollet, aquele homem decidido, eloquente, estava próximo demais dos gaullistas.

Duas horas depois, um por um, os cinco homens deixaram a pequena cabana. Radiante, Tollet foi o último a sair. A insurreição estava decidida.

*   *   *

Na calma de seu quarto, Dietrich von Choltitz recebia naquela tarde o mais alto magistrado alemão da França Ocupada, o juiz general Hans Richter, e esperava que aquela fosse a última visita que este lhe faria. Richter segurava um espesso volume vermelho. Era o *Militärreichsgesetzbuch*, o regulamento do exército alemão em campanha. O general pedira ao juiz que lhe comentasse os artigos que se referiam à situação de um comandante de fortaleza sitiada.

Todos os dias, por meia hora, Richter analisava os textos e explicava seu significado. No que dizia respeito à autoridade sobre a população civil, esta era absoluta. Richter afirmara especialmente que em caso de insurreição

---

* Se a mensagem de rádio de Chaban-Delmas codificada por Jocelyne tivesse chegado a Londres 48 horas antes e se a BBC tivesse imediatamente advertido os parisienses de que Paris corria o risco de se tornar uma nova Varsóvia, é provável que o estado de espírito da cidade tivesse sido muito menos favorável aos planos comunistas. (N.A.)

Choltitz estava habilitado a tomar todas as medidas que julgasse necessárias: represálias massivas, destruição de bens, captura e execução pública de reféns eram perfeitamente legais. Em suma, Richter garantira ao comandante do Gross Paris que ele tinha poderes draconianos.

Para Choltitz, porém, o acontecimento mais importante de seu dia fora um telefonema de Jodl. Ele anunciara que o *Führer* aceitara retardar a destruição das pontes de Paris. As primeiras ordens, que prescreviam destruição imediata, tinham parecido absurdas ao governador de Paris. Elas teriam dividido suas próprias tropas em dois. Jodl o advertira, porém, que o *Führer* desejava que o resto do programa de destruição da cidade continuasse sem mais demora.

30

Fazia trinta minutos que Bobby Bender percorria nervosamente o tapete vermelho do longo corredor do primeiro andar do hotel Meurice. Ele estava esperando que o telefone preto da mesa do subtenente Von Arnim tocasse. Solicitara uma ligação à estação de trem de Nancy. Numa última tentativa de blefe, ele se preparava para exigir do comandante do comboio de Fresnes a libertação dos prisioneiros.

Pela manhã, Bender e Nordling haviam obtido, com a ajuda do general Von Choltitz, a libertação de Yvonne de Bignolles e dos 56 prisioneiros que estavam no forte de Romainville.*

Bender se atirou sobre o aparelho. Apesar do "chiado" na linha, ele percebia o estado de fúria em que se encontrava o *Obersturmführer*** Hagen. Duas vezes durante a noite, berrou o comandante do trem, a Cruz Vermelha tentara impedir o comboio de partir, mencionando um suposto acordo entre Choltitz e o cônsul da Suécia em Paris.

Numa voz cheia de arrogância, Bender pediu que seu interlocutor se acalmasse. Depois explicou que sua atitude era uma "violação flagrante do acordo oficial assinado entre o *Militärbefehlshaber in Frankreich* e a Cruz Vermelha Francesa". Ele informou a Hagen que os prisioneiros deviam ser soltos imediatamente e o trem liberado para as necessidades militares da

---

* Naquela mesma manhã, Nordling e Bender tinham sofrido uma derrota importante. Eles não conseguiram a libertação dos 1.772 prisioneiros do campo de Compiègne, onde os detentos ainda estavam sob a autoridade de Karl Oberg e da SS. (N.A.)

** Posto paramilitar da SS equivalente ao de primeiro-tenente (*Oberleutnant*) do exército alemão. (N.T.)

Wehrmacht. O OB West, ele anunciou, requisitara todos os vagões ferroviários para transportar as tropas para o front e evacuar os feridos. Em nenhum caso, ele insistiu, vagões poderiam ser utilizados para uma missão tão secundária quanto o transporte de prisioneiros políticos.

O tom solene pareceu abalar o *Obersturmführer*, que se tornou hesitante, mas disse que não podia "liberar o comboio sem autorização superior". Ele ligaria imediatamente para Berlim e voltaria a falar com Bender assim que tivesse uma resposta.

Pela janela do gabinete do chefe da estação de Nancy, o *Obersturmführer* Hagen podia ver a longa fileira de vagões de carga parados na via. No fim da plataforma, pequenas nuvens de vapor subiam da locomotiva. Hagen tirou o telefone do gancho. Solicitou uma ligação para a Prinz Albrechtstrasse, em Berlim, onde ficava o QG da Gestapo.

Em Paris, Bobby Bender voltou a percorrer lentamente o carpete vermelho do corredor do Meurice.

No pátio da prisão de Fresnes, Louis Armand e os 21 prisioneiros de seu grupo viram os guardas avançarem em sua direção, ameaçadores. Mas a única palavra que eles pronunciaram ecoaria para sempre na memória do engenheiro. "*Raus*", eles gritaram. Louis Armand estava livre. Ele era o último dos 532 prisioneiros políticos libertados naquela manhã.*

Atrás das grades da janela, Willy Wagenknecht, o soldado alemão que fora preso por esbofetear um oficial, viu Armand partir, assim como, três dias antes, vira a partida dos prisioneiros do comboio. Mais um exemplo da imbecilidade do exército alemão, pensou Wagenknecht. Ele tinha a impressão de que logo só haveria prisioneiros alemães na grande prisão de Fresnes.

Do outro lado das muralhas cinza, livre pela primeira vez em três meses, a secretária Geneviève Roberts se dirigiu à estação de Fresnes para voltar para casa. A tímida jovem ficou surpresa de ver que o guichê de bilhetes estava fechado. "Onde está o funcionário do guichê?", ela perguntou a uma faxineira que passava na estação.

A mulher olhou para ela com ar desconfiado.

"De onde você saiu?", ela perguntou. "Os ferroviários estão em greve há uma semana."

---

* O acordo Nordling-Huhm correu o risco de fracassar naquela manhã bem cedo, quando o diretor alemão da prisão anunciou ao sueco que não poderia libertar os prisioneiros sem devolver o dinheiro encontrado com eles no momento da prisão. Atônito com esse súbito respeito ao regulamento, Nordling pediu a seu irmão que "adiantasse" à prisão oito mil francos, em nome do consulado. Ele ficou ainda mais atônito quando, três semanas depois, por um intermediário em Nancy, os alemães reembolsaram a quantia ao consulado da Suécia. (N.A.)

* * *

Para três homens, uma longa viagem também terminaria naquela manhã. Ao fim de um corredor escuro, no número 20 da Rue des Petits-Champs, Pierre Gosset, André Rabache e Fernand Moulier bateram à porta do último intermediário da rede que os conduzira até Paris. Não houve resposta. Eles bateram mais duas vezes, sempre sem resultado. Até que a porta se abriu bruscamente e revelou uma peça escura e vazia. Moulier teve a impressão de que alguém se escondia atrás da porta aberta.

"Entrem", disse uma voz rouca. Os três homens entraram e Moulier disse para a escuridão: "O quarteto de Beethoven chegou". A porta bateu atrás deles. Com uma Mauser apontada para eles, os três homens viram uma jovem deslumbrante de olhos verdes, roupão rasgado e calça cáqui. Moulier se viu numa cena de filme policial. Rabache, por sua vez, se perguntou se eles não teriam caído numa armadilha da Gestapo.

A moça sacudiu a longa cabeleira ruiva e os interrogou. Depois, empurrou um painel no outro canto da peça e fez sinal para que eles avançassem. Ali, em beliches presos na parede, estavam os outros convidados de Lili d'Acosta: sete aviadores aliados. Os três homens tinham vencido seu desafio: eram os primeiros jornalistas aliados a entrar em Paris. Moulier começou a rir e se perguntou quando beberia a garrafa de champanhe que tinha apostado.

* * *

Na ponta da plataforma da estação de Nancy, num canto que um ferroviário compassivo lhe reservara, Marie-Hélène Lefaucheux esperava, exaurida por dois dias e meio sem sono nem descanso. Ela não poderia seguir em frente. Tinha saído havia pouco do hotel Excelsior et d'Angleterre, onde suplicara a um dos ministros de Pierre Laval que fizesse alguma coisa para deter o trem.* Mas o homem não estava disposto a intervir.

Como no dia da festa da Assunção, o sol ardia sobre os telhados de zinco dos vagões do sinistro comboio. Marie-Hélène podia ouvir os chamados desesperados dos homens trancados lá dentro, suplicando por algo para beber. De tempos em tempos, ela distinguia um barulho ainda mais assustador: o grito selvagem de um prisioneiro que enlouquecera. Com as mãos juntas sobre a velha bolsa que Pierre lhe dera em tempos melhores, os lábios tremendo imperceptivelmente numa oração silenciosa, Marie-Hélène se mantinha ereta

---

* Tratava-se de Gaston Bichelonne, ministro da Produção Industrial, homem com quem Pierre Angot contara para ser libertado. (N.A.)

e digna. Cada gemido proveniente dos vagões de carga a atingia nas profundezas de sua alma.

Depois de um tempo, ela percebeu ao longo do comboio um rebuliço de guardas e ferroviários. O blefe de Bobby Bender fracassara. A Gestapo não abandonaria aquele maldito trem.

Ouviu-se uma série de rangidos quando os vagões finalmente entraram em movimento, uns depois dos outros. Com toda lentidão, o longo comboio saiu da estação. Mais uma vez, Marie-Hélène ouviu, como na estação de Pantin, vindo das portas chumbadas do trem, o canto orgulhoso e provocador da *Marselhesa*. O trem tomou velocidade e desapareceu. Ela permaneceu imóvel até que ele se apagasse e que o último eco morresse no silêncio da estação deserta.

O trem seguia para Estrasburgo e Reno, pelos grandes vinhedos da Alsácia. Ele só pararia para entregar seus 2.453 viajantes – menos os mortos – aos guardas de Ravensbrück e Buchenwald. Desses 2.453 homens e mulheres franceses, menos de trezentos voltariam.*

* * *

O homem na sacada olhou para a camisa branca e a saia listrada da jovem que desaparecia na esquina da Rue Montmartre. Depois que a jovem sumiu, Yves Bayet, de 34 anos, tirou do maço um cigarro Gitanes Maïs, acendeu-o e soltou um suspiro de alívio. "Desta vez", pensou o ex-subprefeito, "vai dar certo." Em sua velha bicicleta Peugeot, Claire, a agente de ligação de Bayet, transportava até a Porte de Châtillon três envelopes escondidos no forro da bolsa de couro que ela usava a tiracolo.

Eram quase oito horas da noite. Em uma hora, o toque de recolher ordenado pelo governador militar do Gross Paris fecharia os habitantes de Paris em casa por mais uma noite. Yves Bayet sabia que a bonita jovem que lhe servia de agente de ligação teria um tempo apertado para levar os três envelopes a seu

---

* Pierre Angot morreu numa mina de sal; Philippe Keun, assessor de Jade Amicol, foi enforcado. Yvonne Baratte morreu de disenteria em março de 1945. Yvonne Pagniez e Jeannie Rousseau sobreviveram.
Ninguém teve uma experiência mais extraordinária que Pierre Lefaucheux. Depois da libertação de Paris, cruzando as linhas americanas e as linhas alemãs numa ambulância da Cruz Vermelha, Marie-Hélène voltou a Nancy, onde entrou em contato com um oficial da Gestapo. Com a intervenção de alguns franceses com quem esse oficial fizera trocas no mercado negro, ela o convenceu a levá-la num carro do estado-maior alemão até Buchenwald, onde ele conseguiu a libertação de Pierre. Marie-Hélène Lefaucheux voltou então para Paris com o marido. No entanto, a tragédia seguiu marcando seus destinos. Pierre se tornou diretor da fábrica Renault e morreu num acidente de carro em 1956. Marie-Hélène, membro da delegação francesa da ONU, morreu num acidente aéreo em Nova Orléans em fevereiro de 1964. (N.A.)

destino, o café do velho Lacamp, que servia de caixa de correio para Bayet, e voltar. Com um sorriso irônico, Yves se deu conta que, naquela noite, o toque de recolher do general Von Choltitz serviria à causa do general De Gaulle. Ele impediria que um dos três envelopes transportados por Claire chegasse a seu destino antes da manhã seguinte. Era exatamente o que Bayet queria. Bayet comandava o movimento de resistência gaullista da polícia parisiense. A mensagem que não chegaria a seu destinatário naquela noite era dirigida ao mais importante movimento de resistência da polícia, outra rede controlada pelo Partido Comunista. Naquela noite, os comunistas seriam vítimas de sua obsessão por segurança. Todas as mensagens endereçadas a eles precisavam passar por duas caixas de correio antes de chegar ao destino. A que Claire levava passaria a noite na segunda caixa de correio, portanto.

Claire sentiu a bicicleta perder a velocidade. Inclinando-se sobre o guidom, ela entendeu por quê: o pneu da frente estava murchando. Em poucos minutos, ficou totalmente vazio. Claire estava a meia hora de seu destino. Ela tentou encher o pneu, mas o ar escapava tão rápido quanto ela o bombeava para dentro. Claire ouviu o som de motor às suas costas. Ela se virou e viu um carro do estado-maior alemão parar a seu lado. O motorista saiu do veículo e se aproximou. Num francês impecável, um jovem oficial da Wehrmacht ofereceu sua ajuda à linda parisiense. Com um gesto de desdém, Claire lhe passou a bomba. Mas os esforços enérgicos do alemão tampouco tiveram sucesso. Ele sugeriu então levá-la de carro até o lugar aonde ela estava indo. Depois de um segundo de hesitação, Claire aceitou e subiu no BMW.

Raras vezes a galanteria germânica seria recompensada com tanta ingratidão. Na bolsa de couro que Claire mantinha sobre os joelhos havia uma verdadeira declaração de guerra contra os ocupantes de Paris.

Os temores de André Tollet se revelaram acertados. O professor Léo Hamon informara Alexandre Parodi, chefe político da Resistência gaullista na França, que os comunistas desencadeariam no dia seguinte uma insurreição. Diante dessa grave ameaça, Parodi tomara uma decisão audaciosa.

Já que os comunistas estavam decididos a agir, ele também agiria. Mas ele agiria mais rápido. Ele os privaria do prédio público mais importante de Paris, a imponente cidade dentro da cidade que era a Prefeitura de Polícia. As mensagens que Claire levava em sua bolsa de couro ordenavam que a polícia parisiense se reunisse no dia seguinte, 19 de agosto, às sete horas da manhã, nas ruas em torno da grande fortaleza de pedras cinza, a poucos metros da Notre-Dame. Ali, sob o comando de Bayet, os policiais tomariam sua própria casa, a Prefeitura de Polícia.

Claire sorriu gentilmente ao alemão, bateu a porta do BMW e se dirigiu ao café do velho Lacamp. No banheiro, ela tirou os três envelopes da bolsa. Depois, voltou à sala e os passou ao filho do dono do café sob a bandeja de madeira em que ele lhe servia um refresco de limão. Eram oito e meia da noite. Yves Bayet vencera. No dia seguinte, diante das pedras oito vezes centenárias de Notre-Dame, a polícia de Paris constituiria a primeira tropa da insurreição que os comunistas haviam preparado com tanto cuidado. Mas o Partido Comunista não participaria desse momento.

* * *

A três mil metros de altitude, sob as asas do Lodestar Lockheed France, o tenente Claude Guy via as montanhas da cordilheira do Atlas tomadas pelos reflexos violeta do sol poente. À sua frente, com um cigarro enfiado na boca, Charles de Gaulle estava solidamente afivelado ao assento. O ajudante de campo Claude Guy sabia o quanto De Gaulle detestava viagens aéreas. O general raramente falava dentro de um avião. E, desde que eles tinham deixado Argel três horas antes, para a primeira parte de um voo que talvez fosse o mais importante que De Gaulle faria desde que saíra da França, em junho de 1940, o general dissera apenas três palavras. Ele parecia perdido nos próprios pensamentos.

Um primeiro incidente atrasara a partida de Argel para Casablanca em várias horas. Como o Lodestar France não tinha alcance suficiente para o longo voo de Gibraltar a Cherbourg, o comandante americano em Argel colocara à disposição do general um B-17, com tripulação americana. De Gaulle aceitara pegar aquele avião com receio. Mas ao aterrissar no aeroporto de Maison-Blanche em Argel, o B-17 saíra da pista. Sem o trem de pouso, ele não poderia ser utilizado por vários dias. De Gaulle estava convencido de que o acidente fazia parte de um plano americano deliberado para atrasar seu retorno à França. Olhando para aquele gigante estragado, ele dissera: "Você acha que foi por bondade que eles quiseram me dar esse avião, por acaso?".

De Gaulle decidira usar seu próprio avião. E, naquele momento, problemas muito mais importantes ocupavam a mente do líder da França Livre. Para De Gaulle, aquela viagem representava o começo do fim da longa jornada iniciada com seu solitário apelo de 18 de junho de 1940.* Ao fim dessa jornada

---

* O apelo de 18 de junho foi o primeiro discurso pronunciado pelo general De Gaulle na BBC de Londres, em resposta ao discurso radiofônico de 17 de junho do marechal Pétain (que anunciara a necessidade de cessar os combates e assinar um armistício com os alemães). De Gaulle fizera um apelo para continuarem a luta contra a Alemanha e prevera a mundialização da guerra. (N.T.)

estava Paris, a cidade que ele deixara quatro anos antes, como um jovem general de brigada ainda desconhecido. Para voltar, ele estava disposto a desafiar os aliados, afastar os inimigos políticos e arriscar, se preciso, a própria vida. Em Paris, e somente em Paris, estava a resposta ao apelo que ele lançara quatro anos antes.

Mais tarde, pareceria estranho que ele pudesse duvidar do teor dessa resposta. Mas atravessando o céu africano, os pensamentos do general eram tomados por dúvidas e questionamentos. No fundo de si mesmo, ele se perguntava se o povo da França estaria pronto a aceitá-lo como chefe. E De Gaulle sabia que só havia um lugar onde ele poderia obter uma resposta para essa pergunta: nas ruas de Paris.

Naquelas ruas, dentro de exatamente uma semana, o passageiro do avião France tinha um encontro marcado com a História.

SEGUNDA PARTE

A BATALHA

1

O dia estava pesado e úmido. Vindas do norte, grandes nuvens de chuva passavam sobre a colina de Montmartre. Nas silenciosas ruas de Paris, as últimas patrulhas alemãs voltavam com pressa para a caserna. O dia nascia, ou seja, o toque de recolher chegava ao fim. Em breve, longas e tristes filas se formariam à porta das padarias. O 1.518º dia de ocupação começava. Para a maioria dos vinte mil soldados da guarnição alemã, nada naquela manhã cinzenta permitia prever que o sábado, 19 de agosto de 1944, seria um dia diferente dos outros. No entanto, em poucas horas, as ruas de Paris já não pertenceriam totalmente aos conquistadores da Wehrmacht.

No hotel Meurice, o *Feldwebel* Werner Nix, o suboficial privado de descanso pelo desfile do general Von Choltitz, estava furioso mais uma vez. Para ajudar uma velhinha desesperada, três soldados haviam abandonado o posto de guarda do hotel para vasculhar os arbustos das Tulherias em busca de um gato perdido.

Logo acima, no primeiro andar, deprimido e cansado, o conde Dankvart von Arnim se espreguiçava na sacada. Três horas antes, seu melhor amigo lhe telefonara do hospital da Pitié para anunciar que fora ferido na Normandia e que os cirurgiões tinham acabado de cortar sua perna direita. Arnim só conseguira formular uma frase banal para reconfortar o amigo. "Ao menos a guerra acabou para você", ele dissera. Para o jovem subtenente, a guerra começaria naquela manhã.

No pátio da caserna Prince Eugène, na Place de la République, o *Unteroffizier** Gustav Winkelmann, de Colônia, ouviu seu nome ser chamado. O oficial de serviço o designava para comandar a patrulha do meio-dia.

Winkelmann ficou aterrorizado. De todos os alemães de Paris, ele provavelmente era o único a saber que alguma coisa se preparava. Dois dias antes, sua amiga Simone, vendedora numa loja de departamento, o advertira: "Tome cuidado, os problemas vão começar no dia 19".

Em toda Paris, sozinhos ou em pequenos grupos, a pé ou de bicicleta, as centenas de policiais em greve que provocariam os distúrbios temidos

---
* Terceiro-sargento da Wehrmacht. (N.T.)

pelo *Unteroffizier* Winkelmann deixavam os alojamentos e os hotéis onde se escondiam. Avisados à noite pela mensagem de seus chefes, levada por Claire, secretária de Yves Bayet, eles tinham ordens de comparecer à praça do Parvis Notre-Dame.

Do corredor de seu alojamento atrás do cemitério Père-Lachaise, Gilberte Raphanel via o marido, o sargento de polícia René Raphanel, de 32 anos, descer com dificuldade as escadas. René sofria de um derrame articular. Apesar dos apelos prementes da esposa, ele decidira responder ao chamado. Gilberte se inclinou sobre o corrimão e gritou: "Não caminhe demais!".

Fechando a porta de sua pequena casa da Rue Manessier, em Nogent-sur-Marne, Georges Dubret prometeu à mulher que voltaria para o almoço. Na véspera, sua mãe lhes trouxera um coelho do campo. Colette estava começando a preparar um guisado de coelho quando a convocação de Georges chegara.

Perto dos Invalides, no quarto do hotel Moderne onde ele se escondia desde o início da greve, um dos vinte mil policiais de Paris vestiu seu traje mais bonito, colocou a pistola 7.65mm no bolso, beijou Jeanne, sua mulher, e se dirigiu para o Square Sainte-Clotilde. Ele se chamava Armand Bacquer. Nada distinguia esse sólido bretão de 23 anos dos colegas. Como eles, ele fazia parte de uma rede de resistência. E como eles naquela manhã, ele ignorava o motivo daquela súbita convocação.

Quando chegaram na frente da igreja Sainte-Clotilde, Bacquer e seus colegas receberam ordens de ir para a praça do Parvis Notre-Dame por caminhos diferentes. Bacquer foi pela Rue de Grenelle. Ele percorreu alguns metros e parou para ler o cartaz que dois homens acabavam de colar.

Era uma ordem de mobilização geral. Uma voz rouca ecoou então pela rua deserta. Bacquer se virou e se viu frente a frente com um soldado alemão. Outros soldados apareceram. Em poucos minutos, Bacquer foi levado a uma espécie de dormitório sob o pórtico de um prédio, com o cano gelado de uma pistola Luger na nuca. O distintivo policial e a arma o haviam traído. Para o bretão despreocupado que não sabia nem aonde ia naquela manhã, uma aventura extraordinária tinha início.

* * *

Para muitos pacatos parisienses, aquele sábado também se tornaria um dia memorável.

Diante da bancada vazia de sua loja em Nanterre, Louis Berty, o charcuteiro que escondia o aviador americano Bob Woodrum, esperava os habituais visitantes de sábado, os guardas do forte de Mont-Valérien, que vinham usar sua máquina para fatiar a ração semanal de salame que recebiam. Louis Berty odiava aqueles homens. De sua loja, todos os dias ele ouvia o eco sinistro dos tiros que ceifavam a vida de seus compatriotas no pátio do forte.*

Alguns minutos antes da chegada dos guardas, Berty recebeu a visita inesperada de um homem que disse ser "da parte de Zadig". Era a senha que significava que a rede de resistência à qual o charcuteiro pertencia estava passando à ação direta.

Berty pegou o Colt que seu convidado americano usara durante as 35 missões que cumprira nos céus da Alemanha. Depois, chamou Pierre Le Guen, um jovem vizinho que estava ansioso para lutar com os homens de Zadig, e lhe entregou um pequeno 6.35mm que sua mulher escondia na caixa registradora da charcutaria. Ele prendeu à roupa a braçadeira tricolor que dizia "Viver livre ou morrer" em letras pretas e foi para a rua.

No outro extremo de Paris, um homenzinho atarracado, usando uma boina basca, engoliu o primeiro conhaque do dia e subiu em seu pequeno caminhão Citroën a gasogênio. Fazia dezoito dias que Pierre Pardou transportava para a Resistência os estoques secretos de víveres que uma organização policial ainda mais odiada que a Gestapo, a Milícia de Vichy, armazenara justamente para o caso de insurreição. Com falsos documentos em papéis com cabeçalhos da Milícia, Pardou já conseguira se apoderar de 180 toneladas de víveres.

Dois dias antes, porém, ao telefonar à direção da Milícia para avisar que um carregamento fora avariado, um funcionário zeloso descobrira a fraude. Desde então, todas as patrulhas da Milícia procuravam o misterioso caminhão verde.

Naquele dia, porém, Pardou tentaria uma última façanha. Ele queria transportar as armas de um depósito da Place de la Villette e levá-las para as FFI do subúrbio de Perreux, que se preparavam para atacar a prefeitura.

Pardou arrancou seu caminhão e jurou para si mesmo que aquela seria sua última missão.

Para dois modestos cidadãos de Paris que não viviam no segredo da Resistência, aquele sábado, 19 de agosto, ainda assim seria um grande dia. Era o dia de seu casamento.

---

* De 1941 a 1944, 4.500 franceses foram executados em Mont-Valérien. (N.A.)

Ao fim do toque de recolher, o assistente de laboratório Pierre Bourgin, de 43 anos, entrou no jardim tropical do Museu de História Natural e parou na frente da horta de legumes que vinha cultivando secretamente nas últimas semanas. Com cuidado, ele começou a colher as frutas que constituiriam a rara e suculenta iguaria de seu almoço de casamento: lindos tomates quase vermelhos.

Em seu pequeno apartamento atrás do mercado central, a datilógrafa Lysiane Thill aspergiu com algumas gotas d'água o vestido de viscose branca que ela usaria em seu casamento na prefeitura do 1º arrondissement. Com o ferro aquecido num réchaud, ela começou a passar as pregas delicadamente.

O homem que Lysiane Thill desposaria, o agente colonial Narcisse Fétiveau, não veria esse vestido. Ele era prisioneiro num campo alemão. Lysiane casaria com ele por procuração.

Como todas as manhãs, o abade Robert Lepoutre, de 35 anos, atravessava a Pont au Double com os olhos mergulhados em seu breviário. Por poucos segundos de diferença, a duração de seu passeio-leitura era praticamente invariável. No último versículo, o abade encontrava na ponta dos dedos a maçaneta de ferro do pórtico de Santa Ana e entrava na catedral de Notre-Dame para rezar a missa. Na Place du Parvis, o relógio do Hôtel-Dieu soava então sete horas.

Naquela manhã, porém, o abade não terminaria a leitura.

Quando chegou à esplanada da igreja, sempre deserta àquela hora, ele viu um espetáculo que nunca mais esqueceria. Usando boinas ou quepes, de jaqueta, pulôver ou em mangas de camisa, centenas de homens acorriam em silêncio às grandes portas da Prefeitura de Polícia, situada no outro extremo da praça.

Pouco depois, acima da longa fachada cinza, o abade Lepoutre viu subir aos céus um longo pedaço de tecido que se abriu de repente. Pela primeira vez em quatro anos, dois meses e quatro dias, uma bandeira tricolor tremulava sobre a capital da França.

Ao ver aquela bandeira, o abade guardou o breviário no bolso e se deixou levar pelo fluxo de pessoas que chegava à Prefeitura de Polícia. Ao longo dos dias heroicos que começavam, a fortaleza sitiada que seria o berço da insurreição de Paris teria um capelão.

* * *

Amédée Bussière, o prefeito de polícia, acabava de acordar. Fazia quatro dias que ele não passava de um homem sozinho à frente de um barco vazio.

Com a greve, seus policiais o haviam abandonado.

O prefeito esticou a mão na direção da mesa de cabeceira e chamou o criado. Cinco minutos depois, ereto e digno como um mordomo britânico, o empregado entrou com o café da manhã.

"Nada de novo, Georges?", perguntou o prefeito, vestindo o roupão.

"Sim, senhor prefeito", respondeu o criado em voz monocórdia, "temos novidades: eles voltaram."

Amédée Bussière calçou as pantufas, correu até o corredor e parou na frente da primeira janela. Ao ver o espetáculo à sua frente, ele puxou nervosamente a lapela do roupão. Centenas de homens, vários deles armados com fuzis, revólveres e granadas, estavam reunidos no pátio em torno de um Citroën preto.

"A Revolução...", murmurou o prefeito, impressionado.

Em cima do carro, um grandalhão de terno com estampa *pied de poule*, o braço cingido por uma braçadeira tricolor, se dirigia à multidão. Era Yves Bayet. "Em nome da República", ele gritava, "em nome do general De Gaulle, tomo posse da Prefeitura de Polícia!"

Um longo clamor saudou suas palavras. Depois, um clarim tocou as notas distorcidas de uma melodia que a multidão inteira repetiu em coro. Instintivamente, Amédée Bussière se colocou em posição de sentido. Ele ouviu *A marselhesa* pairando ardente, poderosa, no céu de verão.

Um ciclista solitário que passava por acaso sob as janelas da Prefeitura de Polícia parou e ouviu também. Nada poderia surpreender mais o comunista Rol do que aquela *Marselhesa*. No guidom, no bolso de uma mochila tirolesa havia uma cópia da primeira ordem insurrecional que ele acabara de distribuir a seu estado-maior.* E no fundo da mochila, cuidadosamente enrolado, havia o uniforme que ele usara pela última vez sete anos antes, no trem para Barcelona que evacuava as brigadas internacionais. Em breve, no novo posto de comando da Rue Schœlcher, onde ele se instalaria, ele vestiria a velha calça de lona e a jaqueta de botões dourados na qual costurara cinco dragonas de coronel.

Rol ficou estupefato. A tomada da Prefeitura de Polícia, aquela fortaleza, não fazia parte de seu plano de ação. Entendendo de repente que fora enganado, ele decidiu se vestir imediatamente e entrar na Prefeitura para impor sua autoridade aos rebeldes que tinham agido sem suas ordens e que corriam o risco de comprometer seu plano.

---

* Essa ordem prescrevia às FFI a organização de patrulhas, a requisição de veículos, a ocupação de vários prédios e o uso da braçadeira. (N.A.)

Mas o gaullista Yves Bayet, naquele momento, preparava uma nova surpresa ao coronel das FFI. Não muito longe dali, no Boulevard Saint-Germain, ele havia saído de um carro preto e acabava de abordar um homem de rosto emaciado que lia um jornal no terraço do café Les Deux Magots.

"Senhor, a Prefeitura de Polícia foi tomada. Ela é sua."

O homem abriu um sorriso satisfeito. Ele se levantou, enfiou o chapéu mole até os óculos de tartaruga e subiu no carro.

Ele se chamava Charles Luizet. Ex-militar, ele havia pulado de paraquedas sete dias antes no sul da França e seria o primeiro alto funcionário a ocupar um cargo em Paris em nome do general De Gaulle.

Ao tomar a Prefeitura de Polícia, uma cidade dentro da cidade, os gaullistas tinham realizado uma grande façanha. Suas forças teriam um sólido ponto de apoio a partir do qual manobrar e controlar os adversários políticos.

Rol chegara uma hora atrasado.

Um homem tímido e desconhecido entrou na Prefeitura de Polícia junto com o novo prefeito. Ele se dirigiu ao laboratório da polícia municipal carregando duas pesadas malas. Nessas malas havia um estranho arsenal: oito garrafas de ácido sulfúrico e vários quilos de clorato de potássio. Em segredo, no laboratório de química nuclear em que sua sogra descobrira o rádio, o tímido desconhecido preparara a fórmula de um coquetel molotov que se tornaria uma arma temível nas mãos dos insurgentes de Paris.

Ele se chamava Frédéric Joliot-Curie.

2

A insurreição preparada por Rol se propagava com rapidez e eficácia por toda a capital. Durante os quatro dias anteriores, as ordens tinham sido cuidadosamente redigidas e distribuídas. Num quarto perto da Avenue Foch, de onde se ouvia o martelar surdo dos sentinelas alemães, o assessor de Rol para a cidade de Paris, um frágil professor chamado Dufresne, passara a noite corrigindo os últimos exemplares. Às sete horas da manhã, no Quai Conti, nas barbas dos alemães, ele repassara as ordens aos agentes de ligação. Desde o alvorecer os comunistas colavam em todos os muros da cidade cartazes ordenando uma mobilização geral.

Para Rol e seu estado-maior, os problemas que precisavam ser resolvidos naquela manhã eram complexos. Eles precisavam estabelecer ligações e contatos, instalar um quartel-general, tirar as armas dos esconderijos e distribuí-las às unidades das FFI. Nas centrais telefônicas da cidade, os agentes da Resistência executaram uma primeira tarefa que se revelaria fundamental para o desenrolar das operações: a sabotagem das mesas de escuta alemãs.

Naquela fase de guerrilha, a missão dos soldados de Rol era relativamente simples. Ela podia ser resumida em uma frase, que o próprio Rol pronunciara e que se tornaria o leitmotiv da insurreição: "A cada um seu boche".* Às sete horas da manhã, em toda Paris, as FFI começaram a cumprir aquela ordem. Em pequenos grupos, elas atacavam os soldados e os veículos alemães isolados. O objetivo era, a princípio, conseguir armas desarmando os ocupantes de Paris.

No hotel Meurice, os primeiros relatórios provocaram estupefação e raiva no general Von Choltitz: as escaramuças se multiplicavam por Paris desde as nove horas da manhã. Para Choltitz, o desencadeamento geral da insurreição era uma surpresa. Com exceção de algumas vagas generalidades sobre um "certo mal-estar" da população civil, os serviços de informação não tinham lhe advertido nada. Seu relatório, enviado naquela manhã ao Grupo de Exércitos B e ao OB West, garantira que a cidade estava "perfeitamente calma". Mas os primeiros confrontos que acabavam de eclodir em toda a cidade, na mesma hora e segundo o mesmo processo, indicavam claramente ao comandante do Gross Paris que se tratava de um plano muito bem tramado.

Nas duas primeiras horas de insurreição, a própria fisionomia da cidade se modificara. Uma surda ameaça planava acima de suas ruas desertas. Os raros pedestres caminhavam rente aos muros. De tempos em tempos, sob o olhar atônito de um zelador, passava a toda velocidade um carro pintado com três letras brancas: FFI. E um novo som ecoava em Paris naquela manhã, um som que suas ruas não ouviam desde 1871: pólvora e tiros.

* * *

Para o pequeno grupo reunido na sala estilo Império de um apartamento da Rue de Bellechasse, a algumas centenas de metros do Sena, esse som de tiros era a cruel ilustração de uma frase que Jean-Paul Sartre escrevia naquele exato momento: "Quando deliberamos, os dados já estão lançados". Aqueles homens que "deliberavam" pertenciam ao Conselho Nacional da Resistência. Eles estavam reunidos naquela sala para aprovar o desencadeamento da insurreição. Mas quando o professor de história Georges Bidault tomou a palavra, o eco de um tiroteio atravessou a peça. O enérgico chefe comunista André Tollet colocou

---

*"Boche": expressão pejorativa internacionalizada durante a Primeira Guerra, utilizada para designar os alemães em geral. (N.E.)

a assembleia diante de um fato consumado. Ele anunciou que a insurreição continuaria, aprovada ou não por seus colegas.

Para o alto funcionário que representava naquela sala a autoridade de Charles de Gaulle, tais palavras constituíam um terrível dilema. Alexandre Parodi estava convencido de que "a insurreição era tanto um gesto político dos comunistas quanto um esforço para vencer os alemães". No entanto, ao autorizar a tomada da Prefeitura de Polícia, Parodi reconhecera o início da insurreição. Agora, se ele voltasse atrás, entregaria a direção aos comunistas e causaria uma rachadura na unidade da Resistência.

Acima de tudo, Parodi se perguntava se sua decisão não levaria à destruição de Paris.

De todo modo, ele não tinha escolha. Duas horas após o início, a insurreição se espalhara por toda a cidade.

Parodi precisava, naquele momento, tentar controlá-la. Virando-se para Georges Bidault, ele decidiu dar as bênçãos do líder da França Livre ao movimento que ele tinha ordens de impedir.

* * *

Por toda Paris, a insurreição entrava na segunda fase. Grupos das FFI executavam o plano minuciosamente preparado por Rol. Eles tomaram as prefeituras dos vinte arrondissements, os comissariados de polícia, os prédios municipais, as agências de correio e também os abatedouros, o necrotério e a Comédie-Française.

De alto a baixo, o primeiro gesto daquela revanche era fazer tremular sobre as pedras da cidade as cores proibidas da França. Nas ruas e no céu, nas janelas e nos telhados, empoeiradas ou confeccionadas às pressas com lençóis e tecidos, centenas de bandeiras tricolores apareceram, num desafio às suásticas que tremulavam sobre os edifícios alemães.

* * *

O coronel Massebiau escovou com cuidado o velho uniforme e se vestiu. Depois, no espelho oval de seu quarto, ele se contemplou longamente. Ao ver as cinco dragonas douradas nas mangas e as três fileiras de condecorações costuradas no peito, ele abriu um sorriso satisfeito.

Como milhares de oficiais da reserva, o coronel Massebiau, membro de uma rede de resistência militar, voltava ao serviço naquela manhã.

Alguns minutos depois, Massebiau e seus homens pararam sob o pórtico renascentista da igreja Saint-Germain-l'Auxerrois e observaram seu objetivo. A poucos metros ali, de frente para as grades do Louvre, ficava a prefeitura do 1º arrondissement, que eles tinham por missão tomar. O adjunto do coronel, o ponto da Comédie-Française Marcel Dupuy, levava a única arma do grupo, um velho revólver de cilindro. Mas no bolso de Dupuy havia uma folha de papel com o carimbo do Comitê de Libertação do 1º arrondissement. Dupuy, o ponto, seria o novo prefeito daquele prédio cinza onde, naquele instante, começava uma cerimônia tradicional para um sábado.

Lysiane Thill, a jovem noiva de vestido branco, olhou para a poltrona de veludo vermelha vazia a seu lado. Fazia três anos que ela esperava o momento de se tornar esposa de Narcisse Fétiveau, o prisioneiro de guerra por quem estava apaixonada. Em um minuto, seu sonho se realizaria. Com a faixa tricolor, o charcuteiro-prefeito Chedeville pronunciaria, sob o olhar paterno da fotografia do velho marechal Pétain, as palavras rituais que uniriam Lysiane ao ausente.

Mas seis homens, que pareciam ter saído de um filme de gângster, interromperam subitamente a cerimônia. No marco da porta, o primeiro a aparecer, com o revólver na mão, foi o ponto Marcel. Atrás dele, digno e decidido, o coronel Massebiau. Em pouco tempo o grupo havia invadido a sala de casamentos, informava ao charcuteiro-prefeito sua destituição e lhe dava voz de prisão.

Petrificada em sua poltrona, a jovem noiva começou a soluçar. O coronel Massebiau anunciou então, com voz marcial, que a cerimônia seria retomada.

Pegando a faixa tricolor do prefeito destituído, Marcel assumiu o cargo de novo prefeito. Ele tirou o retrato de Pétain da parede e começou a improvisar um primeiro pronunciamento. Então, "em virtude dos poderes conferidos pela Resistência", declarou Lysiane Thill e Narcisse Fétiveau unidos "pelos laços do casamento".

* * *

Naquela manhã, não havia nenhum casamento na prefeitura de Neuilly.

Por quatro anos, o elegante bairro residencial de Neuilly fora um dos mais calmos e mais "resignados" da capital. Os palacetes do século XIX e as mansões abastadas provavelmente abrigavam mais colaboradores, vichystas, agentes alemães e oficiais da Wehrmacht que qualquer outro bairro de Paris. A dois passos do Bois de Boulogne, com ruas provinciais e jardins, Neuilly, naquela manhã, continuava vivendo apartado da guerra.

Como cada um dos cinco mil alemães que ocupavam a comuna, os dois soldados que bebericavam um conhaque na esquina da Rue de Chézy, perto da prefeitura, se sentiam perfeitamente em casa. Quando ouviram a porta do café se abrir às suas costas, eles trocaram um sorriso satisfeito. Mas em vez de Jeannine, a pequena criada que esperavam, havia um homem ameaçando-os com um revólver. Era Louis Berty, o charcuteiro de Nanterre. Berty desarmou os alemães e os levou para a prefeitura. Subitamente enfurecidos com os primeiros prisioneiros alemães presos que viam, moradores de Neuilly cuspiram no rosto dos soldados. Berty precisou brandir a arma para proteger os alemães.

Émile Marion, funcionário da prefeitura, contemplava com estupefação a cena que se desenrolava sob sua janela. Primeiro ele viu o charcuteiro e seus prisioneiros, depois, tremulando na sacada da prefeitura, a bandeira tricolor. Com a mesma solenidade de Clemenceau se dirigindo à Câmara,* aquele homem de 52 anos, antigo combatente em Verdun, se virou para sua velha secretária. "A República está salva!", ele proclamou. Depois pegou o chapéu e se dirigiu à prefeitura.

Outros olhos também tinham visto os prisioneiros e a bandeira tricolor com igual estupefação. Jeannine, a criada que os alemães esperavam, pegou sua bicicleta e pedalou até a Kommandantur.

Na prefeitura que ele acabava de ocupar sem encontrar resistências, o industrial André Caillette reuniu Louis Berty e os 65 combatentes da rede Zadig e ordenou-lhes que ficassem à espreita atrás das janelas, à espera dos acontecimentos. Os insurgentes de Neuilly não teriam que aguardar muito.

Um caminhão cheio de soldados de capacete logo parou na frente do edifício. Um oficial desceu. Colocando as mãos enluvadas na cintura, ele observou a fachada com arrogância. Depois, gritou em francês: "Rendam-se e saiam!".

No último andar, sob as douraduras do salão de festas, à esquerda de um quadro de Henrique IV caindo da barca de Neuilly, André Caillette observava a rua pela janela. Ele se inclinou para frente e, numa voz forte, respondeu na mesma medida: "Rendam-se vocês, somos o exército da Libertação!".

Com um gesto brusco, o alemão pegou o revólver e atirou.

Foi o sinal para o tiroteio. De todas as janelas, um fogo vingador se abateu sobre os alemães.

Caillette viu o arrogante oficial titubear e desabar na calçada "como um balão murchando".

Quando o tiroteio cessou, todos os alemães estavam mortos. Do alto de suas janelas, os homens de Zadig contemplaram com espanto a carnificina que tinham acabado de causar. De repente, em todas as ruas vizinhas, eles ouviram o rumor dos caminhões que cercavam a prefeitura.

---

* Alusão ao famoso discurso de 8 de março de 1918 de Georges Clemenceau (então presidente do Conselho e ministro da Guerra) à Câmara dos Deputados. (N.T.)

* * *

Um Mercedes cinza conversível passava lentamente pelos plátanos de folhas já amareladas. Sentado ao lado do motorista, o subtenente Von Arnim admirava as fachadas delicadamente cinzeladas do Louvre. O cais estava quase deserto e tudo parecia tão calmo e tranquilo que o jovem subtenente tinha dificuldade de imaginar que Paris pudesse ter outra face que não aquela. A única coisa, naquela manhã, que lembrava a guerra ao oficial era seu carro. No banco de trás, dois sargentos de capacete e armados de metralhadores vigiavam as janelas dos prédios. Mas nada parecia indicar qualquer ameaça.

Arnim fez um sinal para o motorista e o carro se dirigiu à Île de la Cité e à Prefeitura de Polícia. Atrás das torres gêmeas da Conciergerie que se erguiam na ilha cheia de tesouros onde o jovem oficial tantas vezes flanara, surgiu a flecha da Sainte-Chapelle, erguida para o céu como uma espada. À esquerda, ao longo do Quai aux Fleurs, Arnim avistou alguns buquês, que coloriam uma calçada. No topo da Torre do Relógio, os dois ponteiros dourados do enorme quadrante marcavam onze horas.

No bulevar vazio e silencioso, a primeira detonação ecoou "como um golpe de címbalo". Na mesma hora, uma chuva de tiros se abateu sobre o Mercedes. Um dos sargentos soltou a metralhadora e caiu para a frente. Horrorizado, Arnim gritou ao motorista: "Mais rápido, mais rápido!". O carro, porém, que tivera os pneus furados, avançava com dificuldade. O capacete do segundo sargento rolou para o chão do carro. O subtenente viu um buraco bem no meio do rosto do suboficial. Como aquela brutal imagem da morte podia surgir numa rua de Paris?

Naquela noite, por volta da meia-noite, graças à cumplicidade de seu amigo Ernst von Bressensdorf, chefe de transmissões do hotel Meurice, Arnim telefonaria para o castelo Gross Sperrenwalde da família, perto de Prenzlau. "Mamãe", ele diria, "Paris se tornou um inferno."

* * *

A foto ficaria borrada. No exato momento em que o fotógrafo, escondido embaixo de um pano preto, apertou o disparador de borracha, os recém-casados, Pierre e Gabrielle Bourgin, levaram um susto: numa rua atrás da igreja Notre-Dame-de-Grâce, em Passy, uma rajada de metralhadora crepitara.

Digno e um tanto afetado em seu terno de casamento, o homem que colhera os tomates do Museu algumas horas antes ofereceu o braço à esposa e caminhou até a caleche cheia de cravos brancos que esperava na frente da igreja. O cocheiro estalou o chicote e o cavalo baio avançou a trote pelas ruas desertas onde os tiros ecoavam. Pedalando com as costas curvadas, os convidados do casamento seguiam a parelha de bicicleta.

Na Rue de Passy, no marco das portas, espectadores atônitos olhavam para o estranho cortejo que avançava na direção dos tiros. Alguém gritou: "Viva a noiva!".

* * *

Dentro da Prefeitura de Polícia, Edgar Pisani alisava a barba preta com mão nervosa. À direita de sua escrivaninha, sobre um quadro inclinado, oitenta luzes piscavam ao mesmo tempo. De todas as partes de Paris, os comissariados de polícia ligavam para a central da Prefeitura de Polícia. Mas o novo chefe de gabinete do prefeito Luizet não sabia como atender as chamadas. Ele não sabia nem como funcionava seu próprio telefone. No fim, Pisani apertou um botão ao acaso e tirou o aparelho do gancho. Do outro lado, ele ouviu uma voz trêmula: "Os alemães atacam com força a prefeitura de Neuilly...". O resto da frase se perdeu no estrondo de uma explosão. No Boulevard du Palais, o tiroteio sobre o subtenente Von Arnim acabava de retomar. Pisani desligou e correu até a janela. No meio da rua, um caminhão alemão atingido por um coquetel molotov ardia como uma tocha. "Era como num parque de diversões", ele se lembra. "Os tiros atingiam os soldados que fugiam do fogo e os derrubavam como pinos de boliche."

De todos os alemães que caíram naquela manhã no vespeiro da Île de la Cité, nenhum decidiu arriscar mais a própria pele do que o homem que enchera de explosivos a central da Rue Saint-Amand, o *Feldwebel* Bernardt Blache, do 112º regimento de transmissões. Sob o fogo cruzado da Prefeitura de Polícia e do Palácio de Justiça, seu caminhão ficou crivado de balas. Os dois soldados deitados nas laterais não tiveram tempo nem de atirar. Deram um grito e caíram no asfalto. Com o pé direito atravessado por um tiro, o motorista esmagou o acelerador. Na esquina da Rue de Lutèce, o caminhão sem freios bateu numa árvore. Blache se lembra de ter gritado *"Alles runter!"* e de também ter saltado para se proteger atrás do veículo. Na carroceria do caminhão, com os braços em cruz, um soldado ferido no abdômen gemia de dor e chamava: "Bernardt, Bernardt, socorro...". Blache viu um oficial alemão, de olhos esbugalhados, aparecer na Rue de Lutèce descarregando a pistola contra um inimigo invisível. Um tiro explosivo o interrompeu em plena corrida. Blache viu a cabeça do homem literalmente explodir e seu corpo rolar na calçada. Os atiradores estavam tão perto que, nos breves momentos de calmaria, o alemão podia discernir o som de suas vozes. Blache se esgueirou pela lateral do caminhão e se agachou atrás da cabine. Caído sobre o volante, o motorista estava morto. Através do vidro, Blache avistou um braço nu saindo de uma janela e se balançando no vazio. Na ponta do braço, havia uma garrafa, enrolada em tecido. Blache pulou e começou a correr como um louco na direção do parapeito da Pont au Change. Assim que se afastou do caminhão, sentiu o chão tremer sob seus pés. O caminhão tinha acabado de explodir. Em volta do alemão, os tiros levantaram verdadeiros gêiseres de asfalto preto. Chegando ao parapeito, o fugitivo se atirou no chão e esperou. O que ele viu então ficaria para sempre além de sua compreensão: em pleno tiroteio, digno e impassível, um velho senhor, de chapéu mole e bengala na mão, atravessava sem a menor pressa a Pont au Change. O alemão apontou sua metralhadora para ele e se perguntou se devia matá-lo.

Alguns segundos depois, Blache ouviu um apito insistente às suas costas. Pensou que os franceses deviam estar atrás dele. Levantando cautelosamente a cabeça acima do parapeito, ele observou a Place du Châtelet. Do outro lado da ponte, havia um grupo de civis. Ele decidiu abrir caminho naquela direção. Empunhando em cada mão uma granada, Blache deixou seu refúgio e começou a correr até a multidão aos gritos. Assustados com o surgimento daquele espectro coberto de poeira e sangue, que gesticulava com duas granadas, os civis fugiram. Blache logo se viu sozinho no cais deserto. Um carro chegava à praça naquele instante. O alemão o fez parar e ordenou ao francês que o dirigia, um médico, que o levasse ao hotel Meurice.

Chegando ao hotel, ainda segurando as duas granadas, o suboficial subiu correndo as escadas. Empurrando a primeira porta que encontrou, ele começou a gritar: "Por Deus! O que vocês estão esperando para enviar os tanques? Meus homens estão queimando como salsichas!".

3

Os tanques já estavam na prefeitura de Neuilly. Dois Panther tinham se posicionado na praça e um terceiro no pequeno jardim atrás do prédio. Dentro da prefeitura, cercados e metralhados por três horas seguidas, os homens de Zadig usavam seus últimos cartuchos. O assoalho do salão de festas estava cheio de estilhaços de granadas, balas, vidro quebrado e gesso. Os quadros estavam rasgados e os revestimentos de madeira despedaçados. Na sala do conselho municipal, no topo da escada de mármore, mortos e moribundos jaziam lado a lado sobre a grande mesa. Rios de sangue escorriam pelo chão. Os homens tinham tirado suas gravatas para fazer garrotes. Em toda a prefeitura, não havia uma gota de álcool ou um pedaço de esparadrapo.

André Caillette nunca esqueceria o olhar de aflição de um de seus homens, que chamava por socorro, com a barriga aberta. Caillette fez a única coisa que lhe pareceu possível: colocou os intestinos para dentro da barriga do ferido e apertou seu cinto com força.

Das sacadas, janelas e telhados dos prédios vizinhos, os alemães atiravam sem parar sobre os insurgentes. Do telhado da frente, Charles, irmão de André Caillette, viu um alemão sair de uma lucarna e rastejar pelo telhado. Charles era o melhor atirador de Neuilly. Como numa partida de caça, ele mirou e atirou, uma única vez. O alemão escorregou lentamente, deixando para trás um rastro avermelhado. Ele tentou se agarrar à calha, mas caiu no vazio soltando um longo grito.

Atrás da prefeitura, protegida por uma mureta coberta de hera, uma metralhadora atirava em todas as janelas do edifício; Charles pousou o cano do velho fuzil Lebel no parapeito de uma janela e mirou lentamente. Atingido, o homem que usava a metralhadora caiu no chão. Charles viu então duas mãos agarrarem as botas do sujeito e puxarem o corpo para trás da mureta. Outro soldado tomou seu lugar e a metralhadora voltou a atirar. O alemão localizou o francês. A primeira rajada atingiu a janela e derrubou o velho quepe de Charles. O Lebel passou para outra janela, mirou e atirou novamente. O homem na metralhadora abriu os braços de repente e desabou. Novas mãos apareceram e puxaram seu corpo para um lugar seguro. Um terceiro sujeito já se posicionava atrás da metralhadora. Charles mudou de janela e atirou. Dessa vez, nenhuma mão apareceu para puxar o corpo encolhido. A metralhadora se calou.

Mas um novo som logo se sucedeu ao crepitar da metralhadora: o rugido do canhão. Os tanques acabavam de entrar em ação. O primeiro disparo, um fumígeno, explodiu no gabinete do prefeito. André Caillette pensou que as paredes cairiam. Uma espessa nuvem cinza toldou sua visão e ele sentiu a fumaça queimar sua garganta e seus olhos. Caillette começou a rastejar pelo carpete para sair da peça. Em meio ao estrondo das explosões, ele ouviu o fraco tilintar de uma campainha. "O telefone..." Tateando, ele procurou a escrivaninha de onde vinha o som e acabou encontrando o aparelho. "Aqui é da prefeitura de Chartres", anunciou uma voz alterada, "os americanos acabaram de chegar." Caillette tentou responder, mas sentiu que sua língua estava paralisada. "Um fluxo ininterrupto de tanques e caminhões", gritava a voz no aparelho. Caillette, ainda incapaz de articular uma palavra, ouvia pedaços de frases entre duas explosões. "Caminhões tão grandes", dizia a voz, "que conseguem transportar três tanques ao mesmo tempo... É incrível." Caillette sentiu uma súbita vontade de chorar. Estava tomado por dois sentimentos extremos e contraditórios: a alegria de saber os americanos tão próximos e a raiva de ver aquele tanque alemão, cujos últimos disparos o pulverizariam junto com seus camaradas, às portas da vitória. Caillette soltou o aparelho e o deixou pendurado pelo fio. Com lágrimas nos olhos, sufocando, ele se arrastou até o salão de festas.

Exaustos, desencorajados, os insurgentes de Neuilly usavam suas últimas munições. Caillette entrou gritando: "Rapazes, os americanos estão em Chartres".* E, numa voz rouca, entrecortada pela fumaça e pela emoção, ele começou a cantar: "*Allons, enfants de la Patrie...*". Acompanhado por todos, uma *Marselhesa* potente se fez ouvir pelas janelas da prefeitura sitiada.

Dos balcões, das janelas, os moradores do bairro também começaram a cantar. Por alguns pungentes minutos, os brados ardentes da *Marselhesa* cobriram o estrondo da batalha. A cem metros da prefeitura, atrás dos vasos de gerânio de uma sacada minúscula, André Caillette avistou a silhueta familiar de uma mulher cantando. Era sua esposa.

Um a um, os insurgentes caíam. Desde o início dos confrontos, dez tinham morrido e cerca de quarenta jaziam gravemente feridos nos gabinetes e corredores.

Amplificada por um alto-falante, uma voz alemã ecoou no meio da rua: "Rendam-se! Vamos destruir a prefeitura e vocês serão dizimados!". Os sobreviventes responderam com uma rajada de metralhadora.

Um tanque avançou pela praça e atirou no portão de ferro. A esteira das rodas mordeu os degraus de entrada e a enorme geringonça se lançou contra a prefeitura. Caillette e seus homens não tinham coquetéis molotov. Entrincheirados atrás da balaustrada de mármore do vestíbulo, sufocando em meio ao pó e à fumaça, eles deram seus últimos tiros sobre o monstro cinza que cuspia fogo. A situação era crítica.

Abandonando as posições, eles começaram a rastejar até a entrada do porão. André Caillette levantou um alçapão de cimento e os homens pularam em um buraco que dava para uma pequena peça. No fundo dessa peça, uma divisória de tijolos fechava a entrada de uma estreita passagem que levava diretamente ao grande esgoto da Avenue du Roule. Era a única saída.

---

* André Caillette nunca conseguiu identificar a voz que telefonou para a prefeitura de Neuilly da prefeitura de Chartres. Segundo os testemunhos recolhidos pelos autores deste livro, vários moradores de Chartres telefonaram para Paris naquele dia. Ocupadas desde a manhã, a maioria das centrais telefônicas estava nas mãos da Resistência. (N.A.)

Um homem tirou a camisa, utilizou-a para envolver o ferro de uma picareta e começou a derrubar os tijolos sem fazer barulho.

Amontoados na escuridão, os fugitivos ouviam o martelar das botas alemãs acima de suas cabeças. Os alemães tinham acabado de capturar os homens que estavam nos andares superiores e os empurravam escada abaixo. Encolhido sob o alçapão, André Caillette ouviu os passos dos soldados que os procuravam. Um par de botas parou logo acima do alçapão. Alguns grãos de cimento se soltaram e caíram sobre a cabeça de Caillette. O alemão chamava alguém, sem dúvida para ajudá-lo a abrir o alçapão. Caillette segurava a respiração, espreitando o raio de luz que apareceria pela abertura.

* * *

Na frente da Prefeitura de Polícia, os canhões alemães tinham acabado de se alinhar numa bateria. O primeiro tiro fez o portão voar pelos ares. Sob a violência da explosão, Edgar Pisani rodopiou numa chuva de destroços e caiu pesadamente no chão. Ele estava ileso, mas tinha perdido os óculos. Às suas costas, Pisani ouviu alguém gritar: "Tanques. Estamos perdidos".

Dois tanques Panther e um Renault do 5º regimento de segurança tinham se posicionado na esplanada de Notre-Dame e bombardeavam a Prefeitura de Polícia. Eram 3h30 da tarde.

As primeiras salvas de tiros causaram um terrível abalo nos insurgentes. Atrás de insignificantes sacos de areia, com metralhadoras, mosquetes e pistolas, eles sabiam que só poderiam resistir simbolicamente ao ataque alemão. Todos seriam massacrados. Vários policiais, subitamente tomados de medo, decidiram abandonar posições e fugir. O abade Robert Lepoutre, capelão daquele grupo, viu vários homens descerem as escadas do subsolo que se comunicava com a estação de metrô Saint-Michel, na margem esquerda do Sena.

Mas a intervenção de um líder decidido acabou com o pânico. O brigadeiro Antoine Fournet, chefe da rede da resistência Honneur de la Police [Honra da Polícia], correu à entrada do subsolo e começou a argumentar com os fugitivos. "Estamos encurralados feito ratos", ele exclamou entre duas explosões, "nossa única chance é ganhar!" Ao dizer essas palavras, Fournet brandiu uma pistola e anunciou que atiraria em quem tentasse fugir.

No outro extremo da Prefeitura de Polícia, o operador do telégrafo interno da polícia parisiense ouvia a voz grave de Pisani e digitava a mensagem no teclado de seu teletipo. "Assalto alemão iminente à Prefeitura", ditava Pisani, "solicitamos o envio de todas as forças disponíveis à Île de la Cité para atacar o inimigo pela retaguarda..." No quadro à sua frente, uma luz vermelha estava ligada. O operador tinha apertado no botão AG (alerta geral). Em poucos segundos, o chamado de socorro chegaria a todos os comissariados de polícia de Paris e dos subúrbios. Eram 3h45 da tarde.

Na mesma hora, de todos os bairros de Paris, sozinhos ou em pequenos grupos, homens se dirigiram à ilha sitiada. De todos os grupos que chegaram às margens do Sena, nenhum oferecia uma imagem mais patética do que o pequeno bando de quatro adolescentes comandados por um jovem chamado Jacques Piette.

A única arma que eles tinham era uma velha metralhadora Hotchkiss. Eles a posicionaram no parapeito coberto de musgo do Quai de Montebello. Jeannot, um rapaz de rosto magro e pálido, usava no pescoço a única fita de cartuchos de que eles dispunham para alimentar a metralhadora.

Do outro lado do Sena, de costas para a Notre-Dame, sob os pórticos do Julgamento e da Virgem, os tanques alemães mantinham a Prefeitura sob a mira de canhões. Abrigados atrás de blindagens, soldados atiravam nas janelas.

Jacques Piette abriu fogo. Ele nunca se esqueceria da exaltação que sentiu naquele momento, pois finalmente combatia abertamente.

O *Panzer-Gefreiter* Willy Linke, de 27 anos, do 5º regimento de segurança, com os olhos colados em seu periscópio, avistou o pequeno brilho da metralhadora de Piette e girou a manivela de sua torre de tiro.

"No chão!", gritou Piette, puxando a metralhadora para baixo. Lentamente, a torre de tiro do tanque virava na direção do Quai de Montebello. Deitado de barriga no chão de macadame, Piette e seus companheiros esperavam o tiro de canhão em meio ao silêncio terrível que os cercava.

De sua torre de tiro, com o olho na mira, Linke esperava. Ele se lembra de ter visto uma cabeça aparecer rente ao parapeito. Como não podia desperdiçar projéteis de canhão, contentou-se em apertar o gatilho da metralhadora coaxial. Uma saraivada de tiros saiu do tanque.

Piette ouviu os tiros acertarem os galhos das árvores e pararem nas pedras da igreja Saint-Julien-le-Pauvre às suas costas. Ele pensou que o tanque atirara alto demais. Virando-se para a esquerda, porém, ele avistou uma poça de sangue. Com a cabeça caída na sarjeta e um brilho terrível no olhar, Jeannot, o dono da velha Hotchkiss, jazia inerte. Piette rastejou até ele e começou a sacudir sua perna, gritando "Jeannot! Jeannot!".

Mas Jeannot, com o pescoço rasgado por um tiro, estava morto. Ele tinha acabado de fazer quinze anos.

A poucas dezenas de metros dali, quase ao mesmo tempo, um homem atingido no ventre caía em frente à fonte da Place Saint-Michel. O brigadeiro

Vialatte, do comissariado do 5º arrondissement, também respondera ao chamado da Prefeitura de Polícia.

Um jovem de calças de montaria, o estudante de filosofia Raymond Sarran, passava por ali. Ele viu a mão do ferido se crispar sobre o cano da pistola e se elevar em sua direção: "Pegue minha arma", disse o moribundo, "e me vingue...".

Num porão pouco iluminado da Prefeitura de Polícia, três homens suavam para forjar as armas de outras vinganças num ambiente de filme surrealista. Enfileiradas contra a parede havia garrafas de champanhe da reserva pessoal do antigo prefeito Amédée Bussière. Ouvia-se o estalido seco das rolhas pipocando. Os homens esvaziavam as garrafas de seu precioso conteúdo no chão e as enchiam de ácido sulfúrico e gasolina. Depois, eles as enrolavam com um papel embebido em clorato de potássio.

Fora dali, num longo corredor escuro, policiais esperavam as garrafas. "Podem levar!", gritava a todo momento Frédéric Joliot-Curie, enxugando a testa com a mão.

Na Place du Parvis, o tanquista alemão Willy Linke viu um projétil rodopiar no ar e cair sobre a torre de tiro do tanque vizinho "como uma bola numa cesta de basquete". Um membro das FFI conseguira se esgueirar até a estátua de Carlos Magno e atirar um coquetel molotov na torre de tiro aberta. Uma enorme chama amarela se formara e o tanque inteiro começara a arder na mesma hora. Gritos de alegria se elevaram de todas as janelas da Prefeitura de Polícia para saudar a façanha.

O *Panzer-Gefreiter* Willy Linke aprendeu a lição. Ele fechou com cuidado a escotilha de sua torre de tiro e, com raiva, introduziu um novo projétil no canhão.

Na Prefeitura de Polícia, o telefone tocava entre duas explosões. Derrubado de sua poltrona, Pisani pegou o aparelho. Era Alexandre Parodi, que ligava de seu novo posto de comando na Rue Séguier, do outro lado do Sena.

"Consigo ouvir o bombardeio", ele disse numa voz preocupada, "vocês não podem se deixar massacrar... Evacuem imediatamente a Prefeitura!"

Pisani respondeu calmamente que os alemães cercavam todas as saídas e que uma evacuação era impossível. "Já que estamos aqui, melhor ficar", ele garantiu.

Três vezes ao longo do dia o telefone tocaria naquele mesmo gabinete e vozes angustiadas suplicariam aos defensores que abandonassem a Prefeitura. Mas elas sempre ouviriam a mesma recusa.

Por volta das cinco horas da tarde, uma terrível notícia se espalhou pela fortaleza. As munições estavam quase esgotadas. "Temos o suficiente", o brigadeiro Fournet disse a Pisani, "para dois minutos de troca de tiros e nada mais". Pisani desligou o telefone e discou um número. "É você, Laurence?", ele perguntou. Abaixando a voz, Pisani murmurou: "Mande um beijo para Francis e Hervé... Não sairemos daqui com vida. Estamos sem munição... Somente a chegada dos americanos poderia nos salvar...".

* * *

Mas para o punhado de americanos reunidos num trailer do estado-maior, quatrocentos quilômetros a oeste, Paris não passava, naquele dia, de "uma mancha de tinta nos mapas, que devia ser evitada na marcha a caminho do Reno". Os mapas em questão pertenciam ao Eagle Tac, o quartel-general avançado do 12º grupo de exércitos americano instalado numa plantação de macieiras perto de Laval, nas margens do Mayenne. O destino de Paris logo se inscreveria naqueles mapas.

Para o tranquilo americano de óculos com aro de metal que comandava o 12º grupo de exércitos, o general Omar N. Bradley, Paris devia ser evitada a qualquer preço. Bradley tinha um único objetivo: levar seus homens o mais rápido e o mais longe possível para o Reno, antes que o inimigo tivesse tempo de se recuperar. Para isso, ele só precisava de uma coisa: mais gasolina, sempre mais gasolina.

Dois dias antes, o comando supremo lhe informara que sua provisão diária de combustível seria reduzida para trezentos mil litros a partir do dia em que Paris fosse libertada, "a fim de permitir o encaminhamento de víveres para a capital". Esse número o assustara. Com trezentos mil litros de gasolina, ele fazia um corpo de exército avançar 45 quilômetros.

Em seu trailer, com o ar grave, Bradley ouvia o chefe do 4º gabinete listar os números dos quais dependia o resultado da guerra: a tonelagem de combustível desembarcado na véspera nas praias, a tonelagem encaminhada pelas rotas de abastecimento, a tonelagem destinada às reservas dos depósitos de cada divisão. Dia após dia, Bradley constatava que a quantia das duas últimas tonelagens diminuía. Para o chefe do 12º grupo de exércitos, relembra seu ajudante de campo, o major Chet Hansen, "isso era como um homem se esvair em sangue sob seus olhos".*

---

* Em 5 de agosto, cinco dias após o desembarque de sua divisão na Normandia, o general Leclerc, comandante da 2ª divisão blindada francesa, enviara seu chefe de estado-maior ao general americano John S. Wood, comandante da 4ª divisão blindada americana, com a missão de "se informar sobre os problemas específicos que se interpunham a uma divisão blindada em operação". Deitado em seu trailer, com um copo de uísque na mão, o pitoresco Wood respondera ao tenente-coronel de Guillebon: "A única coisa que nos detém é a gasolina. Diga a Leclerc que ordene a seus homens que encham seus cantis, suas garrafas e seus bolsos de gasolina. Sempre precisamos de mais gasolina". (N.A.)

Absorto em seus pensamentos, Bradley não notou a entrada em seu trailer de um oficial que trazia uma mensagem alemã que acabara de ser interceptada. O general Edwin Siebert, chefe do 2º gabinete de Bradley, disse de passagem em seu relatório: "Parece que a população civil causou distúrbios em Paris". Bradley se endireitou na cadeira.

"Por Deus, Eddie! Informe-se sobre o que está acontecendo por lá", ele ordenou. O rosto de Bradley se encheu de preocupação. A insurreição de Paris eclodia no mesmo dia em que Dwight Eisenhower dava início à ofensiva que contornaria a capital. Algumas horas antes da conferência do Eagle Tac, depois de uma longa consulta aos oficiais de abastecimento, alguns suplicando que se esperasse que os exércitos recuperassem suas reservas, Eisenhower ordenara que as forças atravessassem o Sena. Enquanto Edgar Pisani e seus companheiros, quase sem munições na prefeitura sitiada, esperavam a salvação com a chegada dos Aliados, os primeiros elementos do 313º regimento de infantaria americano atravessavam o rio perto de Mantes-Gassicourt e começavam a ampla manobra aliada em torno de Paris.

* * *

A três mil quilômetros do pomar normando onde Bradley e seu estado-maior acabavam de se reunir, tinha início outra conferência, ao longo da qual também se falaria de Paris. Adolf Hitler ainda não estava a par do avanço da insurreição nas ruas da capital. Na véspera, o OB West no entanto informara ao OKW que escaramuças esporádicas tinham se produzido no subúrbio, entre "terroristas" e tropas alemãs. O general Walter Warlimont julgara essa informação grave o suficiente para ordenar que ela fosse redigida na máquina de escrever especial do *Führer*, com grandes caracteres, e levada ao bunker do comandante supremo. "Um motivo a mais para não declarar Paris cidade aberta", Hitler se limitara a resmungar.

No início da conferência do OKW, Hitler fez uma pergunta:

"Onde está o morteiro?", ele quis saber.

Constrangido, o general Buhle respondeu que o morteiro *Karl* e os vagões de munições que o acompanhavam ainda não tinham conseguido cruzar a fronteira. Esse atraso, explicou Buhle, se devia aos bombardeios aliados às vias férreas.

Furioso, Hitler lembrou a Buhle que recebera a promessa formal de que *Karl* estaria em Paris no dia 22 de agosto. Virando-se para Jodl, ele exigiu "prioridade absoluta" para o transporte do morteiro.

Depois, mais uma vez, o *Führer* afastou com um gesto brusco os mapas do front oriental que o chefe de estado-maior colocava à sua frente.

"Primeiro o front ocidental", ele ordenou.

No mapa em escala 1:200.000 da região parisiense que Hitler estudara em detalhe seis dias antes, durante uma conferência similar, Paris aparecia agora como o eixo em torno do qual girava todo o front ocidental. Estava claro para Hitler que a grande mancha escura que a cidade formava no centro do mapa era uma posição estratégica essencial. A única esperança de impedir o avanço aliado sobre o Sena e na direção do Ruhr dependia de Paris continuar em suas mãos. Como os bombardeios aliados tinham destruído todas as pontes do Sena, menos as de Paris, a capital se tornara uma espécie de funil para o qual escorria todo o abastecimento das forças alemãs instaladas ao sul do Sena. As objeções de ordem militar apresentadas por Choltitz contra uma destruição prematura das pontes de Paris tinham se revelado justificadas. Hitler finalmente aceitara suspender a destruição das pontes "enquanto o exército alemão as utilizasse".

Num tom grave e decidido, Hitler repetiu a seus generais o que lhes dissera várias vezes. Visto que considerava indispensável manter Paris, ele voltou a exigir que todos os reforços disponíveis fossem colocados à disposição do comandante do Gross Paris. Para garantir isso pessoalmente, pediu que lhe trouxessem o relatório com o estado das reservas disponíveis no front ocidental. Primeiro, cogitou transferir dos Alpes para Paris várias unidades sob o comando do marechal Kesselring. Por fim, decidiu, por razões de velocidade, que a 26ª e a 27ª divisões de SS Panzer estacionadas na Dinamarca seriam acionadas e dirigidas a Paris.* Warlimont garantiu a Hitler que os elementos precursores dessas divisões poderiam, avançando à noite para evitar ataques aéreos aliados, chegar à região parisiense no dia 25 ou 26 de agosto.

A seguir, Hitler ditou as instruções destinadas ao homem que ele designara para restabelecer o front ocidental, o marechal Walter Model. Ele devia "constituir junto com o 1º exército e o 5º exército blindado uma faixa fortificada na frente de Paris".**

Ao homem de quem esperava milagres, Hitler definiu qual deveria ser o primeiríssimo milagre. "A missão mais urgente do comandante-chefe do Oeste", ele ordenou a Model, "é reunir suas unidades à frente de Paris". Hitler estava decidido a não tolerar nenhuma fraqueza na defesa da capital. O ditador

---

* Mensagem KR Blitz OKW/WFST (Ch) West: 0010031/44, 19/08/1944. (N.A.)

** O 1º exército, composto especialmente por divisões transferidas dos Países Baixos, era o mais bem equipado do front ocidental. (N.A.)

ainda não sabia que, nas ruas da cidade que ele conquistara, fazia oito horas que os soldados da Wehrmacht "queimavam como salsichas" e caíam sob os tiros do povo insurgente.

4

Na frente da prefeitura de Neuilly, o elegante coronel Hans Jay, frequentador das casas noturnas parisienses, fez uma careta ao ver os corpos de seis alemães estendidos na calçada. Erguendo os olhos para os prisioneiros alinhados ao longo do muro com as mãos atrás da nuca, ele decidiu fuzilá-los.

Entre os prisioneiros estava Louis Berty e seu jovem vizinho Lucien Le Guen. O charcuteiro mal conseguia se manter em pé. Os alemães o haviam capturado logo antes de ele alcançar o porão da prefeitura e o haviam espancado.

Max Roger, o prefeito vichysta de Neuilly, tentou convencer o coronel Jay de que entre os prisioneiros havia vários funcionários da prefeitura. Jay lhe disse para indicá-los. Depois, ordenou que os prisioneiros fossem levados à Kommandantur da Avenue de Madrid.

Quando a triste fila se pôs em marcha, lembra Louis Berty, aplausos se fizeram ouvir de todas as janelas. Nas calçadas, as mulheres choravam e rezavam.

Logo abaixo, os fugitivos da prefeitura ouviram o som das águas do esgoto no reduto escuro onde se escondiam. A divisória de tijolos acabava de cair. Uns depois dos outros, os homens passaram pela abertura, entraram até a cintura na água fétida e começaram a caminhar. Charles Caillette carregava nas costas André Guérin, ex-combatente de Verdun. Alguns minutos antes, no gabinete do prefeito, a perna de pau de Guérin fora arrancada por um estilhaço de granada. "Deus seja louvado", exclamara Guérin, "eles arrancam sempre a mesma!" Acima de suas cabeças, os fugitivos ouviam o martelar das botas alemãs. Num canto, o engenheiro François Monce, que seria o último a sair, e seu filho Bernard, de dezessete anos, rezavam em voz baixa o "Lembrai-vos".

Quando chegaram à frente da Kommandantur, Louis Berty e seus vinte companheiros receberam a ordem de formar um círculo. Um soldado alemão entrou no círculo e encarou um prisioneiro de cada vez. Ele era um dos dois soldados que Berty tão orgulhosamente capturara seis horas antes no café perto da prefeitura. Quando o soldado chegou à sua frente, Berty sentiu o coração parar. O alemão o encarava fixamente. Berty o viu levantar a mão na direção da bochecha e fingir limpar um cuspe. O soldado piscou para ele. Depois, continuou a inspeção.

No reduto que conduzia ao esgoto, o homem que precedia François Monce e seu filho – um agente funerário – ficara preso na estreita abertura. Eles precisaram fazer força para empurrá-lo e fazê-lo passar. Um som mais terrível que o martelar das botas alemãs ecoava no calçamento acima deles. A água começara a subir no esgoto. Uma tempestade iniciava em Neuilly.

* * *

Com o rosto duro e fechado, o general Von Choltitz subiu a escada num passo pesado. Como seu amigo coronel Jay, Dietrich von Choltitz acabava de ver com os próprios olhos os cadáveres dos primeiros soldados alemães caídos nas ruas de Paris insurrecta. Do outro lado do Sena, na frente da estação D'Orsay, ele vira, deitados lado a lado na calçada, seis corpos terrivelmente queimados.

Enquanto voltava a seu gabinete, sua decisão se tornava mais firme. "Já que fomos atacados", ele pensava, "vamos revidar."

O relatório que o coronel Von Unger lhe apresentou era eloquente: as perdas alemãs no fim da tarde chegavam a cinquenta mortos e uma centena de feridos, ou seja, o efetivo de uma companhia inteira de infantaria.

Choltitz bateu o punho na mesa, pediu um mapa de Paris e convocou os membros de seu estado-maior.

Cercado por oficiais que se amontoavam em torno de sua mesa, o comandante do Gross Paris repassou com voz grave e decidida as diferentes possibilidades que se ofereciam a ele para reprimir a insurreição. No fim das contas, elas se resumiam a uma escolha simples. Ou ele executava a ameaça que fizera três dias antes na frente de Taittinger, isto é, ordenava represálias massivas em todo bairro onde acontecessem incidentes, ou esmagava os insurgentes da Prefeitura de Polícia "num banho de sangue tal que a própria insurreição terminasse de uma vez por todas".

O general Von Choltitz pediu a opinião de seus subordinados e começou a pensar. Pela janela aberta, lembra o coronel Von Unger, ouvia-se o som de tiros intermitentes.

Ao cabo de vinte segundos, Choltitz levantou a cabeça e anunciou que atacaria a Prefeitura de Polícia. Para esse ataque, ele reuniria a elite das tropas à sua disposição: o 190º Sicherungsregiment, os tanques do 5º regimento de segurança acantonados no Palais du Luxembourg e as unidades blindadas da caserna Prince Eugène da Place de la République. Além disso, ele chamaria os aviões de bombardeio das bases de Orly e Bourget.

Choltitz considerava essencial o apoio aéreo. Segundo o plano que imaginava, os tanques deveriam atacar pelo caminho mais livre, isto é, pela ponte

Saint-Michel e pela Pont Neuf. Antes, porém, ele queria atacar os insurgentes com um bombardeio intensivo, "para que os tanques só precisassem juntar as migalhas". Mas o apoio aéreo apresentava um problema. A Luftwaffe não exporia seus aviões em pleno dia para uma missão como aquela. Isso significava que o ataque deveria acontecer ao alvorecer ou ao crepúsculo.

Enquanto isso, com patrulhas blindadas, ele organizaria várias manobras diversionistas contra posições defensivas da Resistência.

Essa terrível lição, ele tinha certeza, produziria frutos imediatamente. Os "terroristas" de Paris seriam esmagados e a população civil severamente advertida.

Dietrich von Choltitz procurou e encontrou um sinal de aprovação nos rostos que o encaravam. Para os oficiais de calças com faixas vermelhas do hotel Meurice, Paris, naquele dia, merecia um só tipo de linguagem: a da força.

Faltava determinar a hora do ataque. Para o coronel Hagen, chefe do 2º gabinete, quanto antes melhor. Choltitz lembra de ter consultado seu relógio. Eram 5h30 da tarde. Ele observou ao coronel Hagen que seria um erro atacar naquele anoitecer. Quando a aviação tivesse terminado o bombardeio, seria quase noite. Com a escuridão, os sobreviventes poderiam escapar.

Ele anunciou que o ataque ocorreria no dia seguinte, meia hora depois do nascer do sol. E ordenou ao coronel Von Unger que avisasse a Luftwaffe.

No dia seguinte, 20 de agosto de 1944, um domingo, o sol nasceria às 4h51.*

* * *

Para o falso miliciano Pierre Pardou, que transportava para a Resistência os depósitos da Milícia de Vichy, a sorte virou bruscamente na esquina da Avenue Jean-Jaurès. Atrás do vidro, ele avistou uma barreira alemã. Desde o meio-dia, em toda Paris, os alemães vinham parando os caminhões franceses.

Pardou teve um único reflexo. Para não ser entregue à Milícia, ele rasgou às pressas sua falsa carteira de miliciano e começou a engolir os pedacinhos. Mas a fotografia trancou na garganta e ele pensou que começaria a vomitar sobre os dois *Feldgendarmes* que tinham pulado sobre o estribo de seu caminhão, gritando: "Documentos!".

Os dois *Feldgendarmes* subiram no caminhão e mandaram Pardou seguir até o Palais du Luxembourg.

---

* Hora GMT (Greenwich Mean Time). Em Paris, onde a hora legal era a alemã, seriam na verdade 6h51. (N.A.)

Pela janela da sala Médicis, onde os alemães o encerraram, Pardou acompanhou uma cena que lhe revelou o destino que o aguardava. Três civis, de mãos ao alto, as costas na parede, estavam no pátio de honra. Os soldados entregaram a cada um uma pá e uma picareta. Um *Feldwebel* gritou uma ordem e os três homens, escoltados por soldados, começaram a caminhar. Pardou os perdeu de vista quando eles entraram no jardim. Vinte minutos depois, porém, ele ouviu uma série de tiros. Depois de mandar que cavassem suas próprias covas, os alemães os fuzilaram.

A porta se abriu e um velho soldado chamou Pardou. Era o cozinheiro alemão do Senado. Na cozinha, o gordo Franz reuniu seus parcos conhecimentos de francês para ordenar ao novo escravo que lavasse a cozinha: "Você fuzilado amanhã com certeza, então fazer cozinha muito limpa hoje", ele repetia como um refrão macabro.

No outro extremo de Paris, outro prisioneiro tinha a impressão de estar num asilo de loucos. Ao fundo de seu cubículo do hotel Williams, no Square Montholon, o agente de polícia Armand Bacquer esperava que outros *Feldgendarmes* decidissem seu destino. Em dado momento, a porta se abriu e ele sentiu algo mole e úmido no rosto. E ouviu alguém gritar: "Canalha, você vai ser fuzilado e é exatamente o que merece". Uma mulher tinha acabado de cuspir em seu rosto. Muitos anos depois, Armand Bacquer ainda se lembraria da boca retorcida de ódio daquela mulher que se chamava Paulette. Um pouco depois, o prisioneiro ouviu atrás da porta a voz de outra mulher, que lhe murmurou: "Coragem, você vai sair dessa!".

Homens corriam pelos corredores, batiam portas, vociferavam ao telefone. Rolhas de champanhe estouravam e copos retiniam. A campainha do telefone tocava sem parar. Fragmentos de conversa às vezes chegavam até o prisioneiro. Alguém disse em francês: "A polícia se insurgiu... A coisa vai chegar aos bulevares. Vamos para Nancy".

Entre todos os pensamentos sinistros que Armand Bacquer repassava no fundo de seu cubículo, havia um que o obcecava mais que os outros. "Os alemães vão me matar", ele pensava, "e meu corpo não será encontrado." A ideia de que um dia pudessem acreditar que ele morrera como traidor era para ele uma ideia pior que a própria morte.

Bacquer não tinha relógio e se perguntou que horas seriam. Como nenhuma luz chegava até o lugar onde estava, ele não sabia se era dia ou noite. E se sentiu subitamente muito cansado.

O *Unteroffizier* Gustav Winkelmann, da caserna da Place de la République, também se sentia muito cansado. Em vinte minutos, ele deveria patrulhar as ruas de Paris. E a perspectiva de fazer aquilo o paralisava.

Ele pediu um último conhaque e deixou uma nota de cinquenta francos no balcão. No último gole, ele viu dois homens pelo espelho acima da máquina de café. Usavam boina e braçadeira tricolor no braço esquerdo. Na mesma hora, o alemão sentiu o cano de um revólver nas costas. Uma voz murmurou em seu ouvido: "Para você a guerra acabou, Fritz!". Winkelmann pegou seu troco e levantou os braços. Depois se virou e encarou os agressores. "Tenho muito dinheiro", ele disse em francês, "posso pagar minha hospedagem... Me deixem esperar os americanos aqui." Desconcertados, os dois membros das FFI se entreolharam. Sem saber direito o que fazer com aquele primeiro prisioneiro, decidiram deixá-lo aos cuidados do dono do bistrô.

* * *

André Caillette, François Monce e os poucos homens que tinham conseguido fugir da prefeitura de Neuilly avançavam com dificuldade. Cataratas vinham pelas sarjetas encher o fluxo escuro e nauseabundo no qual eles estavam. No grande coletor de esgoto embaixo da Avenue du Roule, a água subia minuto a minuto. Agora passava da cintura dos mais altos. Se não encontrassem uma saída, os fugitivos logo morreriam afogados.

Na frente da Kommandantur, os alemães embarcavam seus companheiros num caminhão. Com as mãos na nuca, o charcuteiro Louis Berty procurava com os olhos seu jovem vizinho Lucien Le Guen, a quem sua mulher emprestara, naquela manhã, o pequeno revólver escondido na caixa registradora. Mas Le Guen não estava ali. Os alemães tinham encontrado o revólver e já o haviam fuzilado.

Atrás da lona do caminhão, Louis Berty reconheceu o Rond-Point des Bergères e a Avenue du Président Wilson. O caminhão estava passando bem perto de sua casa. O veículo fez uma curva acentuada e o motor roncou. O motorista mudava de marcha para subir uma encosta. Então Berty entendeu para onde estava sendo levado. No topo da encosta havia uma fortaleza hexagonal. Por três anos, dos fundos de sua butique em Nanterre, ele ouvira o eco das rajadas de metralhadora que vinham daquela prisão, o Forte de Mont-Valérien.

* * *

Na escuridão do esgoto de Neuilly, François Monce viu uma pálida claridade. Lutando contra a correnteza, ele caminhou em sua direção. A luz vinha de um poço que chegava até a superfície. As barras de ferro de uma escada estavam presas na parede. Monce chamou os camaradas. Depois, quase derrubado pela água e pelos detritos que caíam da superfície, Monce se agarrou aos degraus e começou a subir. Quando chegou ao topo do poço, ele firmou o corpo contra a parede e lentamente levantou a pesada tampa de ferro. Ele se deparou com a fachada da biblioteca municipal. Um cachorro se deteve e olhou para ele. Com um empurrão do ombro, Monce fez a tampa cair para o lado e, pulando para fora, correu até a primeira casa para se refugiar.

5

Colette Massigny estava apaixonada. Nada, nem mesmo uma batalha nas ruas de Paris, a impediria de naquele dia visitar o noivo, o estudante Gilles de Saint-Just. Procurado pela Gestapo, Gilles se escondia numa mansarda da Rue Saint-Benoît. Fazia seis semanas que Colette era a única a visitá-lo.

Curvada sobre o guidom da bicicleta, com os cabelos loiros ao vento, ela descia a Avenue des Champs-Élysées. Eram sete horas da noite.

Quando chegou à Place de la Concorde, Colette ouviu o som de tiros de fuzil vindos dos cais do Sena. Ela dobrou à esquerda e pegou a Rue de Rivoli. Orgulhosa e provocante, com o vestido rosa armado como a corola de uma flor, a jovem pedalava pela rua deserta onde tremulavam suásticas pretas.

Da sacada do número 228 da Rue de Rivoli, dois homens viram a jovem de bicicleta passar. "Adoro essas lindas parisienses", confidenciou tranquilamente o general Von Choltitz a Nordling, cônsul da Suécia, "seria uma tragédia ser obrigado a matá-las e a destruir sua cidade."*

Nordling balançou tristemente a cabeça. Seria possível que o homem de rosto grave à sua frente estivesse prestes a destruir Paris? "Aniquilar Paris", ele dissera a Choltitz, "seria um crime que a História não perdoaria jamais."

O alemão deu de ombros. "Sou um soldado", ele disse com resignação. "Recebo ordens. E executo-as."

---

* É impossível afirmar se Colette Massigny de fato foi a jovem que Choltitz e Nordling viram passar naquela noite. Segundo o general alemão e o diplomata, era algum momento entre as sete horas e as sete e meia. Choltitz disse que a jovem usava um vestido rosa e que estava sozinha. Colette Massigny de fato usava um vestido rosa naquele dia e disse que a Rue de Rivoli estava deserta quando a percorreu naquela hora. (N.A.)

Tiros ecoaram para os lados da Île de la Cité. O rosto de Choltitz endureceu. Ele sentiu uma grande onda de raiva subindo internamente.

"Vou tirá-los da prefeitura", ele bradou, "vou esmagá-los com bombas."

Nordling não sabia que o ataque alemão começaria no dia seguinte ao alvorecer. Estupefato, o cônsul lançou um olhar severo ao general e lhe perguntou se ele se dava conta de que cada bomba que errasse o alvo cairia sobre Notre-Dame ou sobre a Sainte-Chapelle.

Choltitz deu de ombros. O pensamento de que seu alvo pudesse estar no meio daqueles tesouros não lhe ocorrera.

"O senhor conhece a situação, caro cônsul", ele disse, impassível. "Coloque-se no meu lugar. Que outra solução proporia?"

Raoul Nordling tinha justamente uma solução a propor ao comandante do Gross Paris. Alguns minutos antes, em seu gabinete da Rue d'Anjou, o telefone tocara. Do outro lado, Nordling ouvira uma voz angustiada: "A situação da Prefeitura de Polícia é desesperadora. Tente fazer alguma coisa...".*

Então Nordling pedira a Choltitz que o recebesse com urgência. Durante o curto trajeto entre a Rue d'Anjou e o hotel Meurice, ele tivera uma ideia.

Nordling propôs ao general alemão "um cessar-fogo temporário para reunir os mortos e feridos". Se respeitado, esse cessar-fogo poderia ser prolongado.

Dietrich von Choltitz se lembra de que a sugestão do diplomata sueco o pegara desprevenido. Em trinta anos de vida militar, ele nunca pedira ou concedera um cessar-fogo. No entanto, pensando bem, dadas as circunstâncias, a audaciosa sugestão lhe pareceu oferecer várias vantagens.

A interrupção dos confrontos permitiria que a cidade aos poucos recuperasse a calma, sua principal preocupação. As tropas que combatiam a insurreição poderiam ser liberadas para outras tarefas. As vias de comunicação em Paris, para as unidades em retirada, seriam preservadas. Acima de tudo, se o cessar-fogo fosse exitoso, o ataque previsto para o amanhecer se tornaria desnecessário. Choltitz tinha consciência de que esse ataque constituiria um gesto irrevogável, uma espécie de declaração de guerra à cidade. Quando os primeiros aviões surgissem no céu de

---

* É provável que nunca saibamos ao certo quem telefonou para Anjou 34-51 naquele dia e pediu a intervenção do cônsul da Suécia. O sobrinho de Raoul Nordling, o sr. Édouard Fiévet, que atendeu o telefonema, declarou aos autores deste livro que pensou que fosse Edgar Pisani. Fiévet reconhece, porém, que só ouvira a voz de Pisani uma única vez e que poderia estar enganado. Edgar Pisani, de sua parte, negou categoricamente aos autores deste livro ter telefonado naquele dia para o cônsul da Suécia.
Uma coisa parece certa, porém. A ligação vinha da Prefeitura de Polícia. Fiévet atendeu e perguntou ao interlocutor seu número: era um número da Prefeitura. É muito possível que a ligação tenha sido feita pelo prefeito vichysta Amédée Bussière ou por um de seus colaboradores. Bussière estava preso e mantido em seu apartamento desde as sete horas da manhã. Naquele fim de tarde, ele tinha acesso a um telefone. (N.A.)

Paris, seria tarde demais para recuar, o alemão sabia. Aquela seria a decisão mais importante que ele tomaria em sua carreira.

Mas Dietrich von Choltitz não gostava de ter que tomar decisões tão importantes.

A relativa autonomia que seu comando sobre Paris lhe conferia representava, para ele, uma experiência nova. Até aquele momento, preso nas engrenagens de uma máquina militar bem organizada, ele fora apenas um executante. Mas eis que, depois de uma viagem a Rastenburg que abalara sua fé no destino do Terceiro Reich e de seu líder, as circunstâncias o colocavam à frente de uma capital onde ele teria que tomar decisões importantíssimas. A súbita proposta do cônsul da Suécia lhe permitiria adiar temporariamente ao menos uma dessas decisões.

"Se os chefes da Prefeitura de Polícia", ele enfim anunciou, "conseguirem provar autoridade sobre seus próprios homens ao longo da próxima hora, aceito discutir as condições de um cessar-fogo definitivo." Baixando subitamente o tom, lembra Nordling, o general acrescentou: "Peço-lhe, senhor cônsul, que faça com que meu nome não seja associado a essas negociações".

Choltitz sabia que a própria ideia de um cessar-fogo era contrária às ordens que recebera. Se o *Feldmarschall* Model, seu superior direto, soubesse que ele negociara com os "terroristas", as consequências para ele mesmo e para a cidade poderiam ser desastrosas.

Naquela noite, o general Von Choltitz só queria uma coisa: que a calma retornasse sem uma trágica demonstração de força.

Ele acompanhou Nordling até a porta, apertou sua mão e telefonou para o coronel Von Unger. Choltitz anunciou secamente a seu chefe de estado-maior que o ataque previsto para o dia seguinte estava "temporariamente adiado".*

Com um gesto cansado, Edgar Pisani esticou o braço e atendeu o telefone. Desde a manhã, aquele talvez fosse o ducentésimo telefonema que ele recebia. Em breve ninguém mais atenderia o telefone na grande sala do chefe de gabinete. Pisani e seus homens esperavam ser bombardeados a qualquer momento.

"Meus respeitos, senhor cônsul", ele disse. Nordling anunciava uma notícia fantástica: os alemães tinham aceitado um acordo de cessar-fogo!

Ao ouvir as palavras do cônsul, Pisani pulou de sua poltrona e se atirou nos braços do brigadeiro Fournet.

"Antoine", ele gritou, "salvamos Paris!"

---

* Para os autores deste livro, o general Von Choltitz se mostrou absolutamente categórico. Se a proposta de Nordling não tivesse chegado até ele naquela noite, o ataque à Prefeitura de Polícia teria acontecido conforme previsto no dia seguinte, domingo, 20 de agosto, ao alvorecer. (N.A.)

* * *

Apesar do grito de Edgar Pisani, na verdade Paris estava longe de estar salva. Num gabinete do quarto andar do hotel Meurice, os peritos em demolição, liderados pelo engenheiro Bayer, continuavam a preparação febril dos planos de destruição exigidos pelo OKW. No ministério de Relações Exteriores, no Palais-Bourbon, na central telefônica de Saint-Amand, no Senado, em quase todos os edifícios que a Wehrmacht ocupava, as britadeiras continuavam perfurando câmaras para explosivos.

Mas o levante dos parisienses, naquele dia, impedira que os soldados de Choltitz dessem início às primeiras destruições. E às vezes a coragem de um único homem de macacão é suficiente para impedir a loucura destruidora de Hitler. Em algumas horas de trabalho paciencioso, o eletricista François Dalby, o homem que o zelador do Palais du Luxembourg chamara em seu socorro, conseguira provocar cinco longos apagões durante os quais as britadeiras tinham parado de funcionar. Dalby era o único que podia realizar aquela façanha. Ele montara toda a instalação elétrica do Senado. A qualquer momento, porém, ele corria o risco de pagar por aquela sabotagem com a própria vida.

* * *

Outro francês, por sua vez, sabia que seria fuzilado. O policial Armand Bacquer viu a água turva turbilhonar na escuridão e teve como que uma iluminação. "Se me colocarem na frente do rio", ele pensou, "pulo antes que atirem." Mas os alemães empurraram Bacquer até o muro do Cours-la-Reine. Ele sentia às suas costas a respiração acelerada de um colega, o policial Maurice Guinoiseaux, preso naquela manhã ao volante de uma caminhonete cheia de armas destinadas à Prefeitura de Polícia.

Os dois homens estavam de frente para o muro. Eles não trocaram nenhum olhar, nem mesmo um suspiro. Bacquer teve uma súbita visão de seu pai e sua mãe na praça do vilarejo de Glomel no dia de São Germano, padroeiro de Glomel. Ele ouviu o som das botas recuando até a beira da água. E lembrou subitamente que tinha nascido num 11 de novembro e que aquilo era engraçado, pois aquele fora o dia do armistício.* Ele teve então, por uma fração de segundo, uma visão do rosto de seu pai e de Jeanne, sua mulher, e pensou que no dia seguinte seu corpo seria encontrado.

---

* Comemoração do fim provisório dos confrontos da Primeira Guerra Mundial, assinado em 11 de novembro de 1918, em Compiègne. A guerra terminaria oficialmente em 28 de junho de 1919, com a assinatura do Tratado de Versalhes. (N.T.)

Bacquer ouviu o clique da culatra. Ele quis se virar, "para não ser morto pelas costas", mas uma rajada o atingiu de viés, acertando-o primeiro na perna direita, depois no joelho, na coxa, no colo do fêmur e por fim no pulmão esquerdo. A rajada atingiu Guinoiseaux no pescoço e na cabeça. O último tiro entrou na nuca e saiu pelo olho.

Bacquer sentiu uma ardência na perna e uma opressão no peito que cortou sua respiração. Ele caiu e rolou sobre Guinoiseaux. Então, vinda de outro mundo, ele ouviu uma palavra: "*Fertig!*" (Pronto!).

* * *

A dois mil quilômetros de Paris, na penumbra de uma cabine de comando, o coronel André de Marmier, das Forças Aéreas Francesas Livres, olhava naquele momento para os ponteiros fluorescentes dos mostradores de seu Lodestar. À sua frente, a exatos mil metros, ao fim de uma curta pista, estava o Mediterrâneo, escuro e ameaçador. O avião que o coronel Marmier lançaria naquela pista talvez nunca conseguisse decolar. Com 3.600 litros de gasolina, duas vezes o volume normal de seus reservatórios, ele pesava meia tonelada a mais.

Marmier puxou lentamente os comandos até os ponteiros indicarem 2.700 rotações. O avião começou a vibrar. A temperatura dos motores subiu a 40, 45, 50 graus centígrados.

"Pronto?", ele perguntou.

"Pronto", responderam juntos o mecânico Aimé Bully e o operador de rádio Venangeon.

Marmier soltou os freios e o avião deu um pulo para a frente. Com os olhos fixos nos mostradores, o piloto apertou o manche enquanto a aeronave começava a rodar. Quinhentos, setecentos, oitocentos metros, a aeronave sobrecarregada se arrastava como uma velha locomotiva. Marmier agora via a crista das ondas fosforescentes ao fim da pista. Mil metros. Agarrado no manche, o piloto manteve o avião em linha reta no nível das ondas. Por um momento que lhe pareceu interminável, o ponteiro do altímetro permaneceu no zero. Depois, aos poucos, começou a se mover. O piloto retraiu os *flaps* e iniciou uma curva. Por cima do ombro do copiloto, ele avistou então uma massa preta emergindo das ondas, o rochedo de Gibraltar.

André de Marmier enxugou as gotas de suor que escorriam por sua testa. Ele tinha acabado de conseguir a mais difícil decolagem de suas quinze mil horas de voo.

Três metros atrás dele, na cabine do Lodestar, o passageiro que ele transportava naquela noite tirou o cinto de segurança e, desdenhando das instruções de segurança, acendeu um charuto. Era Charles de Gaulle.

De Gaulle se recusara a esperar a Fortaleza Voadora* americana que o conduziria à França. Decidira partir com seu próprio avião, contra o parecer de seus colaboradores e das autoridades britânicas de Gibraltar. Ele ainda não sabia da insurreição de Paris.

Economizando preciosamente o combustível para a mais longa viagem que o Lodestar Lockheed France faria, o piloto contornou o farol do Cabo de São Vicente, no sul de Portugal, e virou para o norte ao longo da costa portuguesa. À direita, Lisboa apareceu, brilhando na escuridão. Mais adiante, na ponta noroeste da Espanha, Marmier avistou o último farol do Cabo Finisterra. Depois disso, mais nenhuma baliza o guiaria. Com todas as luzes apagadas, ele voaria em linha reta para o norte, ao longo da hostil costa da França Ocupada. Na aurora do dia seguinte, ele deveria encontrar uma escolta da Royal Air Force, que esperaria por ele acima da ponta sul da Inglaterra.

Na cabine escura e silenciosa, o tenente Claude Guy olhava para a pequena luz vermelha e silenciosa que brilhava à sua frente. Ele pensava que o destino de seu país dependia "de um charuto aceso na escuridão de um avião voando com as luzes apagadas".

* * *

Ao contato da chuva diluviana, o fuzilado Armand Bacquer recuperou os sentidos. "Vou me afogar", ele pensou. Folhas, galhos e lama, carregados pela água, cobriam seu rosto. Ele tentou se arrastar pelos cotovelos, mas sua perna estava como que separada do corpo. Ele esticou o braço e sentiu o corpo rígido de seu companheiro. Um pensamento começou a obcecá-lo: "Se os alemães voltarem e virem o cadáver, vão acabar comigo". Bacquer ouviu então a sirene de uma viatura de bombeiros que passava pela avenida. Ele começou a gritar "socorro, socorro" debilmente, mas logo o sangue de seu pulmão perfurado o asfixiou e ele perdeu os sentidos. Em seu delírio, Bacquer ouviu a passagem de centenas de carros de bombeiros e sirenes ecoando em sua cabeça como milhares de sinos. Os bombeiros o salvariam, ele tinha certeza, "porque eles eram franceses". Ele recuperou os sentidos e engoliu algumas gotas de chuva. Depois desmaiou de novo em um mundo de pesadelo cheio de alemães que se atiravam sobre ele para matá-lo.

---

* Boeing B-17 Flying Fortress, um bombardeiro quadrimotor utilizado pela Força Aérea americana durante a Segunda Guerra Mundial. (N.T.)

6

O dia nasceu em um céu que a tempestade noturna não limpara de todo. Um silêncio pesado se abatera sobre a cidade. Naquelas primeiras horas de domingo, 20 de agosto, Paris mortificada parecia contar suas feridas. Ao longo do Sena, no Cours-la-Reine, um padre caminhava com pressa sobre um tapete de folhas arrancadas pela tempestade. De repente, ele parou e ouviu. Da margem, no nível inferior, subia uma espécie de lamento. Ele se aproximou do parapeito e viu, ao pé do muro, dois corpos encolhidos, lado a lado. Um ainda se mexia. Armand Bacquer, o policial bretão, não estava morto.

Quando abriu os olhos, Bacquer viu, como num sonho, o rosto do padre, que havia tirado das dobras da batina uma caixa com um pedaço de algodão. O moribundo sentiu sobre a testa o contato do algodão cheio de óleo e ouviu palavras incompreensíveis. Ele teve então um momento de lucidez. "Estou recebendo a extrema-unção", pensou, "com certeza vou morrer." Ele pediu algo para beber e desmaiou.

Quando acordou, dessa vez Bacquer viu o brilho de algo maravilhoso acima de seu rosto. Era um capacete de bombeiro. Ele ouviu a sirene regular do furgão que o levava ao hospital. Apreciando com uma espécie de êxtase aquele som reconfortante que povoara seus pesadelos, ele percebeu que os alemães já não poderiam executá-lo.*

Naquela manhã de domingo, uma mulher inquieta corria à janela toda vez que ouvia uma sirene. Fazia 24 horas que Colette Dubret, mulher do policial Georges Dubret, estava sem notícias do marido.

No forno, dentro de uma panela preta, o guisado de coelho que Georges prometera comer no almoço da véspera ainda o esperava.

Presos numa cela úmida do forte de Vincennes, na mesma torre onde o duque de Enghien esperara a morte, Georges Dubret e outros seis policiais ouviam outro tipo de som: o crepitar raivoso e entrecortado de uma metralhadora atirando no pátio. Em poucos instantes, aqueles homens pagariam com a própria vida pela insurreição da véspera.

---

* Armand Bacquer sobreviveu aos ferimentos. Operado no hospital Necker pelo professor Huet, ele no entanto passou semanas entre a vida e a morte. Por muitos anos teve terríveis pesadelos, em que via os alemães voltando para executá-lo. Ele trabalhou no comissariado da Rue de Bourgogne, a poucas centenas de metros do lugar onde foi fuzilado. (N.A.) Armand Bacquer faleceu em 2005. (N.E.)

Na véspera, de fato, uma patrulha alemã invadira o comissariado da Rue de Lyon, perto da Bastilha, orgulhosamente tomado por Georges Dubret e seus colegas. Embaixo de um tapete, um soldado de Choltitz encontrara uma braçadeira tricolor. Os alemães prenderam então todos os homens, até mesmo o comissário Antoine Silvestri, que nunca esboçara nenhum tipo de resistência.

Quando a rajada de metralhadora parou, os alemães empurraram os prisioneiros a golpes de coronhada até o pátio. Um terrível espetáculo os esperava. Com os rostos lacerados, os peitos abertos, as pernas e os braços literalmente estraçalhados, os corpos de onze homens que acabavam de ser fuzilados jaziam no chão. Dubret estremeceu. Ele reconheceu três mortos. Eram policiais. Um ainda se mexia. Um jovem soldado da SS empunhou sua Luger e finalizou o moribundo com um tiro na cabeça. Do alto das janelas, soldados contemplavam com indiferença aquela cena macabra. Sem camisa, um deles fazia a barba assobiando. Outros tomavam banho num tanque.*

Os alemães alinharam os prisioneiros na frente dos cadáveres. Na carroceria de um caminhão, na alameda central, logo atrás deles, a metralhadora esperava. O brigadeiro Antoine Jouve olhou para o cadáver que estava à sua frente e pensou: "Espero ficar assim, ele não parece estragado demais".

Com sua jaqueta de camurça novinha, o policial André Giguet, ou Dedé, pensava em Albertine, sua mulher. Ela poderia identificar seu corpo. Ele estava com a carteira de identidade no bolso. Vários homens também pensaram que, graças a seus documentos, seus corpos poderiam ser identificados, e esse pensamento os reconfortou. O brigadeiro Georges Valette pensou nos cabelos loiros do filho Jacques e associou essa imagem ao trigo maduro no verão. Depois, olhou para o corpo à sua frente e pensou: "É aqui que vou cair". André Étave pensou na filha doente. Étave se endividara para tratar a pequena, que sofria de tuberculose, e se perguntou o que seria dela. No momento de morrer, porém, nem todo os homens pensaram em suas famílias. O policial Étienne Tronche, do comissariado do 12º arrondissement, se preocupou com o pequeno bezerro que ele criava no pequeno jardim de sua casa de subúrbio. "Bom deus", ele gemeu, "meu bezerro vai morrer de sede!" Alguém a seu lado o ouviu e murmurou: "Não encha o saco com esse bezerro, você não vai morrer, por acaso?".

No último momento, os alemães decidiram fuzilar os prisioneiros de frente, e não de costas. O brigadeiro Georges Valette olhou para a abertura do cano da metralhadora e pensou que ela era enorme. No caminhão, os dois

---

* Aqueles homens estavam acostumados com massacres. Eles pertenciam à divisão blindada Das Reich, que, em 10 de junho de 1944, exterminara os homens, as mulheres e as crianças da cidade de Oradour. (N.A.)

operadores da arma gritaram alguma coisa e os soldados recuaram. Georges Dubret pensou: "É agora". Ouviu-se um estalo bem alto, seguido de um silêncio pesado, durante o qual, petrificados, os homens esperaram. A metralhadora havia enguiçado.

A voz firme do comissário Antoine Silvestri se elevou com firmeza: "Somos inocentes", ele gritou, "queremos falar com um oficial!".

Não houve resposta. Mas enquanto os operadores consertavam a metralhadora, os soldados da SS ordenaram aos franceses que transportassem os mortos até o fosso do forte.

Os corpos ainda estavam quentes, sangue escorria dos ferimentos. Quando Georges Valette levantou um dos cadáveres pelos ombros, ele viu uma bola ensanguentada cair do peito e rolar no chão. Fez a única coisa que lhe pareceu cabível: juntou a bola e a recolocou no peito. Pela primeira vez na vida, ele se deu conta de que tinha tocado num coração humano.

Os prisioneiros precisaram descer os macabros fardos até o fundo de um dos fossos do forte. Depois, os alemães lhes deram pás e picaretas e ordenaram que cavassem uma vala comum.

No fosso, apesar do calor opressivo e da sede que os torturava, os homens não ousavam tirar seus casacos, temendo que mais tarde as famílias não pudessem identificar seus corpos. Enquanto cavavam, vários prisioneiros rezavam em voz alta. Antoine Jouve tentou se lembrar das palavras do ato de contrição, mas só conseguiu encontrar as primeiras palavras: "Meu Deus", ele repetiu várias vezes, "eu me arrependo, de todo coração, de todos os meus pecados...". Transpirando na jaqueta de camurça, André Giguet olhava para o buraco que tinha acabado de cavar e falava com a mulher: "Será aqui, Albertine", ele dizia, "que você virá trazer flores".

Quando julgaram a vala suficientemente profunda, os alemães obrigaram Georges Dubret a se deitar nela para ter certeza de que era larga o bastante. De costas sobre a terra úmida, Dubret olhou para o céu e murmurou: "Isso é que se chama tomar as últimas medidas".

Para o resto dos parisienses, aquele domingo de insurreição se tornaria um dia de espera, confusão, contrastes. A algumas dezenas de metros das muralhas ao pé das quais Georges Dubret e seus colegas viviam a angústia da morte, elegantes cavaleiros se cumprimentavam nas alamedas do Bois de Vincennes.

Nas margens do Sena, diante das torres de Notre-Dame, no exato lugar onde duros confrontos tinham ocorrido na véspera, pescadores espreitavam as águas do rio, como em todos os domingos. Caminhando de mãos dadas, sob o tímido sol matinal, Gilles de Saint-Just e sua noiva Colette Massigny pararam e ouviram uma melodia. Nos degraus da igreja Saint-Germain-des-Prés, um cego tocava acordeom. E naquela manhã, à saída da missa das dez horas, pela primeira vez em quatro anos, ele tocava *La Madelon*.*

Depois dos sangrentos combates da véspera, a frágil trégua obtida pelo cônsul da Suécia, prolongada ao longo da noite, trazia certa calmaria. Naquelas primeiras horas dominicais, parisienses e alemães recuperavam o fôlego e faziam um balanço da situação.

Espantados com a brutal reação da cidade, que permanecera tão calma durante os quatro anos de ocupação, vários soldados da guarnição alemã aproveitaram aquelas horas de descanso para escrever a suas famílias. De sua janela no hotel Crillon, transformado em ponto defensivo, o *Unteroffizier* da 325ª divisão de infantaria Erich Vandamm, de 42 anos, via os homens da Organização Todt instalarem febrilmente trilhos antitanque no calçamento da Place de la Concorde. "Querida Ursula", ele escreveu à mulher, em Berlim, "pode ser que você fique sem notícias minhas por um bom tempo. Tenho a impressão de que as coisas começaram a se deteriorar por aqui."

De todas as cartas que os ocupantes de Paris escreveram naquele dia a suas famílias, ao menos uma não chegaria ao destino. O *Feldwebel* Paul Schallück, da Flak-Brigade n. 1,** não teve tempo de terminar a sua antes de começar a patrulha. Ela iniciava da seguinte forma: "Querida mamãe, temo que a Paris que tanto amo logo se transforme num campo em ruínas". Schallück dobrou a carta e a colocou na carteira. Alguns minutos depois, foi gravemente ferido pelas FFI perto da Pont des Arts e feito prisioneiro.

Nem todos os alemães tiveram pensamentos sombrios naquela manhã. O *Feldgendarme* Ernst Ebner, da Kommandantur de Neuilly, que na véspera levara o charcuteiro Louis Berty e seus companheiros ao forte de Mont-Valérien, estava podre de bêbado. Sobre a mesa do quarto que ele ocupava num hotel da Rue des Sablons estavam os cascos das três garrafas de champanhe e conhaque que ele bebera. Ebner, um sobrevivente de Stalingrado e de Monte Cassino, festejava naquela manhã seu 38º aniversário. No outro extremo de Paris, no hall do hotel Continental, uma das raras *souris grises**** que ainda estavam na

---

* Composta em 1914, La Madelon foi uma das canções mais populares na França durante a Primeira Guerra Mundial e se tornou uma espécie de hino patriótico com o avanço da guerra. Foi retomada durante a Segunda Guerra Mundial. (N.T.)

** Unidade de combate da Luftwaffe. (N.T.)

*** As *Wehrmachthelferin*, chamadas em francês de *souris grises* (camundongos cinza, devido à cor do uniforme que usavam), eram mulheres que serviam nas forças armadas alemãs durante a Segunda Guerra. (N.T.)

cidade, Irmgard Kohlage, também festejava seu aniversário. O melhor presente que ela recebeu na ocasião foi uma predição. Pegando a palma de sua mão, um oficial que chegava do front da Normandia lhe disse: "Vejo para você alguns momentos muito difíceis, srta. Kohlage, mas depois tudo dará certo". Naquela manhã, o *Hauptmann* Otto Nietzki, da Wehrmachtstreife (polícia militar), tinha certeza de que não encontraria ninguém nos bares e bordéis que os militares alemães costumavam frequentar. Num prostíbulo da Rue de Provence, sob os olhos horrorizados da proprietária, um major alemão completamente bêbado apagava as luzes de um castiçal a tiros de revólver, gritando: "Por Deus! O que estamos esperando para ir embora daqui?".

Mas nenhum soldado da guarnição teria uma missão mais estranha do que a que acabara de receber o *Feldgendarme* Rudolf Ries, de 32 anos, da Platzkommandantur.

Durante todo o dia anterior, entrincheirados atrás do parapeito do Quai de Montebello, Ries e seus homens tinham atirado sobre os sitiados da Prefeitura de Polícia. Naquela manhã, numa viatura da polícia, na companhia de dois policiais sobre os quais atirara na véspera, Ries percorria as ruas de Paris para anunciar o cessar-fogo de Nordling. Em toda parte, os parisienses em mangas de camisa e as parisienses de vestido leve tinham se reunido em torno do único jornal que lhes restava: os muros da cidade, que estavam cobertos de cartazes contraditórios anunciando e denunciando a trégua. Na esquina da Avenue de l'Opéra com a Place des Pyramides, o *Feldgendarme* Ries, surpreso, viu o dono de um bistrô correr na direção da viatura com uma garrafa de vinho tinto na mão. Sob o olhar atônito de alguns passantes, o alemão e os policiais franceses começaram a brindar ao sucesso do cessar-fogo.

7

Para os gaullistas assombrados pelo espectro de Varsóvia em chamas, a trégua anunciada pelo *Feldgendarme* Ries e por seus dois colegas franceses oferecia uma última chance de salvar Paris. Era um meio inesperado de controlar a insurreição que eles não tinham conseguido impedir. Eles tentariam impor essa trégua aos insurgentes a qualquer preço. Pois nada no mundo, naquela manhã de domingo, era mais indispensável para eles do que ganhar tempo.

Em todos os postos de comando das FFI de Paris, o telefone começou a tocar. Falando em nome do próprio coronel Rol ou de outros líderes comunistas, vozes misteriosas anunciavam o início da trégua. Um adjunto de Rol atendeu o telefone e teve a surpresa de ouvir, em seu próprio nome, a ordem de cessar-fogo. De Londres, nas ondas da BBC, o general Pierre Kœnig, líder supremo das FFI, lançou um apelo aos parisienses. "Nenhum perigo seria maior para a cidade de Paris", ele anunciou numa voz patética, "do que aquele que faria a população correr se respondesse ao chamado da insurreição." Em sua Prefeitura de Polícia transformada em fortaleza, o novo prefeito Charles Luizet ordenou a seus homens que só usassem armas "caso fossem atacados ou provocados". Luizet colocou as viaturas da polícia à disposição do cônsul Nordling para anunciar a trégua à população.

Os gaullistas não pouparam nenhum esforço para ser mais rápidos que seus adversários e impor a trégua aos combatentes. Diante dos oficiais do próprio estado-maior de Rol, Jacques Chaban-Delmas não hesitou em exclamar: "Rol e os homens que o cercam conduzem Paris a um massacre".

Alexandre Parodi apresentou a trégua sob uma luz favorável. Os alemães é que a solicitaram, ele anunciou a seus colegas do Conselho Nacional da Resistência (CNR). Ela compreendia quatro cláusulas. As FFI seriam consideradas como tropas regulares e tratadas segundo as leis da guerra. Os alemães aceitariam a presença das FFI nos edifícios públicos por elas ocupados. As FFI se comprometeriam a não atacar os postos defensivos alemães. As tropas alemãs poderiam circular livremente por um certo número de itinerários bem definidos. Parafraseando seu amigo Saint-Phalle, Parodi declarou aos membros do CNR: "Quando uma tropa de insurgentes sem experiência aceita assinar um tratado com um exército que foi, querendo ou não, o mais poderoso do mundo, não é ela que se desonra, mas esse exército". Para apoiar Parodi, Jacques Chaban-Delmas revelou que metade de um exército alemão, mais do que o necessário à loucura hitlerista para reduzir a cidade a cinzas, se preparava para entrar na cidade. Enquanto Chaban-Delmas lançava essa advertência angustiante, a 250 quilômetros de Paris o general americano George Patton, que acabava de ser informado do levante de Paris, exclamava com raiva diante dos oficiais de seu estado-maior: "Eles desencadearam essa insurreição. Então que se f...!".

Os gaullistas tinham vencido a segunda rodada na rivalidade que os opunha aos comunistas. Como alguém disse, a insurreição que eles não tinham conseguido impedir havia sido "congelada". Surpresos com a velocidade de suas ações, os comunistas não reagiriam por algum tempo. Em breve, porém, acusando os adversários de tentar privar o povo de Paris de uma insurreição libertadora, eles contra-atacariam com violência.

Naquelas primeiras horas dominicais, tímida e sem jeito como os primeiros passos de um bebê, a trégua aos poucos se estendeu por toda a cidade. Bandeiras apareceram em centenas de janelas. Aliviados e felizes, os parisienses invadiram as ruas esvaziadas pela batalha da véspera. Para milhares de habitantes transtornados pela violência de sábado, a trégua trazia um alívio miraculoso. Naquele domingo quente e úmido, Paris, ao que parecia, estava a salvo.

Em seu avião, o subtenente Aimé Bully, de 33 anos, olhava com angústia para os ponteiros dos quatro tanques de gasolina. No painel de bordo, havia um mostrador para cada reservatório. Três estavam vazios. À mão, Bully bombeara suas últimas gotas. Agora, o ponteiro branco do quarto reservatório se aproximava do zero. "Em trinta minutos", ele pensou, "ficaremos sem combustível." Fazia mais de uma hora que, sacudido por rajadas de vento, o Lodestar France, de que Bully era o mecânico, girava no nevoeiro. Diante de Plymouth, na costa inglesa, o avião deveria se encontrar com uma esquadrilha de caças que o levaria até a Normandia. Uma voz interrompeu as reflexões do inquieto Bully.

"Combustível?", perguntou o homem sentado à sua frente.

"O último reservatório está quase vazio", respondeu o mecânico ao piloto, "não se divirta por muito mais tempo."

Com as mãos crispadas no manche, o piloto André de Marmier entendeu que devia procurar um lugar para aterrissar. Ele teria que realizar essa aterrissagem sem visibilidade, sem rádio, quase sem combustível, levando a bordo o homem encarregado do destino da França, que fumava tranquilamente uma cigarrilha na cabine. Marmier reduziu a velocidade e a aeronave embicou. Vendo o ponteiro do altímetro descer até o zero, Aimé Bully só pensava em uma coisa: que estejamos acima da Mancha, e não acima de terra firme. Atrás da cabine de comando, impassível e silencioso, Charles de Gaulle contemplava por sua janela o céu escuro e ameaçador que o cercava.

"Combustível?", perguntou Marmier de novo.

"Só mais alguns minutos, meu coronel."

Agora, sob as asas do avião, Bully podia ver as cristas onduladas do Canal. À frente da aeronave, emergindo do nevoeiro, uma linha cinzenta enfim se desenhava. Era a costa inglesa. Na porta da cabine de comando apareceu a cabeça de Claude Guy, o ajudante de campo de De Gaulle.

"O que está acontecendo?", perguntou Guy.

"Estamos sozinhos", respondeu Marmier. "Os caças não vieram." O piloto anunciou que precisava pousar na Inglaterra, pois estava sem combustível.

O jovem ajudante de campo fechou a porta. Ele anunciou ao imperturbável passageiro que a escolta não aparecera. De Gaulle soltou um suspiro.

"De quem é a culpa desta vez?", ele perguntou. "Dos ingleses? Dos americanos? Ou dos dois juntos?"

Guy acrescentou que o avião pousaria na Inglaterra. Estava quase sem combustível.

"Na Inglaterra?", repetiu De Gaulle. "Ah, não! Diga a Marmier que só pousarei na França."

"Combustível?"

Dessa vez, Bully engoliu em seco. "Zero, meu coronel." Deslizando rente às ondas, com menos de cem metros de visibilidade, o Lodestar virou para o sul, na direção da costa francesa. Com a mão na bomba, Bully estava pronto para tirar as últimas gotas de gasolina do último reservatório. Os dedos de Marmier, ele se lembra, transpiravam no manche. Os minutos passados naquela cabine de comando nunca lhe pareceram tão longos. A quatrocentos metros de altitude, dentro de um nevoeiro, o avião voava para o desconhecido. No fim, pensava Bully, eles se deparariam ou com uma pane seca ou com os canhões da Flak.

De repente, por uma abertura nas nuvens, uma franja esbranquiçada apareceu sobre o mar. Era a costa da França. O avião sobrevoou uma praia deserta cheia de blocauses abandonados e destroços variados. Bully se perguntou que praia seria aquela. Nem ele, nem Marmier, nem Venangeon, o operador de rádio, reconheceram aquele pedaço da França.

"Bully", disse Marmier, "leve esse mapa ao chefe e pergunte se ele consegue nos localizar."

O subtenente Bully lembra que De Gaulle colocou os óculos e começou a olhar pela janela. Depois de um breve momento, ele colocou o dedo no mapa e anunciou: "Estamos aqui, um pouco a leste de Cherbourg".

Ele estava certo. Sob as asas do Lodestar, o piloto acabava de avistar a pista de Maupertus, rumo à qual ele já começava a descer.

Quando o avião tocou a pista, uma luz começou a piscar no painel à frente do mecânico. Bully soltou o suspiro mais longo de sua vida. Aquela luz queria dizer que restava no reservatório do Lodestar France o suficiente para apenas 120 segundos de combustível.

Por dois minutos, o destino de Charles de Gaulle não chegara ao fim nas águas geladas da Mancha naquele domingo, 20 de agosto de 1944.

Ninguém esperava De Gaulle na pista de Maupertus. Não havia nem banda de música, nem destacamento de honra, nem multidão. Somente lama e o nevoeiro normando.

Claude Guy entrou num celeiro que os americanos tinham sumariamente transformado em torre de controle. "Quem está no avião?", perguntou o sentinela, apontando a metralhadora para o francês. "Abaixe essa metralhadora", respondeu Guy, "é o general De Gaulle!"

De Gaulle e seu séquito subiram num velho Renault Celtaquatre a gasogênio e se dirigiram para Cherbourg. Na subprefeitura silenciosa, eles encontraram uma única lâmina de barbear para todo o grupo. De Gaulle teve o privilégio de utilizá-la primeiro. Depois, por ordem de idade, todos se barbearam. Quando general terminou a toalete, ele pediu uma folha de papel para escrever um discurso e solicitou uma conversa com Eisenhower imediatamente.

Em Cherbourg, o general Kœnig anunciou: "Paris se insurgiu". De Gaulle teve um imperceptível sobressalto ao ouvir essas palavras. Os dados tinham sido lançados. Charles de Gaulle estava decidido a conseguir de Eisenhower, naquele mesmo dia, que os Aliados marchassem sobre Paris.

* * *

Em Paris, Alexandre Parodi consultou seu relógio. Ele estava atrasado. Não teria tempo nem de terminar a refeição preparada com tanto zelo pelo novo cozinheiro de seu posto de comando, um prisioneiro alemão que ficava, entre as refeições, trancado na estufa do palacete de Alexandre de Saint-Phalle. Parodi fez um sinal a seus dois assessores, o engenheiro Roland Pré e Émile Laffon, pegou uma pasta de documentos e se levantou. Ele também tinha um objetivo imediato. Naquele início de tarde, estava convencido de que a única chance de preservar Paris da destruição estava na trégua de Nordling. Tentaria fazer com que ela fosse respeitada.

Ao volante de um Citroën preto, uma bela jovem de uniforme azul-marinho esperava em frente à porta. Na manga do casaco, ela usava uma braçadeira tricolor com uma Cruz de Lorena. Do alto da sacada, Alexandre de Saint-Phalle viu com espanto os três homens subirem no carro dirigido por uma mulher. "Que incrível", ele pensou, "já é a Libertação."

8

A quatrocentos quilômetros dos campos normandos onde Charles de Gaulle acabava de aterrissar, nas profundezas de uma fortaleza subterrânea chamada WII, o tenente-general Hans Speidel, de 41 anos, esperava o retorno de seu novo comandante-chefe, o *Feldmarschall* Walter Model. WII era o nome em código do novo QG do Grupo de Exércitos B instalado numa antiga pedreira perto do vilarejo de Margival, dez quilômetros ao norte de Soissons. Quatro anos antes, do fundo daquele labirinto de corredores, salas de operações e centrais telefônicas, o próprio Adolf Hitler dirigira a mais audaciosa operação militar em mil anos, a invasão da Inglaterra. Naquele dia, nas salas úmidas iluminadas com luz neon, o comandante-chefe dirigia a retirada dos exércitos hitleristas. Fazia 48 horas que ele saíra para inspecionar o front. Os telegramas e mensagens telefônicas do OKW se acumulavam em cima da mesa de seu chefe de estado-maior. Aquelas ordens não davam a Hans Speidel nenhuma ilusão a respeito do destino que Hitler reservava a Paris.

Quando a porta se abriu e Model apareceu, o chefe de estado-maior fechou um grosso volume de encadernação preta. No fundo de seu bunker, o doutor em filosofia da universidade de Tübingen Hans Speidel lia, naquele dia, o terceiro tomo dos *Ensaios* de Montaigne.

O ardente *Feldmarschall*, lembra Speidel, parecia exausto. Coberto por uma barba de dois dias, o rosto sulcado pelo cansaço, o uniforme coberto de pó, ele se deixou cair numa poltrona, pegou o monóculo e começou a ler os comunicados recebidos em sua ausência. A inspeção, ele confessou, tinha sido um pesadelo pior do que todas as provações que ele suportara na Rússia. A situação lhe parecera muito mais trágica do que ele esperava. Encontrara homens exaustos e desencorajados por toda parte. O front, se é que ainda houvesse um front, estava em pleno caos. Mas a inspeção lhe revelara algo fundamental. A coisa mais urgente a fazer era reagrupar todas as forças. Conseguir isso seria, ele disse a Speidel, o primeiro milagre de Hitler.

Dois relatórios esclareceriam ao *Feldmarschall* como realizar esse milagre. O primeiro vinha do general Von Choltitz. Desde o início da insurreição, Choltitz minimizara a gravidade da situação em Paris de maneira sistemática e deliberada. Em sua mensagem dirigida ao OB West, às 8h20 da manhã de domingo, 20 de agosto, o comandante do Gross Paris se contentara em dizer: "Noite calma. Escaramuças isoladas nas primeiras horas da manhã." As mensagens anteriores tampouco tinham sido alarmantes.

Se o comandante-chefe do Oeste acreditasse em seu subordinado, a situação em Paris não apresentava nenhuma gravidade especial.*

---

* Vinte anos depois, o general Von Choltitz revelou aos autores deste livro por que naquela manhã ele deliberadamente tentou minimizar aos olhos de Model a verdadeira situação em Paris. Como a maioria dos generais alemães, ele conhecia a reputação de Model. "Eu queria evitar atrair sua atenção para Paris, pois temia um ato temerário de sua parte", ele explicou. (N.A.)

O segundo relatório vinha do chefe do 2º gabinete do OB West, o tenente-coronel I. G. Sautbwasser. Redigido na noite anterior, depois das últimas informações chegadas a Margival, o documento indicava a Model que o inimigo, dispondo de 53 divisões,* se preparava para lançar dois ataques de grande envergadura. Um, a partir da região de Dreux em direção ao Norte, para "cercar profundamente todas as forças alemãs que ainda se encontram a oeste da linha Le Havre-Paris e estabelecer várias cabeças de ponte sobre o Sena"; e outro, a partir da região de Chartres–Orléans, em direção ao Leste, ao sul de Paris. "No que diz respeito a Paris", concluía o relatório, "não parece haver perigo iminente de um ataque massivo."**

Certo de que nenhuma ameaça imediata pairava sobre Paris, portanto, tanto dentro da cidade quanto fora dela, o comandante-chefe decidiu correr um risco. Em vez de dar prioridade absoluta ao reforço imediato da cintura defensiva diante da capital francesa, como Hitler ordenara, Model decidiu salvar primeiro suas tropas do cerco, trazendo-as para o baixo Sena. Depois ele cuidaria da cintura defensiva de Paris. Quando as 26ª e 27ª divisões Panzer prometidas pelo *Führer* chegassem, ele anunciou a Speidel, elas atravessariam Paris diretamente junto com o resto do 7º exército para tomar posições defensivas à frente da cidade.

Model mandou chamar o chefe do 3º gabinete do Grupo de Exércitos, o coronel Von Tempelhoff e, com uma voz grave e precisa, começou a lhe ditar ordens.

O comandante-chefe só se esqueceria de uma coisa: avisar ao general Von Choltitz que duas divisões blindadas enviadas pelo OKW estavam a caminho de Paris. Essa omissão logo teria graves consequências.

Quando Model saiu, o general Hans Speidel ficou sozinho por um bom tempo no gabinete. Imóvel e pensativo, ele olhou com melancolia para as três gravuras penduradas acima de sua mesa de trabalho. Comprara aquelas obras de um artista francês do século XVII chamado Hyacinthe Rigaud quando estudava na Sorbonne. Desde então, ele nunca se separava delas. Uma representava Versalhes, outra Notre-Dame e a terceira as Tulherias. Naquele dia, olhando para as gravuras, o chefe de estado-maior do grupo de exércitos B esperava que as 26ª e 27ª divisões de SS Panzer chegassem tarde demais.

---

* Como costumava acontecer, os serviços de informação alemães superestimavam a força das tropas aliadas. Havia apenas 39 divisões aliadas na Normandia naquela data. (N.A.)
** Beitrag Zur Wochenmeldung: Die feind lichen Staerken und Operationsabsichten 110/10, de 20 de agosto. (N.A.)

Nenhuma gravura decorava as paredes do grande gabinete do general Von Choltitz. Atrás de sua mesa de trabalho, ao lado do espelho sobre a lareira, o subtenente Von Arnim pregara um mapa do front ocidental. Nesse mapa, o general alemão seguia dia após dia os progressos do avanço aliado. Com o relatório do 2º gabinete do *Feldmarschall* Model, ele podia traçar os avanços indicados no material. Ele esperava aquela manobra.* Naquele dia, Choltitz lembra que não acreditava que houvesse um ataque direto sobre Paris "antes do início de setembro".

Quando esse ataque acontecesse, Dietrich von Choltitz defenderia Paris. O general alemão percebia que aquela seria uma tarefa desagradável. Mas estava resignado. Sua missão em Paris continuava sendo a que o *Feldmarschall* Von Kluge definira pouco depois de sua chegada: "Paris será defendida e o senhor a defenderá".

Ele sabia que as intenções de Hitler consistiam em transformar a cidade numa *Festung*, uma fortaleza que ele deveria defender pedra por pedra. Admitiria mais tarde que "militarmente falando, era uma ideia válida". Para executar essa missão, ele estimava que precisaria de cinco divisões. Os exércitos dizimados da Normandia nunca poderiam lhe fornecer tantos homens. Mas com apenas três divisões ele pensava em tornar Paris um campo de batalha mortífero que cansaria o inimigo por várias semanas. Aquela seria uma maneira pouco gloriosa de encerrar sua carreira militar. Mas Choltitz sabia que, com a chegada dos reforços, ele não teria escolha. Precisaria lutar.

As reflexões do general foram interrompidas pela campainha do telefone preto que ficava na ponta direita de sua mesa de trabalho. Por meio da central telefônica do chefe do serviço de transmissões, o subtenente Von Bressensdorf, aquele aparelho o ligava diretamente ao OKW e a Berlim. O coronel-general Alfred Jodl lhe telefonava pela terceira vez. O som rouco de suas primeiras palavras revelou o estado de raiva em que se encontrava o chefe de estado-maior de Hitler.

O *Führer*, ele anunciou, exigia saber por que o OKW ainda não recebera nenhum relatório a respeito das destruições que Choltitz fora encarregado de realizar na região parisiense. A pergunta preocupou e constrangeu o general Von Choltitz. Os quatro especialistas em demolição enviados por Berlim tinham concluído seu trabalho naquela manhã. Sobre a mesa de Choltitz se encontrava o resultado daquele trabalho: plantas cuidadosamente preparadas

---

* Segundo Choltitz, documentos aliados tinham fornecido aos alemães as grandes linhas das intenções aliadas. No entanto, nada foi encontrado entre as centenas de documentos estudados pelos autores deste livro. (N.A.)

para a destruição de mais de duzentas usinas. Entre elas, duas manufaturas de bicicletas. Aqueles homens logo estariam de volta a Berlim. Choltitz não podia mais dizer que estava à espera da conclusão desses trabalhos para iniciar as destruições. Pressionado pela impaciência de seu interlocutor, o general acabou encontrando uma desculpa para o atraso. Foi a única em que ele conseguiu pensar, mas logo se arrependeria de tê-la formulado. Ele explicou a Jodl que não pudera começar as destruições porque suas tropas tinham se dedicado a combater ataques "terroristas" espalhados pela capital.

Choltitz se lembra da estupefação de Jodl. Aquela era a primeira indicação que o OKW recebia da gravidade da situação em Paris. Jodl se manteve em silêncio por um longo momento. Ele acabava de sair da primeira conferência diária de Hitler. As ordens que ele recebera do *Führer* ainda estavam rabiscadas num bloco de estenografia. Mais uma vez, Jodl disse que a defesa de Paris era extremamente importante. Para isso, era urgente tomar todas as medidas necessárias.

Jodl avisou Choltitz que o *Führer* ficaria furioso de saber da eclosão de tumultos em Paris e lhe ordenou que restabelecesse a ordem "por todos os meios" à disposição. Depois, numa voz seca e compassada, destacando bem cada palavra, Jodl declarou: "O que quer que aconteça, o *Führer* espera que o senhor realize as mais intensivas destruições na região que depende de seu comando".

Em seu QG perto de Granville, Dwight Eisenhower ouvia a chuva normanda fustigar o teto da barraca e as árvores da floresta. O visitante dominical que ele esperava se chamava Charles de Gaulle. O comandante supremo não tinha dúvidas de que o objeto daquela visita dizia respeito ao destino de Paris.

Como De Gaulle, Eisenhower ficara sabendo do início da insurreição parisiense poucas horas antes. A notícia, ele se lembra, o irritara profundamente. Era o anúncio da situação que ele queria a todo custo evitar, "uma situação que éramos incapazes de controlar e que corria o risco de nos obrigar a mudar de planos antes que estivéssemos prontos para tanto".

Para o tranquilo americano do Meio Oeste que carregava o fardo esmagador de conduzir os exércitos Aliados à vitória, os aspectos políticos da libertação de Paris eram secundários. Sua única preocupação era vencer as forças alemãs e nada poderia afastá-lo desse objetivo. Ele sabia que o chefe do governo provisório francês tentaria fazer de tudo para que mudasse de planos, "a fim de alcançar, segundo seu hábito, suas próprias intenções políticas". Mas ele estava decidido a se manter irredutível. Não iria a Paris.

Com o ar aborrecido e contrariado, Charles de Gaulle cruzou em poucas passadas a clareira que o separava da barraca do comandante supremo. A tarefa que ele tinha pela frente nunca lhe parecera tão difícil. De volta à França, tendo colocado a própria vida em risco, a única coisa que ele encontrara fora uma lâmina usada para se barbear e ninguém para recebê-lo. As multidões que na França inteira vibravam ao ouvir seu nome ignoravam seu rosto. De Gaulle não passava de um fantasma personificando um ideal. Para que esse ideal se transformasse em realidade política, ele precisava se tornar uma pessoa de carne e osso. Paris seria a ocasião para isso.

Para Charles de Gaulle, a nova situação criada em Paris pelo desencadeamento da insurreição era de importância capital. A qualquer momento, os comunistas poderiam tomar o poder. Abaixando a cabeça para entrar na barraca do comandante supremo, De Gaulle estava tão decidido quanto Eisenhower a fazer sua vontade imperar. Eisenhower precisava marchar sobre Paris.

Uma hora e quinze minutos depois, da cabine de comando do Lodestar France estacionado na pista de Molay, o coronel Marmier viu descer de um carro a alta silhueta do homem que ele trouxera à França com 120 segundos de combustível em seu último reservatório. Aquele homem nunca lhe parecera tão solitário e melancólico. Com a cabeça inclinada para a frente, os ombros curvados, "De Gaulle, naquele momento, parecia carregar todo o peso do mundo".

Ele havia fracassado. Eisenhower explicara aos franceses a dupla manobra de cercamento que planejava realizar em torno da capital. Segundo esse plano,* ainda não havia uma data precisa para a libertação de Paris. Para De Gaulle, a mensagem inscrita nos mapas de Eisenhower não continha nenhum mistério. O cronograma do comandante-chefe não era o seu.

Eisenhower lembra que "De Gaulle pediu imediatamente que a questão de Paris fosse reconsiderada devido à séria ameaça que os comunistas faziam pairar sobre a cidade". Ele avisou ao comandante supremo que "se ele demorasse para entrar em Paris, correria o risco de encontrar uma situação política desastrosa que poderia levar a uma ruptura do esforço de guerra dos Aliados".

Apesar da estima pessoal que sentia por Charles de Gaulle e da compreensão que tinha de seus problemas, Eisenhower se manteve inflexível.**

---

* Esse plano estava mencionado no documento "Operação Pós-Netuno" (ver página 21). (N.A.)
** De Gaulle desconfiou que a intransigência de Eisenhower não se baseava exclusivamente em considerações estratégicas. "Tive a sensação", ele escreve em suas memórias, "que Eisenhower, no fundo, compartilhava de minha visão, mas que, por motivos que não eram todos de ordem estratégica, ainda não podia fazer aquilo" (Volume II, p. 296). Trata-se de uma alusão à certeza que ele tinha de que Washington inspirara as manobras de última hora de Laval e Herriot. Eisenhower afirmou aos autores deste livro que os motivos de sua decisão de não entrar em Paris foram "exclusivamente militares". (N.A.)

Preocupado com "a terrível batalha que talvez tivéssemos que travar na cidade", o comandante-chefe declarou a seu visitante que a entrada dos Aliados em Paris por enquanto era prematura.*

Para o homem encurvado e solitário que se dirigia ao Lodestar France, a recusa absoluta de Eisenhower gerava um grave dilema. Havia pouco, Charles de Gaulle declarara ao comandante supremo que a libertação de Paris era de tal importância para o futuro da França que ele estava decidido, se fosse preciso, a retirar a 2ª divisão blindada do comando aliado e enviá-la para Paris sob sua própria autoridade.**

Ao subir no avião, De Gaulle se virou para o general Kœnig. Quebrando seu próprio silêncio, ele fez uma única pergunta: "Onde está Leclerc?".

9

Para o coronel Rol, líder comunista das FFI, a trégua de Nordling era uma traição. Ao longo de quatro anos de lutas clandestinas, o jovem militante bretão pacientemente esperara o momento de comandar abertamente as tropas que lutariam contra os ocupantes de Paris. Quando este momento finalmente chegou, seus adversários políticos, os gaullistas, tentaram uma última manobra para lhe retirar a honra e o privilégio. Por todos os meios, com a mesma energia que os gaullistas empregavam para impor a trégua, Rol estava decidido

---

* Eisenhower tinha razão de estar preocupado. Seu 2º gabinete receberia duas mensagens naquele dia. A primeira, datada de 19 de agosto, dizia: "26ª divisão Panzer deixou a Dinamarca; destino desconhecido". A segunda, datada de 20 de agosto, dizia: "Agentes secretos indicam que a 26ª Panzer deve se dirigir à região parisiense". Essas mensagens mostravam a que ponto as ordens de Hitler tinham sido rapidamente executadas – e como os serviços secretos aliados eram eficazes nos países ocupados. Eles confirmavam as suspeitas que Eisenhower sentia naquele dia a respeito das intenções de Model. "Eu temia", declarou Eisenhower aos autores deste livro, "que Model enviasse a Paris duas ou três divisões para nos obrigar a travar uma batalha de ruas". Eisenhower queria evitar a todo custo aqueles inúteis confrontos de rua e impor a suas tropas restrições de combustível. "Quando Model se desse conta do que estava acontecendo, estaríamos em algum lugar perto de Reims para receber suas tropas." (N.A.)

** Eisenhower lembra ter esboçado um sorriso diante dessa ameaça. Ele estava convencido de que a 2ª divisão blindada "não poderia avançar um só quilômetro sem minha autorização". Mais tarde, num momento crucial da guerra, durante a batalha de Ardennes, De Gaulle faria uma ameaça análoga em relação às divisões do 1º exército francês, que o comandante supremo queria que evacuassem de Estrasburgo. Furioso, Eisenhower lhe disse: "General, manterei essas tropas em Estrasburgo o tempo que for necessário. Mas se o senhor quiser retomar essas divisões, vá em frente. Lembre-se apenas de uma coisa. Não receberá nenhum cartucho, nenhum quilo de mantimentos, nenhum litro de combustível. Mas se persistir na vontade de retomar essas divisões, general, então faça isso". (N.A.)

a contrariar a iniciativa do cônsul da Suécia. De seu posto de comando subterrâneo na Rue Schœlcher, por meio de telefonemas e mensageiros, ele enviou ordens que confirmavam as da véspera: "A insurreição continua! Lutaremos até que não reste nenhum alemão em Paris". Ele ordenou às unidades comunistas de Francs-Tireurs et Partisans que atacassem o inimigo em toda parte e sem descanso. Acima de tudo, Rol queria que o som de tiros não parasse nas ruas de Paris. Porque o silêncio, ele pensava, era o reconhecimento de que os parisienses aceitavam a trégua.

Por volta de meio-dia daquele domingo, os comunistas começaram a colar nos muros da cidade milhares de cartazes que denunciavam o cessar-fogo, fazendo-o parecer "uma manobra vergonhosa dos inimigos do povo".

Com a obstinação e o encarniçamento de seu sangue bretão, Rol se dedicou a recuperar o controle sobre os oficiais de seus estados-maiores FFI que os gaullistas tinham arrastado para a ideia de trégua. Deslocando-se no terreno movediço das rivalidades políticas, essa implacável batalha acabaria envenenando definitivamente as relações entre as facções opostas da Resistência. Para Yvon Morandat, "os comunistas estavam prontos para uma nova Comuna na qual os gaullistas seriam os versalhenses". Para André Tollet, Parodi e os homens que o acompanhavam eram "traidores que tentavam sabotar a insurreição para que De Gaulle pudesse libertar Paris".

Para uns e outros, o principal elemento dessa batalha silenciosa era a enorme e prestigiosa Prefeitura de Polícia, berço da insurreição. Atrás das fachadas metralhadas, no labirinto de corredores e na infinidade de gabinetes, discussões tão inflamadas quanto os confrontos da véspera contra os alemães opunham naquele dia os representantes das duas facções. Para fomentar a discórdia na polícia e tentar retirá-la da autoridade soberana do gaullista Yves Bayet e do novo prefeito de polícia Charles Luizet, os comunistas tinham designado um de seus mais brilhantes intelectuais, o jovem jurista Maurice Kriegel-Valrimont. Com habilidade e experiência acumuladas em quatro anos de agitação clandestina, Kriegel-Valrimont fez de tudo para que a polícia parisiense desertasse das fileiras gaullistas e retomasse os confrontos. Ao longo de uma das discussões acaloradas daquela tarde na Prefeitura, Alexandre de Saint-Phalle se precipitou sobre o jovem intelectual comunista. Agarrando sua mão, ele exclamou: "Se vocês continuarem com a insurreição, esta mão ficará coberta de sangue de milhares de parisienses inocentes".

No gabinete vizinho, o inspetor de finanças Lorrain Cruze, assessor de Chaban-Delmas, também defendia a trégua e apresentava o terror da destruição e do massacre que aguardavam a cidade se os comunistas persistissem em sua atitude. Com ar sombrio e decidido, seu interlocutor ouvia em silêncio. Era o próprio Rol. De repente, Lorrain Cruze viu Rol bater com o punho em cima da mesa e o ouviu pronunciar com ardor uma frase que ele nunca esqueceria: "Paris vale duzentos mil mortos", ele exclamou.

Enquanto isso, graças aos esforços tenazes de Rol, a insurreição aos poucos recuperava a intensidade perdida na noite anterior. O som de tiros, tão estranhamente ausente naquela manhã, voltou a ecoar pelas ruas de Paris. Em toda a cidade, obedecendo a seu líder, as unidades comunistas de Francs-Tireurs et Partisans abriam fogo sobre as patrulhas da Wehrmacht. Os alemães reagiram com violência, pois muitos não observavam a ordem de cessar-fogo dada por Choltitz. Por toda parte, como um tecido se desfazendo, a trégua se degradava.

As pessoas que passeavam naquele domingo e muitos curiosos se viram subitamente presos entre o fogo cruzado das armas automáticas.* Os parisienses que tinham, algumas horas antes, orgulhosamente embandeirado as fachadas dos edifícios viram suas janelas se tornarem alvo das metralhadoras alemãs.

Entre o Sena e Saint-Germain-des-Prés, no labirinto de ruelas de nomes pitorescos como Chat-qui-pêche [gato-pescador] e Gît-le-Cœur [jaz o coração], pequenos grupos de FFI armaram no início daquela tarde dominical uma emboscada a uma importante patrulha alemã. Sob o olhar zombeteiro dos moradores daquele bairro milenar, os orgulhosos soldados da Wehrmacht, bombardeados com coquetéis molotov, começaram a arder como tochas.

A própria cidade se envolveu na guerra. Em tipografias secretas onde os jornais clandestinos da Resistência eram compostos, homens imprimiam milhares de panfletos com estranhas receitas para fabricar coquetéis molotov ou construir barricadas. Com seus preciosos frascos de clorato de potássio, as farmácias se tornavam verdadeiros arsenais. Em apartamentos ou lojas, estudantes de medicina e jovens socorristas da Cruz Vermelha instalavam clínicas clandestinas. Centenas de padioleiros voluntários, em sua maioria muito jovens, compareciam aos postos de atendimento espalhados pela cidade. No mercado central, as FFI requisitavam os estoques e distribuíam os víveres aos restaurantes comunitários. Todos os parisienses, nas horas de escassez, se inscreviam num desses restaurantes comunitários cujo cardápio apresentava um prato único, uma tigela de sopa popular.

Mas em nenhum lugar, na imensa cidade fervilhante de paixões e esperança, a batalha foi organizada com tanto entusiasmo quanto sob a galeria do grande prédio que abrigava a mais famosa sala do teatro nacional, a Comédie

---

* Apesar das várias horas de trégua, a batalha de Paris fez, naquele domingo, 106 mortos e 357 feridos do lado francês, apenas um pouco menos de vítimas que no dia anterior, em que 125 parisienses foram mortos e 479 feridos. (N.A.)

Française. Os atores da casa de Molière desceram à rua para interpretar o mais belo papel de suas carreiras, como enfermeiras ou guerrilheiros, na peça histórica que logo seria chamada de "A Libertação de Paris". Marie Bell, Lise Delamare, Mony Dalmès, heroínas de Racine, tinham exumado do guarda-roupa do teatro trajes para se fantasiarem de enfermeiras. Entre os padioleiros voluntários do posto de atendimento que elas improvisaram, havia um pequeno homem que usava óculos com armação de metal. Ele pedira para participar da guarda noturna. Pois as noites, ele pensava, seriam mais calmas e ele poderia escrever. Ele se chamava Jean-Paul Sartre e estava escrevendo *Os caminhos da liberdade*. Pierre Dux, que se tornara pintor, esboçava enormes cruzes vermelhas nas laterais do ônibus que ele apreendera. As armas escondidas na caldeira da calefação central foram distribuídas aos jovens protagonistas. Jacques Dacqmine usava o uniforme do glorioso capitão da Legião Estrangeira que ele encarnava no filme que estava começando a gravar. Ele herdara uma Winchester. De camisa aberta, calças de montaria, cabeleira em desordem, verdadeiro "retrato de um herói", Georges Marchal brandia uma velha espingarda de caça e doze cartuchos. O armamento dos outros vinha do setor de acessórios: uma dúzia de espingardas de madeira, empoeiradas mas assustadoras.

De todos os atores, somente um carregava uma metralhadora: Jean Yonnel. Mas Yonnel, naquela manhã, tinha uma missão especial a cumprir. Ele precisava realizar uma execução.

Dissimulando a arma sob um capote, Yonnel se dirigiu à esquina da Rue Le Sueur com a Avenue Foch. Era ali que ele tinha um encontro com o homem que deveria matar, um oficial alemão da SD,* que levaria embaixo do braço uma pasta de couro preta. Às duas horas da tarde, esse oficial sairia de um prédio da Rue Le Sueur. Yonnel olhou para o relógio. "Mais dez minutos", ele pensou. Começou a caminhar. De repente, um pensamento angustiante o obcecou. "E se eu errar de alemão?", ele se perguntou. Apertando o punho da metralhadora, o herói de tantas tragédias se deu conta de que nunca matara ninguém. Pontual, o alemão de pasta preta apareceu na calçada da frente. Yonnel, instintivamente, recuou. Ele abriu o capote e apertou o gatilho. Bruscamente, enquanto via sua vítima vacilar, uma frase de Molière que ele tantas vezes declamara sob as luzes da ribalta lhe veio à mente. "Só se morre uma vez e é por tanto tempo", ele murmurou consigo mesmo, horrorizado com o que acabara de fazer. Ele correu até o alemão, arrancou a pasta de suas mãos e fugiu. Apitos e gritos se elevavam às suas costas. Ele entrou na primeira porta que encontrou aberta e

---

* A SD (Sicherheitsdienst) era a polícia secreta da SS. Criada por Himmler em 1932, a SD se tornou, sob a direção de Reinhardt Heydrich, uma das polícias mais temíveis da Alemanha nazista. Ela agia independentemente da Gestapo. (N.A.)

atirou a pasta nas mãos de um atordoado zelador. "Queime isto", ele ordenou. A pasta continha a lista dos nomes e endereços dos membros da rede de resistência dos atores franceses. Yonnel correu até a escada. Ele podia ouvir os alemães cercando a quadra. Com um dedo nervoso, ele começou a acariciar um pequeno frasco no fundo de seu bolso. Era cianureto, que ele levava para garantir seu próprio silêncio caso os alemães o prendessem.

Num Citroën preto com a bandeira da Cruz Vermelha, dois homens consternados ouviam o *Nicht** de um *Feldwebel* que se recusava a deixá-los passar. Eles tinham conseguido a façanha de passar por todos os postos de controle alemães, menos o último, que ficava na saída de Neauphle-le-Château, 32 quilômetros a oeste de Paris. Mais uma vez, eles explicaram pacientemente que, na terra de ninguém entre as linhas americanas e alemãs, havia uma colônia de crianças à qual eles precisavam levar socorro. Mas o alemão se mantinha irredutível. Para Roger Gallois, chefe de estado-maior do coronel Rol, aquele *Feldwebel* obstinado colocava em perigo a missão mais importante que ele já empreendera para a Resistência francesa. Rol enviara Gallois até os americanos para pedir-lhes que organizassem um lançamento massivo de armas de paraquedas sobre Paris. Com essas armas, Rol contava vencer a insurreição e instalar no poder seus amigos comunistas. Gallois, um dos raros não comunistas do estado-maior FFI, estava naquele carro quase por acaso. Rol teria preferido confiar a missão a um membro do Partido. Mas Gallois era o único que falava inglês com fluência e isso acabara decidindo a escolha.

O *Feldwebel* apontou a metralhadora Schmeisser para o carro e intimou aos dois homens que voltassem. Eles tinham perdido quatro horas por nada. Precisariam encontrar outra maneira de cruzar as linhas alemãs para transmitir a mensagem da qual dependeria, pensava Rol, o futuro de Paris e talvez da própria França.

10

G randes nuvens anunciando tempestade tinham invadido o céu de Paris naquele início de tarde. Como sempre depois de cada refeição, sozinho na sacada de seu hotel, Dietrich von Choltitz respirava o ar morno do verão.

---
* Não. (N.T.)

Naquele momento, nada no mundo poderia satisfazer o comandante do Gross Paris mais do que o torpor no qual a cidade parecia dormir. No entanto, fraco e distante, o crepitar de tiros que chegava até ele trazia sombrios presságios.

Como para seus adversários, a trégua do cônsul Nordling proporcionara ao general Von Choltitz um descanso providencial. Sem a trégua, naquele momento a Prefeitura de Polícia e talvez toda a Île de la Cité não passassem de uma pilha de escombros, ele pensou ao voltar o olhar para as folhas avermelhadas que escondiam o Sena. Choltitz não sentiu nenhuma emoção especial ao pensar nisso. Sua missão era manter a ordem a todo custo. Para o comandante do Gross Paris, a trégua tinha sido a última chance de cumprir sua missão sem se ver obrigado a recorrer a uma prova de força de consequências incalculáveis. No entanto, mesmo aquela última chance parecia começar a se dissipar.

Ao ouvir os tiros que recomeçavam por toda parte, Choltitz pensou na conversa que tivera menos de uma hora antes com Jodl. A revelação que ele precisara fazer sobre a gravidade da insurreição combatida por seus soldados varrera para longe a secreta esperança de ser esquecido numa Paris tranquila. Hitler não lhe daria mais nenhum descanso. O general sabia que, em caso de ruptura definitiva da trégua, ele seria obrigado a cumprir as ordens impiedosas que recebera.

Mais uma vez, o som de uma campainha interrompeu os sombrios pensamentos de Choltitz. Ele entrou em seu gabinete e atendeu o telefone. Do outro lado, uma voz desconhecida pedia para falar com o comandante do Gross Paris em pessoa.

"Sou eu", disse Choltitz.

O interlocutor revelou sua identidade. Ele era um oficial da justiça militar de Saint-Cloud. Com uma voz cheia de orgulho, ele anunciou que detivera três civis que se diziam "ministros do governo do general De Gaulle". No carro que eles usavam, ele acrescentou, documentos e armas tinham sido encontrados. Ele acreditava que aquela tinha sido a mais importante captura que fizera desde que estava em Paris. E queria saber se devia fuzilar imediatamente aqueles homens ou se devia entregá-los à SD, que os solicitava. Choltitz lembra que sua primeira reação foi responder: "*Ja, naturlich*, fuzile-os". Suas tropas tinham ordens de fuzilar qualquer civil que portasse armas. De repente, porém, ele parou. Como um relâmpago, uma ideia acabava de passar por sua mente. Se fosse verdade que aqueles prisioneiros eram representantes do general De Gaulle na capital insurgente, aquela era, ele pensou, uma ocasião inesperada de tentar uma última cartada.

"Traga-me esses homens", ele ordenou secamente. "Quero vê-los antes que sejam fuzilados."

Alguns minutos antes da chegada dos três prisioneiros, Choltitz recebeu em seu gabinete o cônsul Raoul Nordling acompanhado de Bobby Bender, agente do Abwehr. Os dois homens pareciam estar num estado de extrema excitação. Uma extraordinária coincidência motivava aquela visita. Na Avenue Henri-Martin, uma linda parisiense que passava por ali ao acaso vira um caminhão com três homens acorrentados. Entre eles, Jacqueline de Champeaux reconhecera, apavorada, o homem cujo sobrenome ela logo carregaria, seu noivo Émile Laffon.* Nordling suplicou a Choltitz que tirasse os três prisioneiros das mãos da SS. Eles eram, garantiu, os líderes da Resistência com quem ele negociara a trégua. Um deles era ministro do general De Gaulle. Ele se chamava Alexandre Parodi.

O general abriu um sorriso irônico.

"Senhor cônsul", ele declarou, "é justamente a visita desses homens que estou esperando agora mesmo."

O comandante do Gross Paris ajustou o monóculo e observou com curiosidade os três civis que dois *Feldgendarmes* com distintivos de prata empurraram até sua mesa. Nas últimas 24 horas, ele várias vezes se perguntara que rosto teriam os homens que dirigiam a insurreição. Seriam exclusivamente, como lhe afirmava o 2º gabinete, "delinquentes" e "comunistas"?

Pontuando suas palavras com socos na mesa, o general se espantou que três líderes da Resistência pudessem ser tão temerários a ponto de passear em plena luz do dia num carro cheio de papéis comprometedores e armas. "Estão tirando meus soldados para escoteiros?", ele perguntou.

Mas o general alemão não mandara trazer aqueles três homens para lhes dar uma lição. O que ele queria era fazer com que eles calculassem as terríveis consequências que haveria caso a trégua fosse definitivamente rompida. Em toda Paris, ele explicou, tiros tinham voltado a ser ouvidos. Na qualidade de governador da cidade, responsável pela ordem e segurança de suas tropas, ele seria obrigado a responder à violência com violência. Qualquer que fosse o preço, ele ameaçou, estava decidido a garantir a segurança das linhas de comunicação que atravessavam Paris. Se a insurreição recomeçasse, as consequências poderiam ser trágicas para a capital e seus habitantes.

Diante dessas ameaças, Choltitz viu o rosto de Alexandre Parodi se retesar. Com uma voz grave e firme, com a mesma coragem tranquila que demonstrava desde que assumira o pesado fardo de representar Charles de Gaulle

---

* Jacqueline de Champeaux correra até um telefone e ligara para o agente de câmbio da Resistência, Philippe Clément, que por sua vez avisara Alexandre de Saint-Phalle, em cuja casa Parodi tinha seu posto de comando. Saint-Phalle avisara Nordling imediatamente. (N.A.)

na França Ocupada, o francês, que até então permanecera numa dignidade silenciosa, respondeu ao general alemão. Ele lhe garantiu que também desejava que a calma reinasse na cidade. "Mas", ele disse, "o senhor é um general, dá ordens a um exército, sabe que será obedecido. A Resistência, por sua vez, é um conjunto de movimentos. E eu não controlo todos esses movimentos."

Choltitz assentiu lentamente. Depois, apertando o monóculo com uma careta, ele começou a encarar com dureza o pequeno homem que acabara de falar. Alguns minutos antes, ele quase o mandara fuzilar nos jardins das Tulherias, logo abaixo de suas janelas. Mas ele sinceramente esperava que aquele encontro pudesse produzir bons frutos. Virando-se bruscamente para o cônsul Nordling, Choltitz anunciou: "Senhor cônsul, considerando que esses homens foram presos depois da entrada em vigor do cessar-fogo, decidi colocá-los em suas mãos".

Depois de dizer essas palavras, o general alemão se levantou e contornou a mesa. Aproximando-se de Alexandre Parodi, ele perguntou: "O senhor é oficial?". "Oficial da reserva", respondeu o francês. "Entre oficiais, um gesto pode ser feito." O general Von Choltitz estendeu a mão ao francês cuja vida ele acabava de poupar. Mas este se recusou a apertá-la. Nordling viu o rosto do alemão ficar vermelho de raiva. Vinte anos depois, Choltitz não esquecera aquela afronta. Mas nenhum alemão, naquele momento, ficou mais indignado que o oficial de Feldgendarmerie que acabava de saber da libertação de seus prisioneiros. Na escada, um ouvido indiscreto o escutou resmungar com raiva: "Vamos acabar com eles". Esse ouvido pertencia a Bobby Bender, que correu até a rua. À esquerda, ao longo da calçada da Rue de Rivoli, ele viu um grande Packard preto esperando, com o motor ligado. Com os olhos escondidos pela aba de um chapéu, havia um civil ao lado do motorista. Bender viu à frente do homem um objeto preto apoiado no painel. Era o cano de uma metralhadora.

Bender foi até o Citroën com a bandeira sueca no qual Nordling e os três franceses tinham acabado de subir. Conversando com o cônsul pela janela, ele recomendou que não arrancassem antes de seu próprio carro se mover.

Bobby ligou seu Citroën cupê. Sob o capô, havia um segredo que, em trinta segundos, salvaria a vida do cônsul sueco e dos três franceses. Graças a suas relações com a Citroën, de quem tinha sido representante em Berlim, o agente do Abwehr, que fora piloto de corrida da Daimler, tinha um motor especial com três carburadores, que faziam de seu carro a máquina mais rápida de Paris.

Bender fez um sinal a Nordling e o cônsul arrancou. Na mesma hora, em seu retrovisor, Bobby viu, "como num filme de gângster de Chicago", o Packard preto deslizar ao longo da calçada e se lançar no encalço do carro diplomático. Ele pisou com toda força no acelerador.

Alguns segundos depois, um guincho de pneus rasgou o ar. Choltitz correu até a sacada. Na entrada da Place de la Concorde, ele viu o carro de Bender parado, atravessado na via, bloqueando o Packard preto, enquanto um terceiro carro, o de Nordling, atravessava a praça. Na mesma hora ele entendeu o que acontecera. Sem a intervenção de Bender, os assassinos da SD, a temível polícia secreta da SS, teriam derrubado sob suas janelas os homens que ele tinha acabado de libertar, junto com o cônsul da Suécia, que os acompanhava. "*Mein Gott*",* ele murmurou, "eles escaparam por pouco."

Pela quarta vez naquele dia atroz, os prisioneiros de Vincennes se viram diante da vala cavada por eles. No fundo, onde Georges Dubret se deitara para "tomar as últimas medidas", jaziam os corpos fuzilados que eles tinham transportado à tarde. Por longas horas, torturados pela sede e pelo cansaço, eles tinham tido que apagar um a um os vestígios de sangue do caminho utilizado para carregar os cadáveres. E agora eles é que seriam executados. A maioria desejava ardentemente a morte, que daria um fim àquele calvário. Mas no momento em que a metralhadora, finalmente consertada, abriria fogo, um sargento-chefe que os soldados chamavam de *Führer* apareceu gritando "*Nein! Nein!*".** Aquele homem, que se vangloriara diante dos prisioneiros de ter pregado com uma baioneta uma criança de dois anos na porta da igreja de Oradour, organizara uma última encenação.

No alto do talude, carregando uma enorme tábua com os braços esticados acima da cabeça, o comissário Antoine Silvestri, o único prisioneiro que nunca opusera nenhuma resistência, girava em círculos. Com a coronha de seus fuzis, os alemães não paravam de empurrar o infeliz para que ele girasse cada vez mais rápido. Silvestri caiu uma primeira vez, mas os soldados o obrigaram a se levantar. "*Schnell! Schnell!*",*** eles vociferaram. Silvestri continuou girando, mas, exausto, logo caiu de joelhos. Ele se reergueu. Vendo aquela silhueta vacilante, o policial Antoine Jouve pensou consigo mesmo que "Silvestri parecia um Cristo".

Quando o pequeno *Führer* decidiu que a sessão durara o suficiente, ele fez o comissário descer até a borda da vala e anunciou que o executaria pessoalmente. Um soldado lhe entregou uma metralhadora. Georges Dubret e seus companheiros viram então um espetáculo tão extraordinário que até

---

* Meu Deus. (N.T.)
** Não! Não! (N.T.)
*** Rápido! Rápido! (N.T.)

mesmo os alemães pareceram desconcertados. Silvestri tirou um pente do bolso e começou a arrumar calmamente os cabelos grisalhos. Depois, ajustou o nó da gravata, abotoou a camisa e o colete, fechou o casaco, esticou a dobra da calça e se abaixou para tirar o pó dos sapatos.

Levantando-se, ele gritou "Viva a F...". Mas uma rajada de metralhadora interrompeu na garganta de Silvestri o nome de seu país.

Ao ver Silvestri cair na vala, Georges Dubret pensou: "Meu Deus, ele caiu como nos filmes".

Dubret e seus colegas logo conheceriam o motivo daquele assassinato. Alguns minutos antes, Antoine Silvestri realizara seu primeiro ato de resistência: para salvar seus homens, ele declarara aos alemães que a braçadeira tricolor encontrada embaixo de um tapete de seu comissariado era sua.

"Fechem a vala!", berrou o *Führer*. "Amanhã será a vez de vocês!"

Dois homens descascavam peras à luz de uma vela. Na casa da pequena aldeia de Saint-Nom-la-Bretèche onde tinham se refugiado para a noite, eles só encontraram aquelas frutas para jantar. Roger Gallois e seu acompanhante, o dr. Robert Monod, estavam exaustos. Da rua chegava até eles o martelar surdo das patrulhas alemãs que controlavam a aldeia. Apesar do dia de grandes esforços, eles não tinham conseguido sair das linhas alemãs.

Gallois e Monod eram velhos amigos, mas fora o acaso que os reunira naquela mesma missão. Inspetor do Serviço de Saúde para a região parisiense, o dr. Monod dispunha de uma viatura da Cruz Vermelha e de tantos *ausweis* que, se quisesse, poderia chegar até Berlim. Desse privilégio raríssimo nascera a ideia daquela missão.

Mas na sala antiquada do refúgio onde eles esperavam o dia nascer, conversando, os dois homens descobriram que um imenso mal-entendido os separava. Na penumbra daquela velha casa com painéis de madeira cheirando a mofo, Gallois e Monod representavam, naquela noite, as duas tendências que dividiam a Resistência. Com sua voz monocórdica e tranquila de médico, o doutor explicava ao enviado do coronel Rol que seria uma loucura pedir aos americanos o lançamento de paraquedas "mesmo que de apenas um cartucho, pois o único objetivo da insurreição de Paris era favorecer um golpe de Estado comunista". O objetivo da missão deles, defendeu o médico, não devia ser solicitar armas, mas colocar os Aliados a par daquele terrível perigo e suplicar que eles marchassem imediatamente sobre Paris.

Gallois sabia que Rol não tinha pressa de ver a chegada dos tanques com a estrela branca. O que o líder comunista queria eram metralhadores, não os soldados de Eisenhower. Para obter essas armas, ele cometera o erro de enviar o único homem de seu estado-maior que podia ser sensível aos argumentos daquele obscuro médico que guiaria a missão.

Um longo silêncio se fez na sala onde a vela acabava de se extinguir. Então o dr. Monod ouviu a voz de seu colega: "Robert, acho que você tem razão", ele disse apenas.

Em algumas horas, Roger Gallois, um francês desconhecido, tentaria aquilo que o próprio Charles de Gaulle fora incapaz de fazer: convencer Dwight Eisenhower a mudar seus planos e marchar sobre Paris.

11

Era uma dessas noites sem lua, perfeita para os conspiradores. Dispersas sob as macieiras de um pomar normando, as barracas eram quase invisíveis. As primeiras luzes da aurora só apareceriam em uma hora. Na beira da estrada estreita que levava ao pequeno vilarejo de Écouché, um *command-car*, com faróis apagados, esperava com o motor ligado. O vulto alto de um oficial que acabava de se esgueirar sem fazer barulho pela grama molhada subiu no veículo e se sentou ao lado do motorista. Na pasta de couro de katambouru (antílope do Chade) que esse oficial levava sobre os joelhos havia um mapa em escala 1:100.000 com o número 10G. No centro desse mapa havia uma grande mancha preta irregular. Era a cidade de Paris.

Quando o veículo arrancou, uma sombra armada com uma bengala saiu da escuridão e murmurou ao passageiro do *command-car*: "Você tem muita sorte".

O homem com a bengala era o general Leclerc, comandante da 2ª divisão blindada. Com a partida do *command-car* tinha início uma operação que ele ordenara desprezando as ordens de seus superiores, uma operação que, no dia seguinte, semearia o pânico nos QG aliados.

Para o tenente-coronel Jacques de Guillebon, de 34 anos, a quem Leclerc acabava de murmurar aquele breve adeus, a estrada de Écouché levava para a mancha preta de seu mapa. Dos seiscentos mil soldados dos exércitos da Libertação, ele seria o primeiro a marchar sobre a capital francesa. À frente de dezessete tanques leves, uma dezena de carros blindados e duas seções de infantaria, Jacques de Guillebon recebera a missão de "representar o exército francês na capital libertada" e assumir "as funções de governador militar de Paris".

Enquanto isso, nos acampamentos espalhados pela paisagem normanda, os outros membros dessa expedição secreta entravam sem fazer barulho em seus veículos e se dirigiam ao ponto de encontro. Para evitar que sua ausência fosse notada, eles tinham sido escolhidos em todas as unidades. Nos porta-malas, mochilas e reservatórios se acumulavam munições, víveres e combustível para chegar até Estrasburgo. Cada oficial, antes da partida, recebera uma folha de papel amarelo na qual Guillebon escrevera de próprio punho a palavra "ultrassecreto" e a instrução mais importante que seus homens teriam que observar durante os duzentos quilômetros da viagem que teriam pela frente. Resumia-se a uma única frase: "Evitem a todo custo os americanos".

Nos degraus de seu trailer, solitário e sonhador, Philippe Leclerc ouvia o som do *command-car* de Guillebon desaparecer na noite e pensava na audaciosa decisão que acabara de tomar. Ele sabia da insubordinação que ela representava em relação ao comando aliado do qual dependia. Mas Leclerc tinha um juramento a respeitar, um juramento prestado três anos antes, depois da tomada de Cufra, nas areias do deserto da Líbia. Lá, a três mil quilômetros da capital francesa, ele jurara que um dia libertaria Paris.

Os exércitos aliados já se encontravam perto da capital, enquanto ele e sua divisão, a única unidade francesa na Normandia, batiam o pé de impaciência. Leclerc temia que os Aliados, ao contrário do prometido, entrassem em Paris sem ele. Seis dias antes, ele escrevera ao general Patton para lhe informar que pediria para ser substituído no comando caso a honra de libertar Paris fosse recusada à sua divisão. E agora, para impedir que aquela honra lhe escapasse, ele enviava Guillebon até a capital.

Três dias antes que Charles de Gaulle ameaçasse o general Eisenhower de retirar a 2ª divisão blindada do comando aliado para fazê-la marchar sobre Paris, Leclerc tomara suas próprias disposições para colocar em movimento sua divisão. E, ao contrário do que Eisenhower parecia acreditar ao responder com um sorriso à ameaça de De Gaulle, essa divisão poderia chegar a Paris sem precisar recorrer às provisões americanas. Fazia quatro dias que, por ordem de Leclerc, os motoristas dos caminhões de reabastecimento colocavam, nos depósitos de gasolina, quatro toneladas de combustível, em vez das duas toneladas e meia normalmente previstas. Nos regimentos de tanques, os chefes de corpo tinham recebido a discreta instrução de não declarar suas perdas para continuar recebendo dos americanos o subsídio de combustível e munição dos tanques destruídos. À noite, sequestrando ou amordaçando os sentinelas americanos, pequenas unidades francesas chegaram inclusive a entrar nos depósitos para obter equipamentos e materiais. Assim, em vários regimentos, os subsídios regulamentares de armamentos e munições se viram subitamente duplicados. Com 4.500 veículos e dezesseis mil homens, a 2ª divisão blindada estava pronta para se lançar a qualquer momento no rastro de Guillebon. No entanto, apesar das insistentes diligências junto aos superiores americanos, Leclerc recebera ordens de "esperar no local e ser paciente".

Naquela noite, porém, Leclerc estava satisfeito. Comandado por um fiel apoiador de primeira hora, um picardo como ele, seu simbólico destacamento veria a aurora nascer às portas de Paris, que ele mesmo logo tomaria. A única preocupação que o atormentava era que seus superiores descobrissem a fuga de Guillebon antes que fosse tarde demais para detê-lo.

Antes de ir se deitar, portanto, Leclerc tomou uma última precaução. Ele mandou acordar o capitão Alain de Boissieu, que comandava seu esquadrão de proteção. Apontando a bengala para uma barraca montada sob uma macieira, ele ordenou a Boissieu que educadamente raptasse, assim que eles acordassem, os dois oficiais que ali dormiam. "Leve-os para fazer um pouco de turismo na região", ele sugeriu. Leclerc queria, essencialmente, que aqueles dois oficiais não percebessem a partida do destacamento de Guillebon. Dos dezesseis mil homens da divisão, o tenente Rifking e o capitão Hoye eram os únicos que poderiam ficar tentados a informar aos chefes do Fifth Corps o desaparecimento da unidade francesa: eles eram os oficiais americanos de ligação junto à 2ª divisão blindada.

* * *

No quarto 213 do palacete adormecido, ouvia-se apenas um tênue arranhar. Era a ponta da caneta do general Von Choltitz que corria sobre uma folha de papel. Lá fora, o silêncio envolvia as ruas escuras de Paris. A aurora nasceria sobre a mancha preta do mapa 10G dentro de uma hora.

A um canto da escrivaninha Luís XV onde o general escrevia, enrolado em papel pardo, estava o presente mais precioso que a despensa de um general da Wehrmacht podia conter naquele verão: um pacote de café. O ordenança de Choltitz, o cabo Helmut Mayer, requisitara aquele produto raríssimo na cozinha do hotel Meurice na noite anterior.

Vestido com um roupão de seda cinza, ainda não barbeado, Choltitz terminava a carta que acompanharia aquele presente, destinado à sua mulher em Baden-Baden.

"Nossa tarefa é penosa", ele escrevia, "e os dias são difíceis. Esforço-me para sempre cumprir meu dever e com frequência rezo a Deus que me ilumine." Depois, ele perguntava à mulher se os dentes do filho de quatro meses tinham nascido e a encarregava de beijar por ele as duas filhas, Maria Angelika e Anna Barbara. "Elas devem poder ter orgulho do pai, o que quer que aconteça", ele concluía. Quando o general ouviu alguém bater à porta de seu quarto, a carta estava pronta.

No marco da porta apareceu o mensageiro que levaria esta última carta a Baden-Baden. Ele era o único homem em quem Dietrich von Choltitz sentia confiança absoluta. Adolf von Carlowitz era seu primo, conselheiro, confidente. Choltitz lhe pedira para abandonar por alguns dias a fábrica de aviação Hermann-Gœring, que ele dirigia, e vir a seu encontro em Paris. Mas agora a própria cidade estava no coração da batalha. Aproveitando a escuridão daquela última hora da noite, Adolf von Carlowitz voltava para a Alemanha.

Os dois homens se abraçaram. "*Mach gut*, Dietz",* murmurou Carlowitz com afeto. E ele pegou a carta e o pacote. Vendo a pequena silhueta se afastar no corredor, Choltitz se perguntou se um dia voltaria a vê-lo, e se um dia voltaria a ver a mulher a quem a carta se dirigia. Quando o som dos passos desapareceu, um pensamento se instalou na mente do general alemão. Agora, naquela imensa Paris, ele não passava de um homem solitário.

* * *

No outro extremo de Paris, com os mesmos gestos conspiradores dos soldados de Guillebon, outros homens se deslocavam furtivamente sob as primeiras luzes da aurora. Um velho Renault contornou o Leão de Belfort e parou na frente do prédio do Departamento de Águas e Esgotos, no número 9 da Rue de Schoelcher. Entre as sombras que entraram sem fazer barulho pela porta envidraçada estava o inimigo mais intratável de Choltitz, o homem que comandava os insurgentes. Como um herói de Eugène Sue, o coronel Rol, líder das FFI de Paris, ligou a lanterna e desceu os 138 degraus de seu novo posto de comando. No último degrau, uma pesada porta blindada se abriu com um rangido metálico. Ali, 26 metros abaixo das ruas de Paris, junto aos esqueletos e crânios de quarenta gerações de parisienses, ficava a fortaleza secreta a partir da qual ele comandaria a batalha. Por meio de suas portas impermeáveis, Duroc – esse era o nome de código da fortaleza – se comunicava com uma cidade embaixo da cidade: os quinhentos quilômetros de labirintos que, sob os imóveis da capital, formavam as pedreiras, as catacumbas, os esgotos e o metrô.

Ao entrar em Duroc, o líder da insurreição teve uma surpresa da qual ele ainda se lembraria vinte anos depois. Sobre o sistema especial de ventilação,

---

* Cuide-se, Dietz. (N.T.)

Rol viu a placa com o nome de seu construtor. Era um nome que ele conhecia bem. Oito anos atrás, antes de partir para lutar na Espanha, o próprio Rol, então simples funcionário da Nessi Frères, montara pessoalmente aquele aparelho que distribuía o precioso oxigênio que ele respiraria durante as horas mais gloriosas de sua vida.

Em breve, naquela sala abobadada, fervilhante de atividade, o agudo toque da campainha do telefone provocaria outra surpresa. Por meio daquele telefone secreto, independente da rede de correios e telégrafos e das mesas de escuta alemãs, Rol podia se comunicar com os 250 aparelhos do Departamento de Águas e Esgotos de Paris e dos subúrbios, e comandar a insurreição. Desde o nascer do dia, as chamadas se sucediam sem interrupção: "Alô, Batignolles. Tudo bem?... Alô, Prefeitura...". Naquele momento, porém, do outro lado do fio ecoava uma voz gutural, que fez Rol e seus homens levarem um susto. "*Alles gut?*",* ela perguntou. "*Ya, ya, alles gut*", respondeu o membro das FFI que fazia as vezes de telefonista. A dois quilômetros dali, no quarto número 347 do hotel Crillon, tranquilizado por essa resposta, o único alemão que sabia da existência daquele abrigo, o *Oberleutnant* Otto Dummler, da Platzkommandantur, desligou.

Dummler conhecia os esgotos de Paris tão bem quanto as ruas de sua Stuttgart natal. Todas as manhãs, nos últimos dois anos, com a regularidade de um autômato, ele telefonava ao guarda de Duroc para fazer essa mesma pergunta. Todas as manhãs daquela semana, ele continuaria a telefonar na mesma hora e receberia do quartel-general da insurreição que combatia seus compatriotas a mesma resposta tranquilizadora: "*Alles gut*".**

Um mensageiro desceu de quatro em quatro os 138 degraus de Duroc, passou pela porta blindada e atirou em cima da grande mesa um pacote mal amarrado. Eram os primeiros jornais de uma nova época, já anunciada pelos seus nomes: *Le Parisien Libéré, Libération, Défense de la France*... Rol abriu febrilmente os jornais ainda úmidos de tinta. Na capa de cada um deles havia um apelo tão velho quanto os paralelepípedos de Paris. Esse apelo fora lançado pelo próprio Rol, para dar à insurreição um novo fôlego e falar diretamente ao povo da capital. Em letras enormes, os primeiros jornais daquela segunda-feira, 21 de agosto, conclamavam: "às barricadas".

---

* Tudo bem? (N.T.)
** Treze meses antes, os alemães tinham ficado subitamente preocupados com o perigo representado por aquela cidade subterrânea embaixo de Paris. Dummler fora encarregado de instalar, sob os edifícios ocupados, barricadas com grades, arame farpado e armadilhas explosivas com campainhas de alarme. (N.A.)

12

Das margens do Sena, em Saint-Cloud, aos cinzentos subúrbios de Pantin e Saint-Denis, das colinas de Montmartre às ruas estreitas do Quartier Latin e de Montparnasse, as barricadas do coronel Rol brotaram das ruas de Paris como cogumelos depois de uma chuva de outono. À noite, já havia várias dezenas delas. À chegada dos Aliados, haveria mais de quatrocentas, todas diferentes em tamanho e forma, dependendo dos materiais utilizados e da perícia de seus construtores.

Na esquina da Rue Saint-Jacques, de cachimbo na boca, a batina levantada até os joelhos, o pároco, um antigo engenheiro, dirigia pessoalmente a construção da barricada erguida pelas paroquianas. Ele a decorou com imensos retratos de Hitler, Mussolini e Gœring. Na Rue de la Huchette, perto do Sena, à frente da Prefeitura de Polícia sitiada, uma mulher chamada Colette Briant, com o rosto semiescondido por um enorme capacete da Wehrmacht, era quem dirigia os trabalhos.

Tudo o que podia ser arrancado e carregado era utilizado para a construção dessas barricadas. As mulheres e as crianças passavam de mão em mão os paralelepípedos, à medida que os homens os arrancavam do chão. Sacos de areia da defesa passiva, tampas de esgoto, árvores, caminhões alemães incendiados, um piano de cauda, colchões, móveis e até um velho painel da loteria nacional no qual se lia "Tente sua sorte – Sorteio hoje à noite" se tornavam grandes obstáculos atravessados nas ruas. Na esquina da Rue Dauphine com Pont Neuf, um mictório servia de armadura à barricada. Na Rue de Buci, um antiquário esvaziou seu porão dos móveis velhos ali contidos para consolidar o volume que se elevava à frente de sua porta.

A barricada mais imponente talvez tenha sido obra de um grupo de estudantes da Escola de Arquitetura. Erigida na esquina do Boulevard Saint-Germain com o Boulevard Saint-Michel, no coração do Quartier Latin, com dois metros de espessura, toda de paralelepípedos, ela bloqueava um importante cruzamento da cidade, que logo ficaria conhecido como "Cruzamento da Morte".

Na frente da Comédie-Française, diante do Café de l'Univers, os atores da casa de Molière também tinham construído uma barricada. Embora eles tivessem empilhado tudo o que tinham encontrado no depósito de acessórios do teatro, ela lhes pareceu tão irrisória que eles decidiram, para impressionar os blindados alemães, empregar armas psicológicas. Então cercaram a construção com uma fileira de galões nos quais pintaram, com letras enormes: "*Achtung Minen*".* Ao longo de toda a semana, nenhum tanque alemão ousou avançar na direção daquela fortaleza fictícia.

A rapidez com que as barricadas surgiram nas ruas assombrou os alemães. Naquela noite, o *Feldwebel* Hans Schmidtlapp escreveria aos pais, fazendeiros da Baviera, dizendo que as ruas de Paris pareciam "lavouras depois da colheita da primavera". Elas valeram ao soldado de 1ª classe Willy Krause, da 1ª Waffenamt Kompanie OKW, sua primeira punição. Por não ter conseguido destruir uma barricada no parque Buttes-Chaumont, Krause, atirador de um tanque Hotchkiss, foi imediatamente transferido para a infantaria.

Para o coronel Rol, aquela súbita irrupção de barricadas foi uma imensa satisfação. Mas ela não resolvia o angustiante problema que o preocupava: a falta de armas. Para Lorrain Cruse, assessor de Chaban-Delmas a quem ele tinha garantido, na véspera, que "Paris valia duzentos mil mortos", Rol exigiu "os meios para fazer com que, entre esses mortos, uma boa parte seja de alemães". Sem notícias de Roger Gallois e de sua missão, Rol pediu um massivo lançamento de armas por paraquedas sobre Paris. Ele estendeu a Cruse uma lista das necessidades que julgava de suma urgência: além de armas e munições, ele solicitava dez mil granadas Gammon,** cinco toneladas de explosivo plástico e milhares de metros de cordão Bickford. No entanto, Rol não tinha ilusões sobre esse pedido. Ele sabia que Chaban-Delmas controlava o tráfego de mensagens com Londres e que esta provavelmente nunca chegaria a seu destino.

* * *

O jovem desligou com força o telefone. Yvon Morandat procurava trinta membros das FFI devotados a De Gaulle para uma missão perigosa. No entanto, em toda Paris em armas, ele não conseguia encontrar nenhum. Ele fora encarregado por Alexandre Parodi de desempenhar o papel principal na operação "Tomada do Poder". Ele teria que desempenhar esse papel sozinho, portanto, ou quase. A única pessoa que estava disponível naquele dia para ajudar Morandat a tomar o Hôtel Matignon, residência dos presidentes do Conselho, era Claire, sua secretária.

Havia sido naquele modesto apartamento da Rue Saint-Augustin, em que Claire e Morandat esperavam, que Alexandre Parodi decidira lançar a operação "Tomada do Poder". Cuidadosamente preparada havia meses, aprovada por

---

* Cuidado, explosivos. (N.T.)
** Granadas de explosivo plástico que, sob impacto, estourava como uma bomba. (N.A.)

Londres, essa espetacular manobra constituía, na mente de seus autores, de "um enorme blefe psicológico destinado a controlar os comunistas". O gesto inesperado de Choltitz, que libertara Parodi na véspera, lhe poupara a vida, mas comprometera definitivamente sua autoridade aos olhos dos adversários políticos. Parodi sabia que a trégua graças à qual ele esperara ganhar tempo vivia suas últimas horas. Antes do fim definitivo, ele queria alcançar um último objetivo. O importante era preservar o futuro: por meio de uma audaciosa manobra, os gaullistas ultrapassariam os comunistas na linha de chegada instalando oficialmente, em plena insurreição, o governo de Charles de Gaulle em Paris. Fazia tempo que, secretamente, alguns homens eram designados para ocupar as poltronas ministeriais e esperar que chegassem, de Argel ou da França libertada, os titulares do Governo Provisório de De Gaulle. A operação "Tomada do Poder" consistia justamente em instalar esses homens em seus cargos e garantir sua proteção até a libertação definitiva. Durante a primeira reunião oficial desse gabinete fantasma, que ocorreria no Hôtel Matignon, Parodi proclamaria publicamente a existência em Paris de um governo da República Francesa. Assim, para instaurar a si mesmos no poder, os comunistas precisariam liquidar os homens de Parodi e renegar oficialmente a autoridade de Charles de Gaulle e de seu governo. Para fazer isso, porém, as unidades do coronel Rol encontrariam em seu caminho vários milhares de homens, que formavam uma verdadeira guarda pretoriana. Fazia vários dias que os gaullistas introduziam clandestinamente em Paris armas provenientes dos esconderijos secretos da floresta de Nemours, onde os homens de Delouvrier esperavam a mensagem em código "Você almoçou bem, Jacquot?". Tais armas eram distribuídas aos integrantes da polícia, da gendarmaria e da guarda móvel que constituíam a "força governamental". Esta deveria manter os postos-chave da capital até a chegada de Charles de Gaulle. Seus chefes tinham sido avisados de que provavelmente teriam que defender por meio da força os edifícios que ocupavam. Eles tinham sido avisados que os atacantes não necessariamente usariam o uniforme *Feldgrau*.*

    O jovem sindicalista que Parodi designara para lançar a primeira carta dessa audaciosa jogada política abriu lentamente a cortina da janela do apartamento da Rue Saint-Augustin. Com um reflexo desconfiado, ele inspecionou a rua. Ela estava cheia de alemães. O imóvel estava cercado.

    Morandat levou um susto. "Fomos desmascarados", ele murmurou. Poucos dias antes da Libertação, portanto, ele cairia nas mãos da Gestapo. Mas

---

* Cinza-campo, literalmente. Era a cor verde acinzentada dos uniformes do exército alemão no século XX, em oposição ao azul prussiano dos séculos anteriores. (N.T.)

Morandat estava enganado. Os soldados de capacete que ele vira pela janela não estavam ali para prendê-lo. Sob o comando do *Hauptmann* Otto Nietzki, da Wehrmachtstreife, eles vinham restabelecer a ordem num bordel vizinho.

Aliviado, Morandat desceu até a rua. Com Claire na garupa da bicicleta, ele partiu à conquista do Hôtel Matignon, a residência do presidente do Conselho. Para ele, o palacete em questão só podia estar localizado na Avenue Matignon. Mas Morandat e Claire só encontraram um palacete na Avenue Matignon, cheio de suásticas e guardado por sentinelas alemãs. Morandat continuou pedalando até finalmente encontrar um pedestre naquela avenida deserta. Era um senhor de certa idade, que usava um chapéu preto e passeava com seu cachorro. Constrangido, o jovem gaullista encarregado de tomar a residência do presidente do Conselho fez ao pedestre solitário uma pergunta espantosa: "Com licença, senhor, onde fica o Hôtel Matignon?".

13

O ferroviário Heinrich Hauser, de 39 anos, da Eisenbahn Bezirk Direktion Nord (Direção Regional das Estradas de Ferro do Norte), não precisava perguntar o caminho naquela manhã. O grandalhão Hauser e seus 48 colegas sabiam exatamente aonde ir: eles queriam voltar para casa, na Alemanha. Fazia oito meses que tinham sido enviados a Paris para comandar o centro de controle da estação de Batignolles, e a vida de Hauser se dividia entre a estação e o Soldatenheim, na Place Clichy, onde ele morava. Na véspera, no imenso salão do restaurante, Hauser e seus colegas tinham celebrado a última noite em Paris. Acompanhando o goulash com espaguete do cardápio com várias garrafas de champanhe, ficaram bêbados. Hauser logo caíra numa embriaguez melancólica. Com a taça de champanhe na mão, os olhos marejados de lágrimas, ele começara a cantar "À beira do Reno, do belo Reno...". O salão inteiro repetira em coro a canção, acompanhado pelos violinos da orquestra feminina. Hauser e os colegas tinham continuado a festa de despedida em seu quarto, a noite toda, esvaziando as garrafas de vinho e conhaque que seus últimos marcos alemães lhes permitiram comprar.

Agora, com a cabeça pesada devido a todo o álcool ingerido, com a Mauser na mão e duas granadas na cintura, Hauser esperava o caminhão que seu chefe, o *Oberinspektor** da Reichsbahn** Wacker, prometera enviar para

---
* Inspetor-chefe. (N.T.)
** Ferrovia do Império. (N.T.)

evacuar os ferroviários de Batignolles. Desde a aurora, os homens de uma seção da 813ª Pionierkompanie trabalhavam instalando explosivos na estação, como parte do plano de demolição preparado pelo capitão Ebernach. Hauser sabia que, em algumas horas, tudo iria pelos ares. Com seus colegas, ele temia correr o risco de ser encurralado pelos escombros daquela estação de mercadorias e exterminado pelos "terroristas" que já ocupavam o bairro.

Para substituir o caminhão que não chegava, Hauser decidiu realizar a única façanha de que era capaz. Durante toda a guerra, de fato, ele exercera a única atividade que a Cruz de Ferro nunca premiava: a movimentação de trens. Numa das vias da imensa estação deserta em que Hauser e seus homens estavam, havia uma velha locomotiva e um único vagão de mercadorias. A bordo desse comboio improvisado, Hauser escaparia do vespeiro de Paris e fugiria para o Leste. Ninguém poderia detê-lo. Ele conhecia a rede ferroviária de Paris melhor que as ruas de sua Stuttgart natal.

Hauser subiu no centro de controle e executou uma manobra que poderia realizar de olhos fechados: ele abriu a via que, passando por Le Bourget, levava diretamente a Estrasburgo e à Alemanha. Como pacatos operários voltando para casa depois de um dia de trabalho, Hauser e seus 48 colegas se instalaram no vagão. A locomotiva arrancou em meio a uma nuvem de vapor branco e, em pouco tempo, a cidade e seus perigos se apagaram no horizonte. Para os fugitivos, restava uma única ameaça antes da chegada à Alemanha: os aviões aliados. Por um bom tempo, Heinrich Hauser ficou olhando pela lucarna traseira do vagão para as cúpulas da Sacré-Cœur de Montmartre, que brilhavam sob o sol do meio-dia. Depois ele começou a cochilar.

Quando acordou, um pouco mais tarde, Hauser viu com espanto que o sol tinha mudado de direção. Ele brilhava à frente da locomotiva. Ele esfregou os olhos e pensou que bebera demais na véspera. Depois, levantando-se bruscamente, começou a sacudir os colegas e a gritar: "Maldição, os canalhas mexeram nas vias! Estamos voltando para Paris!".

* * *

Yvon Morandat finalmente encontrara o Hôtel Matignon, que ficava no número 57 da Rue de Varenne, do outro lado do Sena, e não na Avenue Matignon. Depois de encostar a bicicleta no muro, Yvon e Claire se aproximaram do grande portão verde que, quatro dias antes, se fechara atrás do Hotchkiss preto de Pierre Laval. Morandat bateu com autoridade. O postigo se abriu e um rosto apareceu. Morandat disse que desejava ver o comandante da guarda. A porta de carvalho se abriu rangendo.

Ao ver o espetáculo que se oferecia a seus olhos os dois jovens estremeceram. Ali, no pátio interno coberto de cascalho, com as armas cruzadas e granadas na cintura do uniforme preto, estavam os 250 homens da guarda pessoal de Pierre Laval. Pegando Claire pelo braço, Morandat se postou prudentemente a um canto do pátio. Claire tirou da bolsa um pequeno pedaço de pano amassado. "Tome, Yvon", ela murmurou, "coloque isso." Era uma braçadeira tricolor. Ela pegou outra e a colocou no próprio braço. Quando viu o comandante da guarda atravessar o pátio em sua direção, Morandat se perguntou o que iria dizer. "Em caso de oposição", lhe dissera Parodi, "não insista, vá embora." "Em caso de oposição", ele pensou naquele momento, "irei embora dentro de um caixão."

"Sou o comandante", anunciou num tom seco o pequeno oficial que parara na frente dos dois civis. "De que se trata?"

Com ênfase e autoridade, numa voz imperiosa da qual não se sabia capaz, Morandat declarou solenemente: "Em nome do Governo Provisório da República Francesa, venho tomar posse dessas instalações".

O pequeno oficial, que durante quatro anos servira fielmente o governo de Vichy, cumprimentou-o militarmente: "Às suas ordens! Sempre fui um bom republicano". Ele gritou um comando e, no pátio, seus homens se colocaram em posição de sentido. Claire em seu vestido de verão multicor e Morandat em mangas de camisa passaram dignamente em revista aqueles ferozes guerreiros e subiram os degraus da solene residência.

No topo da escada, de terno e gravata branca, com uma grande medalha de prata pendurada a uma corrente no pescoço, o chefe dos funcionários da presidência do Conselho recebeu o jovem casal. Com toda dignidade, ele se inclinou respeitosamente como se estivesse diante de um chefe de Estado estrangeiro. E, num gesto cerimonioso com suas mãos de luvas brancas, ele os convidou a visitar o local. Primeiro os conduziu ao gabinete de Laval, onde as gavetas continuavam abertas desde sua partida. Depois os fez subir aos aposentos particulares. Mostrou-lhes o suntuoso banheiro em que Pierre Laval tomara, quatro dias antes, seu último banho. E numa voz cheia de deferência, o chefe dos funcionários perguntou a Morandat se o quarto verde contíguo ao banheiro lhe conviria para seu uso pessoal.

Morandat perguntou o que era o quarto verde. Imperturbável, o homem de luvas brancas respondeu ao filho do tipógrafo: "É o quarto do presidente do Conselho".

* * *

Deitado no chão atrás da balaustrada da Rue de Crimée, o artesão Germain Berton consultava seu relógio de pulso. Em sete minutos, a velha locomotiva de Batignolles sairia do túnel de Buttes-Chaumont e apareceria na linha de tiro de seu fuzil. Quinze minutos antes, numa sala da escola infantil da Rue Tandou transformada em posto de comando das Forças Francesas do Interior, o telefone tocara. O chefe da estação de Charonne anunciara a Berton que um comboio alemão de mercadorias se dirigia a Ivry e passaria pelo túnel de Buttes-Chaumont. Berton e três de seus homens estavam prontos para atacar aquela presa inesperada.

Fazia uma hora que cada giro das rodas afastava o ferroviário Heinrich Hauser e seus colegas do destino escolhido. Em vez de se dirigir para as margens do Belo Reno, a locomotiva e seu único vagão, presos no inextricável labirinto da rede ferroviária controlada pela Resistência, rumavam para Ivry. Eles em breve atravessariam Paris de norte a sul e, se o trem não parasse, chegariam aos americanos. Para especialistas em circulação ferroviária, aquela seria uma maneira pouco gloriosa de acabar a guerra, pensou Hauser.

De repente, tudo ficou escuro. O trem entrara no túnel de Buttes-Chaumont. Do outro lado, Germain Berton preparou sua arma. Como um touro saindo do curral, a locomotiva apareceu e Berton e seus homens abriram fogo. Revertendo o vapor, o maquinista deu marcha a ré e se abrigou dentro do túnel. Hauser e seus camaradas pularam para o chão e perceberam que outro comboio estava parado na via paralela. Hauser acendeu um fósforo e se aproximou de um vagão. À luz da chama, ele leu na parede do vagão um cartaz branco que o fez apagar imediatamente o fósforo. Era uma caveira com uma única palavra: *Achtung*. Ele entendeu que caíra numa armadilha dentro daquele túnel, pois aquele era um trem de munições.

A última viagem que o ferroviário da Reichbahn Heinrich Hauser organizaria por muitos anos chegara ao fim. Desmoralizado, ele levantou os braços acima da cabeça e caminhou até a saída do túnel, onde Germain Berton e seus homens esperavam.

* * *

A viagem de Roger Gallois também chegava ao fim. Escondido atrás de um monte de palha, um soldado alemão observava o francês exausto que avançava pelo campo de trigo maduro. Aquele era o último alemão que separava Gallois de um pequeno grupo de americanos que estava a cerca de quatrocentos metros dali. Fazia horas que o chefe das FFI tentava chegar à aldeia de Pussay, nos arredores de Rambouillet.

Quase sem forças, Gallois apostou todas as suas fichas. Ele vira o alemão, mas pensou que aquele sentinela isolado não ousaria revelar sua posição atirando em sua direção. Com a garganta seca, o coração disparado, transpirando de medo, Gallois continuou avançando em silêncio.

Ganhou a aposta. As linhas alemãs ficaram para trás. Louco de felicidade, ele começou a correr na direção dos soldados americanos. O primeiro que viu estava agachado numa vala, comendo o conteúdo de uma lata de conserva. Gallois se precipitou na direção do homem e começou a gritar: "Estou chegando de Paris com uma mensagem para o general Eisenhower!".

Ao ouvir aquelas palavras, o soldado encheu sua colher de feijões com todo cuidado e ergueu a cabeça.

"Sim", ele disse, "e daí?"

14

Diante do mapa mural que representava o Gross Paris, um comandante da Luftwaffe em seu brilhante uniforme cinza-azulado se mantinha ao lado do general Von Choltitz. Quatro anos antes, num dia de agosto como aquele, os aviões da terceira frota aérea alemã, que esse oficial representava, tinham toldado o céu da França com suas asas ameaçadoras. Onda após onda, eles sobrevoaram o canal da Mancha, na direção de Londres e das cidades inglesas. Isso acontecera em agosto de 1940. Agora, os 150 bombardeiros que restavam daquela armada estavam a menos de dez quilômetros do hotel Meurice, protegidos por sacos de areia no aeródromo de Le Bourget. Em breve, para escapar da destruição, aqueles aviões voariam para outras bases, mais a leste. Mas antes desse último recuo, o novo comandante da terceira frota aérea encarregara um de seus oficiais de propor a Choltitz que eles coroassem com um último louro o brasão da unidade que já carregava os nomes de Rotterdam, Londres e Coventry.

Esse novo comandante, o *Generaloberst** Otto Dessloch, substituía desde o dia 18 de agosto o robusto e ineficaz *Feldmarschall* Hugo Sperrle à frente da terceira frota aérea. E uma de suas primeiras decisões fora oferecer ao comandante do Gross Paris o auxílio da Luftwaffe "para reprimir as revoltas de Paris". Para isso, ele criara um plano muito simples. Esse plano poderia ser executado à noite contra um objetivo muito maior que a Prefeitura de Polícia. Nem a defesa antiaérea nem os caças inimigos poderiam deter sua execução.

---

* Coronel-general. (N.T.)

Tratava-se de uma maneira segura, radical e impiedosa de acabar com os motins que aconteciam no território do Gross Paris: o comandante propunha destruir, de uma só vez, todo o bairro nordeste da cidade, lançando ondas sucessivas de bombardeiros.

Com seu indicador rechonchudo, o oficial traçou um círculo em torno da zona de Paris que ele sugeria arrasar. Ela se estendia da colina de Montmartre aos subúrbios de Pantin, e de Buttes-Chaumont até os armazéns de La Villette. O comandante escolhera aquela zona porque ficava a cerca de oito quilômetros de Le Bourget. A proximidade, ele explicou, permitiria que cada aeronave realizasse ao menos dez rodadas para esvaziar os depósitos de bombas que a Luftwaffe não podia levar consigo. Assim, ele garantia, cerca de um quarto da capital, onde viviam oitocentos mil habitantes, poderia ser destruído em tempo recorde. "Quando o dia nascer", ele anunciou, "a zona nordeste não terá sequer um gato ou um cachorro vivo." Seria "uma pequena Hamburgo". Choltitz nunca se esqueceria da comparação. Pois o homem que ele recebia naquele dia era natural do grande porto hanseático, onde sua mulher e seus dois filhos tinham morrido na "noite de fogo" de 27 de julho de 1943.

A única coisa que o comandante da Luftwaffe solicitava ao general para a execução daquele plano era a evacuação dos soldados da área, o balizamento da zona de bombardeio por meio de sinalizadores e o fechamento das canalizações de água, eletricidade e gás. Eventualmente, ele acrescentou, se Choltitz julgasse necessário, a população poderia ser avisada alguns minutos antes do ataque.

Naquela manhã, Choltitz buscava justamente uma maneira de "obrigar os parisienses a se submeter". O gesto que ele fizera na véspera, soltando Alexandre Parodi e seus dois assessores, não tivera o efeito esperado. Em vez de deter a insurreição, ele parecia tê-la disseminado ainda mais. Em toda a capital, as barricadas se multiplicavam. Sobre sua escrivaninha, uma longa lista de soldados alemães mortos era a prova flagrante e dolorosa da virulência da insurreição. Na véspera, embora acreditasse ter estabelecido uma trégua com os insurgentes, ele perdera 75 homens, mais que no dia anterior, quando a insurreição começara.

Para Dietrich von Choltitz, não havia dúvida de que seu principal dever era defender seus homens. O plano que o comandante da Luftwaffe lhe trazia sem dúvida era "brutal e selvagem". Mas tinha o mérito de oferecer uma maneira de provar aos parisienses que ele podia "atacar e se defender". E ele devia isso a seus soldados. Encerrando a conversa, Choltitz, anunciou ao visitante que encarregaria seu estado-maior de estudar o plano de ataque.

* * *

Sobre a grande escrivaninha Luís XVI cheia de telegramas havia uma folha de papel em branco. No alto, no canto esquerdo, o chefe do Governo Provisório da República Francesa mandara imprimir, como único cabeçalho do papel timbrado, quatro palavras. No espírito da alta e digna figura que reinava atrás daquela mesa, aquelas quatro palavras, "O general De Gaulle", personificavam a soberania da França. Sozinho no gabinete da prefeitura de Rennes, Charles de Gaulle preenchia a folha em branco: com sua letra fina e altiva, ele dirigia um último apelo ao general Eisenhower.

Ao longo de toda a noite anterior e de todo o dia, Pleyel Violet, Montparnasse Noir e Apollo Noir, os transmissores clandestinos de Parodi e Chaban-Delmas, tinham lançado de Paris insistentes SOS pedindo a entrada imediata dos Aliados. Num desses telegramas, De Gaulle lera que *"a insurreição desencadeada no sábado e desacelerada por dois dias pela trégua muito favorável à Resistência não poderá ser mantida além desta noite. Amanhã haverá em toda Paris uma batalha com trágica desproporção de meios"*.

Aos olhos de Charles de Gaulle, a situação que aquelas mensagens descreviam parecia tão grave que nenhuma consideração deveria retardar a entrada dos Aliados, nem a sua, na capital. Cada hora que passava, ele sabia, aumentava as chances de seus adversários políticos tomarem a cidade, onde a retomada da insurreição logo faria reinar o caos e a anarquia. Quando ele chegasse, talvez já fosse tarde demais. Charles de Gaulle julgava esse perigo tão iminente que decidiu naquele dia, em nome da França, correr um risco de consequências imprevisíveis. A ocupação da capital pelos Aliados é tão urgente, ele escreveu a Eisenhower, que deve ser empreendida *"mesmo que haja alguns confrontos e algumas destruições dentro da cidade"*.

De Gaulle enviou esse apelo a Eisenhower por meio de um dos raros homens que tinham o privilégio de tratá-lo com intimidade. Ele o entregou ao vencedor de Monte Cassino, o general Alphonse Juin. Ele pediu a Juin que dissesse de viva-voz ao comandante supremo que em caso de resposta negativa ele se veria na obrigação de retirar a 2ª divisão blindada do comando aliado e enviá-la por sua própria autoridade a Paris.

Quando a porta se fechou atrás da silhueta maciça de Alphonse Juin, o general De Gaulle pegou uma segunda folha de papel e começou a rabiscar uma mensagem para Leclerc. Nessa mensagem, De Gaulle ordenava ao impaciente comandante da 2ª divisão blindada, da qual alguns homens, naquele momento, já avistavam as torres da catedral de Chartres, que se mantivesse pronto para agir. Ele o aconselhou formalmente a desobedecer a todas as ordens vindas de seus superiores americanos, por mais penoso que fosse, e a se considerar, quaisquer que fossem os riscos, sob o comando exclusivo do chefe do governo francês. Se Eisenhower não o enviasse a Paris, ele, De Gaulle, o faria.

Por fim, caso os Aliados fizessem uso da força para impedir Leclerc de marchar sobre Paris, restava a Charles de Gaulle uma última maneira de impor sua presença na capital francesa. Nas profundezas da mata de Nemours, ansiosos e impacientes, os homens da unidade de Paul Delouvrier não tiravam os ouvidos da BBC. Na pequena pista de aterrissagem improvisada por eles, estava tudo pronto. Para aqueles guerrilheiros, a única coisa que faltava era ouvir o código "Você almoçou bem, Jacquot?".

* * *

Vermelho e ofegante, Dietrich von Choltitz ouvia a voz seca do *Feldmarschall* Model ecoando no aparelho. Com a arrogância característica que demonstrava com seus subordinados, Model cobria de injúrias o comandante do Gross Paris. Não apenas ele se mostrara incapaz de manter a ordem na cidade, dizia Model, como rumores indicavam que ele negociara com os "terroristas". Choltitz tentou protestar, mas o marechal lhe cortou a palavra bruscamente para avisar que ele não devia ir além de seus poderes. O que Model esperava de seu subordinado era que este restabelecesse a ordem por todos os meios necessários, e não que tentasse fazer alta política. Choltitz garantiu a seu chefe que cumpriria essa missão, mas aproveitou para avisá-lo que se os levantes se estendessem, ele não poderia controlar a situação sem a ajuda dos prometidos reforços. Essa observação despertou a ira de Model. "Vire-se com o que tem", ele bradou no aparelho. No entanto, o irascível marechal aceitou enviar a Paris alguns elementos da 48ª divisão de infantaria, que chegava dos Países Baixos.

A impaciência e a irritação de que demonstrava o comandante-chefe do OB West revelava em que estado de nervos ele se encontrava. Fazia 48 horas que nenhuma das ordens que ele dera na esperança de restabelecer o front respeitava as vontades expressas do *Führer*. Por que aquele homem conhecido por sua devoção incondicional ao *Führer* decidira executar seu próprio plano de ação e não aquele imposto pelo comandante supremo dos exércitos alemães? Era inexplicável.* Na véspera, algumas horas depois de decidir, na presença de Speidel, conceder prioridade absoluta à retirada de suas tropas do Sena, ele recebera uma nova ordem. Essa ordem prescrevia de maneira categórica

---

* Segundo Martin Blumenson, historiador oficial do exército americano, a atitude de Model, do ponto de vista do comando, era não apenas inexplicável como "indesculpável". (Break out and Pursuit: US Army in World War II; European Theatre of Operations, vol. II, p. 598). (N.A.)

que sua principal missão seria defender a cabeça de ponte de Paris. Tinha a assinatura pessoal do líder do Terceiro Reich: "*Gez:* Adolf Hitler". Model devia, dizia essa ordem, "manter a cabeça de ponte a todo preço, qualquer que seja a amplitude das destruições" em Paris.* Ninguém melhor do que Model sabia o que a expressão "a todo preço" significava para o homem que assinara aquele telegrama. Ela subentendia que Paris devia ser defendida até o último homem, como Stalingrado, Smolensk e Monte Cassino.

A ordem, a primeira recebida de Rastenburg depois da conferência estratégica da noite, chegara ao OB West às 23h30. As instruções de Model, ordenando ao 5º exército blindado que se preparasse para a retirada do Sena, já tinham sido enviadas quando a mensagem de Hitler chegou a Margival. O *Feldmarschall* aparentemente julgara que era tarde demais para anular a movimentação. Os Panzer que Hitler queria enviar a Paris já se afastavam do Sena.

Preso entre as exigências do OKW e suas próprias concepções estratégicas, constantemente colocadas em questão pelo avanço aliado, Walter Model se movimentava em terreno instável. Seu único consolo, naquela tarde de segunda-feira, era que o bloqueio que ele operara diante de Paris parecia firme. Nessa zona, seu gabinete de operações assinalava apenas "tímidos reconhecimentos inimigos".** O comandante-chefe do OB West ainda não sabia que um destacamento simbólico do exército francês já avançava rumo à capital.

Ele se sentia comprometido demais com suas próprias manobras no baixo Sena, ou no fundo duvidava do interesse estratégico de um combate impiedoso por Paris? O certo é que, naquela noite de segunda-feira, Model sugeriu ao OKW defender Paris pelo norte e pelo leste da cidade.***

Antes de desligar o telefone, Model insistiu numa última frase ao governador de Paris. "Restabeleça a ordem na cidade",**** ele repetiu. Pela segunda vez em 24 horas, Model deixara de avisar ao general Von Choltitz que um reforço de duas divisões blindadas, a 26ª e 27ª Panzer, já estava a caminho de Paris.

15

Nas ruas de Paris, onde ecoara o velho apelo histórico de "às barricadas", ouvia-se, atrás daquelas estranhas fortificações, um novo grito angustiado: "Os tanques estão chegando". Furiosa com aquele desafio simbólico que se

---

* West/Op n. 772.956/44 – Gez: Adolf Hitler. (N.A.)
** Army Group B Wachenmelding n. 6375/44. (N.A.)
*** OB West Ia n. 6390/44-18.00-21/08/44 – Model ao OKW. (N.A.)
**** Arquivos do OKW – MS B034. (N.A.)

espalhava por toda a cidade, a Wehrmacht tirava de suas tocas os monstros blindados que, quatro anos antes, tinham dado as chaves de Paris a Adolf Hitler. Em toda parte, ao som dos tiroteios se somavam o estrondo das explosões e o ruído das esteiras percorrendo o asfalto.

Para Raymond Sarran, o estudante a quem um policial moribundo dissera: "Pegue minha arma e me vingue", a chegada dos tanques foi anunciada pelos próprios alemães. Atendendo o telefone, Sarran ouviu uma voz com sotaque germânico: "Senhor oficial das FFI, aqui é o coronel Kayser, comandante do Luxembourg. Exijo que o senhor destrua imediatamente sua barricada, caso contrário chamarei meus tanques". Estupefato, Sarran hesitou por um segundo. Depois, respondeu secamente: "O senhor já não pode exigir mais nada, coronel". Dez minutos depois, o estudante viu três Panthers surgirem na Rue Soufflot. Em cada torre de tiro, havia dois civis franceses amarrados. Para se proteger dos coquetéis molotovs dos parisienses, os alemães utilizavam escudos humanos.

No Boulevard Voltaire, invadido por uma fileira de tanques da caserna Prince Eugène, duas mulheres corriam ofegantes. No grande cesto de roupa que cada uma levava ao quadril, Clara Bonte, esposa de um deputado comunista deportado, e sua filha, Marguerite, tinham empilhado coquetéis molotovs. Num estranho ateliê da prefeitura do 11º arrondissement, as mulheres do bairro os tinham fabricado elas mesmas. Escondidos atrás das janelas da Place de la République, seus maridos esperavam aquelas garrafas para repelir os tanques.

No outro extremo de Paris, perto da estação de Batignolles, de onde o ferroviário alemão Heinrich Hauser acabava de partir rumo às margens do Reno, os insurgentes opuseram aos tanques de Choltitz um verdadeiro Rocinante de ferro, um velho tanque Somua, retirado de uma fábrica de Saint-Ouen. Quando a inacreditável máquina aparecera na praça da prefeitura, a multidão decorara sua torre de tiro com uma bandeira tricolor. Aquela seria sua única arma. O Somua de Batignolles, o único tanque de assalto da Resistência parisiense, só podia lançar desafios silenciosos: as FFI do 17º arrondissement não tinham bombas para seu canhão.

Outras ameaças além dos Panzer do general Von Choltitz pesavam naquele dia sobre os parisienses. Na cela escura da fortaleza hexagonal de Mont-Valérien, onde fora atirado depois dos combates sangrentos da prefeitura de Neuilly, o charcuteiro Louis Berty ouvia um som familiar. Durante três anos, quase todos os dias, o eco surdo daquele barulho chegara até o fundo de seu estabelecimento em Nanterre. Era o som dos pelotões de execução. O charcuteiro sabia que em breve uma daquelas rajadas ecoaria para ele.

Em uma fortaleza no outro extremo de Paris, mais prisioneiros também esperavam ser fuzilados. No fosso de Vincennes, o policial Georges Dubret e seus companheiros viviam um novo episódio de seu calvário. O pequeno *Führer* de Oradour, que executara o comissário Silvestri, ordenara que eles desenterrassem os cadáveres enterrados na véspera e cavassem uma vala maior "para que ela também possa conter os corpos de vocês", ele dissera.

Em plena Paris, da janela da cozinha onde os carcereiros do Palais du Luxembourg o haviam colocado para trabalhar, outro prisioneiro, o falso miliciano Pierre Pardou, pela segunda vez viu alguns civis passando com uma pá e uma picareta em cada ombro. Naquele dia, eles eram quatro.* Pouco tempo depois, Pardou ouviu uma série de tiros e entendeu que os infelizes tinham sido fuzilados depois de cavar suas próprias covas. Ao ouvir os tiros, Franz, o cozinheiro alemão, se virou para ele e repetiu pela centésima vez a única frase que ele parecia capaz de articular em francês: "Você fuzilado amanhã, então fazer cozinha limpa hoje". No mesmo prédio, dois andares abaixo, o eletricista Marcel Dalby, prisioneiro voluntário do Palais du Luxembourg, também ouvira os tiros. Nos últimos três dias, ele conseguira provocar dezessete horas de pane nas instalações elétricas do Senado, dezessete horas durante as quais, nos porões, as britadeiras dos sapadores da Organização Todt tinham parado de abrir os buracos destinados a receber as cargas explosivas. Mas Dalby sabia que a luta solitária que travava com os demolidores da Wehrmacht não deteria indefinidamente a destruição do palácio, e portanto ele corria o risco de logo ter que cavar sua própria cova no jardim.

Do outro lado do Sena, a menos de um quilômetro da cúpula de oito faces do Luxembourg, um homem impaciente percorria o corredor de carpete vermelho do primeiro andar do hotel Meurice. Em seis dias de um trabalho metódico e encarniçado, o capitão Werner Ebernach e os homens da 813ª Pionierkompanie tinham praticamente terminado a tarefa. Utilizando os torpedos armazenados no Pilz, o túnel de Saint-Cloud, eles tinham espalhado doze toneladas de explosivos pela cidade. Na véspera, dois policiais angustiados haviam aparecido no gabinete de Edgar Pisani, na Prefeitura de Polícia, para anunciar que os alemães tinham acabado de minar as pontes da Île de la Cité. Num último gesto de zelo, Ebernach inclusive pedira, como confessaria ao subtenente Von Arnim, que fossem preparados os explosivos necessários para explodir um símbolo de Paris: a Torre Eiffel. Agora, o capitão Ebernach aguardava a ordem de acender as mechas que desencadeariam as explosões

---

* Os quatro patriotas fuzilados naquele dia no Luxembourg foram: Jean Robaux, Henri Bessot, André Monnier e Arthur Pothier. (N.A.)

devastadoras. Naquele dia, porém, o fervoroso oficial de engenharia esperaria em vão para ser recebido pelo comandante do Gross Paris. Choltitz se contentou em mandar-lhe dizer por seu ajudante de campo "que continuasse os preparativos e aguardasse instruções".

No fim do dia, às primeiras gotas de uma nova tempestade, um rumor extraordinário se espalhou pela cidade inquieta. Em seu pequeno apartamento da Rue du Bac, um jovem autor de teatro chamado André Roussin escreveu em seu diário: "Iniciado com medo, este dia chega ao fim com esperança. Parece que duas divisões americanas chegaram a Rambouillet. Amanhã os americanos estarão em Paris".

* * *

Os americanos estavam de fato em Rambouillet. Mas André Roussin superestimara um pouco o número em seu diário: eram três homens. E nenhum dos três tinha uma razão oficial para estar em Rambouillet. O primeiro, alto e distinto, era um coronel natural da Virginia chamado David Bruce. Ele era o chefe, para toda a Europa, do Office of Strategic Service, o famoso serviço secreto americano. Sua captura teria sido, para os alemães, a mais bela façanha da guerra secreta. O segundo era um motorista de jipe, um soldado taciturno de nome Red Pelkey. O terceiro era o imponente correspondente de guerra que Fernand Moulier, André Rabache e Pierre Gosset tinham deixado adormecido na mesa de um hotel da Normandia uma semana antes. Derrotado por seus colegas franceses na corrida até Paris, Ernest Hemingway tinha mesmo assim jurado ser o primeiro jornalista americano a entrar na capital francesa.

A caminho de Paris, seu primeiro ato havia sido "libertar" o bar do Hôtel du Grand Veneur, um albergue de Rambouillet, muito apreciado pelos parisienses nos finais de semana. No bar, ele amontoara de qualquer jeito uma caixa de granadas, uma carabina, uma garrafa do melhor conhaque da casa e um mapa rodoviário Michelin no qual marcara o lugar das posições alemãs nos arredores.

Precedendo em 48 horas as vanguardas aliadas, o trio libertador se encontrava bem no meio das linhas alemãs. "A cada vez que nos virávamos", lembra Bruce, "homens de uniforme *Feldgrau* apareciam do nada e vinham se entregar." Hemingway fazia então uma pequena cerimônia. Ele os fazia tirar as calças e os colocava para trabalhar na cozinha, descascando batatas destinadas às FFI, cada vez mais numerosas, que também ocupavam o hotel.

O grupo FFI que espontaneamente se colocara sob as ordens daquele pitoresco americano chamava Hemingway de "meu capitão". No dia da libertação de Paris, por uma das promoções mais rápidas da história militar da França, Hemingway se tornaria "meu general".

16

Em molduras douradas, os monges risonhos das gravuras que decoravam as paredes pareciam ter parado de rir. À luz das seis velas que a proprietária do apartamento acendera, um grupo de homens em mangas de camisa discutia com paixão. Do fundo da cozinha, a sra. Alphone Juge podia ouvir suas exclamações. Ela nunca se perdoaria por ter oferecido apenas um refresco de limão aos participantes daquela reunião histórica.

Mas naquele apartamento da Avenue du Parc-Montsouris os convidados da sra. Juge não pensavam em beber. Nunca, a não ser nas prisões da Gestapo, tantos líderes da Resistência tinham se reunido no mesmo lugar. Nunca as palavras trocadas entre membros da Resistência tinham sido tão tempestuosas.

A discussão daquela noite dizia respeito ao destino que se convinha dar oficialmente à trégua do cônsul Nordling, já quebrada de fato nas ruas. Pela última vez, gaullistas e comunistas se reuniam para decidir.

Ao lado de Alexandre Parodi o general Chaban-Delmas defendia a trégua como uma trincheira de Verdun. Ao aceitar a trégua, ele declarou, "a Resistência firmou um *gentlemen's agreement* com Choltitz". A expressão provocou uma verdadeira onda de protestos. "Ninguém firma um *gentlemen's agreement* com um assassino!", gritou uma voz escandalizada. Agarrando o autor dessa observação pelo colarinho, o fogoso jogador de rúgbi exclamou com fúria: "O que vocês querem é matar inutilmente 150 mil pessoas!".* Diante dessas palavras, o arquiteto Roger Villon, líder dos comunistas presentes, disse com desdém: "Nunca conheci um general francês tão covarde". A balbúrdia se tornou tão grande, então, que a pobre sra. Juge, em sua cozinha, pensou que "os alemães acabariam aparecendo". De repente, sobrepondo-se ao tumulto, ela ouviu o barulho de um vidro se quebrando no chão. O silêncio se fez na mesma hora. O jornalista gaullista Jacques Debû-Bridel utilizara uma velha astúcia parlamentar. Ele quebrara uma janela, sabendo que o barulho de vidro quebrado sempre acalmava as paixões. Um homem, que no entanto não era comunista, se levantou e começou, em voz calma e grave, a refutar os

---

* Enquanto gaullistas e comunistas se enfrentavam na sala de jantar da sra. Juge, o general Kœnig lançava nas ondas da BBC um novo apelo aos parisienses. A insurreição, ele repetia, só levava ao sacrifício inútil de vidas francesas. "Parisienses, um pouco mais de paciência..." (N.A.)

argumentos apresentados por Chaban-Delmas. Esse homem pertencia a uma das grandes famílias da França. Fazia três anos que, longe dos salões elegantes onde passara a vida, o conde Jean de Vogüé vivia na clandestinidade de um subúrbio popular. Num dia de chuva, cruzando de repente com sua mãe não muito longe do palacete onde ela morava, ele tinha, com uma dor no coração, abaixado a aba do chapéu sobre os olhos para não ser reconhecido. Agora, aquele aristocrata falava em nome dos milhares de parisienses que queriam acima de tudo lutar contra os alemães, quaisquer que fossem as consequências e o preço a ser pago. "Nas barricadas", ele dizia, "apagaremos a vergonha de 1940."

Roger Villon tomou a palavra. Em algumas frases secas e cortantes, ele deu o golpe de misericórdia na trégua que Parodi e os gaullistas tanto tentavam impor. "De Gaulle", ele exclamou, "recusou o armistício de 1940! Por que os comunistas precisam aceitar o de 1944? Porque desta vez o armistício convém ao general?" Fixando o olhar duro e hostil em Parodi, Villon, que acabava de ser informado das últimas manobras gaullistas para tomar os instrumentos do poder, ameaçou cobrir os muros da cidade com cartazes acusando os gaullistas "de apunhalar o povo de Paris pelas costas".

Eles finalmente passaram à votação. Na pequena sala de jantar de assentos puídos, a trégua de Nordling foi oficialmente rompida pelos votos da maioria. Alexandre Parodi obteve, no entanto, uma última concessão de seus adversários. A ruptura da trégua só seria anunciada no dia seguinte. Ele se levantou e vestiu o paletó. Lágrimas de raiva e tristeza escorriam de seus olhos. "Meu Deus", ele murmurou numa voz imperceptível, "Paris será destruída." Desdenhoso, triunfante, Villon exclamou: "Pouco importa! Melhor que Paris se torne uma nova Varsóvia do que padecer mais uma vez a humilhação de 1940!".

Ao longo daquela noite, em seus esconderijos sob os telhados de Paris, Apollo Noir, Montparnasse Noir e Pleyel Violet, os transmissores dos gaullistas, crepitariam mensagens angustiadas. Agora, somente a entrada dos Aliados poderia salvar Paris.

17

Dietrich von Choltitz nunca passaria uma noite mais solitária do que aquela. Vinte anos depois, seu fiel ordenança, o cabo Helmut Mayer, ainda se lembraria que, pela primeira vez nos sete anos em que o servia, seu chefe lhe falara com raiva. "Suma daqui e me deixe em paz", gritara Choltitz quando Helmut entrara no quarto para arrumar a cama.

Sem camisa na penumbra da peça, respirando com dificuldade por causa do calor opressivo, o pequeno general que tinha nas mãos o destino de Paris estava sozinho consigo mesmo. O único homem que poderia ter atenuado aquela solidão, seu primo Adolf von Carlowitz, havia partido. Àquela hora, pensou o general, ele devia estar em Baden-Baden.

Pela janela aberta, Choltitz distinguiu a linha escura e imóvel das árvores das Tulherias, atrás das quais tiros ecoavam na escuridão. Cada um daqueles estouros o atingia como um arrependimento. Ele tinha a impressão de que o universo bem organizado no qual vivera desmoronava. Com a esperança de restabelecer a ordem sem cometer atos irremediáveis, ele apostara na trégua de Nordling e libertara os líderes da Resistência. Aqueles tiros lhe mostravam o tamanho de seu fracasso.

Agora, Model e Berlim sabiam que ele negociara com o inimigo. E ele ainda não executara as ordens de destruição dadas pelo OKW. Na antessala de seu gabinete estavam organizados numa grande pilha os dossiês dos quatro peritos em demolição do OKW. Ele não abrira nenhum. Quatro dias depois que o *Feldmarschall* Von Kluge ordenara a destruição das instalações industriais da região parisiense, 24 horas depois que Jodl repetira de viva-voz aquela ordem ao telefone, o comandante do Gross Paris ainda não explodira nenhuma usina. Ele inclusive evitara receber o capitão Ebernach, que o procurara para dizer que os preparativos estavam concluídos. Pela primeira vez em 29 anos de vida militar, o general Von Choltitz se perguntava se não estaria cometendo um ato de insubordinação.

Ao pensar nisso, uma imagem abominável lhe veio à mente. O rosto do *Reichleiter* que ele encontrara no trem de Rastenburg. A *Sippenhaft*, a impiedosa lei de que aquele homem lhe falara, corria o risco de ameaçar as pessoas cuja foto ele tinha em sua mesa de cabeceira, numa moldura de couro preto, ao lado do telefone e de *A história da guerra franco-prussiana*. Faltava Timo, seu pequeno caçula, entre Uberta e suas filhas. Ele não havia nascido quando aquela foto, da qual Choltitz não se separava havia quatro anos, fora tirada.

Seria por causa da noite pesada, sem nenhuma brisa, ou pela certeza crescente de não ter estado à altura de sua tarefa? Choltitz se sentiu subitamente cansado e desencorajado. Ele começou a caminhar de um lado para outro na penumbra. Grandes gotas de suor desciam por suas costas e se perdiam na cintura. Diante da insurreição que se espalhava como uma epidemia, diante das dúvidas que seus superiores começavam a ter sobre a eficácia de seu comando, ele tinha um único recurso: demonstrar sua autoridade, afirmar seu poder. As palavras do comandante da Luftwaffe lhe voltaram à mente. O plano que aquele obscuro oficial lhe propusera tinha ao menos um mérito: era simples e fácil de executar. Um pequeno espaço separava aquele oficial e seus bombardeiros do general Von Choltitz, o espaço que ele deveria percorrer para ir até o canto do quarto e tirar o telefone preto do gancho, ao lado da fotografia de sua família. A ideia de um "bombardeio massivo que daria um fim à insurreição" começou a obcecá-lo. Ele pensou que um ato como aquele poderia, em si, remediar o erro que ele cometera ao cancelar o bombardeio e o ataque à Prefeitura de Polícia.

Sentindo uma opressão no peito, Choltitz parou na frente da janela e contemplou as sombras indistintas da cidade da qual era o comandante onipotente. Ao sul, sob o telhado de um imóvel qualquer, um punhado de homens febris acabava de tomar a decisão irrevogável de lutar contra ele até a morte. Os tiroteios haviam cessado. Da janela, o general que esmagara Sebastopol sob um dilúvio de fogo ouvia apenas o martelar tranquilizante e regular dos passos dos sentinelas que montavam guarda na frente de seu hotel. E ele se perguntou quantas ruínas seriam necessárias para restabelecer a ordem na cidade.

Outros pensamentos invadiriam a mente do general Von Choltitz naquela noite. Ele nunca duvidara dos princípios de educação que recebera nem dos valores do código ao qual subscrevera ao escolher a carreira das armas. Como todos os alemães, ele acreditara em Hitler e no destino excepcional da Alemanha. Agora, porém, aos 49 anos, no auge da carreira, Choltitz sentia as primeiras dúvidas invadirem sua mente. Quinze dias antes, no bunker sem janelas de Rastenburg, ele tivera uma terrível revelação: Adolf Hitler, o senhor todo-poderoso do Terceiro Reich, enlouquecera, ele tinha certeza. Depois da fatal meia hora que passara em sua companhia, Choltitz sentira se firmar dentro de si a certeza de que não haveria nenhum milagre para a Alemanha, de que o caminho que seu país seguia levava diretamente para a maior derrota de sua história.

Agora, sob as ordens daquele homem que perdera a razão, ele se via encarregado de uma tarefa cujo aspecto militar parecia subitamente secundário, visto que os reforços solicitados não chegavam. Defender Paris contra o inimigo, ainda que ao preço de sua destruição, era para ele um ato militar justificável. Mas destruir deliberadamente a cidade, pela simples satisfação de apagar do mapa-múndi uma de suas maravilhas, era um crime absurdo. No entanto, o comandante do Gross Paris desconfiava que era isso que Hitler, Jodl e Model pareciam esperar dele. Vinte anos depois, Dietrich von Choltitz se lembraria com emoção do debate que teve início naquela noite em sua própria consciência. Entre a obediência instintiva às ordens recebidas e o espectro do apocalipse que se delineava à sua frente, ele se sentiu tomado por um terrível dilema. A História, ele não tinha dúvidas, nunca perdoaria o homem que destruísse Paris. Mas, mais do que essa convicção, a visão de seu próprio corpo balançando numa corda acima das ruínas da cidade que ele destruiria se impôs em sua mente. Diante da morte que tantas vezes enfrentara, Choltitz nunca sentira especial apreensão. Mas isso em relação à morte gloriosa do soldado, não à morte ignominiosa do criminoso. Algumas horas antes, quando ele recebera o telegrama de Jodl confirmando a ordem de destruição, Choltitz pousara sua pesada mão sobre o ombro do ajudante de campo e murmurara: "Meu pobre Arnim, só me resta ir para a última ponte e me deixar sepultar sob suas ruínas".

Parecia haver uma única saída para esse dilema. Tal saída, visto que os reforços não chegavam, era o acontecimento que Charles de Gaulle, Leclerc e vários outros franceses tentavam desesperadamente provocar: a entrada imediata dos Aliados em Paris. Pela manhã, o comandante do Gross Paris recebera a visita do general Kurt von der Chevallerie, comandante do 1º exército. Da boca desse general, ele ouvira que as tropas do 1º exército, até então posicionadas na cobertura entre Versalhes e Arpajon, tinham recebido de Model a ordem de ocupar posições mais ao sul, na região de Melun-Fontainebleau. Essa notícia revelara a Choltitz que o caminho para Paris estava aberto aos Aliados, por menos que eles quisessem segui-lo. Não haveria praticamente nada para detê-los.

A campainha do telefone interrompeu os pensamentos do general. Ele fechou a janela, puxou as cortinas e acendeu a luz.

Do outro lado, Choltitz reconheceu a voz do chefe de pessoal do exército, o general Wilhelm von Burgdorf, homem que o escolhera como governador de Paris. Dois anos antes, o arrogante chefe de pessoal dissera ao vencedor de Sebastopol: "Disponho de tantos generais que poderia utilizá-los para alimentar os porcos". Agora, ele telefonava a Choltitz para informar que já não havia generais disponíveis nos fichários do OKW. Em vez de enviar o oficial general que Choltitz solicitara para comandar as tropas encarregadas da defesa externa de Paris, Hitler decidira promover à patente de general de brigada o tenente-coronel Hubertus von Aulock, com quem o governador de Paris bebera champanhe cinco dias antes numa mansão de Saint-Cloud.

O comandante do Gross Paris agradeceu a Burgdorf por sua "solicitude" e colocou o telefone no gancho. Então se deitou na cama, olhou para o teto e começou a pensar. Após um longo momento de hesitação, decidiu que faria um último adiamento. Ele esperaria 24 horas antes de telefonar para Le Bourget e ordenar o bombardeio da Luftwaffe. Tomada essa decisão, ele se esforçou para resolver mentalmente um problema militar muito mais simples: "Como encontrar, numa cidade em insurreição, dragonas de general para Hubertus von Aulock?".

18

Para Roger Gallois, o dia chegava ao fim com uma última surpresa. Dentro de uma tenda hermeticamente fechada, ele se perguntava quem poderia ser *the important american* diante do qual ele se apresentaria. Em sua alegria de alcançar o objetivo, o francês já não sentia o cansaço das horas febris e movimentadas que ele acabara de viver antes de chegar àquele misterioso QG.

Depois da acolhida indiferente do primeiro soldado americano, Gallois fora colocado num jipe cujo motorista fora proibido de lhe dirigir a palavra. Maravilhado e aflito, por duas longas horas ele percorrera as colunas intermináveis do exército americano. O jipe finalmente parara numa clareira cheia de barracas.

Um grandalhão de cabelos despenteados, camisa para fora das calças, olhos inchados de sono entrou na barraca para onde ele fora levado. "Desculpe", ele disse, "eu estava dormindo." Depois, acrescentou, encarando o francês: "OK. Estou ouvindo. O que tem a me dizer?".

Com todo fervor patriota, Gallois começou a expor a situação de Paris. Quando terminou, o americano fixou nele seus olhos escuros e disse: "O senhor é um soldado. Eu sou um soldado. Vou lhe responder como um soldado". A resposta do misterioso americano foi: "Não". Ele explicou por quê. Primeiro, porque o objetivo dos Aliados era combater a Alemanha, e não conquistar capitais. Segundo, porque a Resistência desencadeara a insurreição sem ordens para tanto e devia sofrer as consequências. Por fim, os exércitos aliados estavam com falta de combustível, sendo impossível assumir a responsabilidade de reabastecer Paris. Dito isso, ele estendeu a mão ao francês e foi se deitar.

Seu tom foi tão cortante, tão brutal, que a resposta parecia definitiva. E poderia ser definitiva, de fato. O general despenteado e desalinhado que Gallois acordara no meio da noite era o próprio Patton.

Para Roger Gallois, a última esperança de ver Paris escapar do destino de Varsóvia acabava de ruir. Aquela foi, ele se lembraria mais tarde, a mais cruel decepção de sua vida. Em sua tristeza, ele não vira o americano retornar à tenda. Patton voltara de repente para pedir ao francês que fosse até a cidade de Laval para falar com outro general americano.

* * *

Perto de Laval, em outro QG, dentro de outra tenda, outro francês se preocupava com o destino que ameaçava Paris. Sentado em sua cama dobrável, um coronel chamado Lebel escrevia à luz de uma lamparina um patético apelo a favor da capital de seu país. As palavras utilizadas por esse oficial eram tão prementes quanto as de Charles de Gaulle. "Se o exército americano não socorrer Paris, que ele sabe em plena insurreição, o povo francês nunca o perdoará", ele escreveu. Era a primeira vez desde que ele servia como oficial de ligação no exército americano que Lebel se permitia intervir junto a seus superiores. No dia seguinte, seu chefe, o general Omar Bradley, comandante do 12º Grupo de Exércitos, tinha um encontro com o comandante supremo. O modesto coronel francês estava tão convencido de que o destino de Paris devia ser decidido durante aquela conferência que resolvera colocar entre os papéis de Bradley o apelo pessoal que acabava de redigir.

19

O tenente-coronel Chuck Heflin estremeceu. A noite estava fria e úmida. Para se aquecer, o oficial segurou o café quente com as duas mãos.

Dos degraus de sua tenda, ele podia ver, se desenhando na colina, a longa fileira de aviões B-24 da esquadrilha Carpetbaggers comandada por ele. Atrás daquela colina, incrustada num vale, ficava a pequena cidade inglesa de Harrington. Sombras se agitavam em torno dos aviões; eram os homens de Chuck Heflin, que enchiam os contêineres com cem quilos de armas e munições que em poucas horas seriam lançadas de paraquedas sobre a Europa ocupada.

Os três mil homens da esquadrilha Carpetbaggers constituíam uma unidade altamente especializada. Desde janeiro de 1943, eles tinham realizado mais de trezentas missões nos céus europeus. Lançaram de paraquedas toneladas de armas e munições às forças da resistência francesa, belga, holandesa, norueguesa e polonesa. Mas nenhuma dessas missões parecera tão difícil quanto a que era preparada naquela manhã. Seu nome era Operação Beggar. Ela ocorreria em plena luz do dia e os aviadores de Heflin deveriam, a menos de 150 metros de altitude, acertar alvos que não chegavam ao tamanho de um campo de futebol.

O coronel Rol havia ganhado. As mensagens de rádio que ele enviara para pedir armas tinham, apesar dos pesares, sido transmitidas e levadas em consideração. Em poucas horas, assim que a aurora clareasse o céu acima da Inglaterra, os 130 B-24 da esquadrilha Carpetbaggers decolariam. Ao longo dessa operação única nos anais da guerra, eles fariam chover duzentas toneladas de armas no coração de Paris, sobre o Bois de Boulogne, os hipódromos de

Auteuil e Longchamp, a esplanada dos Invalides, a Place de la République... e até mesmo no pátio da sitiada Prefeitura de Polícia.

* * *

Para o coronel Lebel, a chegada daquele parisiense sujo e com a barba por fazer era providencial. Alguns minutos depois, às seis horas em ponto, numa barraca do quartel-general do Eagle Tac, Lebel teria uma última conversa com seu superior, o general Edwin Siebert, chefe do 2º gabinete do 12º grupo de exércitos. Imediatamente depois, este partiria com o general Bradley rumo ao estado-maior de Eisenhower. Durante a conferência que aconteceria então, o destino de Paris seria decidido.

Nas últimas 48 horas, Siebert repelia a ideia de uma mudança de estratégia dos exércitos aliados e recusava cogitar uma marcha imediata sobre Paris. Mas a chegada inesperada de Roger Gallois talvez pudesse, esperava Lebel, fazê-lo mudar de ideia. Nenhum de seus argumentos, por mais inflamados que fossem, seria mais persuasivo que o testemunho direto de alguém que saíra da cidade insurgente.

Gallois sentiu que chegava num momento crucial. Ele entendeu que o brutal "não" do general Patton, na véspera, não era definitivo. Os americanos lhe davam uma última chance.

"O povo de Paris tentou libertar a capital para oferecê-la aos Aliados", ele começou, num tom patético. "Mas não conseguiu acabar o que começou. Vocês realmente precisam ir a seu auxílio, caso contrário haverá um terrível massacre e centenas de milhares de franceses serão mortos..." Gallois pintou então um quadro dramático da situação de Paris.

Quando ele terminou, houve um longo silêncio na tenda. O general Siebert tossiu, agradeceu ao visitante e reuniu seus papéis. Ao sair, ele deu uma leve cotovelada no coronel Lebel e lhe disse: "Leclerc, *your impatient lion*, chega hoje. Ocupe-se dele. Talvez tenhamos novidades para ele esta noite".

Então, com os documentos embaixo do braço, perdido em pensamentos, o general que vinha de uma pequeníssima ilha de Massachusetts se dirigiu ao Piper-Cub que estava à sua espera. As palavras que ele acabara de ouvir o haviam "marcado profundamente". Ele se lembra de ter pensado, enquanto afivelava o cinto de segurança: "Se não chegarmos a Paris dentro de dois dias, haverá uma terrível carnificina na cidade".

* * *

Na orla de um pequeno bosque, perto da aldeia bretã de Grand-Champ, Dwight Eisenhower também pensava em Paris naquela manhã de terça-feira. Em cima da escrivaninha envernizada de seu trailer de comando estava a folha de papel na qual, 24 horas antes, Charles de Gaulle redigira seu premente apelo ao comandante supremo para a libertação de Paris.

Eisenhower pegou a caneta e, numa letra firme e clara, escreveu sem entusiasmo algumas palavras à margem: "Parece que seremos obrigados a marchar sobre Paris".*

Era muito a contragosto que Eisenhower tomava essa decisão. Num breve telegrama dirigido a seu superior naquela manhã, o general George Marshall, em Washington, Eisenhower resumiu suas reticências: "*Considerando os imperativos de reabastecimento que teríamos que assumir libertando Paris, é preferível adiar a tomada da cidade enquanto não for resolvido o importante problema da destruição das forças inimigas, inclusive as que se encontram em Pas-de-Calais*".

No entanto, ele tomou a precaução de avisar Marshall que não estava certo de que isso fosse possível. Na eventualidade de uma libertação iminente de Paris, ele acrescentou que "*alguns dias depois desta, De Gaulle seria autorizado a fazer sua entrada oficial na capital*".** Para um homem que conhecia tão bem o general De Gaulle, essa afirmação denotava uma espantosa falta de julgamento. Pois, segundo o próprio Eisenhower, ninguém podia impedir De Gaulle de ir aonde ele quisesse.

O plano de Eisenhower só previa a entrada em Paris do chefe do Governo Provisório francês vários dias depois da Libertação da capital. Tal entrada deveria ocorrer sob os auspícios dos Aliados. Naquela manhã de agosto, o *Daily Herald* de Londres, citando fontes diplomáticas bem informadas, anunciara que o presidente Roosevelt e Winston Churchill tinham a intenção de conduzir pessoalmente "o desfile triunfal dos Aliados em Paris" alguns dias depois da libertação. O jornal acrescentara: "Nesse dia, é *provável* que o lugar de honra caiba a De Gaulle".

O comandante supremo fora informado de que Charles de Gaulle se encontrava na França apenas para uma inspeção temporária. O acordo franco--americano relativo aos Assuntos Civis, aceito em linhas gerais em Washington no mês de julho, ainda não fora assinado. O general Julius Holmes, adjunto de Eisenhower para os Assuntos Civis, sabia o quanto Washington estava pouco inclinada a deixar Charles de Gaulle transferir imediatamente de Argel para

---

* Nota manuscrita na carta de De Gaulle – SGS SHAEF Arquivo 092. (N.A.)
** C.P.A. 30235 22 de agosto – SHAEF Arquivos Operações 322 OII/I. Grifado pelos autores. (N.A.)

Paris a sede de seu Governo Provisório. O Departamento de Estado queria proceder por etapas. Num primeiro momento, De Gaulle seria "autorizado" a exercer simbolicamente sua autoridade "provisória" numa cidade francesa libertada. Mas essa cidade só poderia ser Paris no dia em que a América tivesse reconhecido oficialmente o Governo Provisório de Charles de Gaulle.

De Gaulle não ignorava as reticências aliadas a seu respeito. Naquela manhã, porém, em seu quartel-general temporário na prefeitura de Le Mans, ele não tinha a menor intenção de deixar Eisenhower, ou quem quer que fosse, "autorizá-lo" a fazer sua entrada oficial em Paris. Ele pretendia chegar em Paris junto com as primeiras tropas aliadas – e ali ficar. Além disso, o comandante supremo querendo ou não, De Gaulle decidira enviar, nas próximas horas, a 2ª divisão blindada para Paris. Charles de Gaulle nunca aceitaria entrar em Paris nos furgões dos Aliados. Ele estava decidido a fazer sua entrada sozinho, como Charles de Gaulle, líder da França Livre. Depois, mas somente depois, ele acolheria os Aliados em sua capital. Ele inclusive ordenara a seu ajudante de campo, Claude Guy, que encontrasse um carro de marca francesa para conduzi-lo a Paris. Guy, na noite anterior, requisitara em Rennes um magnífico Hotchkiss conversível pertencente a um empresário suíço.

A bordo desse carro francês, dirigido por um motorista francês, escoltado por motociclistas franceses, Charles de Gaulle se preparava para se dirigir a Paris. Assim como deliberadamente deixara de avisar aos Aliados que seu retorno à França daquela vez seria definitivo, ele agora deixava de lhes comunicar que não tinha a menor intenção de sair de Paris depois de entrar na cidade. Para De Gaulle, a entrada na capital seria o primeiro ato da instalação de seu governo no poder. Sabendo com que reticências os Aliados aceitariam aquilo, ele decidiu evitar a todo preço que uma manobra americana de última hora corresse o risco de privá-lo de uma entrada triunfal na capital libertada. Ele deu a seu círculo mais íntimo a instrução formal de agir discretamente, de modo a que os Aliados, dali por diante, "nunca saibam exatamente onde está Charles de Gaulle".*

No gabinete de operações da base aérea inglesa de Harrington, os homens da esquadrilha Carpetbaggers tiveram um sobressalto. O telefone verde, da linha secreta que os ligava diretamente ao estado-maior OSS de

---

* Essa instrução foi tão bem observada e o resultado tão amplamente alcançado que, 24 horas depois, o comandante americano que acabava de ser nomeado oficial de ligação junto ao general De Gaulle corria de estado-maior em estado-maior para tentar saber onde estava o general. "Como o senhor quer que eu saiba onde ele está?", respondeu-lhe o general Walter Bedell-Smith, o próprio chefe de estado-maior de Eisenhower, "o senhor acha que ele nos diz aonde vai?" (N.A.)

Thayer House, em Londres, enchia a sala com sua campainha contínua. O tenente-coronel Bob Sullivan atendeu. "Suspendam a operação Beggar", ele ouviu. Londres acrescentou que a operação fora transferida para o dia seguinte, quarta-feira, 23 de agosto.

Como Dietrich von Choltitz, o general Kœnig, comandante-chefe das FFI, também decidira conceder-se 24 horas de reflexão. Fora o próprio Kœnig que organizara a Operação Beggar. Antes que os aviões decolassem, ele subitamente decidira adiá-la. Para Kœnig e para os outros oficiais das Forças Francesas Livres do quartel-general de Bryanston Square, lançar armas de paraquedas sobre Paris era uma operação arriscada. Podia resultar no massacre dos parisienses que tentassem buscar as armas. Acima de tudo, para os chefes franceses de Londres, a maior parte dessas armas corria o risco de reforçar a potência dos comunistas, adversários de De Gaulle.

Nos três anos em que organizava lançamentos de armas de paraquedas à Resistência, o chefe de estado-maior do general Kœnig* sempre tentara respeitar uma instrução que os gaullistas consideravam essencial. As armas nunca deveriam ser lançadas em zonas urbanas ou em lugares onde corressem o risco de cair nas mãos dos comunistas.

Kœnig e os oficiais de seu estado-maior desaprovavam a insurreição de Paris por motivos políticos. No entanto, eles se interessavam pelo destino de seus compatriotas, que enfrentavam com pistolas e velhas carabinas os tanques alemães nas ruas de Paris. Dividido entre temores opostos, Kœnig decidira se conceder mais um dia antes de agir. Se em 24 horas os combates de rua continuassem, ele secretamente jurara para si mesmo que ignoraria as consequências políticas que poderiam resultar de seu ato e faria milhares de fuzis e granadas choverem sobre os telhados de Paris.

20

Para Paris e os parisienses, não houve tempo de descanso. Com o nascer do sol, a batalha foi retomada com excepcional intensidade. Pouco depois das oito horas da manhã, quatro tanques do coronel Kayser voltaram à frente do comissariado de polícia ocupado por Raymond Sarran, o estudante que, na véspera, respondera ao coronel alemão "que ele já não podia exigir mais nada". Dessa vez, não havia escudos humanos nas torres de tiro dos tanques.

---

* O coronel Passy, do Bureau Central de Renseignements et d'Action (BCRA), especialista em lançamentos de paraquedas, se tornara chefe de estado-maior do general Kœnig. (N.A.)

Em duas horas de combates furiosos, eles obrigaram Sarran e seus homens a abandonar o prédio. Antes de fugir pelo telhado dos prédios vizinhos, Sarran atirou seu último coquetel molotov, arriscando a própria vida. O explosivo caiu na grade do motor de um tanque. Em poucos instantes, o veículo não passava de uma imensa tocha.

No 17º arrondissement, onde na véspera aparecera o pequeno Somua, único tanque nas mãos da Resistência, os alemães responderam ao desafio silencioso de seu adversário bombardeando vários prédios do bairro. Na margem esquerda, as FFI controlavam o labirinto de ruelas entre o Sena e o Boulevard Saint-Germain. Nenhum alemão ousava entrar naquele sumidouro estreito demais para os tanques. No cruzamento da morte, a esquina dos bulevares Saint-Michel e Saint-Germain, os estudantes da Escola de Arquitetura que na véspera tinham construído a mais bela barricada de Paris reforçaram a defesa com caminhões alemães incendiados. Fizeram doze prisioneiros e capturaram uma pesada metralhadora, que colocaram na barricada. Perto da Gare de Lyon, um caminhão da Wehrmacht caiu numa emboscada. Os ocupantes se refugiaram num café. Os doze clientes que ali estavam começaram a rir ao ver o medo dos soldados, que pegaram suas metralhadoras e mataram todos os doze. O pátio da Prefeitura de Polícia se tornou uma imensa garagem de veículos capturados. Em suas portas com tiros de balas, policiais pintavam com zelo, em grandes letras brancas, FFI e uma Cruz de Lorena.

O pequeno grupo de homens em torno de Alexandre Parodi não tivera tempo de saborear o sucesso da operação "Tomada do Poder" desencadeada na véspera. Conforme o planejado, eles tinham tido a primeira reunião oficial na sala do Conselho, no Hôtel Matignon. Claire, a jovem noiva de Yvon Morandat, registrara num papel de carta com o monograma de Pierre Laval a ata daquela sessão histórica. Depois, como uma assessora de imprensa da Terceira República encarregada de anunciar a formação de um novo ministério, ela lera numa voz solene o resumo da sessão à multidão de repórteres dos mais importantes jornais de Paris que se amontoavam no pátio. Agora, enquanto seus adversários políticos estavam ocupados intensificando a insurreição, os gaullistas assumiam progressivamente os assentos vagos do poder.

A poucas centenas de metros do bastião gaullista da Prefeitura de Polícia, os adversários de Parodi se refugiavam no imponente prédio renascentista do Hôtel de Ville, que um enérgico jornalista chamado Roger Stéphane ocupara 48 horas antes. Aquela fortaleza também sofreria violentos ataques dos homens de Choltitz. Enquanto explicava a um grupo de adolescentes como manejar uma metralhadora, André Tollet viu quatro tanques aparecerem na praça do Hôtel de

Ville. De uma janela, o próprio Tollet começou a atirar. Naquele instante, uma jovem segurando um coquetel molotov apareceu no Quai de Gesvres. Tollet a viu correr, com a saia armada pelo vento, na direção de um Panther entrincheirado na ponta do cais. Estupefato, ele a viu chegar até o tanque, escalar a esteira, levantar o braço e atirar a garrafa na torre de tiro, que estava aberta. Enquanto a jovem pulava no chão, ele viu um gêiser de chamas jorrar do tanque. Então, como uma papoula cortada por uma chicotada, a jovem caiu e sua saia formou uma mancha vermelha no asfalto. Mas os tanques se retiraram.

Para milhões de parisienses, o quarto dia de batalha também trouxe a ameaça da fome. As padarias já não tinham farinha ou lenha. Para cozinhar os últimos sacos de farinha, lenhadores tinham começado a cortar as árvores das lindas alamedas do Bois de Boulogne, onde os parisienses outrora faziam piqueniques. O ministro provisório do Reabastecimento, que usava o adequado pseudônimo de Pain* (pão), declarara: "Se os caminhões não puderem sair de Paris antes do fim da semana, se a ajuda não chegar, haverá fome".

Colette Dubret, esposa de um dos policiais prisioneiros no forte de Vincennes, se resignou naquele dia a comer o guisado de coelho que continuava esperando seu marido na panela.

Numa sacada do número 34 da Avenue d'Italie, armado de uma colher de prata, o dentista Max Goa começou a colher os rabanetes que plantara em floreiras. Graças a esses rabanetes, ele pudera oferecer alguns legumes aos judeus e aos aviadores aliados que hospedara em seu apartamento. Em breve, porém, a última floreira estaria vazia.

Na prefeitura de Neuilly, que tinha acabado de ser reocupada depois da partida dos alemães, André Caillette e seus homens encontraram uma surpresa agradável: dez latas de *Schweinefleisch*, as conservas da Wehrmacht, que os ocupantes tinham deixado para trás na prefeitura devastada. Mas naquele dia nenhum parisiense teria, em sua angústia alimentar, uma surpresa maior do que Paul Pardou, o prisioneiro do Senado, a quem o cozinheiro Franz anunciava o tempo todo que ele seria fuzilado. Antes que seu companheiro enfrentasse o paredão, Franz quis que ele provasse um prato de *Rinderbraten*, rosbife salteado com toucinho, uma especialidade de sua Wurtemberg natal.

Para o altivo capitão Wilhelm von Zigesar-Beines, o prisioneiro alemão que alguns dias antes assistira às corridas de Longchamp, os agentes do comissariado do Grand-Palais só podiam oferecer uma especialidade da ocupação: um prato de rutabagas fervidas. Fazia 24 horas que capitão de cavalaria que

---

* O sr. Miné, destacado desde 1939 da Inspeção de Finanças para o ministério da Agricultura e do Reabastecimento – membro do movimento "Ceux de la Résistance". (N.A.)

usava monóculo estava preso num porão do Grand-Palais. Ele conhecia bem aquele prédio. Antes da guerra, Zigesar-Beines ali vivera horas gloriosas. À frente da equipe militar alemã, ele vencera sob o teto de vidro do Grand-Palais a taça de ouro do campeonato europeu de saltos de obstáculos. O oficial nunca esqueceria o estrondo de aplausos dos milhares de parisienses que celebraram suas vitórias. Agora, no fundo da cela, ele ouvia outro tipo de som: os rugidos dos leões e dos tigres famintos do circo que o Grand-Palais abrigava. Com um humor macabro parecido com o do cozinheiro Franz, os carcereiros do capitão Von Zigesar-Beines tinham respeitosamente anunciado ao prisioneiro que ele talvez constituísse "uma excelente refeição para as feras".

Do respiradouro de sua cela, o capitão alemão avistou um espetáculo que nunca mais esqueceria. Como se tivessem saído de um desenho animado, oito porquinhos rosados conduzidos por um soldado alemão apareceram na deserta Champs-Élysées. Por ordem de seus superiores, o *Oberfeldwebel* Heinrich Obermueller, chefe do Fahrbereitschaft, a garagem de automóveis do estado-maior do Gross Paris, evacuava naquele dia, com a ponta de sua Mauser, a vara que ele criava na garagem da Rue Marbeuf.

Naquele quarto dia de insurreição, o homem mais triste da imensa Paris esfomeada talvez fosse um velhinho da Rue Racine. Um tanque do coronel Kayser pulverizara com um tiro de canhão o carrinho de mão que ele empurrava. Ali o velho escondera um tesouro: dois quilos de batata. O infeliz começou a juntar os pedaços do carrinho e os tubérculos que rolaram para a sarjeta. Resignado em sua desgraça, ele murmurou: "Ao menos terei um pouco de lenha para cozinhar as batatas que sobraram".

* * *

Com um quepe de folhas de carvalho cintilantes, usando perneiras mais brilhantes que um espelho, com um par de luvas brancas na mão, duas estrelas novas na manga, o general recém-promovido se apresentou na porta blindada da fortaleza subterrânea Duroc e pediu para ver o coronel Rol. "Quem é?", perguntou com indiferença o sentinela em mangas de camisa. "O general Henri Martin", anunciou o visitante. Quando o pequeno bretão comunista viu o fogoso oficial avançar em sua direção, ele hesitou. Vinte e seis metros abaixo das ruas de Paris, na umidade e no desconforto de sua vida comunitária, os homens de Duroc que comandavam a insurreição parisiense não usavam insígnia ou uniforme. Estava tão frio que uma das primeiras iniciativas de Rol foi organizar uma expedição à loja de um vendedor de roupas da Rue de Vaugirard para requisitar vinte blusões de angorá. Alimentando-se de batatas cozidas e toucinho, os homens de Duroc aqueciam o estômago depois de cada refeição com uma dose de licor Bénédictine, a única bebida alcoólica que havia naquele esconderijo. A insurreição poderia durar um ano e não faltaria licor: um dono de restaurante vizinho, membro das FFI, lhes enviara dez caixas.

O general Henri Martin cumprimentou com um gesto cortês o líder da insurreição. Martin comandava a "força governamental", a guarda pretoriana que os gaullistas tinham instaurado para defender por meio da força os edifícios que eles ocupavam, se necessário contra os próprios homens de Rol. Os dois homens se observaram em silêncio. Eles se viam pela primeira vez.

No outro extremo de Paris, na mansão de Saint-Cloud onde tinha seu posto de comando, outro general também recebia uma visita. O subtenente Dankvart von Arnim entregava a Hubertus von Aulock, nomeado general na noite anterior, uma pequena caixa enrolada em papel branco. Seu superior, o general Von Choltitz, resolvera o problema que o atormentava na noite anterior. Na pequena caixa estavam as insígnias da promoção de Aulock. Dietrich von Choltitz retirara as dragonas de um de seus próprios uniformes.

21

O cônsul Raoul Nordling se perguntava o que o general Von Choltitz procurava no pequeno aparador que ficava atrás de sua escrivaninha. Ele nunca o vira abrir aquele móvel. Um pouco depois, o general tirou uma garrafa bojuda e a pousou com discrição a um canto da mesa. Inclinando-se então na direção do diplomata sueco, com um ar subitamente misterioso, ele disse, em tom de confidência: "Não conte de jeito nenhum aos ingleses, mas vou tomar um uísque. O senhor me acompanha, imagino?". Surpreso, Nordling assentiu. Decididamente, ele pensou, aquele general era um personagem desconcertante. Ele o chamara com tanta urgência para lhe oferecer um copo de uísque, sugerindo inclusive enviar um carro blindado para buscá-lo?

Choltitz serviu a bebida. Depois, erguendo o copo, fez um sinal com a cabeça, disse "*Prosit*"* e esvaziou-o de uma só vez. Então soltou um longo suspiro e se acomodou na poltrona. Subitamente preocupado, ele remexeu o monóculo entre os dedos rechonchudos e declarou: "Senhor cônsul, sua trégua é um fracasso!". Antes que o diplomata tivesse tempo de responder, o comandante do Gross Paris acrescentou com amargura que os três líderes da

---
* Saúde. (N.T.)

Resistência não tinham correspondido às expectativas depositadas neles ao serem libertados. A insurreição continuava.

Nordling suspirou. Ele replicou que o único homem que possuía real autoridade sobre a Resistência era o general De Gaulle. E ele não estava em Paris, mas provavelmente em algum lugar no front da Normandia, com os Aliados.

Choltitz observou o diplomata e se manteve em silêncio por um bom tempo. Depois, com voz clara e límpida, disse: "Não poderíamos enviar alguém para buscá-lo?".

Estupefato, o sueco ficou vários segundos sem conseguir articular um som. Ele estaria brincando? Ou, pelo contrário, o pequeno general alemão estava falando sério ao sugerir que alguém fosse buscar De Gaulle e os Aliados?

Nordling acabou perguntando se o general aceitaria lhe conceder um salvo-conduto para cruzar as linhas alemãs e chegar até os Aliados.

"E por que não?", respondeu o alemão.

Diante dessas palavras, Nordling anunciou que, na qualidade de diplomata de um país neutro, ele estava disposto a organizar uma missão para entrar em contato com os Aliados. Choltitz pareceu satisfeito com a ideia. Ele tirou um pedaço de papel azul do bolso da túnica e o deixou bem em evidência sobre a mesa. Era uma das várias ordens recebidas nos últimos dias, o general confidenciou ao cônsul. Se tivesse obedecido àquelas ordens, ele revelou, Paris já seria uma cidade em ruínas. Mas embora fosse constantemente pressionado por Hitler a tomar medidas definitivas para esmagar a insurreição, mesmo ao preço da destruição de grande parte da cidade, ele preferira a cartada da trégua. Agora, ele se via obrigado a executar tais ordens.

Com voz grave, o general explicou ao diplomata que seria dispensado de seu comando se não cumprisse a missão da qual fora encarregado. Então, numa voz mais lenta, articulando bem as palavras para enfatizar a importância do que iria dizer, Choltitz declarou, segundo Nordling, que somente uma intervenção rápida dos Aliados poderia impedi-lo de executar aquelas ordens. "Acredito", ele acrescentou, "que o senhor entende a que ponto o fato de solicitar essa intervenção pode ser interpretado como uma traição de minha parte."

No calor pesado do meio-dia, o grande gabinete permaneceu em silêncio por um bom tempo. Nordling por fim perguntou se o general aceitaria, para que sua missão tivesse mais peso, redigir uma carta que ele pudesse entregar ao comando aliado.

Surpreso, o alemão olhou para o diplomata: "Não posso escrever o que acabo de lhe dizer", ele respondeu.

E tirou de uma gaveta uma folha com o emblema da águia e da suástica e começou a escrever o único documento que entregaria a Nordling para facilitar sua missão. Numa letra grande e redonda, ele escreveu: "O cônsul da Suécia, R. Nordling, está autorizado a sair de Paris e cruzar as linhas defendidas pelo exército alemão".

Estendendo o papel ao diplomata, ele aconselhou Nordling a levar Bobby Bender consigo até as linhas alemãs. Se ele encontrasse alguma dificuldade para atravessá-las, Bender poderia arranjar as coisas e lhe telefonar diretamente.

O general Von Choltitz se levantou. Grandes gotas de suor molhavam sua testa, mas ele se lembra de se sentir "subitamente aliviado de um grande peso". De uma maneira que não lhe parecia incompatível com sua honra militar, ele encontrara a maneira de alertar os Aliados do perigo que ameaçava Paris e de fazê-los entender que o caminho para Paris estava, por enquanto, aberto. Por quanto tempo estaria? Ele não fazia ideia. Mas se os reforços que ele pedira chegassem, uma coisa era certa: ele seria obrigado a cumprir seu dever de soldado. Defenderia Paris. Os Aliados seriam avisados naquela noite. Se não tirassem proveito imediato da ocasião, eles se tornariam responsáveis pelo que poderia acontecer.

Dietrich von Choltitz pegou Nordling pelo braço. Respirando com dificuldade devido a uma crise de asma que ele sentia próxima, acompanhou-o até a porta. Então, pegando bruscamente a mão do cônsul, ele disse: "O senhor tem 24 horas, talvez 48. Depois disso, não posso garantir o que vai acontecer".

22

Em 35 anos de carreira diplomática, Raoul Nordling nunca precisara resolver um problema tão complicado. Cruzar as linhas alemãs era uma coisa, ele dizia para si mesmo, cumprir aquela missão junto ao general De Gaulle e aos Aliados era outra, muito mais difícil. Para colocar todos os fatores a seu favor, Nordling decidiu levar consigo, sem o conhecimento do general Von Choltitz, dois personagens que a seu ver poderiam entrar facilmente em contato com o líder da França Livre. O primeiro seria Alexandre de Saint-Phalle, tesoureiro da Resistência gaullista em Paris; o segundo, o banqueiro Jean Laurent, que pertencera ao gabinete de De Gaulle em 1940, quando este fora subsecretário de Estado da Guerra. O sueco não sabia que nenhum desses dois homens figurava na lista de pessoas que poderiam ter acesso, naquelas horas dramáticas, à intimidade de Charles de Gaulle.

Mas aqueles dois homens não seriam os únicos a participar da estranha expedição que se preparava. Enquanto Nordling esperava a visita de Saint-Phalle para conhecer o caminho que convinha tomar para chegar às linhas aliadas, a campainha do consulado tocou. Um homem alto, levemente careca, com os olhos de um azul profundo, se apresentou como Ollivier. Disse ser representante da Cruz Vermelha e pediu para acompanhar a missão, afirmando que poderia ser útil para cruzar as linhas alemãs. Sua pretensão irritou e espantou o cônsul. Ele não via nenhuma razão para incluir um membro da Cruz Vermelha naquela missão de plenipotenciários. Além disso, ele se perguntou como a notícia da expedição vazara tão rápido.

Nordling informou secamente ao misterioso visitante que julgava sua presença inútil. Mas Saint-Phalle, que chegara nesse meio-tempo, interveio junto ao diplomata para que este aceitasse levar o representante da Cruz Vermelha. Nordling acabou cedendo. Na verdade, o homem a quem Raoul Nordling concedeu um lugar no pequeno Citroën preto da expedição pensada pelo próprio comandante do Gross Paris era o chefe de todos os serviços da inteligência britânica na França, o coronel Claude Ollivier, ou Jade Amicol.*

Um quinto personagem chegou a seguir, também sem ter sido convidado. Mas Nordling o conhecia. Era o jovem barão austríaco que Bobby Bender lhe apresentara dez dias antes. As três letras do monograma bordado em sua camisa de seda, Nordling sabia, formavam as iniciais de seu nome. Ele se chamava Erich Posch-Pastor. O sueco desconfiava que o jovem aristocrata fosse um agente secreto alemão a serviço do general Von Choltitz.

Nordling, em certo sentido, estava certo. Posch-Pastor era de fato um agente secreto. Mas não a serviço dos alemães. Para os membros da rede de resistência francesa Goélette, as três letras bordadas em sua camisa, EPP, tinham outro significado. Elas eram as iniciais do pseudônimo que ele usava desde que entrara para a Resistência, em outubro de 1943. O austríaco Erich Posch-Pastor se chamava na clandestinidade Étienne Paul Pruvost. Neto do último embaixador do império austro-húngaro no Vaticano, Erich Posch-Pastor fornecera aos Aliados uma quantidade importante de informações militares, como as primeiras plantas de V-1. Mobilizado pela Wehrmacht, ele fora oficial de segurança numa fábrica de foguetes em Niort. Durante sua passagem por essa importante função, ele conseguira reduzir a produção mensal da fábrica de treze mil foguetes para menos de mil unidades.

---

* O cônsul Nordling só conheceria a verdadeira identidade do coronel Ollivier várias semanas depois. (N.A.)

Nordling ignorava esses detalhes. Convencido, pelo contrário, de que Choltitz enviava Posch-Pastor para vigiá-lo, ele aceitou incluí-lo em sua expedição a contragosto.*

Para fechar aquela tarde espantosa, o diplomata sueco teria uma última surpresa. Enquanto concluía os últimos preparativos da expedição, Nordling, exaurido por várias noites sem sono, sentiu de repente uma terrível dor no

---

* A natureza exata das relações entre o general Von Choltitz e Posch-Pastor bem como o verdadeiro papel que o austríaco teve durante os dias que precederam a libertação de Paris ainda precisam ser elucidados. Entre as centenas de pessoas que os autores entrevistaram durante a investigação, Posch-Pastor foi o único personagem que se recusou categoricamente a responder às perguntas a respeito da libertação de Paris. Nascido em Innsbruck em 15 de junho de 1915, Erich Posch-Pastor von Camperfeld era tenente do exército austríaco quando do Anschluss. Seu regimento foi uma das únicas unidades que resistiram por meio da força às tropas hitleristas. Feito prisioneiro, foi internado em Dachau por um ano. Incorporado ao exército alemão, chegou à França em fevereiro de 1942, depois de ter sido ferido no front russo. Entrou na Resistência francesa em outubro de 1943. Por sua brilhante conduta, recebeu a medalha da Resistência com a seguinte citação: "...por oito meses consecutivos, transmitiu informações de ordem econômica e militar da mais alta importância aos Aliados, inclusive várias das primeiras plantas de V-1". Os alemães o dispensaram de suas funções em Niort por "incompetência", em julho de 1944. Ele foi enviado a uma unidade de infantaria na Itália, onde desertou. Voltou clandestinamente a Paris. No momento da Libertação de Paris, Posch-Pastor tinha acesso ao hotel Meurice. Para os autores deste livro, Choltitz negou formalmente ter ordenado a Posch-Pastor que acompanhasse a missão de Nordling. Ele garantiu, pelo contrário, que o austríaco se oferecera por sua própria iniciativa. Posch-Pastor, por sua vez, se recusou a discutir o assunto. No entanto, Daniel Klotz, agente americano do OSS, que o interrogou após a Libertação, se lembra de que Posch-Pastor foi imediatamente requerido pelo Intelligence Service. No dia seguinte à libertação de Paris, Posch-Pastor voltou a Paris. Naquele dia, ele usava um uniforme americano.

A única declaração que Posch-Pastor aceitou dar sobre seu papel durante a libertação de Paris foi o relato de uma cena acontecida na segunda-feira, 21 de agosto, durante a qual o general Von Choltitz salvou sua vida. Encontrando-se na antessala do gabinete do general, ele ouviu pela divisória as vozes de três agentes do SD que perguntavam ao comandante do Gross Paris onde estava Erich Posch-Pastor. Ele também ouviu o general responder com toda calma que ignorava absolutamente de quem eles estavam falando. Choltitz se recorda desse incidente. Sobre ele, contentou-se em explicar aos autores deste livro que "não entregaria nem mesmo um vira-lata ao SD".

Em 1945, Posch-Pastor se casou com Silvia Rodriguez de Rivas, neta de um ex-presidente do Equador, também parente por aliança de uma das mais antigas famílias da França, os Talleyrand-Valençay. Eles tiveram duas filhas. Em 1954, Posch-Pastor desapareceu. Por dez anos, a mulher – que nesse meio-tempo conseguira o divórcio por abandono do lar – e as duas filhas ficaram sem notícias suas, sem saber se estava vivo ou morto. Os autores deste livro acabaram por encontrar seu rastro graças a um de seus antigos companheiros de guerra americano, funcionário civil do exército americano em Frankfurt, que encontrara Posch-Pastor por acaso no bar do hotel Bord du Lac, em Zurique, em julho de 1963. Por meio desse americano, os autores deste livro puderam chegar até o misterioso austríaco.

O único vestígio em Paris do estranho Étienne Paul Pruvost é um dossiê empoeirado num apartamento da Rue Royer-Collard. Ali, entre os arquivos esquecidos da rede Goélette, uma pasta marrom com a etiqueta "CLAYREC RJ4570" contém o relatório das atividades de um certo Erich Posch-Pastor e suas condecorações. (N.A.)

peito e caiu no chão. O homem que deveria percorrer um trajeto de cem quilômetros para levar aos Aliados o apelo de Choltitz conseguiu a muito custo se arrastar por alguns metros até o divã de seu gabinete. Ele tinha acabado de ter um ataque cardíaco.

Menos de meia hora depois, porém, deixando para trás o diplomata sem camisa no divã do gabinete, a expedição partiu na direção de Versalhes com a mensagem do general alemão. No Citroën preto, além dos dois gaullistas e dos dois agentes secretos que desconfiavam um do outro, seguia um falso diplomata sueco. Raoul Nordling enviara em seu lugar o único homem de Paris que poderia realizar sua missão e, ao mesmo tempo, responder por R. Nordling, conforme escrito por Choltitz no *ausweis*: seu irmão Rolf.

* * *

Quarenta e cinco minutos depois, tendo passado por três barreiras, o Citroën com a bandeira sueca atravessava o pequeno vilarejo de Saint-Cyr. Atrás dele, ao volante de um conversível com três carburadores, seguia Bobby Bender. De repente, porém, surgindo do acostamento, um grandalhão de capacete e sem camisa começou a gesticular no meio da estrada. Ele enfiou o cano de sua metralhadora no vidro aberto do carro e berrou um "*Was ist das?*"* assustador. Saint-Phalle lembra que, por um instante, hipnotizado pela medalha que pendia do pescoço do homem, ele foi incapaz de articular um som. Era a Cruz de Ferro. Por cima do ombro nu do sentinela, ele avistou com pavor as torres de tiro de oito tanques Tigre camuflados perto de um bosque, a cinquenta metros da estrada. "Estamos perdidos", pensou. No retrovisor, ele viu os dedos do falso representante da Cruz Vermelha passando as contas de um rosário. A seu lado, fumando calmamente um Gitane Maryland, Erich Posch-Pastor mantinha uma calma majestosa. Saint-Phalle ficaria sabendo que a única identificação que o austríaco levava naquele dia era uma falsa carteira de identidade francesa em nome de Étienne Paul Pruvost, escondida na meia esquerda.

Saint-Phalle agora podia ouvir as vociferações germânicas de Bobby Bender, indignado que um simples sentinela ousasse parar uma missão diplomática. Um capitão Panzer, de uniforme camuflado, apareceu. Bender gritou "*Heil* Hitler" e estendeu ao oficial da SS seu *ausweis* pessoal do Abwehr. Depois, apresentou o salvo-conduto assinado pelo comandante do Gross Paris. Com um gesto brusco, o oficial empurrou o pedaço de papel. "Pouco importa o general que assinou esse *ausweis*! Desde 20 de julho deixamos de obedecer a vários generais da Wehrmacht!". Saint-Phalle viu Bender estremecer ao ouvir essas

---

* O que é isso? (N.T.)

palavras. Depois, ele viu a cólera deformar todo o rosto do agente do Abwehr e o ouviu encher o capitão de impropérios. Desconcertado com aquela brutal reação, o oficial aceitou telefonar ao quartel-general do Gross Paris para pedir instruções. Acompanhado de Bender, o oficial se afastou, deixando Saint-Phalle e seus companheiros sob a mira do sentinela sem camisa.

Uma hora depois, os dois homens voltaram. Bender conseguira estabelecer uma ligação telefônica com o único alemão em Paris que sabia da existência daquela missão. Com voz furiosa, o general Von Choltitz ordenara ao capitão da SS que deixasse o carro passar, "caso contrário ele mesmo se encarregaria de seu destino".

Com um gesto indiferente, o oficial alemão fez um sinal para que Saint-Phalle seguisse em frente. Bobby Bender cumprira sua missão. Aliviado, ele viu o carro partir.

Mas assim que Saint-Phalle começou a acelerar, outro sentinela saiu de um fosso e literalmente se atirou em cima do capô do carro. Saint-Phalle freou e se perguntou o que ele estaria gritando. O soldado gritava uma palavra que logo fez os cinco ocupantes do carro estremecer: "*Minen*". Três metros à frente do para-choques do Citroën começava um campo minado.* A primeira mina tinha potência suficiente para explodir um tanque. Teria pulverizado o Citroën, seus cinco ocupantes e a mensagem verbal que o general alemão desesperado enviava aos inimigos.

O sentinela tirou uma folha de papel do bolso. Analisando com precaução o asfalto, ele fez um sinal para que Saint-Phalle avançasse atrás dele e começou a andar em zigue-zague. Por 35 minutos, com a respiração entrecortada, as costas molhadas de suor, os cinco ocupantes do carro preto atravessaram o campo minado num lento e terrível *slalom*. No cruzamento de duas estradas, o suboficial finalmente se endireitou e dobrou a folha de papel. Depois, apontou para o oeste e anunciou orgulhoso: "*Die Amerikaner geradeaus*:** quinhentos metros".

Saint-Phalle não teve tempo de hesitar entre as duas estradas. Ao volante do carro que levava as esperanças do general Von Choltitz e o destino de 3,5 milhões de parisienses, ele instintivamente pegou à direita na estrada de Neauphle-le-Vieux, que percorrera quase todos os domingos desde que nascera. Ela levava à casa de sua avó.

---

* É impossível saber se o capitão do Panzer esquecera da existência desse campo minado ou se ele deliberadamente enviara o Citroën naquela direção para que ele explodisse. Oficial de uma unidade de choque, não resta dúvida de que o capitão devia desconfiar da missão que se apresentara a seu posto de guarda. (N.A.)

**[Para] os americanos, [siga] em frente. (N.T.)

23

Philippe Leclerc, o general que os americanos tinham apelidado de The Impatient Lion, caminhava de um lado para outro na pista de pouso do estado-maior do Eagle Tac. Ele fustigava nervosamente as ervas daninhas da pista. Atrás dele, Roger Gallois seguia a uma distância respeitosa. O general Bradley ainda não voltara da conferência com Eisenhower. Em poucos minutos, às últimas luzes do dia, Leclerc seria obrigado a decolar e voltar de Piper-Cub ao posto de comando de sua divisão.

Alguns minutos antes, Gallois conseguira dizer algumas palavras ao general francês. Mas recebera em resposta uma única frase. Leclerc a repetia como uma litania: "A ordem de movimentação precisa chegar esta noite".

Eles ouviram um rugido distante no céu. Leclerc se imobilizou ao ouvir o barulho e levantou a cabeça. Um Piper-Cub descia até a pista. O general se precipitou na direção do avião cuja hélice ainda girava. A porta se abriu. O general Siebert gritou ao "leão impaciente": "Vocês ganharam. Eles vão enviá-los a Paris".

Vinte minutos antes, perto da aldeia bretã de Grand-Champ, na barraca do grande quartel-general, o general Siebert repassara a Eisenhower e Bradley as informações que Roger Gallois lhe comunicara naquela manhã. Ouvindo Siebert, Eisenhower franzira as espessas sobrancelhas. Depois, suspirara e dissera a Bradley: "É complicado, Brad, mas acho que precisamos fazer isso. Diga a Leclerc que vá".

O Piper-Cub de Bradley pousou por sua vez na pista do Eagle Tac. Ao descer, o fleumático general do Missouri chamou Leclerc e Gallois: "A decisão de marchar sobre Paris foi tomada", ele anunciou. "Nós três compartilhamos dessa responsabilidade. Eu, porque estou dando a ordem, o senhor, general Leclerc, porque vai executá-la, e o senhor, comandante Gallois, porque foram suas informações que nos levaram a essa decisão".

Então Bradley se virou para Leclerc e, com sua voz arrastada do meio-oeste americano, disse: "Lembrem-se de uma coisa: não quero confrontos em Paris. É minha única restrição à ordem de tomar Paris. De modo algum deve haver uma batalha de ruas na cidade".* Omar Bradley um dia vira o terrível espetáculo de Saint-Lô devastada pelas bombas. E jurara a si mesmo impedir que uma destruição como aquela acontecesse em Paris, que ele admirava sem nunca ter conhecido.

---

* Essa restrição foi repetida na ordem n. 21 de Bradley ao 12º Grupo de Exércitos: "Insisto no fato de que a tomada de Paris deve ocorrer sem confrontos importantes. Evitem, na medida do possível, bombardeios ou tiros de artilharia na cidade". (N.A.)

Leclerc se dirigiu até seu Piper-Cub, mas Bradley o chamou e gritou: "Pegue a ordem de operações com o chefe de seu corpo de exército".*

Quando Leclerc chegou ao estado-maior de sua divisão, estava escuro. Ele saiu do avião e se dirigiu com pressa ao chefe de operações, o capitão André Gribius, que esperava por ele na pequena pista. Então, a frase que ele ruminava por quatro anos finalmente saiu de sua boca: "Gribius", ele gritou, triunfante, "movimentação imediata sobre Paris!".

De todas as unidades que combatiam sob o comando de Dwight Eisenhower, nenhuma era mais heterogênea que a 2ª divisão blindada francesa, lançada à ação pela ordem de um inflamado chefe. Em suas fileiras, havia franceses que tinham abandonado o lar sem dizer palavra, atravessado os Pirineus nevados, caminhado centenas de quilômetros e, muitas vezes, passado meses em prisões espanholas pelo simples ideal de servir sob seu estandarte; jovens que enfrentaram os perigos da Mancha a bordo de canoas com remos ou barcos de pesca roubados; antigos prisioneiros de 1940 que fugiram de seus campos e que, pela Rússia, Finlândia ou Noruega, chegaram à África ou à Inglaterra ao fim de odisseias prodigiosas; homens cujas famílias não sabiam se estavam vivos ou mortos; homens cujas famílias desejavam que eles estivessem mortos por terem traído o que elas acreditavam ser a honra de outra França, a de Vichy. Naquelas fileiras havia franceses que nunca tinham pisado na França; árabes que mal falavam francês; negros do Chade e de Camarões; tuaregues do Saara; antigos soldados dos exércitos republicanos espanhóis; libaneses, mexicanos, chilenos, que tinham acorrido de seus distantes países porque não conseguiam aceitar a derrota da França. Havia, em suas fileiras, franceses que trocaram tiros em nome de Charles de Gaulle e Philippe Pétain. Para todos aqueles homens, a guerra na Europa era uma cruzada. Ao final daquela estrada empoeirada da Normandia estava a Jerusalém de que falava a ordem de seu chefe: Paris. Muitos nunca a tinham visitado, e os que conheciam Paris guardavam apenas a imagem de uma capital que já não lhes pertencia. Mas nas areias da Líbia, nas montanhas do Atlas, nos landes da Inglaterra, todos tinham sonhado perdidamente com Paris. Agora, a notícia de que Paris seria

---

* Enquanto Leclerc subia em seu Piper-Cub, o coronel americano John Hill, do estado-maior do 1º exército, redigia as ordens de operação da tomada de Paris. Em apoio à 2ª divisão blindada, essas ordens previam a intervenção da 4ª divisão US de infantaria. Esta deveria ajudar a divisão Leclerc ao sul de Paris e atravessar o Sena na região de Melun. Hill mal acabara de escrever quando o general Courtney Hodges, comandante do 1º exército, entrou na tenda. Ele o fez acrescentar uma última frase. "Hill", ele disse, "retire os dois grupos de artilharia dessas divisões. Não quero que nossos soldados fiquem tentados a atirar uma bomba sobre Paris a cada vez que encontrarem um ninho de metralhadoras." (N.A.)

o próximo destino se espalhava na velocidade do som, na velocidade de suas vozes, que na penumbra dos campos normandos ecoavam o nome mágico da capital da França.

Para o condutor de tanque Jean-René Champion, um francês da América que nunca vivera na França, a ideia de libertar Paris era "um sonho perfeito num mundo imperfeito". Naquela noite, porém, perto do tanque *Mort-Homme*, que tinha o nome de uma batalha de 1914, ele descobriu que seu sonho se tornava realidade. Quando soube da notícia, o capitão Raymond Dronne, do regimento de marcha do Chade, passou calmamente as ordens de partida a seus homens. Depois, tirou o retrovisor de seu *command-car* e o prendeu num galho de macieira. Começou a aparar a exuberante barba ruiva. Ao chegar, ele queria estar bonito para as parisienses. Dentro de 48 horas, preto de fuligem e pó, coberto de suor, exausto, Dronne finalmente veria as parisienses. Para muitas delas, ele seria o homem mais bonito que elas já tinham visto. Ele seria o primeiro soldado francês a entrar em Paris.

Para a tripulação do *Simoun*, um destruidor de tanques do 4º esquadrão do regimento blindado de fuzileiros navais, aquele 22 de agosto foi um dia de festa. Foi o 36º aniversário de seu chefe, o segundo mestre Paul Quinion. Para a celebrar a data, haveria um banquete excepcional: um pato que o atirador auxiliar, o torpedeiro Guy Robin, conseguira numa fazenda vizinha. Depenado e limpo, o pato estava pronto para o espeto quando um oficial apareceu, sem fôlego: "Rapazes", ele gritou, "guardem tudo. Vamos aparelhar. E nosso destino, desta vez, é Paris!". O quarto mestre Robert Mady, canhoneiro do *Simoun*, lembra que primeiro houve silêncio entre a tripulação. Depois, um brado numa única e mesma voz: "Merda, o pato!".

Alguns homens tiveram estranhos pressentimentos naquela noite. Ao amigo Roger Fouquer, capelão, o capitão Emmanuel Dupont, do regimento do Chade, confidenciou depois de se confessar: "Padre, tenho medo de não chegar a Paris". O capelão olhou com surpresa para o rosto fino e regular do oficial, que lhe pareceu impenetrável como num sonho. E ele o ouviu acrescentar, com voz melancólica: "Não existe redenção sem derramamento de sangue. Por que seria o sangue de outro e não o meu?".

Quando o capitão Charles d'Orgeix, do 12º regimento de couraceiros, ouviu gritarem o nome de Paris, ele sentiu os olhos se encherem de lágrimas. Quatro anos, dois meses e nove dias antes, numa motocicleta, Charles d'Orgeix fora um dos últimos defensores de Paris. À frente da cidade, sozinhos e impotentes, ele e seus homens tinham visto os Panzer da Wehrmacht os superarem, avançando sobre a capital. Agora, Charles d'Orgeix poderia se vingar dos

Panzer. Desta vez, ele não lutaria numa motocicleta, mas a bordo do Sherman novíssimo cuja silhueta potente ele contemplava à luz do crepúsculo. Seu nome estava pintado em letras brancas na torre de tiro. Ele se chamava *Paris*.

* * *

Tão impaciente quanto Leclerc e seus homens, o exército de correspondentes de guerra também se preparava para entrar em Paris. Entre todos os homens que representavam a imprensa do mundo livre na Normandia, havia um que naquele dia não rumava para Paris. Larry Leseur, correspondente da emissora de rádio americana CBS, ia para a direção oposta. Ele se dirigia à Inglaterra. No entanto, um motivo muito específico levava Leseur a não querer perder a libertação de Paris. Ele fora o último repórter de rádio americano a deixar Paris, no dia 20 de junho de 1940. E jurara ser o primeiro a anunciar, pelas ondas de rádio, a libertação da capital.

Três dias antes, infelizmente, ocorrera um pequeno infortúnio, grave para ele. Ao morder uma barra de chocolate, Leseur quebrara um dente da frente. Esse acidente, que para qualquer outra pessoa teria sido um incômodo sem real importância, fazia de Leseur um verdadeiro inválido. Ao falar, ele assobiava. Leseur tentara de tudo: fechar o buraco com chiclete, com o dedo, com a língua, até com uma bola de farinha, que se desmanchara assim que ele fechara a boca. Nada tirava aquele horrível assovio. Para um repórter de rádio, aquilo era constrangedor.

Restava-lhe uma única solução: consultar um dentista em Londres. Enquanto ele voava pelo canal da Mancha, um único pensamento o consolava. Antes de finalmente decidir partir, naquela tarde de terça-feira, ele perguntara ao general Courtney Hodges, comandante do 1º exército americano, em que momento, a seu ver, Paris seria libertada. "Não antes de quinze dias", respondera Hodges, categórico.

Enquanto Leseur voltava para Londres, seu mais temível concorrente, Charlie Collingwood, outro correspondente da CBS, fazia sua primeira gravação sobre a libertação de Paris. Assim que Leseur partira, Collingwood se encontrara com o general Bradley no estado-maior do 12º grupo de exércitos e este lhe passara uma informação que Collingwood julgara inestimável. Bradley lhe dissera: "Os parisienses se insurgiram. Ao que parece, a 2ª divisão blindada libertará Paris".

Collingwood pegou seu gravador e começou a narrar uma reportagem imaginária sobre a libertação de Paris. Assim que a primeira notícia anunciando a libertação de Paris chegasse, o americano sabia que, o que quer que acontecesse, mesmo se ele estivesse a cem quilômetros de um transmissor, ele teria "ao vivo" em Londres uma reportagem de tirar o fôlego, dramática, pronta para ser retransmitida em toda a América. Era, pensou o prudente Collingwood, o mais sensato a fazer.

"A 2ª divisão francesa entrou hoje em Paris", ele falou ao microfone, "depois que os heroicos parisienses se sublevaram todos juntos para esmagar as tropas aterrorizadas da guarnição alemã..."

Ao concluir a gravação, Collingwood a ouviu de novo e pensou que não poderia ser melhor. Depois, embalou tudo e enviou o pacote ao serviço de censura do SHAEF. Ele tinha certeza de que seria o primeiro repórter de rádio a anunciar à América o maior acontecimento histórico daquela guerra: a libertação de Paris.

* * *

O general Von Choltitz teve um tremor imperceptível. Seu chefe de estado--maior, o impassível coronel Von Unger, acabava de lhe anunciar que quatro oficiais da SS desejavam vê-lo. "Meu Deus", ele pensou, "vieram me prender." O comandante do Gross Paris tinha motivos para se preocupar. Berlim e Rastenburg, já a par de suas negociações com os insurgentes, acabaram de descobrir, ele pensou, que ele enviara uma missão ao inimigo.

Os quatro homens bateram os calcanhares, esticaram os braços para frente e gritaram "*Heil* Hitler!". Depois, um deles, um gigante esguio com uma cicatriz no rosto e ar feroz, caminhou até a escrivaninha do general. Suas dragonas tinham as franjas de tenente-coronel e nas mangas Choltitz reconheceu as insígnias de uma das mais célebres unidades do exército alemão, a divisão blindada SS Juventude Hitlerista. Numa voz seca, o oficial anunciou que recebera por rádio, em seu carro blindado de comando, ainda que estivesse oitenta quilômetros a leste de Paris, uma ordem pessoal de Heinrich Himmler.

Para o governador de Paris, a menção do nome do chefe da Gestapo e da SS era uma confirmação definitiva de seus temores. O oficial estava em seu gabinete para prendê-lo. O tenente-coronel anunciou então que Himmler ordenara que ele fosse imediatamente a Paris para buscar uma obra de arte deixada no museu do Louvre, certa tapeçaria evacuada da cidade normanda de Bayeux. Essa obra, ele especificou, não devia em hipótese alguma cair nas mãos dos Aliados. Ele tinha ordens expressas de levá-la para a Alemanha, onde a colocaria em local protegido. Diante dessas palavras, Choltitz sentiu o sangue subir subitamente. "*Kinder*", ele exclamou, "isso é maravilhoso! Vocês estão aqui para salvar uma obra-prima da destruição? É realmente maravilhoso!"

Num tom paterno e irônico, o general acrescentou que o oficial deveria aproveitar a missão para proteger outras obras-primas: *A Gioconda*, por exemplo, ou a *Vênus de Milo* e a *Vitória de Samotrácia*. Mas o oficial sacudiu a cabeça. Himmler e o *Führer* só se interessavam pela tapeçaria de Bayeux, ele disse.

Aliviado, o general levou seus visitantes até a sacada. Levantando o braço na escuridão, ele apontou para a longa fachada mergulhada nas sombras que à esquerda barrava as Tulherias. "O Louvre é ali", ele disse. Naquele exato instante, recorda Choltitz, uma longa rajada de metralhadora, aparentemente vinda de uma janela do próprio Louvre, rasgou a noite. "Os terroristas ocupam o prédio", comentou calmamente o general. "Sim, é o que parece", disse o oficial, numa voz vagamente preocupada. "Não faz mal", continuou o governador de Paris, "a SS é a melhor tropa do mundo e não será um bando de terroristas esfarrapados que lhe dará medo. Não é mesmo, coronel?"

O oficial se manteve em silêncio por um bom tempo. Depois, perguntou ao general se ele acreditava que os franceses já tinham retirado a famosa tapeçaria. "Não, não", disse o general, "por que teriam feito isso?" Para ter certeza absoluta, ele telefonou para o oficial que provavelmente ocupava a função mais estranha de seu estado-maior. Ele estava encarregado da "proteção dos monumentos franceses e das obras de arte". Esse oficial confirmou solenemente que a tapeçaria ainda se encontrava no Louvre. O tiroteio agora se intensificava em torno do famoso museu. Em várias janelas, Choltitz e o oficial podiam ver as chamas avermelhadas saindo do cano das metralhadoras e dos fuzis automáticos que atiravam em inimigos invisíveis. Consciente das dificuldades da operação, Choltitz educadamente colocou à disposição dos visitantes um carro blindado e uma unidade de soldados. Eles poderiam proteger a unidade SS enquanto esta se apoderava da tapeçaria. O oficial SS pareceu perplexo. E anunciou que, em razão das circunstâncias, preferia pedir por rádio novas instruções a Berlim. Ele disse ao general que voltaria em uma hora, gritou "*Heil* Hitler" e saiu.

Dietrich von Choltitz nunca mais veria aqueles misteriosos visitantes. A preciosa tapeçaria que eles tinham recebido ordens de subtrair aos Aliados, e que representava um acontecimento único na História, permaneceu no museu ocupado pelos insurgentes. Nos setenta metros de sua tela, nove séculos antes, as damas da corte de Guilherme, o Conquistador, tinham bordado em Bayeux uma cena que os cineastas de Adolf Hitler nunca conseguiriam filmar: a conquista da Inglaterra.

24

A noite escura voltava a envolver o campo em torno da pequena aldeia normanda de Écouché. Naquela noite, porém, ao redor das barracas escondidas sob as árvores, não havia nem silêncio nem conspiradores. Nos degraus de seu trailer de comando, de onde ele vira Jacques de Guillebon partir para Paris 48 horas antes, o general Leclerc ouvia a batida das máquinas de escrever que datilografavam a operação em oito pontos que ele acabava de ditar. Em exatamente seis horas e trinta minutos, Philippe Leclerc começaria a percorrer os últimos duzentos quilômetros da longa viagem até Paris, iniciada quatro anos antes numa canoa em Camarões.

Leclerc releu a folha datilografada que um secretário lhe estendeu: "Para essa movimentação, que deve conduzir a divisão à libertação da capital, solicito um esforço que tenho a certeza de obter de todos". Leclerc consultou o relógio, assinou e datou a ordem. Era meia-noite.

Naquele momento, 1.900 quilômetros a leste, sob árvores quatro vezes mais altas que as macieiras do pomar de Écouché, no coração da floresta de pinheiros de Rastenburg, a conferência estratégica de Adolf Hitler começava. Em torno da mesa, cercando o *Führer*, cuja mão direita tremia de leve, lembra Warlimont, estavam o *Feldmarschall* Keitel, os generais Burgdorf, Buhle, Fegelein e o ajudante de campo SS de Hitler, o *Hauptsturmführer* Gunsche. Num silêncio recolhido, todos ouviam o general Jodl, que, com as duas mãos apoiadas em um mapa, apresentava o relatório da situação no front ocidental. Mais uma vez, Hitler ordenara que aquele relatório precedesse o do front oriental.

Quando Jodl terminou, Hitler levantou a cabeça de repente. Numa voz cortante, ele perguntou onde estava "o morteiro". Dessa vez, o general Buhle soube responder. O famoso morteiro *Karl* e seu trem especial de munições tinham chegado à região de Soissons, a menos de cem quilômetros de Paris. Em 24 horas, *Karl* estaria na capital. A ideia de que aquela máquina terrível logo chegaria a seu destino fez Hitler soltar um grunhido satisfeito. Depois, ele disse: "Jodl, escreva". Febril, ofegante, a torrente de palavras que saiu de sua boca era tão rápida que o digno Jodl mal conseguia acompanhá-la.

"*A defesa da cabeça de ponte de Paris*", declarou Hitler, "*é de suma importância no plano militar e político. A perda da cidade levaria à ruptura de toda a frente do litoral norte do Sena e nos privaria de nossas rampas de lançamento para o combate distante contra a Inglaterra.*"

"*Na História*", acrescentou Hitler batendo com o punho na mesa, "*a perda de Paris sempre levou à perda de toda a França.*"

O *Führer* lembrou ao comandante-chefe do Oeste, a quem destinava essa mensagem, que designara duas divisões Panzer SS para defender a cidade. Ele lhe ordenou que utilizasse em Paris, aos primeiros sinais de motim, "meios mais enérgicos, como a destruição de quarteirões", coisa que a chegada de *Karl* facilitaria, e a "execução pública dos amotinados". Hitler entrara num verdadeiro estado de transe ao pronunciar essas palavras. Um pouco de baba escorria de seus lábios. "Paris não deve cair nas mãos do inimigo, ou o inimigo deve encontrar apenas um campo em ruínas."

Quando Hitler acabou, houve um grande silêncio no bunker. Warlimont se lembra de ouvir apenas o ronronar do aparelho de ventilação e o movimento frenético do lápis de Jodl, que se esforçava para registrar as últimas palavras do líder do Terceiro Reich.

* * *

Na cidade de Metz, mergulhada na escuridão, a cinquenta quilômetros da fronteira franco-alemã, as sombras inquietantes dos Panzer esmagavam as pedras da estrada que três gerações de invasores alemães tinham tomado em menos de um século. Em seus pesados veículos, exauridos pela longa viagem desde a península da Jutlândia, os soldados avançavam como autômatos. Essas tropas, cuja chegada não fora sequer anunciada a Choltitz, constituíam os reforços que obrigariam o comandante do Gross Paris a lutar. Elas representavam os primeiros elementos da 26ª divisão Panzer SS, que acabava de chegar à França. Assim como os homens da 2ª divisão blindada nos pomares da Normandia, os soldados da 26ª Panzer também estavam a menos de trezentos quilômetros de Paris. E eles também seguiam, com toda a velocidade dos motores, rumo à capital.

25

Um homenzinho de rosto sulcado contemplava com uma espécie de êxtase as arquibancadas que subiam até o teto de vidro. Ele se chamava Jean Houcke e era sueco. Houcke era um homem feliz. A gigantesca operação comercial que ele montara estava a ponto de dar frutos. Em poucos dias, Paris seria libertada. O único grande espetáculo que 3,5 milhões de parisienses em delírio poderiam encontrar na capital liberta seria o seu. No final de maio, os alemães tinham expulsado à força o francês Albert Rancy e seu famoso circo do maior picadeiro de Paris, o Grand Palais. Ali, entre a triunfal Avenue des Champs-Élysées e a imensa esplanada dos Invalides, sob o teto de vidro de um monumento que por mais de um século abrigara as mais célebres exposições e as manifestações parisienses mais grandiosas, o sueco Jean Houcke receberia as multidões da Cidade Luz. Seu circo era o último grande circo europeu em atividade depois de cinco anos de guerra. Naquela Paris que passava fome, as jaulas dos animais estavam cheias de leões, tigres e panteras. Também havia elefantes, cavalos e focas. O bando de acrobatas e trapezistas só se comparava ao de Barnum.* E os palhaços, da Noruega à Espanha e do Danúbio ao Atlântico, tinham feito toda a Europa em guerra chorar e rir. Prevendo a Libertação, Auguste e Charlie tinham inclusive, a pedido do sueco, preparado um número especial: uma imitação de Hitler. Todas as esperanças de Jean Houcke, portanto, tinham sido depositadas no imenso prédio onde reinava um insólito cheiro de serragem e animais ferozes. Sonhando à frente das arquibancadas vazias, que ele já via arqueadas sob o peso da multidão entusiasmada, Houcke estava convencido de que a libertação de Paris seria sua apoteose.

Sob a serragem do picadeiro, num dos subsolos que abrigava o comissariado de polícia do 8º arrondissement, o policial André Salmon viu vários caminhões alemães pararem ao lado das árvores da avenida. Vinte minutos antes, os agentes do comissariado tinham armado uma emboscada a um carro da Wehrmacht que descia a Champs-Élysées. Os três ocupantes tinham sido mortos. "Os alemães vieram se vingar", pensou Salmon. De repente, ele viu uma pequena máquina com esteiras a avançar na direção da fachada do prédio. Salmon achou que ela lembrava um grande sapo. Ele se virou para o prisioneiro que estava vigiando, o capitão Zigesar-Bienes, e o empurrou na direção do respiradouro. "O que é aquilo?", perguntou Salmon, com uma curiosidade cheia de preocupação. O oficial ajustou dignamente o monóculo e observou a máquina. Então, numa voz calma, respondeu a seu carcereiro: "É um tanque teleguiado. Está cheio de explosivos. Se não sairmos imediatamente daqui, explodiremos junto com ele".

Três milhões e meio de parisienses ouviram a explosão do circo Houcke. De janelas e sacadas eles viram no céu de verão uma densa coluna de fumaça preta com um enorme cogumelo no topo. Dentro do prédio, no meio da fumaça, ouviam-se gritos e rugidos, homens e animais em pânico. Para completar a obra de *Golias*, a pequena máquina teleguiada, dois tanques Tigre

---

* P.T. Barnum (1810-1891), famoso e controverso empresário norte-americano, considerado o criador do circo moderno e inventor do show itinerante "O Maior Espetáculo da Terra". (N.T.)

começaram a atirar bombas incendiárias. Os rugidos dos animais aterrorizados eram tão altos que quase cobriam o estrondo das detonações. Os cavalos tinham se soltado e galopavam, loucos de medo, pelo prédio em chamas. No subsolo do comissariado, os policiais abriam apressadamente as celas, de onde saíam, horrorizadas e aos berros, as prostitutas presas na véspera. Um cavalo conseguiu escapar e começou a galopar em meio ao tiroteio na Avenue des Champs-Élysées. Em pouco tempo, foi atingido por projéteis, caiu e rolou na poeira. Então houve um espetáculo extraordinário: de todos os prédios vizinhos, com uma faca e um prato na mão, mulheres correram até o cavalo e começaram a cortar a carne ainda quente do belo animal já ornamentado com os pompons azuis, brancos e vermelhos da Libertação.

Na defesa passiva do bairro da Champs-Élysées, o instalador de calefação Pierre Andreoti se perguntou se estava sendo vítima de uma alucinação. Fazia quatro anos que era chefe daquela unidade e nunca tivera que resolver um problema maior do que fazer com que o blecaute fosse respeitado durante os alertas aéreos. Mas agora, ao telefone, uma voz pedia socorro: "Rápido... Faça alguma coisa", alguém gritava, "os leões estão fugindo."

Cercados por alemães, animais e chamas, quase sem munição, os policiais do Grand Palais decidiram se render. Pediram ao único prisioneiro, o altivo barão Von Zigesar-Beines, com quem na véspera tinham compartilhado suas rutabagas, que negociasse a rendição. Zigesar-Beines pegou o longo chicote do domador do circo, prendeu nele seu próprio lenço e avançou num passo digno e solene pela nuvem de fumaça e pó para apresentar a seus compatriotas a rendição dos carcereiros.

Encostado a um pilar, coberto de poeira e fuligem, um homem chorava amargamente. "Perdi tudo... perdi tudo...", ele repetia, soluçando. Com uma lança na mão, um bombeiro se aproximou de Jean Houcke e tentou consolá-lo: "Não chore assim, meu velho", disse o bombeiro com seu sotaque de rapaz parisiense. "Em poucos dias os americanos estarão aqui e será o fim disso tudo". O infeliz proprietário do circo Houcke olhou para o bombeiro com uma raiva surda. Então, dando-lhe bruscamente as costas, voltou a soluçar.*

* * *

A fumaça do Grand Palais escurecia o céu como um sinistro presságio. Diante daquela nuvem preta, um rumor começou a se espalhar por toda a cidade: por

---

* O desventurado Jean Houcke de fato perdera tudo, inclusive o dinheiro em espécie que guardava numa grande mala em seu trailer. Alguns dias depois da Libertação, Houcke, totalmente arruinado, foi repatriado para a Suécia aos cuidados do cônsul Nordling. (N.A.)

represália contra a insurreição, os alemães começavam a incendiar Paris. Muitos parisienses ficaram estupefatos de saber que um único tanque teleguiado e algumas bombas incendiárias tinham sido suficientes para colocar em chamas um prédio da importância do Grand Palais. Em poucas horas, eles pensaram, Paris poderia se tornar Varsóvia.

Nas ruas da cidade, os combates nunca foram tão violentos e as perdas nunca foram tão pesadas dos dois lados. Compensando a inferioridade numérica com um armamento muito superior, os soldados do governador de Paris reagiram com força. O coronel Paul Massebiau, que no sábado anterior tomara a prefeitura do 1º arrondissement, precisou realizar uma tarefa penosa naquele dia. Ele enviou sua filha a uma usina de Aubervilliers para buscar um carregamento de caixas. Precisava delas para confeccionar caixões. Ao anoitecer daquela sangrenta quarta-feira, o 500º parisiense seria morto numa rua da capital insurgente. Vários alemães também caíram sob os tiros certeiros dos homens do coronel Rol.

Em seu gabinete do hotel Meurice, o *Unteroffizier* Otto Vogel, da 650ª companhia de transmissões, ouviu de repente uma voz alemã gritar do outro lado da linha: "Alô, Hypnose, socorro...". Hypnose, Vogel sabia, era o novo código do hotel Meurice. "Os terroristas estão atacando... Rápido, socorro..." Vogel ouviu o eco de uma rajada no aparelho. "Eles estão atravessando o pátio..." Várias detonações se seguiram. Depois, um grito seguido de um estertor. Vogel ouviu entre os gemidos: "*Mutter, Mutter... Hilf...*" (Mamãe, mamãe... Ajuda...). E de repente, o timbre de uma voz francesa ecoou no aparelho. E o silêncio se fez. Otto Vogel manteve o aparelho colado ao ouvido por um bom tempo. Por fim, desligou. Ele nunca saberia de onde o soldado alemão ligara naquela manhã. Com os dentes cerrados, a cabeça entre as mãos, Vogel ficou prostrado por vários minutos. Pela primeira vez, lágrimas começaram a escorrer pelas bochechas do pequeno suboficial.

Dos dois lados, a batalha às vezes adquiria ares de assassinato. No posto de primeiros socorros da escola Saint-Vincent-de-Paul, na Rue de la Harpe, uma enfermeira voluntária, a sra. André Koch, obrigada pela superlotação a recusar um ferido alemão, ouviu um membro das FFI anunciar: "Não faz mal, vamos matar todos eles!". Alguns segundos depois, a sra. Koch ouviu uma detonação. Na Place des Ternes, um capitão alemão pulou de um carro e, furioso, se precipitou sobre um inofensivo passante que lia um jornal da Libertação. Ele o derrubou com um tiro de revólver e o desfigurou a chutes. A infeliz vendedora de jornais escapou do mesmo destino por sua simples presença de espírito: ela jurou ao alemão que não sabia ler.

Como em todas as batalhas, acontecia de o melhor acompanhar o pior. No pátio da Escola Militar, outro capitão alemão, Otto Wagner, salvara do pelotão de fuzilamento, no último segundo, sete policiais. Ele concedera aos condenados uma extraordinária prorrogação: duas horas, durante as quais um deles poderia buscar sete prisioneiros alemães, por quem eles poderiam ser trocados. O jovem Roger Cadet vira um de seus camaradas ser escolhido e lhe dissera: "Procure meu pai".

Agora, as duas horas estavam quase acabando. No porão onde estava preso com seus colegas, Roger Cadet repassava os momentos marcantes de sua breve vida. Dez dias antes, ele cometera o gesto irrevogável que o levara até ali. À luz de uma vela, com a ajuda de seu pai, policial como ele, ele retirara a placa de cimento do esconderijo onde os dois armazenavam as armas da rede de Resistência à qual pertenciam.

Roger Cadet consultou o relógio. Só mais dez minutos. Ele viu a porta se abrir e pensou que morreria. A alta silhueta do capitão Wagner apareceu no marco da porta. Cadet entendeu, pelo ar sombrio do oficial, que os prisioneiros alemães não tinham chegado. Ele se levantou e caminhou com os colegas até a porta. Atrás dele, uma voz recitava: "Ave Maria, cheia de graça...". De repente, atrás do ombro do oficial, transpirando em sua túnica abotoada até o pescoço, Roger Cadet viu seu pai. Ele trazia sete prisioneiros alemães no velho furgão penitenciário do comissariado.

Os raros parisienses que passaram alguns minutos depois na frente da Escola Militar viram uma cena insólita. Enquanto os tiroteios se avolumavam no bairro, na frente do prédio dois policiais franceses com braçadeiras das FFI conversavam tranquilamente com um capitão da Wehrmacht. Eles eram o jovem Cadet, seu pai e o oficial alemão que poupara a vida dos franceses.

Enquanto isso, numa sala do Hôtel-Dieu, para onde os padioleiros das FFI o haviam levado, o *Sonderführer* berlinense Alfred Schlenker, intérprete no tribunal militar que todos os dias condenava parisienses à morte, viu surgir acima dele o rosto atormentado de um civil. Schlenker, incorporado ao batalhão de alerta n. 1, acabara de ser ferido na perna na Place Saint-Michel. Ele tinha certeza de que os "terroristas" o matariam. O alemão viu o homem à sua frente colocar a mão no bolso. "Vai pegar o revólver", ele pensou. E fechou os olhos. Quando voltou a abri-los, um ou dois segundos depois, o alemão viu uma mão se aproximar de seu rosto. Nessa mão, ele nunca esqueceria, havia um cigarro. Ele ouviu o civil simplesmente dizer: "É seu dia de sorte, Fritz. Para você, a guerra acabou".

* * *

Naquele quarto dia de insurreição, entre todas as ameaças que pesavam sobre o povo de Paris, havia uma que se tornava cada vez mais angustiante. Se socorros imediatos não chegassem, os insurgentes logo seriam esmagados: estavam quase sem munição. Na Prefeitura de Polícia, restavam só mais algumas horas de trocas de tiros. No posto de comando Duroc, o coronel Rol podia ouvir os apelos desesperados de seus homens. Ele sabia que, diante das metralhadoras alemãs, suas tropas sem cartuchos só poderiam lutar com facas. Rol estava convencido de que os gaullistas não tinham transmitido a Londres seus apelos prementes para um lançamento massivo de armas e munições sobre Paris. O líder comunista atribuía sombrias intenções a seus rivais. O general Pierre Kœnig, em contrapartida, estava firmemente decidido a que nenhuma consideração política atrasasse o lançamento que na véspera ele adiara em 24 horas. Os 130 aviões da esquadrilha Carpetbaggers, abarrotados com milhares de metralhadoras, granadas, munições, fitas de metralhadoras, estavam prontos para decolar. Mas um inimigo mais implacável que qualquer adversário político os mantinha no chão. Um nevoeiro espesso, impenetrável, o verdadeiro *fog* inglês, pesava desde a aurora sobre a pista de Harrington. Vendo aqueles lençóis brancos se arrastando à altura do chão, o coronel Chuck Heflin se perguntava com impaciência se conseguiria cumprir aquela maldita missão. Então a campainha contínua do telefone secreto começou a tocar em sua mesa. Em Londres, o QG do general Kœnig acabava de ser informado que a 2ª divisão blindada rumava para Paris desde a aurora. Assim, para os líderes em Londres, o lançamento de armas já não se justificava. Em poucos minutos, sob os olhares consternados de seu chefe, os homens do coronel Heflin começaram a descarregar as aeronaves.*

Por enquanto, os gaullistas estavam aliviados. Algumas horas de *fog* britânico tinham milagrosamente pregado ao solo duzentas toneladas de armas, duzentas toneladas de fuzis e metralhadoras que eles temiam ver usadas contra si próprios.

26

Nunca um almoço foi tão lúgubre. Com as mãos sujas de óleo queimado, o ar triste e decepcionado, o brigadeiro Serge Geoffroy, do 1º regimento de spahis marroquinos, e seus colegas esvaziavam em silêncio algumas latas de *beans*.

---

* Três dias depois, a esquadrilha Carpetbaggers finalmente sobrevoaria Paris. Dessa vez, sacos de carvão e farinha substituiriam as granadas e metralhadoras destinadas ao coronel Rol. (N.A.)

Um grande silêncio envolvia o campo normando. A divisão havia partido. Somente Geoffroy e seus companheiros tinham ficado para trás. Fazia dois dias que o *Marie Jill*, o tanque que eles tinham batizado com o nome de duas enfermeiras inglesas, estava estragado.

Quando terminou a lata de *beans*, o brigadeiro Serge Geoffroy se levantou e anunciou aos companheiros com voz grave: "Não se preocupem, rapazes. Não vamos perder a libertação de Paris. Conheço um atalho, vamos chegar antes deles". Geoffroy honraria sua palavra.

Desde a aurora, com máxima velocidade, os dois mil veículos da divisão blindada se dirigiam a Paris. As estradas estreitas e sinuosas da Normandia nunca tinham visto tanto movimento. Em duas colunas de vinte quilômetros cada uma, a divisão desenhava uma serpente interminável pelos campos. Deslizando em silêncio nas seis rodas de borracha, os carros blindados dos spahis de gorros vermelhos, os "cães de caça" da divisão, encabeçavam a marcha. Atrás deles, nas torres de tiro abertas dos enormes destruidores de tanques, apareciam os pompons vermelhos dos fuzileiros navais. Na fumaça azulada de seus motores seguiam os tanques leves dos pelotões de proteção, depois, trabalhando a terra com 34 toneladas, os Sherman dos regimentos de boinas pretas e gorros azuis.

Às vezes, as colunas precisavam diminuir a velocidade, assediadas pela multidão que se agarrava aos veículos, atirava flores, abraçava os capôs, aplaudia loucamente. Lindas normandas gritavam com orgulho o nome dos tanques. Os Sherman com a Cruz de Lorena que passavam por elas evocavam dois séculos de vitórias francesas. Eles se chamavam *Friedland, La Marne, Bir-Hakeim...* Numa das torres de tiro, havia um pequeno gabinete com mesa, poltrona e abajur. O canhão era de mentira, um simples tubo de calefação pintado de verde. Com o busto para fora do veículo, o rosto molhado pela chuva, binóculos colados nos olhos, um microfone na frente do bigode, Philippe Leclerc orquestrava aquele extraordinário carrossel. O tanque tinha o nome da propriedade da Picardia onde sua mulher e seus seis filhos o esperavam havia quatro anos. Ele se chamava *Tailly*. Atrás dos Sherman, com tubos ameaçadores apontados para o céu, rugiam os grandes autopropulsados de 105mm. Depois, deslizando sobre esteiras como escaravelhos desengonçados, vinham as fileiras de *half-tracks* cheios de soldados. Seguiam os Dodge com a cruz vermelha das enfermeiras Rochambelles, os caminhões GMC de abastecimento esmagados sob o peso de galões de combustível, os veículos de reparo com gruas, correntes e guindastes, os gigantescos caminhões Pacific e seus rebocadores de tanques. Motociclistas, jipes sujos de lama e *command-cars* cheios de antenas subiam e desciam ao longo das colunas. Com as mãos em concha, oficiais colocavam a cabeça para fora e gritavam "Mais rápido!" ou, com um gesto, faziam sinal para acelerar.

Cegados pela chuva que caía sem parar, com os olhos ardendo devido à fumaça dos escapamentos dos veículos à frente, sentindo seus mastodontes derraparem sobre a estrada escorregadia, as tripulações dessa Armada que avançava a toda velocidade sentiam sua força se multiplicar. Em todos os tanques, os homens vigiavam com angústia o funcionamento dos motores. "Tomara que aguentem até Paris!", eles rezavam. Os olhos de Jean-René Champion, piloto do *Mort-Homme*, passavam a todo segundo dos refletores do tanque à frente para o medidor de óleo do painel. Champion sabia que se o ponteiro branco passasse da linha vermelha, seu "sonho perfeito" de libertar Paris chegaria ao fim. Ele precisaria parar. Como todos os homens da divisão, Champion temia uma única coisa: se ver obrigado a deixar a coluna. Em seu *half-track*, o tenente Henri Karcher, do regimento do Chade, olhava para a pequena fotografia amassada num canto do para-brisa. Aquela foto atravessara toda a Europa para chegar a suas mãos. Mostrava um menino de dois anos que ele nunca vira: seu filho Jean-Louis, nascido em 3 de junho de 1940, que morava no fim daquela estrada, perto de Paris. Ao lado do tenente, cegado pela chuva, pela lama e pela fumaça do *half-track* à frente, o condutor Léon Zybolski, um húngaro, repetia como uma litania: "Meu tenente, vamos cair na vala". No jipe *Mata Hari*, o oficial de informação Alfred Betz levou um susto. Sonolento, ele avistara uma placa com o nome de uma aldeia. "La Loupe", ele repetiu. "Meu Deus, estamos em La Loupe." O tenente Alfred Betz se lembrava de ter passado por La Loupe quatro anos e dois meses antes, numa manhã chuvosa como aquela, em sentido inverso, com o estado-maior do 9º corpo de exército em plena debandada. O motorista do jipe, o soldado de 2ª classe François Mutcheler, também já passara por La Loupe, mas apenas oito dias antes e com o uniforme de um *Feldwebel* da Waffen SS. Incorporado à força à Wehrmacht, o alsaciano Mutcheler desertara. Agora, ele libertaria a cidade que um mês antes ele ocupava com o uniforme *Feldgrau*.

Pouco depois, como a roda de proa de mil navios, os tanques rasgaram as grandes planícies da Beauce. De repente, da torre de tiro do *Simoun*, o quarto-mestre canhoneiro Robert Mady viu aparecer em meio a um mar de trigo amarelo as flechas da catedral de Chartres. Passada a primeira emoção, Mady ficou espantado que a colheita ainda não tivesse sido feita.*

Quando o capitão Alain de Boissieu, de trinta anos, comandante do esquadrão de proteção do general Leclerc, avistou o contorno massivo da catedral em

---

* Os homens da 2ª divisão blindada não sabiam que a Resistência, por ordem de Londres, pedira aos camponeses que não colhessem nem moessem o trigo na região parisiense para evitar que os alemães o confiscassem. (N.A.)

meio aos campos de trigo, ele pensou: "Estou em casa". Cinco anos antes, atrás daquelas flechas, às margens do Eure, no elegante palacete onde morava, Alain de Boissieu abraçara os pais pela última vez. Pisando fundo no acelerador de seu jipe, o oficial ultrapassou a coluna e seguiu na frente. Ele entrou na cidade, contornou a catedral e subiu o Boulevard Charles-Péguy. Boissieu parou diante de uma ponte que, como que cortada por uma machadada, jazia em dois pedaços no meio do rio. Na outra margem, quase na frente da ponte, como um cenário de cinema, ele viu uma casa com a fachada desmoronada, o telhado caído, as paredes arrancadas. Petrificado, Boissieu ficou parado ali como se estivesse num sonho. Ele havia reconhecido sua própria casa. O oficial falou com uma senhora que apareceu no fim da rua e ficou sabendo que os alemães tinham destruído todas as pontes do Eure antes de partir. Todas as casas tinham sido evacuadas, inclusive a de seus pais. Na ponte à frente da casa, o comandante alemão colocara seis torpedos suplementares, "para que a sra. Boissieu soubesse o que significava ter um filho com De Gaulle". Contemplando as ruínas a seu redor, o oficial teve um pensamento sinistro: "Meu Deus, se os alemães fizerem a mesma coisa em Paris, com que tragédia dos depararemos amanhã?".

* * *

O portador da única mensagem verbal que talvez pudesse preservar Paris do destino temido por Alain de Boissieu estava no auge da exasperação. Fazia doze horas que Rolf Nordling, irmão do cônsul da Suécia, passava por uma série de interrogatórios tão minuciosos quanto exaustivos. Agora, na pista de aterrissagem onde, na véspera, o general Omar Bradley dera a Leclerc o sinal verde para marchar sobre Paris, Rolf Nordling revelava ao general americano o objetivo de sua missão. Com o capacete para trás, Bradley ouvia o sueco em silêncio. O general alemão que comandava Paris, revelou Nordling, recebera ordens formais de proceder a destruições massivas na cidade. Ele ainda não começara a executá-las. Mas se a situação atual se prolongasse ele não teria escolha. O general alemão sentia que estava prestes a ser dispensado do comando, advertiu Nordling. Ele parecia desejar a entrada das forças aliadas em Paris antes da chegada dos reforços alemães ou antes de ser obrigado a executar as ordens de destruição.

Bradley reagiu na mesma hora. A operação que ele autorizara na véspera adquiria um caráter de urgência desesperada. Como Eisenhower, Bradley sabia que as 26ª e 27ª divisões Panzer e várias outras unidades alemãs se movimentavam no Norte e no Leste da França. Algumas dessas unidades, pensou Bradley, sem dúvida se dirigiam para Paris. Se os Aliados não chegassem antes delas, a cidade correria o risco de se tornar um terrível campo de batalha. Mas, acima de tudo, o que preocupava o americano era o próprio general Von Choltitz. "Não podemos correr o risco de esse homem mudar de ideia", ele pensou. Bradley se virou para o general Siebert. "Ed", ele ordenou, "diga a Hodge para pedir à divisão francesa que acelere". Depois, lembrando-se do longo caminho que a 2ª divisão blindada tinha pela frente, Bradley acrescentou: "Diga a Hodge para manter a 4ª divisão pronta para marchar também. Não podemos correr o risco de que esse maldito general mude de ideia e destrua Paris".

27

Dietrich von Choltitz entregou em silêncio uma folha de papel azul ao homenzinho de monóculo à sua frente. Fazia vinte anos que Choltitz conhecia o coronel Hans Jay. Jovens oficiais, eles serviram no mesmo regimento. E dois anos antes, no hotel Adlon de Berlim, Choltitz celebrara com Jay suas novas dragonas de general. Enquanto o coronel, impassível, lia o telegrama, Choltitz mais uma vez contemplava as Tulherias de sua janela. Nenhum riso de criança, nenhum véu branco sobre as águas límpidas dos espelhos d'água animavam os jardins naquela manhã. Em torno dos canteiros e dos bosques desenhados dois séculos e meio antes por Le Nôtre, o general alemão só conseguia ver os vultos escuros e ameaçadores de seus soldados.

Quando acabou a leitura do telegrama, Jay dobrou a folha de papel e a entregou ao general. No rosto fino e distinto do colega, Choltitz procurou em vão algum sinal de emoção. Ele esperava uma palavra de compreensão, um gesto de reconforto, um sinal qualquer que expressasse que ele não estava sozinho. Pois o telegrama continha a ordem mais brutal que Choltitz já recebera, a ordem demente que Hitler ditara a Jodl na noite anterior, segundo a qual Choltitz deveria transformar a cidade que se estendia diante de seus olhos num campo em ruínas.

Mas Jay se contentou em soltar um suspiro e murmurar: "É uma tragédia, mas que escolha você tem?".* Dez minutos antes, o governador de Paris ouvira

---

* Vinte anos depois, na Irlanda, o coronel Jay revelou aos autores deste livro que não teve coragem, naquela manhã de agosto, de pronunciar as palavras vindas a seus lábios ao ler o telegrama: "Resistência passiva, só podemos exercer resistência passiva diante de uma ordem tão descabida". Mas desde seu último almoço com o general no hotel Adlon, Jay não sabia o que se passava pela cabeça do duro e brilhante herói de Sebastopol. Ele teve medo de se comprometer. Depois do dia 20 de julho, os oficiais da Wehrmacht tinham se acostumado a guardar para si seus pensamentos. (N.A.)

a mesma observação do único outro homem a quem ele mostrara aquele telegrama, seu frio e distante chefe de estado-maior, o coronel Hans von Unger.

Assim, Dietrich von Choltitz pousou sua pesada mão no telefone e tirou o aparelho do gancho com um gesto brusco. "Me passe o Grupo de Exércitos B", ele ordenou.

À luz artificial de seu bunker subterrâneo, noventa quilômetros ao norte de Paris, em Margival, de onde não saía havia cinco dias, o chefe de estado-maior do Grupo de Exércitos B adquirira uma tez branca como cera. Ao ouvir a voz brutal, imperativa e cheia de sarcasmo que soava ao aparelho, o general Hans Speidel ficou ainda mais pálido.

"Creio que o senhor ficará feliz em saber", anunciou Choltitz, "que o Grand Palais está em chamas." Depois, o comandante do Gross Paris expressou sua gratidão pela "bela ordem" que o Grupo de Exércitos lhe enviara.

"Que ordem?", perguntou Speidel.

"Ora, a ordem de reduzir Paris a um campo em ruínas!", respondeu Choltitz. "O Grupo de Exércitos", protestou Speidel, "apenas retransmitiu a ordem. Ela veio do *Führer* em pessoa." Desdenhando dos protestos do chefe de estado-maior, Choltitz disse a Speidel que pretendia lhe comunicar as disposições que tomara para a execução daquela ordem. Ele já mandara colocar uma tonelada de explosivos na Câmara dos Deputados, duas toneladas nos subsolos dos Invalides e três toneladas na cripta da catedral de Notre-Dame.

"Suponho, *Herr* General", disse Choltitz, "que o senhor esteja de acordo com essas medidas." Um pesado silêncio se seguiu a tais palavras. Speidel levantou os olhos para as torres de Notre-Dame e para o panorama das Tulherias que decoravam as paredes de aço e concreto de seu bunker. Depois, numa voz quase imperceptível, ele respondeu: "Sim, é claro... *Herr* General... estou de acordo". Choltitz avisou então o chefe de estado-maior que também estava em condições "de explodir de uma só vez a Madeleine e o teatro Opéra". Ele anunciou que se preparava para dinamitar o Arco do Triunfo, para liberar o eixo de tiro da Champs-Élysées, "e também a Torre Eiffel, para que suas vigas de ferro obstruam as pontes, que já terão sido destruídas".

No fundo de seu bunker, Speidel se perguntou se o comandante do Gross Paris estava brincando ou se tinha perdido a razão. Mas Choltitz não estava brincando e tampouco perdera a razão. Abismado com a ordem que o Grupo de Exércitos lhe enviara, ele tentara "fazer Speidel entender a terrível situação de um soldado que recebe uma ordem semelhante e deve obediência a seus chefes".

Do outro lado do Sena, na central de transmissões quase vazia da Rue Saint-Amand, as machadadas do *Feldwebel* Blache soavam como tiros. Blache, o suboficial cujos homens tinham queimado "como salsichas" quatro dias antes na frente da Prefeitura de Polícia, destruía um por um os 232 teletipos da central. Seu colega, o *Feldwebel* Max Schneider, desenrolava os quatrocentos metros de cordão detonador ligados às duzentas cargas explosivas espalhadas pelos três andares subterrâneos da central. O cordão logo daria a volta no quarteirão e chegaria ao Peugeot 202 de onde o chefe do Kommando de destruição, o *Oberleutnant* Von Berlipsch, comandaria a explosão. Blache destruiu os últimos teletipos e os seis homens do Kommando saíram correndo do prédio. Atrás deles, o som de uma valsa saía por uma janela: com pressa, eles tinham esquecido de destruir o aparelho de rádio.

No fim da rua, atrás dos *Feldgendarmes*, Blache podia ver os rostos ansiosos dos moradores do bairro, que tinham evacuado suas casas às pressas. Com um gesto rápido, o *Oberleutnant* Von Berlipsch abaixou a alavanca de contato. Um segundo depois, a central de transmissões, que por quatro anos retransmitira todas as mensagens dos exércitos alemães do front ocidental, da Normandia até a Espanha, desapareceu numa nuvem de poeira e fumaça. Eram 11h51. Uma ínfima parte do grande programa de destruição que Adolf Hitler impusera ao território do Gross Paris acabava de ser executada.

No subsolo dos Invalides, outro oficial, o *Oberleutnant* Ottfried Daub, do 112º regimento de transmissões, vigiava a colocação dos cordões detonadores conectados às cargas explosivas que estavam embaixo da central telefônica. Além dos explosivos, os homens do Spreng Kommando do *Oberleutnant* Daub também tinham colocado nas galerias tubos de oxigênio comprimidos a 180 atmosferas. No momento da explosão, esses tubos teriam a ação destrutiva de dezenas de bombas incendiárias. Eles provocariam um gigantesco incêndio que devastaria completamente a central e provavelmente os prédios quadricentenários dos Invalides: o museu do Exército, o palácio dos Invalides e até mesmo o domo de ouro sob o qual repousava, em seu sarcófago de mármore, outro conquistador da Europa: Napoleão Bonaparte.

No Palais du Luxembourg, apesar das 35 horas de blecaute provocadas pelo corajoso eletricista Marcel Dalby, os operários da Organização Todt já tinham quase terminado de perfurar as câmaras de explosivos. Nos porões do palácio, os soldados de Choltitz já tinham empilhado sete toneladas de chedita, o suficiente para fazer chover sobre metade de Paris os destroços da cúpula de oito faces do palácio e reduzir a pó os afrescos de Delacroix.

Na Place de la Concorde, atrás das colunas coríntias do Palais de Gabriel, sobre o qual tremulava havia quatro anos o emblema branco e preto da

Kriegsmarine, os fuzileiros do *Korvettenkapitän** berlinense Harry Leithold já tinham em seus porões mais de cinco toneladas de Tellerminen e de munições, o suficiente para "explodir o prédio e todo o quarteirão", garantira o oficial a seus superiores.

No outro extremo da imensa praça, do outro lado do Sena, no pátio da Câmara dos Deputados, os soldados da 813ª Pionierkompanie do capitão Werner Ebernach tinham recebido reforços. Durante a noite, a 177ª Pionierkompanie da 77ª divisão de infantaria chegara do Leste. Enquanto os homens de Ebernach acabavam de minar as 42 pontes do Sena, cuja explosão provocaria, na populosa capital, uma tragédia ao lado da qual a destruição das pontes de Chartres pareceria um arranhão, a nova companhia terminava de perfurar as câmaras de explosivos sob os prédios vizinhos à Câmara dos Deputados. Nos porões do Palais-Bourbon, templo da democracia francesa, e do elegante palacete vizinho, o Hôtel de Lassay, residência do presidente da Câmara, as britadeiras tinham perfurado os pontos destinados a receber os explosivos. Mais adiante, sob os aposentos de lambris dourados do ministério de Relações Exteriores, os soldados da 177ª Pionierkompanie tinham colocado várias caixas de TNT. O admirável conjunto arquitetônico às margens da Place de la Concorde e do Sena estava destinado a desaparecer, portanto, desde o Boulevard Saint-Germain até a esplanada dos Invalides. Ao mesmo tempo, do outro lado da praça, os fuzileiros do *Korvettenkapitän* Leithold explodiriam, de cada lado da Rue Royale, os dois Palais de Gabriel. Assim, a simetria da mais linda praça do mundo seria respeitada até mesmo no horror. Haveria ruínas dos dois lados.

Um Kübelwagen camuflado de folhagens apareceu naquela manhã na esplanada do Champ-de-Mars. Ele parou na frente do pilar sul da Torre Eiffel. Quatro homens desceram e começaram a contornar a pé cada pilar. Os quatro pertenciam ao Verbindungskommando (comando de ligação) da divisão SS Leibstandarte Adolf Hitler. Uma hora antes, eles tinham recebido uma mensagem vinda diretamente de Berlim. Essa mensagem ordenava que eles preparassem a destruição do "*Walerzeichen von* Paris", isto é, do símbolo de Paris. O *Unterstrumführer* Hans Schuett, de Leipzig, e seus colegas não hesitaram. Para eles, o símbolo de Paris só podia ser a Torre Eiffel.

Nas estações, nas centrais elétricas, nas centrais telefônicas, sob os Invalides, no Palais du Luxembourg, na Câmara dos Deputados, em torno das 42 pontes, do Quai d'Orsay e da Kriegsmarine da Place de la Concorde, em suma, em toda Paris, os preparativos do impiedoso plano do OKW estavam quase

---

* Oficial da marinha alemã. (N.T.)

prontos. Só faltavam mais algumas horas de trabalho e a ordem do general Von Choltitz para que Paris tivesse o mesmo destino apocalíptico de Varsóvia. Em seu gabinete do hotel Meurice, porém, o general alemão era tomado por uma terrível indecisão. Alguns oficiais já o haviam criticado por não fazer uso de toda a força à sua disposição para reprimir a insurreição. Cercado por homens que pareciam aceitar com fatalismo as ordens dementes de Adolf Hitler, Dietrich von Choltitz se perguntava com angústia por quanto tempo poderia adiar a destruição.

28

O aparelho de rádio transmitia uma música suave. Confortavelmente instalado na cadeira de um grande dentista de Londres, o "homem que assobiava ao falar" via a proximidade do fim de suas desventuras: o repórter de rádio Larry Leseur, da emissora americana CBS, estava diante do dente novinho em folha que o dentista colocaria em sua boca.

Em seu infortúnio, Leseur dizia ter tido sorte: se o acidente tivesse acontecido alguns dias depois, ele teria perdido o único acontecimento de toda aquela guerra que ele não queria perder por nada no mundo, a libertação de Paris.

De repente, a música suave parou e Leseur ouviu o locutor pedir aos ouvintes que não saíssem da escuta devido a um *important announcement*. Alguns segundos depois, Larry Leseur sentiu seu coração parar. Uma voz entrecortada gritava no rádio: "Paris foi libertada, Paris foi libertada!".

No outro extremo de Londres, ao ouvir esse grito num estúdio da Bush House, quartel-general da BBC, o representante londrino da emissora americana CBS se sentiu o homem mais feliz da capital britânica. Em sua gaveta, Dick Hottelet tinha uma caixinha redonda que continha um documento de valor inestimável. Era a reportagem imaginária sobre a libertação de Paris realizada na véspera por Charlie Collingwood, concorrente direto de Larry Leseur. Por um extraordinário encadeamento de fatos, a gravação chegara até ele sem ter sido censurada.*

Collingwood conseguira o *scoop* mais sensacional de sua vida. Alguns minutos depois, sua voz dramática descrevendo a libertação de Paris entraria

---

* Collingwood registrara sua reportagem num novo tipo de gravador. Ao receber a fita magnética, os censores do SHAEF não conseguiram ouvi-la. Assim, eles a enviaram à direção do departamento, em Londres, onde os oficiais da censura, convencidos de que os colegas do SHAEF já haviam ouvido o documento, o entregaram diretamente a seu destinatário. (N.A.)

em milhões de lares. Dois jornais de Nova York mudaram a capa na mesma hora e publicaram na íntegra a reportagem de Collingwood com manchetes enormes. No México, onde eram cinco horas da manhã, todos os jornais mudaram sua primeira edição. Na tela luminosa do jornal *Excélsior* apareceram de repente, em letras de fogo, três palavras: "Paris está liberada". Em poucas horas, três mil quilômetros ao sul, pela primeira vez desde 1939 a multidão invadiria as ruas de Buenos Aires e gritaria sob as janelas de Perón: "*Democracia, si! Axis, no!*".* No outro extremo da América, assim que a notícia se disseminou pelas tortuosas ruas de Quebec, o prefeito Lucien Borne pediu a seus concidadãos que ornassem as ruas com bandeiras tricolores. Em Washington, quando Franklin Roosevelt foi informado da libertação de Paris ao acordar, ele sorriu e murmurou: "Um retumbante presságio da vitória total".

A poucas centenas de metros da Casa Branca, num leito de hospital, o velho general Pershing, que 25 anos antes tão bravamente lutara para libertar a França, teve forças para articular algumas palavras: "Como estou feliz". Em Nova York, ao pé dos arranha-céus do Rockefeller Center, diante de vinte mil americanos em delírio, Lily Pons começou a cantar *A marselhesa*, enquanto fuzileiros navais com pompons vermelhos içavam bandeiras tricolores. Em Londres, nas ruas populares do Soho, no Piccadilly Circus, em torno da Coluna de Nelson na Trafalgar Square, as pessoas se cumprimentavam, se abraçavam, cantavam *A marselhesa*. Para os milhões de londrinos tão duramente castigados pela guerra, a libertação de Paris era um dia de glória que anunciava a vitória final. O próprio rei, participando da alegria de seus súditos, enviou um caloroso telegrama para expressar seu júbilo a Charles de Gaulle.

Ninguém, em meio à euforia geral, prestou atenção aos confusos protestos do grande quartel-general aliado. De um lado a outro do mundo, a incrível notícia se espalhava com tanta velocidade que nenhum desmentido poderia detê-la.

Mas aquela foi a maior notícia falsa da História. Em Paris, onde o estrondo dos tanques e dos caminhões do general Von Choltitz ecoava pelas ruas e avenidas, o anúncio da Libertação teve o efeito de um balde de água fria. Na sala dos fundos de uma charcutaria de Nanterre, onde ele se perguntava angustiado se seu amigo Louis Berty, preso no Mont-Valérien, ainda estava vivo, o tenente americano Bob Woodrum ouviu de repente a voz de Lily Pons cantando a *Marselhesa* na frente do Rockefeller Center de Nova York. Naquele exato momento, um carro blindado passou atirando pela rua. Vários tiros atingiram a fachada da charcutaria. Estupefato, o americano pensou: "Não é

---
* Democracia, sim! Eixo, não! (N.T.)

possível: alguém com certeza se enganou!". No Hôtel Matignon, nos apartamentos privados do presidente do Conselho, ocupado dois dias antes, Yvon Morandat e sua secretária Claire se entreolhavam aturdidos. Junto com o carrilhão do Big Ben, que acompanhava o anúncio da libertação da cidade, Yvon e Claire podiam ouvir os tiroteios das ruas vizinhas. Claire ficou consternada. "Idiotas... erraram feio!", ela murmurou, girando o botão do rádio num gesto furioso. No quarto andar do número 3 da Place du Palais-Bourbon, bem na frente da entrada da Câmara dos Deputados, em torno da qual os soldados de Choltitz se agitavam bastante naquele dia, uma mulher reconheceu a voz de Charlie Collingwood no rádio. Dez minutos antes, outra voz, a da zeladora do prédio, anunciara a Marie-Louise Bousquet, uma das figuras da alta sociedade parisiense, que os alemães se preparavam para explodir a Câmara e os imóveis vizinhos. Agora, Marie-Louise Bousquet não sabia o que pensar. Como "aquele jovem americano tão charmoso", que ela recebera tantas vezes antes da guerra em seu salão, podia ter feito uma coisa daquelas? Marie-Louise jurou para si mesma que se um dia voltasse a ver Collingwood, faria com que ele se arrependesse de sua leviandade.

* * *

Pela primeira vez em três dias e três noites, o coronel André Vernon bebeu sua xícara de chá sem fazer uma careta. No pequeno gabinete do estado-maior das FFI de Bryanston Square, em Londres, ele acendeu o cachimbo, se aconchegou confortavelmente na poltrona e começou a pensar com satisfação na enorme notícia falsa que havia lançado. Pois ele era o verdadeiro autor da farsa da libertação de Paris. Seis horas antes, naquele mesmo gabinete, Vernon decodificara o último apelo de Jacques Chaban-Delmas. Era um SOS patético que avisava Londres que um terrível massacre se preparava em Paris se os Aliados não chegassem imediatamente. Vernon, que ignorava que a 2ª divisão blindada de Leclerc se precipitava na direção de Paris, tentava desesperadamente encontrar uma ideia, um estratagema, que pudesse obrigar os Aliados a finalmente marchar sobre a capital. De repente, ele teve uma iluminação. Começou a rabiscar algumas palavras em meio ao silêncio do amanhecer: um boletim de notícias tão imaginário quanto a reportagem que Charlie Collingwood gravara na véspera. Se a BBC, pensara o astucioso coronel, aceitasse lançá-lo em suas ondas, o comando aliado seria obrigado a ocupar a cidade que ele acabava de libertar com um simples canetaço.

29

Da janela da sala do restaurante do Grand Veneur, o tenente Sam Brightman, do Serviço de Informação do SHAEF, contemplava os tanques, os veículos, os enxames de jornalistas, as centenas de civis com braçadeiras tricolores e os oficiais de todas as nacionalidades que produziam o espetáculo de uma colmeia fervilhante e desordenada. "Só falta De Gaulle", pensou o americano, "para fazer de Rambouillet o mais belo alvo jamais oferecido aos alemães desde o dia D".

Um sorriso logo iluminou o rosto do tenente Brightman. A jovem garçonete trazia a lata de *beans* aquecidos que acompanharia o patê de sua ração de combate. Na bandeja, havia um tesouro que fazia o oficial americano salivar de impaciência: uma preciosa garrafa de riesling que sobrevivera a quatro anos de ocupação alemã e quatro dias de invasão jornalística. Brightman viu a jovem parar de repente, boquiaberta, ao chegar à sua mesa. Houve um grande estrondo de vidro quebrado: ela deixara cair a bandeja. Seus olhos, iluminados por uma aparição, se encheram de lágrimas. Ela começou a repetir em êxtase: "De Gaulle... De Gaulle... É De Gaulle...".

Charles de Gaulle acabava de chegar a Rambouillet, de fato. Na vanguarda do exército que libertaria Paris, quase às portas da capital, a alta figura solitária que personificara a França Livre por quatro anos tinha acabado de chegar à última etapa do longo caminho que encerrava seu exílio. De Gaulle e sua comitiva se instalaram no castelo de Rambouillet, cujas portas, cortinas, pratarias e roupas de cama tinham o monograma da Francisque* do Estado francês, hoje símbolo de um regime destituído. Com desdém, o general recusou o magnífico aposento presidencial e se instalou modestamente nas duas peças do último andar. Depois, Claude Guy o viu entrar na biblioteca e escolher ao acaso um volume cuja leitura o ajudaria a suportar as horas cruciais que se seguiriam: *O burguês fidalgo*. Charles de Gaulle se afastou com o volume nas mãos e desceu ao térreo. Ali, na suntuosa decoração do salão de festas onde Carlos X abdicara, sobre a mesa de madeira esculpida onde monarcas, imperadores e presidentes, desde Luís XVI e Napoleão até Poincaré, tinham oferecido solenes banquetes em nome da França, Charles de Gaulle e os três fiéis membros de sua comitiva começaram a abrir as latas de ração de combate para a refeição. Depois, De Gaulle mandou chamar Leclerc. Ele ardia de impaciência. Agora, cada hora que o separava de sua entrada em Paris adquiria uma importância e uma dimensão gigantescas.

---

* Emblema da Ordre de la Francisque Gallique, uma condecoração distribuída pelo regime de Vichy e declarada insígnia do marechal Pétain. (N.T.)

Leclerc avaliara com cuidado as informações fornecidas ao chefe do 2º gabinete, o comandante Paul Repiton-Préneuf, por Papa Hemingway e pelas dezenas de membros das FFI que tinham conseguido cruzar as linhas inimigas. Ele tomara uma decisão importante. As ordens de seus superiores do Fifth Corps americano o intimavam a seguir direto para Paris pelo caminho mais curto, isto é, por Rambouillet e Versalhes. Mas as informações colhidas durante as últimas 24 horas indicavam que os alemães haviam colocado mais de sessenta tanques de reforço nesse itinerário e que o haviam minado a fundo. Leclerc decidiu, portanto, deslocar em 25 quilômetros para o leste seu eixo de marcha, passar por Arpajon e Longjumeau e entrar em Paris pela Porte d'Orléans. Em sua pressa de avançar, o general francês deixou de pedir a aprovação de seus superiores americanos para essas modificações de itinerário, o que provocaria, algumas horas depois, violentas e amargas reações.

No salão de festas do castelo, já limpo das latas de conserva e embalagens das rações de combate, Leclerc expôs seu plano a De Gaulle. Os dois sabiam que corriam contra o tempo e que, à frente, os alemães reforçavam defesas. A operação, que 24 horas antes se anunciava como uma marcha triunfal, corria o risco de se tornar um verdadeiro ataque. Se Leclerc não agisse com velocidade fulminante, ele corria o risco de se ver bloqueado com toda sua divisão na estrada para Paris. Enquanto isso, os alemães poderiam reprimir a insurreição e encaminhar reforços. De Gaulle seguiu com extrema atenção a fala de seu jovem general. Depois de muita reflexão, ele sacudiu a cabeça e concedeu seu *de acordo*.*

Charles de Gaulle olhou para Philippe Leclerc bem no fundo de seus olhos. De Gaulle sentia um afeto especial pelo picardo impetuoso e taciturno. Para ele, Leclerc era uma espécie de filho espiritual. "Você tem muita sorte", ele disse apenas. Um longo silêncio se fez. Então o capitão Alain de Boissieu ouviu seu futuro sogro acrescentar, numa voz insistente: "Seja rápido, que não haja uma nova Comuna!".

30

O cabo Louis Loustalot, da 97ª companhia de quartel-general, começou a arrumar a cama. Três dias antes, naquela mesma cama, o *Feldkommandant*

---

* É possível que uma das razões pelas quais Leclerc não tenha avisado a seus superiores americanos sobre as modificações de itinerário tenha sido o fato de que ele julgava a libertação de Paris um assunto exclusivamente francês, para o qual bastava a concordância de De Gaulle. (N.A.)

alemão de Rambouillet passara sua última noite. Ao acabar, o cabo colocou uma barra de chocolate sobre a mesa de cabeceira. Loustalot sabia que, em dias de operação, "o patrão" gostava de comer um chocolate ao acordar. Na manhã seguinte, Philippe Leclerc comandaria a ação mais memorável de sua carreira: o ataque de Paris.

Extenuados pela longa e exaustiva corrida até Rambouillet, quase cegos por catorze horas consecutivas de fumaça dos escapamentos, com as roupas encharcadas pela chuva que ainda caía, os dezesseis mil homens da divisão estavam espalhados nos campos e nas aldeias vizinhas a Rambouillet. Percorrendo a noite como sombras, os caminhões GMC de reabastecimento deixavam galões de combustível ao lado dos tanques e dos *half-tracks*. Reunindo suas últimas forças, os homens enchiam os tanques, verificavam os níveis de óleo, mudavam as esteiras gastas pelos duzentos quilômetros de galope desenfreado. Sob as barracas de seu posto de comando montado às pressas, à luz bruxuleante de lanternas de cabeça, os chefes de corpo estudavam com seus oficiais a ordem das operações, examinavam os mapas, conferiam as informações, organizavam o itinerário do dia seguinte. Dividida em três grupos de assalto, a divisão atacaria Paris por três eixos diferentes. Sob uma árvore da floresta de Rambouillet, o comandante Henri de Mirambeau, do 40º regimento de artilharia, estabelecia seu plano de ataque com o tenente-coronel americano que comandava o grupo de 155mm associado à divisão. No dia seguinte, às oito horas em ponto, com seus quinze quilômetros de alcance, os grandes 155mm americanos e os autopropulsados de Mirambeau esmagariam, lado a lado, as posições defensivas alemãs instaladas nas portas de Paris.

De todos os oficiais da divisão de vigília naquela noite, talvez nenhum esperasse as primeiras luzes da aurora com mais impaciência do que o tenente-coronel Jacques de Guillebon. Vinte e quatro horas antes, com o pequeno destacamento à frente do qual, na antevéspera, ele deixara clandestinamente a divisão, Guillebon queria entrar em Paris e prestar socorro aos insurgentes. Por rádio, no meio da noite, ele pedira a Leclerc autorização para realizar a audaciosa operação. Mas não obtivera resposta: o ordenança do general não ousara acordar o chefe para lhe transmitir o pedido. Naquela noite, Guillebon pensava, decepcionado, que a bandeira do governador militar de Paris devia estar tremulando sobre os Invalides.

No bar do Grand Veneur, invadido pelos jornalistas, os oficiais do esquadrão de proteção de Leclerc eram objeto de prementes solicitações. Certo de que o general entraria em Paris à frente de sua divisão, todos os correspondentes, lembra-se o subtenente Philippe Duplay, tentavam "artimanhas de Sioux" para conseguir um lugar num tanque ou num jipe dos pelotões de acompanhamento.

Em todas as unidades, os homens se acomodaram como possível para passar a última noite antes da batalha por Paris. Parados perto da aldeia de Dampierre, os fuzileiros do *Simoun* não tiveram coragem de cozinhar o pato que estava no compartimento de munições. Mortos de sono e cansaço, eles adormeceram em suas barracas. Perto de Limours, à luz fraca da lâmpada do Sherman do 501º regimento de tanques, o brigadeiro Patrick Descamps, um parisiense de vinte anos que atravessara toda a Espanha a pé para se unir à divisão, lia o jornal mais extraordinário que ele já lera na vida: *Le Figaro* do dia, que um ciclista acabara de trazer da capital insurgente.

O capitão Emmanuel Dupont, que na véspera se confessara num pomar da Normandia, acabou de passar as ordens para o ataque do dia seguinte e foi para seu *half-track* da 11ª companhia do regimento do Chade, acendeu o isqueiro e começou a ler um pequeno livro de capa amassada, *Imitação de Cristo*. "Estamos na terra como viajantes e estrangeiros...", leu Emmanuel Dupont. Ele parou nessa frase, fechou o livro, desligou o isqueiro e começou a rezar na escuridão.

Naquela noite, ninguém estava mais entusiasmado e feliz do que um simples soldado de 2ª classe de um regimento de tanques. Deitado na superfície traseira do *La Marne*, o tanque Sherman de que era piloto, o fuzileiro Paul Landrieux repetia com êxtase: "Deus no céu, 25 quilômetros! Vocês se dão conta, rapazes? 25 quilômetros!". Landrieux acabara de descobrir que o objetivo de sua companhia para a manhã do dia seguinte era o subúrbio de Fresnes, a 25 quilômetros dali. A pequena distância constituía, naquela noite, a única coisa que lhe faltava para fechar os três mil quilômetros de uma viagem que o conduzira das prisões da Espanha até os desertos do Chade e da Líbia. Em Fresnes, três anos antes, Landrieux dissera à mulher certa noite: "Vou comprar um maço de Gauloises, volto em dez minutos". Ele nunca voltara. No dia seguinte, aqueles dez minutos chegariam ao fim. Nas ruas de Fresnes, Landrieux lutaria para libertar sua cidade e a esposa, que não sabia se ele estava vivo ou morto. Em vez do maço de Gauloises, ele voltaria com um maço de Camel.

Enquanto os homens da 2ª divisão blindada se deitavam para algumas horas de descanso na região de Rambouillet, os soldados de outra divisão seguiam em seu encalço.

Sob uma chuva torrencial, com faróis desligados, a 4ª divisão de infantaria americana saía de Carouges, a 260 quilômetros de Paris, e rumava para a capital. Alarmado com a mensagem de Rolf Nordling, o general Omar

Bradley escolhera a 4ª divisão para amparar a 2ª divisão blindada. Desde o dia do desembarque, essa unidade tinha sido, junto com as 1ª e 29ª divisões, a ponta de lança do exército americano. Ela desembarcara em Utah Beach, tomara Cherbourg, resistira diante de Mortain contra três divisões Panzer e repelira o contra-ataque desesperado do *Feldmarschall* Von Kluge. Para o 12º regimento de infantaria que encabeçava a marcha noturna da divisão americana, o caminho que levava a Paris havia sido um terrível calvário. Os três mil homens que seguiam sob a chuva deixavam para trás 4.034 mortos e feridos desde o desembarque de 6 de junho, menos de 78 dias antes.

Amontoados em fileiras de seis dentro dos caminhões, os soldado da 4ª divisão estavam tomados pela mesma febre bem-humorada dos franceses da 2ª divisão blindada. Com a imaginação inflamada pelas lendas dos combatentes da Primeira Guerra Mundial, pelas lembranças de seus livros escolares, pela história e pelos filmes de Hollywood, por Alexandre Dumas e Victor Hugo, pela "gay Paris" e suas lindas mulheres, pelos cartões-postais da Torre Eiffel e Notre-Dame, em suma, pela magia do nome Paris, eles avançavam sob a chuva com o mesmo ardor dos soldados franceses que avançavam para libertar seu lar.

"Chuva sobre nossos uniformes, chuva dentro de nosso café, chuva sobre nossas cabeças", escreveu naquela noite em seu diário o médico Joe Ganna, de Roxbury, Massachusetts. "Mas a excitação de ver Paris nos impele", ele acrescentou, "e por isso avançamos." Ganna ouviu a seu lado, no caminhão GMC aos solavancos, o soldado de 1ª classe Davey Davison murmurar: "Deixo o vinho e as mulheres para os outros. A única coisa que quero é uma noite de sono numa cama de verdade".

À frente da divisão, cegado pela chuva, o coronel Jim Luckett, de Montgomery, Alabama, comandante do 12º regimento de infantaria, sentia uma furiosa vontade de cantar. Ele estava quase tão feliz quanto se estivesse voltando para casa. Para o valente coronel, aquele era um retorno à região de sua infância. Em 1928, ainda estudante, ele conhecera em Paris os últimos brilhos de uma época louca. Mas não eram apenas as lembranças que atraíam Luckett para a capital francesa naquela noite. Era também o apartamento que ele tinha, e que nunca vira, no número 10 da Rue des Beaux-Arts. O coronel o ganhara numa aposta com um amigo colombiano, o artista San Diego Medina, e prometera a si mesmo que o visitaria assim que chegasse.

Para alguns daqueles americanos, a marcha sobre Paris era uma verdadeira volta para casa. O tenente Dan Hunter, do OSS, ali vivera a maior parte de sua vida. Sob a barraca do comandante da Paris Task Force, unidade encarregada de despistar os colaboradores na capital, Hunter passeou o dedo por um mapa da cidade. Tinham-lhe solicitado que escolhesse o lugar onde instalar sua unidade em Paris. Seu dedo se deteve num local familiar: como uma alegre vingança, ele escolheu seu antigo colégio.

À luz de seu isqueiro Zippo, outro oficial, Franklin Holcombe, também estudava um mapa ao lado de um Sherman com a Cruz de Lorena. O piloto do tanque francês se perdera e o sólido americano que estudara quatro anos em Paris lhe indicou o caminho para a capital. O francês nunca estivera em Paris.

Em Chartres, o coronel John Haskill decidiu tentar uma coisa. Ele pediu para usar o telefone de um café e solicitou um número parisiense. Do outro lado do fio, ele ouviu a voz de sua velha amiga Mimi Gielgud, cunhada do famoso ator, que vivera toda a ocupação em Paris. Haskill ficou impressionado com a frieza tipicamente britânica da amiga.

"Ah, John", ela exclamou, "eu estava justamente esperando sua ligação!"

* * *

Mas nem todos os oficiais aliados compartilhavam da mesma emoção e do mesmo entusiasmo dos homens da 2ª divisão francesa e da 4ª divisão americana naquela noite. Para os que estavam encarregados dos transportes e do abastecimento, a libertação de Paris seria uma operação custosa e difícil, pela qual eles precisariam pagar um preço elevado. Em Bristol e Southampton, 53 toneladas de medicamentos, 23.338 toneladas de biscoitos, conservas de carnes, margarina, sabão, chocolate vitaminado e leite em pó esperavam para ser encaminhados com prioridade absoluta ao continente e Paris. Três mil toneladas seriam transportadas de avião, pela esquadrilha Carpetbaggers. Para encaminhar o resto a partir das praias da Normandia, o 21º Grupo de Exércitos britânico precisaria se privar de dois mil caminhões GMC e de trezentos trailers de três toneladas. Os serviços logísticos americanos também precisariam fornecer mais de mil caminhões, em geral reservados às linhas de comunicação militar.

O 21º Grupo de Exércitos de Montgomery também recebera ordens de retirar de seu abastecimento cinco mil toneladas por dia e encaminhá-las a Paris por seus próprios meios.

Seriam gastos 350 mil litros de combustível por dia para abastecer Paris. Nas próximas duas preciosas semanas de avanço pelo Norte e Leste da França, os Aliados consumiriam mais de cinco milhões de litros de combustível para ajudar a capital francesa a se recuperar. Naquela quarta-feira à noite, na mesma barraca onde 48 horas antes o francês Roger Gallois ouvira um "não", o general Patton tinha à sua frente um número aterrador. Pela primeira vez desde a brecha de Avranches, suas colunas blindadas tinham consumido mais combustível do que recebido naquele 23 de agosto. Em exatamente uma semana, à frente de Metz, a 150 quilômetros das margens simbólicas do Reno, perseguindo os alemães em plena debandada, os tanques do 3º exército de Patton ficariam sem combustível. Para chegar ao Reno, faltariam os exatos cinco milhões de litros usados na libertação prematura da capital francesa.* Quando o exército de Patton finalmente recebesse mais combustível, no final do mês de setembro, os alemães teriam ganho reforços e estariam solidamente entrincheirados atrás da Linha Siegfried. Patton só alcançaria o Reno sete longos meses depois, em 22 de março de 1945.

* * *

Com os faróis desligados, o BMW preto deslizava pela noite sem fazer barulho. No assento de trás, enrolado sobre si mesmo, Mister, o poodle do general Von Aulock, cochilava. O general, como de costume, dirigia. Naquela noite, pela primeira vez em vários dias, Aulock estava satisfeito. As tropas que ele solicitara em reforço aos dez mil homens que ocupavam a linha de defesa das principais entradas de Paris finalmente haviam chegado. Em menos de seis horas, Aulock recebera um regimento blindado comandado por um herói do front russo, o coronel de perna de pau Pulkovski, e o Messerschmidt Sturm-Bataillon que imediatamente ocupara posições de cada lado da estrada de Mantes. Acima de tudo, Aulock fora informado que elementos do 5º exército blindado seriam colocados sob seu comando nos próximos dias.

Agora, com seu chefe de estado-maior, o capitão Théo Wulf, Aulock voltava para Saint-Cloud, depois de uma minuciosa turnê de inspeção de suas defesas, as defesas sobre as quais em poucas horas a maré furiosa da 2ª divisão blindada rebentaria. Naquela noite, nem Aulock nem Wulf sabiam que a menos de 25 quilômetros dali, camuflados sob as árvores da floresta de Rambouillet ou nas colinas do vale de Chevreuse, os homens dessa divisão esperavam a aurora com uma impaciência de matilha faminta.

---

* É provável que nunca seja possível avaliar ao certo em que medida a libertação prematura de Paris entravou a marcha dos Aliados rumo ao Reno. De todo modo, com ou sem a tomada de Paris, uma crise de combustível se preparava para os Aliados. Aos autores deste livro, Eisenhower declarou: "Aquelas duas semanas foram vitais, sem dúvida. Mas já tínhamos chegado ao ponto crítico de nosso avanço. É difícil presumir ao certo até onde Patton teria avançado. No entanto, ele com certeza teria tomado Metz e uma grande parte da região passando a cidade". O general Bradley, por sua vez, declarou aos autores deste livro: "Se tivéssemos conseguido chegar ao Reno, teríamos dado um passo de gigante. Só precisávamos de duas semanas de combustível, a meu ver, para conseguir. Por isso não queria ir a Paris. Eu não queria que a libertação de Paris nos privasse de combustível, como acabou acontecendo". (N.A.)

Na verdade, aquela inspeção quase fora um passeio para o general de dragonas novas. Depois de ouvir o relatório do comandante do setor de Versalhes, o coronel Seidel, ele tivera tempo de degustar com seu anfitrião um pequeno copo de licor Bénédictine e de ouvi-lo tocar ao piano algumas melodias de Beethoven. Reconfortado com o que vira e ouvira, e com a ideia de que em breve os canhões e os blindados do 5º exército reforçariam sua linha de defesa, o general Von Aulock deu um tapa satisfeito na coxa de seu chefe de estado-maior e exclamou: "Acredite em mim, Wulf, quando eles decidirem atacar, faremos com que paguem caro por Paris!".

Para Willy Wagenknecht, o prisioneiro alemão que com tanta amargura vira centenas de deportados franceses partirem para a Alemanha, a hora da libertação soara. As portas de sua cela de Fresnes tinham finalmente sido abertas. Em vez da sopa habitual da prisão, Wagenknecht jantara presunto e patê de fígado. Ele até mesmo recebera um maço de cigarros e meia garrafa de conhaque. Mas apesar da raridade daquelas *delikatessen*, ele ficou com um gosto amargo na boca. Willy Wagenknecht sabia que logo seria obrigado a pagar por elas. À sua frente, no pátio da prisão, se erguia o longo cano de um canhão de 88mm. O alemão e seus codetentos tinham sido designados para defender o prédio no qual, algumas horas antes, ainda eram prisioneiros. Wagenknecht sentia náuseas com a ideia de ter que lutar por sua própria prisão. Dez quilômetros a oeste das muralhas de Fresnes, no coração do maciço de flores da colina de Meudon, outro artilheiro, o *Obergefreiter* vienense Anton Rittenau, da Gemischte Flakbatterie* n. 4, ouvia alternadamente o estrondo do canhão que vinha do sul e o barulho dos tiroteios que vinham de Paris. Rittenau e os homens das peças vizinhas estavam prontos para abrir fogo sobre qualquer coisa em menos de um minuto. Naquela noite, os canhões de 88 e 105mm da artilharia estavam apontados para sudeste, na direção do aeródromo de Villacoublay. Com alguns giros de manivela, porém, os mesmos canhões poderiam ser virados para Paris. Nos porões do castelo vizinho, transformado em observatório, Rittenau e seus homens tinham armazenado mais de oitocentos projéteis, "mais do que suficientes para o dia seguinte e para os próximos".

Na cidade, os soldados de Choltitz reforçavam posições defensivas. Nas proximidades da Pont de Neuilly, o antigo tanquista Willy Krause, transferido para a infantaria por não ter conseguido destruir uma barricada, se dedicava a alinhar meia dúzia de canhões antitanque. Alguns minutos depois de comandar o pelotão que acabara de executar dois fuzileiros desertores, o *Feldwebel* Karl Frœlich, de 21 anos, instalava um morteiro no telhado do hotel Crillon, acima de uma Place de la Concorde cheia de defesas antitanque.

---

* Bateria Mista Antiaérea. (N.T.)

No bar do hotel Raphaël, ocupado por uma unidade combatente, o *Mineralöloffizier* Walter Neuling observava a seu lado um jovem capitão que abria uma terceira garrafa de champanhe. O sonho de sua vida, confidenciara o capitão a Neuling, tinha sido se tornar arquiteto. Em vez disso, ele se tornara um especialista em demolições e tinha acabado de cumprir a maior missão de sua carreira. Ele minara "metade de Paris". Esvaziando sua taça de champanhe, o capitão Ebernach – pois era ele – reconheceu que não se tratava de "uma missão particularmente agradável!". Mas, acrescentou, quando recebesse a ordem de desencadear as explosões, ele não hesitaria. "O estrondo será ouvido até Berlim", afirmou.

Era meia-noite quando dois vultos pararam na pequena ponte que atravessava o Sena. A algumas centenas de metros, desenhando-se sobre a claridade da noite, Alexandre Parodi e Yvon Morandat avistaram a coluna de fumaça preta que ainda se elevava acima do Grand Palais. Aquele seria um dos espetáculos mais sinistros que o representante de Charles de Gaulle veria na cidade ocupada. Em breve, ele pensou, Paris já não teria armas, munições, comida e esperança. A insurreição iniciada quatro dias antes com grande entusiasmo não poderia continuar sem ajuda externa. E ninguém em Paris sabia que essa ajuda estava a caminho. Para Parodi, como para os 3,5 milhões de parisienses, a capital parecia abandonada ao destino simbolizado pela coluna de fumaça preta acima da carcaça calcinada do Grand Palais.

Com os olhos vermelhos de cansaço, Parodi se virou para Morandat e murmurou: "Yvon, amanhã eles vão atear fogo em toda Paris, e eu serei responsável por isso perante a História".

31

Pela segunda vez em 24 horas, a caneta do general Alfred Jodl não conseguia seguir o fluxo enfurecido que jorrava da boca de Adolf Hitler. Desde a manhã, os teletipos do OKW vinham transmitindo relatórios alarmantes sobre a deterioração da situação em Paris. Em sua última mensagem, o general Von Choltitz acabara admitindo que os "terroristas" mostravam "uma atividade intensa" em toda a cidade. As notícias tinham provocado em Hitler uma explosão de fúria memorável. Essa fúria se transformara num verdadeiro acesso de raiva quando o especialista em armamento junto ao OKW, o general Bulhe, anunciara que uma série de potentes ataques aéreos paralisara toda a circulação ferroviária em torno de Paris. Os SOS desesperados de Jacques Chaban-Delmas tinham tido ao menos um resultado: naquela noite, o general Bulhe precisara admitir que, por causa desses bombardeios, o Mörser *Karl* não avançara nenhum metro o dia todo.

Ao ditar ordens a Jodl, Hitler berrava que se a Wehrmacht não fosse capaz "de esmagar a gentalha das ruas de Paris", ela ficaria "coberta de vergonha e da maior desonra de sua história". Ele ordenou que Model enviasse para Paris todos os tanques e veículos blindados disponíveis. Quanto ao comandante do Gross Paris, este devia, ordenou Hitler, reunir seus blindados e sua artilharia em unidades de ataque especial para "aniquilar sem piedade os focos insurrecionais". Ele exigiu, por fim, que a Luftwaffe interviesse com todos os seus meios para "esmagar com bombardeios explosivos e incendiários os bairros da cidade em que ainda houvesse insurreição".

O general Walter Warlimont, que testemunhou, naquela noite de quarta-feira, o terrível acesso de raiva do líder do Terceiro Reich, registraria em seu diário pessoal uma reflexão que já viera à mente de muitos franceses: "Paris, agora", ele escreveu, "será como Varsóvia".

No quartel-general subterrâneo do Grupo de Exércitos B, em Margival, de onde comandava as operações de todo o front ocidental, o *Feldmarschall* Walter Model examinava os últimos relatórios do dia. Como todos os que recebera nos quatro dias anteriores, nenhum mencionava a iminência de um ataque aliado contra Paris. Eles apenas assinalavam "fracos reconhecimentos blindados" perto da capital. Um deles anunciava inclusive que os Aliados precisariam "esperar a chegada de novas unidades" antes de conseguir organizar um movimento importante sobre Paris.*

No quartel-general do comandante-chefe do Oeste, por um mistério inexplicável, ninguém naquela noite estava a par da investida da 2ª divisão francesa e da 4ª divisão americana em direção a Paris.

No entanto, movido por alguma intuição ou pelo fato de que não podia mais continuar seguindo sua própria estratégia em vez daquela ordenada pelo OKW sem correr o risco de se comprometer definitivamente, Model enviara os primeiros reforços a Paris ao longo do dia. No início da tarde, depois de um telefonema premente do general Warlimont, Model finalmente começara a reunir todas as unidades dispersas que conseguira encontrar. Ele ordenara que essas unidades fossem enviadas para a linha de defesa de Paris, mantida pelos dez mil homens do grupo de combate do general Von Aulock e reforçada por vários elementos blindados e duzentos canhões de 88mm.

---

* Tagesmeldung 23/08/1944 AR AGB N. 6457/44. (N.A.)

Sabendo que os ataques aéreos aliados obrigariam as 26ª e 27ª SS Panzer a circular exclusivamente à noite, o que atrasaria de maneira considerável sua chegada em Paris, o *Feldmarschall* Model tomou três decisões naquela noite. Ele ordenou à 47ª divisão de infantaria que se reunisse na região de Méru-Neuilly-en-Thelle, cerca de cinquenta quilômetros ao norte da capital, e ficasse pronta para se movimentar para o flanco noroeste de Paris.* Model também ordenou ao 1º exército que reunisse, na região de Meaux, 44 quilômetros a leste de Paris, todas as unidades blindadas disponíveis e as enviasse imediatamente à capital.** Por fim, ele ordenou à 2ª brigada de canhões de assalto que se movimentasse imediatamente sobre Paris.***

Era meia-noite quando o pequeno *Feldmarschall* de monóculo acabou de ditar suas ordens ao chefe do 3º gabinete, o coronel de estado-maior Von Tempelhof, e a seu adjunto, o comandante Gemring. Quinze minutos depois, as vontades do comandante-chefe foram enviadas por teletipo do quartel-general de onde Hitler um dia esperara dirigir a invasão da Inglaterra. Model acreditava que aquelas unidades alcançariam suas posições dentro de dois dias, ou seja, em 25 ou 26 de agosto. Em caso de urgência, elas permitiriam que Choltitz resistisse até a chegada das duas divisões blindadas SS. Naquele momento, com mais de três divisões sob seu comando, Model estava convencido de que o vencedor de Sebastopol teria condições de travar o feroz e sangrento combate que Hitler exigia na defesa de Paris. A única coisa de que o enérgico *Feldmarschall* precisava agora era de um pouco de tempo. O tempo necessário para que as unidades que ele colocara em movimento chegassem a suas posições. Ele precisava de exatas 48 horas.

32

Adormecida no fundo de um vale numa doce noite de verão, a pequena aldeia alemã parecia muito longe da guerra. Na alameda deserta outrora cheia de passantes noturnos, ouvia-se naquela noite o rumor das tílias sob a brisa e os passos apressados de uma sombra. Preocupada, Uberta von Choltitz voltava para casa. Alguns minutos antes, enquanto a orquestra da ópera de Baden-Baden começava a grande ária de Senta em *O navio fantasma*, de Richard Wagner,

---

* AR GR B Ia 6503/44 24/08/1944 0.45 (N.A.)
** AR GR B Ia 6504/44 24/08/1944 0.45 (N.A.)
*** AR GR B Ia 6504/44 24/08/1944 0.45 (N.A.)

sua obra preferida, uma funcionária fora até seu camarote e lhe murmurara que a chamavam com urgência em casa.

Certa de que um acidente acontecera com Timo, seu caçula de quatro meses, Uberta von Choltitz apertou o passo, atravessou o rio, contornou a igreja russa e subiu a Viktoriastrasse. Sem fôlego ao fim dos três andares, ela correu até o quarto de Timo. Mas o bebê dormia serenamente no berço. Johana Fisher, a criada que, catorze dias antes, comprara na padaria os últimos bretzels de Dietrich von Choltitz, estendeu então a Uberta um pedaço de papel. O senhor telefonara, ela disse. Mas como ele não pudera aguardar na linha, ela escrevera num pedaço de papel a mensagem que ele lhe pedira para transmitir à senhora. Seria a última mensagem que Uberta von Choltitz receberia do marido por mais de um ano. Ela dizia apenas: *"Estamos cumprindo nosso dever, Uberta"*.

33

Num passo silencioso, o ordenança Helmut Mayer percorreu o longo corredor forrado com carpete vermelho. Na bandeja que ele carregava estava o invariável café da manhã do general: uma xícara de café preto, quatro fatias de pão e um pote de geleia de laranja. Como todas as manhãs, o cabo também levava uma pasta preta. O tenente Von Arnim, ajudante de campo do general Von Choltitz, a entregara alguns minutos antes. A pasta continha os telegramas e as mensagens chegadas durante a noite ao estado-maior do hotel Meurice. Naquela manhã, o ordenança notou que a pasta estava mais volumosa que de costume.

Mayer abriu a porta do quarto 238 sem fazer barulho, colocou a bandeja em cima da mesa de cabeceira e foi abrir as pesadas cortinas de veludo. Quando os primeiros raios de luz entraram na peça, o general abriu os olhos. Depois, como todas as manhãs nos últimos sete anos, ele perguntou a seu jovial servidor: "Como está o tempo hoje, Mayer?".

Estava cinza e eram exatamente sete horas daquela quinta-feira, 24 de agosto. O dia que começava seria o último em que o cabo Helmut Mayer levaria o café da manhã ao governador militar do Gross Paris.

Choltitz ajustou o monóculo, abriu a pasta preta e começou a ler os telegramas. O primeiro era a ordem pessoal que Hitler ditara na noite anterior a Jodl: "aniquilar sem piedade os focos insurrecionais [...] e esmagar com bombardeios explosivos e incendiários os bairros da cidade em que ainda houvesse insurreição".* As cópias das ordens que o *Feldmarschall* Model enviara à 47ª divisão de infantaria, ao 1º exército e à 11ª brigada de canhões de assalto fizeram com que Choltitz descobrisse que OB West enviara reforços. Acima de tudo, porém, aquela pasta preta continha a notícia essencial que Model por duas vezes deixara de levar ao conhecimento do comandante do Gross Paris. Um telegrama enviado pelo gabinete de operações do Grupo de Exércitos B finalmente anunciava a Choltitz que as 26ª e 27ª divisões de SS Panzer tinham entrado na França e se dirigiam a Paris para se colocar sob seu comando.**

Choltitz lembra de ter ficado um bom tempo sem conseguir esboçar nenhum gesto, com a cabeça apoiada no travesseiro. O terrível dilema que o assombrava noite e dia nas últimas 48 horas, trair as ordens recebidas ou destruir Paris, agora se resolveria tragicamente. A outra opção, que Choltitz desejava, a ocupação imediata de Paris pelos Aliados, não se realizara. Fazia um dia e meio que eles estavam a caminho, mas nem ele nem ninguém recebera notícias da missão de Nordling. Agora estava claro para o comandante do Gross Paris que os anglo-americanos não quiseram, ou não conseguiram, tirar proveito de seu gesto e correr à capital, que não estava protegida por nenhuma defesa importante. Agora que os reforços chegavam, Choltitz precisaria lutar para defender a cidade. Seu senso de dever e sua honra militar o obrigavam a isso. Choltitz sabia que seria uma batalha inútil: ele ganharia alguns dias numa guerra já perdida, ao preço de milhares de vidas e irremediáveis destruições. O general se sentia contra a parede. Dessa vez, ele não teria escolha. Precisaria lutar. Então lutaria.

Era a primeira vez em sua carreira que o velho guerreiro, vencedor de Rotterdam e Sebastopol, considerava com tão pouco entusiasmo tal perspectiva. Mas quaisquer que fossem suas reticências em relação ao combate, ele estava decidido a travá-lo sem fraquejar.

---

* Essa ordem chegara ao teletipo do Meurice por volta de uma hora da manhã. A primeira pessoa que a recebera fora o tenente Ernst von Bressensdorf, chefe de transmissões, de plantão naquela noite. Apavorado com seu conteúdo, o oficial decidira, ainda que aquela ordem tivesse a menção "KR Blitz" (muito urgente), atrasar o máximo possível seu envio ao destinatário. Em vez de mandar acordar o general Von Choltitz, Bressensdorf ficara com a mensagem no bolso a noite toda, e somente às seis horas da manhã ele a entregara ao tenente Von Arnim. Bressensdorf estava convencido de que aquela ordem levaria à destruição de Paris e que, depois de cumpri-la, os alemães cairiam nas mãos dos franceses e seriam massacrados em represália. Vinte anos depois, aos autores deste livro, Bressensdorf reconheceria que temia ser feito prisioneiro e ter esse destino. (N.A.)

** Para o general Von Choltitz, a "negligência" do Feldmarschall Model foi deliberada. Ao contrário de Hitler e dos estrategistas do OKW, Model não estava convencido de que o lugar onde essas duas divisões eram mais necessárias fosse Paris. Ele provavelmente manteve a chegada das divisões em segredo para poder modificar sua destinação na última hora. (N.A.)

Ele tomou de um só gole a xícara de café preto, se levantou e, de pés descalços, se dirigiu à banheira que Helmut Mayer enchera para ele.

A menos de quinhentos metros do banheiro onde, em meio a uma nuvem de vapor, o general alemão meditava sobre as mensagens que tinha acabado de ler, um sólido rapaz de rosto bronzeado ouvia com estupor, no segundo andar de um prédio da Rue d'Anjou, as revelações que uma voz com sotaque germânico lhe fazia. Confortavelmente instalado numa poltrona antiga ao lado da cama onde o cônsul Nordling se recuperava do ataque cardíaco, o agente Bobby Bender, do Abwehr, repetia palavra por palavra ao inspetor de finanças Lorrain Cruse, adjunto direto de Jacques Chaban-Delmas, o conteúdo de todas as ordens e mensagens de que Dietrich von Choltitz acabara de tomar conhecimento.

Graças aos contatos de que dispunha no estado-maior do Gross Paris, Bender conhecia antes mesmo que seus destinatários o teor de todos os despachos. Sabendo que encontraria na casa do diplomata sueco um representante da Resistência, Bender copiara com especial cuidado as informações chegadas durante a noite.

A situação é extremamente grave, afirmava o alemão. Com as duas divisões Panzer SS, a 47ª divisão de infantaria, elementos blindados do 1º exército e os canhões de ataque da 11ª brigada, Choltitz travaria uma batalha feroz. As ordens de destruição que ele recebia de Hitler eram cada vez mais impiedosas. Ele se veria obrigado a executá-las, caso contrário ele próprio e toda sua família correriam o risco de ser fuzilados. Numa voz patética, o alemão anunciou ao francês e ao sueco: "Se os Aliados não chegarem nas próximas horas, haverá um desastre".

Lorrain Cruse se levantou e saiu às pressas do apartamento do cônsul da Suécia. Ele montou em sua bicicleta e começou a pedalar furiosamente na direção do local secreto onde Chaban-Delmas instalara seu posto de comando. "Rápido", ele gritou ao entrar sem fôlego no gabinete do jovem general, "precisamos avisar os Aliados: Choltitz aguarda a chegada de duas divisões blindadas SS. Ele vai lutar e destruir Paris".

Vinte minutos depois, curvado sobre o guidom de uma velha bicicleta, um rapagão loiro voava pelos bulevares externos rumo à Porte d'Orléans. Ele se chamava Jacques Petit-Leroy e tinha 24 anos. Estava cheio de alegria e orgulho: aquela era a primeira missão de confiança de que a Resistência o encarregava. Em sua velha bicicleta sem marchas, ele tentaria cruzar as linhas alemãs e encontrar o general Leclerc ou os americanos para comunicar-lhes o conteúdo das mensagens confidenciais de que o comandante do Gross Paris acabara de tomar conhecimento. Assim, os Aliados seriam avisados uma última vez que Paris corria o risco de ser destruída nas próximas horas se suas tropas não entrassem na cidade imediatamente.

34

Leclerc não esperaria. Ao alvorecer, os homens e veículos da 2ª divisão blindada deixaram os carvalhos molhados de chuva da floresta de Rambouillet e começaram a percorrer a toda velocidade os últimos quarenta quilômetros que os separavam de Paris. De uma colina acima da prestigiosa floresta sob a qual reis e presidentes outrora faziam caçadas, Philippe Leclerc, com seu impermeável de capitão nos ombros, olhava para as unidades que passavam, umas depois das outras: ele sabia que Paris dependia de uma corrida de velocidade.

Dividida em três grupos táticos, a divisão se dirigia para o sudeste da capital, num front de trinta quilômetros de largura. A primeira coluna era a menos densa. Sob as ordens do comandante Morel Deville, era a única que seguia o itinerário designado pelo Fifth Corps americano como eixo de marcha para toda a divisão, ou seja, o caminho mais curto na direção de Paris, passando por Trappes, Saint-Cyr e pelas cercanias do castelo de Versalhes, até a Pont de Sèvres. Sua missão era apenas diversionista: fazer o maior barulho possível para que os alemães acreditassem que os franceses colocariam naquele eixo a maior parte de seu efetivo.

Oito quilômetros a leste, a segunda coluna, comandada pelo tenente--coronel Paul de Langlade e pelo comandante Jacques Massu, deslizava pelos meandros verdejantes do vale de Chevreuse, na direção de Toussus-le-Noble, Villacoublay, Clamart e Porte de Vanves.

O esforço decisivo caberia a um terceiro grupo tático, comandado pelo coronel Pierre Billotte, cujo eixo de progressão era a estrada Orléans–Paris, passando por Longjumeau, Antony e Fresnes.

Durante as primeiras horas da manhã, as três colunas não encontraram nenhuma oposição relevante. Nas aldeias e nas estradas, elas abriam passagem por uma multidão em delírio. Mulheres e moças subiam os degraus dos caminhões, escalavam os tanques, mergulhavam os libertadores num dilúvio de flores, frutas, vinho, beijos e lágrimas. Jean-René Champion, o francês americano que conduzia o tanque *Mort-Homme*, viu uma velha senhora fazer sinais frenéticos em sua direção. Ele levantou o capô da torre de comando e sentiu algo cair sobre seus joelhos. Era uma panela de tomates recheados. O tenente Alain Rodel pegou no ar um frango assado e uma garrafa de champanhe que uma padeira de Longjumeau atirara na direção de seu tanque. Outros receberam presentes mais modestos, mas não menos comoventes. O cabo Claude Hadey esticou o braço e pegou na blindagem de seu tanque um pequeno buquê de flores tricolores, deixado por uma tímida garotinha.

Nas ruas de Orsay, repletas de gente, Henri Karcher, o tenente que prendera a um canto do para-brisa de seu *half-track* uma fotografia do filho que ele nunca vira, olhava para as mulheres e para as crianças que se acotovelavam ao redor. "Sabe, Zybolski", ele disse ao motorista, "se meu filho estivesse nessa multidão, eu nem o reconheceria!". Ele de fato estava lá. No dia seguinte, Karcher ficaria sabendo que seu filho Jean-Louis, nascido em 3 de junho de 1940, estava naquela rua enquanto os veículos passavam, gritando: "Onde está o papai? Quero ver o papai!".

Para estupefação de todos, os soldados da divisão descobriram que as linhas telefônicas de Paris não tinham sido cortadas. A cada vez que a coluna parava, os homens saíam dos veículos e corriam a bistrôs, cabines telefônicas e lojas para solicitar o número que eles repetiam em seus sonhos. Patrick Deschamps, o jovem soldado que, na véspera, lera em seu tanque o primeiro *Figaro*, foi um dos primeiros a conseguir falar com Paris. "Mamãe!", ele exclamou, "coloque o champanhe na geladeira. Estamos chegando!". Ao ouvir as vozes de suas mães e de suas mulheres, vários homens ficaram tão surpresos que não souberam o que dizer. "Sou eu", disse o brigadeiro Pierre Lefèvre à mãe. Mas em vários números ninguém atendia. O subtenente Roger Touny ficou sabendo pelo tio que seu pai fora preso pela Gestapo em fevereiro.*

Em Arpajon, o cabo Maurice Boverat aproveitou uma parada de sua coluna para entrar na primeira casa que viu. "Senhora", ele pediu à proprietária, "ligue para Élysées 60-47, é a casa de meus pais!" A boa senhora telefonou na mesma hora. Naquele momento, porém, Boverat viu que a coluna seguia em frente. "Quando falar com minha mãe", ele gritou, correndo na direção de seu jipe, "diga-lhe que seu filho está perto, que está chegando... que está num regimento de boinas pretas..."

Alguns minutos depois, no número 32 da Rue de Penthièvre, em pleno coração de Paris, o telefone tocava na casa dos pais do cabo. A sra. Boverat foi informada de que seu filho chegava num "regimento de boinas pretas". Desorientada, ela só conseguiu fizer: "Obrigada". Quando ela desligou, uma

---

* Seu pai, um herói da Resistência, morrera cinco meses antes. Ele fora fuzilado perto de Amiens, pouco depois de ser preso. (N.A.)

pergunta começou a atormentá-la. "Meu filho está chegando... mas qual? Maurice ou Raymond?" A sra. Boverat tinha os dois filhos "com De Gaulle".*

Em poucos minutos, em Massy-Palaiseau, nos arredores de Arpajon, em Trappes, as três colunas da 2ª divisão blindada se chocariam com os primeiros elementos do general Hubertus von Aulock. Os 88, terríveis canhões da artilharia alemã, abriram fogo. Para a 2ª divisão blindada, o desfile havia terminado.

35

Dietrich von Choltitz reconheceu na hora a voz de seu interlocutor. Ele se surpreendera que este ainda não havia ligado para continuar a longa conversa de três dias antes. Mas o oficial da Luftwaffe que o *Generaloberst* Otto Desloch, comandante da 3ª frota aérea, enviara ao general Von Choltitz para transformar uma parte de Paris numa "pequena Hamburgo" acabara sendo mobilizado para uma tarefa urgente. Ele comandara a evacuação dos bombardeiros de Le Bourget para aeródromos localizados ao norte e a leste de Paris.

O comandante do Gross Paris sabia que não era nem por sua própria autoridade, nem por um pedido do general comandante da 3ª frota, que o oficial da Luftwaffe ligava naquele momento, mas por ordem superior do *Führer*. No alto e à direita do telegrama de Hitler recebido durante a noite no Meurice, que ordenava à Luftwaffe "esmagar sob os bombardeios os bairros insurgentes", havia uma breve menção que não escapara a Choltitz. Essa menção, justamente destinada à 3ª frota aérea, dizia apenas: "Para execução".

Portanto, era em nome do *Führer* que o aviador telefonava. Ele anunciou que, em razão da retirada de suas aeronaves, as condições para o bombardeio cogitado três dias antes precisavam ser modificadas. Já não seria possível, ele lamentou, organizar um vaivém ininterrupto de bombardeiros, dada a relativa distância dos novos aeródromos. O que ele sugeria, em vez disso, era um ataque terrível e massivo sobre toda Paris. "De dia ou de noite?", Choltitz perguntou com interesse. "À noite, é claro, *Herr* General!", replicou bruscamente o oficial, claramente irritado com a pergunta.

O general observou ao aviador que Paris estava cheia de tropas alemãs, que o efetivo dessas tropas aumentaria sensivelmente nas próximas horas, pois os reforços estavam a caminho, e que um ataque noturno sem objetivo preciso correria o risco de matar tanto alemães quanto parisienses. Diante dessas

---
* O outro filho, Raymond, descera de paraquedas atrás das linhas alemãs, no maciço de Jura. (N.A.)

palavras, o aviador soltou um suspiro. "Não temos escolha, *Herr* General!", ele exclamou. E explicou que era impossível expor os últimos bombardeiros que ainda estavam no front ocidental aos caças inimigos, em pleno dia. O oficial repetiu que recebera ordens de bombardear Paris e que estava decidido a cumpri-las a todo custo. Mais uma vez, ele afirmou que um bombardeio como aquele só poderia ocorrer à noite e rogou ao general que aceitasse reconhecer que, nas atuais circunstâncias, a perda de uma aeronave de bombardeio era infinitamente mais grave que a morte de alguns homens.

Ao ouvir isso, Choltitz teve um sobressalto. Ele pediu ao oficial para lhe avisar o dia e a hora escolhidos para o terrível ataque, para que ele pudesse evacuar suas tropas das áreas suscetíveis de serem atingidas, ou seja, Paris inteira. Naturalmente, ele deixou bem claro, a Luftwaffe se responsabilizaria pela evacuação perante o OKW.

O aviador disse ao governador de Paris que consultaria seus superiores e que o visitaria pessoalmente à tarde, no Meurice, para tomar junto com ele as medidas necessárias para um bombardeio o mais rápido possível, talvez já na próxima noite.

Depois de desligar, Dietrich von Choltitz começou a reler a ordem irrevogável de Hitler que provocara o telefonema do oficial da Luftwaffe. "A Luftwaffe esmagará com bombardeios explosivos e incendiários os bairros da cidade em que ainda houver insurreição", ele repetiu em voz baixa. E deu de ombros. "Então teremos que bombardear Paris inteira", pensou, com desesperada ironia.

Para destruir toda uma parte de Paris de uma só vez, os sapadores das 177ª e 823ª Pionierkompanie não precisariam, naquela manhã, da ajuda dos bombardeiros da 3ª frota aérea. Quando o *Unteroffizier* Hans Fritz e seus seis caminhões voltassem do túnel de Saint-Cloud, eles poderiam fazer voar pelos ares o admirável conjunto arquitetônico às margens da Sena, a Pont de la Concorde, a Câmara dos Deputados, o palacete da presidência, o ministério das Relações Exteriores. O *Unteroffizier* Hans Fritz, ex-sapateiro berlinense, recebera a missão de buscar no depósito do túnel de Saint-Cloud cinquenta cargas explosivas suplementares. A bordo de seu grande caminhão Mercedes, ele atravessava uma Paris estranhamente deserta e silenciosa. "Espero que continue calma quando voltarmos do túnel", ele pensou. O *Unteroffizier* sabia que bastaria um tiro certeiro para que o carregamento, o caminhão e ele mesmo se volatilizassem pelos quatro cantos de Paris.

36

Do alto de uma colina de Saint-Germain-en-Laye, um solitário general alemão observava a paisagem de binóculos. Ao pé da colina, num Horch preto de oito cilindros, seu motorista o esperava, com dez periquitos chilreando numa gaiola. Como Montgomery, o general Gunther Blumentritt adorava pássaros.

Naquele dia, o general que duas semanas antes sugerira aplicar a Paris uma política limitada de terra arrasada decidira oferecer a si mesmo, por prazer, uma emoção. Antes de se dirigir para o novo QG perto de Reims, onde o OB West se retirara havia uma semana,* ele queria ver com seus próprios olhos a chegada dos tanques inimigos. Blumentritt era o último oficial que ainda estava ali. Ele se despedira do jardineiro francês e colhera uma última rosa. Agora, o barrigudo general sentia seu coração bater mais rápido. Ao longe, ele avistou os primeiros tanques inimigos que surgiam em meio a uma nuvem de poeira. Logo ouviu o estrondo da batalha que começava. Blumentritt guardou o binóculo no estojo e voltou para o carro. Ele se acomodou confortavelmente para a viagem que o tiraria da cidade onde, por dois anos, havia vivido com tanto prazer. Foi então que ele ouviu o motorista lhe comunicar uma notícia bastante desagradável. "Meu general", ele anunciou, "o senhor precisa falar com Montgomery. Não temos mais grãos para os periquitos!"

Vinte quilômetros ao sul da colina onde o general Blumentritt acabava de avistar os primeiros tanques de Leclerc, no planalto de Toussus-le-Noble, outro oficial alemão observava de binóculo o avanço dos blindados inimigos. Mas não por prazer: o tenente Heinrich Blankemeyer, do 11º Flakregiment, recebera ordens de deter os tanques a tiros de canhão. Assim que deu à sua bateria de 88mm as últimas instruções de mira, Blankemeyer viu os tanques inimigos se inflamarem um a um "como foguetes". As baterias vizinhas já tinham aberto fogo.

Da vala onde estava, em torno do aeródromo que Blankemeyer observava de binóculos, o correspondente de guerra Ken Crawford, da revista americana *Newsweek*, também viu os tanques pegarem fogo. Crawford estava louco de raiva. Cinco minutos antes, na frente da igreja da aldeia de Châteaufort, ele encontrara Papa Hemingway, que lhe garantira tranquilamente que a via estava livre.

Não muito longe do americano, deitado na mesma vala, o comandante Henri de Mirambeau, do 40º regimento de artilharia, via com angústia os

---

* Os serviços do OB West estavam instalados nas caves de champanhe da empresa Mumm, em Verzy. O Feldmarschall Model, porém, continuava dirigindo a batalha do bunker de Margival, perto de Soissons, onde ficava o QG do Grupo de Exércitos B. (N.A.)

Sherman do 12º regimento de couraceiros se precipitarem na direção do aeródromo, "como os cavaleiros de antigamente". Mirambeau e Crawford viram os tanques explodirem uns depois dos outros sob os tiros dos canhões alemães, entrincheirados na frente do aeródromo. Duzentos metros para a direita, escondido atrás de um pequeno bosque, o quarto-mestre canhoneiro Robert Mady, do *Simoun*, o tanque que levava um pato, viu à sua frente um Sherman, atingido por um tiro certeiro, dar uma verdadeira pirueta no ar e começar a queimar imediatamente. E agora, a máquina descontrolada descia de ré na direção de uma coluna de *half-tracks* que subia. Mady pensou que o tanque, cheio de munição, fosse "causar um massacre" ao explodir no meio dos *half-tracks*. Então ele viu uma coisa terrível: dois tanques amigos se aproximaram do tanque em chamas e o pregarem no chão a tiros de canhão.

De sua vala, Mirambeau pensou ter finalmente conseguido determinar a localização das peças alemãs. Os tiros pareciam vir de uma linha de montes de palha situada na ponta de um campo de trigo, adjacente ao aeródromo. O oficial rastejou até seu jipe, milagrosamente intacto sob os tiros, e ordenou por rádio a seus canhões que bombardeassem a orla da planície. Enquanto os primeiros obuses caíam, Mirambeau viu com estupefação todos os montes de palha se colocarem em movimento. Sob cada monte, o coronel Seidel, o distinto pianista de Dresden, colocara um canhão antitanque.

Quando a resistência alemã finalmente foi rompida, Crawford viu Papa Hemingway chegando com um grande sorriso. "Canalha", vociferou Crawford, "você me disse que a passagem estava livre!" Hemingway deu de ombros. "Eu precisava de uma cobaia para saber, não?"

Ao longo dos três itinerários da 2ª divisão blindada, grandes bloqueios como o de Toussus-le-Noble atrasavam o avanço das colunas e causavam graves perdas. Os Dodge com a cruz vermelha das enfermeiras Rochambelles do 13º batalhão médico* penetravam a fumaça da batalha. Ao volante da ambulância chamada *Paris–Bourse*, nome do ônibus que Suzanne Torrès, vulgo Toto, costumava pegar para ir à Sorbonne, ela avistou de repente um homem pendurado em uma árvore. Seu *half-track* explodira numa das minas espalhadas aos milhares pelo general Hubertus von Aulock no vale de Chevreuse. Toto e Raymonde, sua colega, subiram no teto da ambulância e retiraram o

---

* O grupo de Rochambelles do 13º batalhão médico comandado por Suzanne Torrès contava com 33 enfermeiras. Três dessas enfermeiras, no momento da libertação de Paris, estavam casadas com soldados da divisão. A 2ª divisão blindada era sem dúvida a única unidade aliada em que marido e mulher lutavam lado a lado. Ao fim da campanha, 29 Rochambelles se casariam com soldados ou oficiais da 2ª divisão blindada. A própria Suzanne Torrès se casaria com uma das figuras mais prestigiosas da divisão, o comandante Jacques Massu. (N.A.)

soldado, que tivera a perna direita arrancada. Em seu Mercedes, tomado de um coronel da Wehrmacht, o capelão Roger Fouquer se deteve. "Padre", gemeu o moribundo ao reconhecer o rosto do capelão, "visite minha mulher e meus filhos em Bergerac, e diga que morri pela libertação de Paris." Do alto das torres de tiro, vários homens faziam um sinal ao capelão e atiravam as carteiras em sua direção, gritando por cima do barulho das esteiras dos tanques: "Padre, guarde isso até Paris! Para o caso de sermos queimados hoje!". Com os bolsos do traje cheios de carteiras abarrotadas de fotos, cartas e dinheiro, o capelão do 501º regimento se tornara subitamente obeso.

Os elementos de vanguarda entravam agora na miríade de cidadezinhas do grande subúrbio parisiense, imbricadas umas nas outras, em que cada rua, cada cruzamento, constituíam uma posição ideal para uma peça de artilharia antitanque. Muitas vezes, na pressa de abrir caminho para Paris, os tanques da divisão atacavam de frente esses canhões, em vez de cercá-los e bombardeá-los com a infantaria. Assim se ganhava tempo. Mas o itinerário das colunas logo ficou cheio de tanques e veículos carbonizados.

O mais importante naquela manhã cinzenta de agosto era agir com rapidez. Os homens ouviam as mesmas palavras serem repetidas o tempo todo nos rádios dos tanques, dos *half-tracks*, dos jipes: "Mais rápido! Mais rápido!". Na saída de uma curva, logo depois de atravessar o rio Bièvre, o mecânico Georges Simonin, cujo destruidor de tanques *Cyclone* conduzia um pelotão de Sherman, avistou a poucos metros de suas esteiras cinco alemães feridos. Um deles, apoiado nos cotovelos, tentava se arrastar até o talude. Simonin tirou o pé do acelerador instintivamente. Mas ele ouviu a voz furiosa de seu chefe de pelotão, gritando no microfone: "*Cyclone*, mais rápido, diabos!". Simonin fechou os olhos e pisou no acelerador.

37

Como uma tempestade distante, os parisienses podiam ouvir, vindo do oeste e do sul, o estrondo da batalha se aproximando de hora em hora. As explosões logo se tornaram mais distintas e numerosas. Dessa vez, era verdade: os Aliados estavam chegando.

Para os ocupantes de Paris, cada explosão trazia o sinistro presságio do desastre que se preparava. Os raros alemães que não pertenciam às tropas combatentes tentaram fugir do vespeiro da cidade e do cerco iminente. Para fazer seus caminhões passarem pelas barricadas que obstruíam a Porte de la Villette, soldados da Organização Todt prenderam civis ao para-choque do primeiro veículo da fila. Ao ver aqueles deploráveis escudos humanos avançando em sua direção, as FFI deixaram os caminhões passar. Na Porte de Pantin, como viajantes de uma diligência atacada pelos índios, oficiais de intendência em pé nos veículos abriram caminho a tiros de revólver e conseguiram escapar para o leste.

Mas nem todos os alemães sentiram vontade de fugir ao ouvir o som dos canhões. Os soldados do general Von Choltitz, ao contrário, mostraram-se bastante ativos. Na Rue de Rome, dois tanques demoliram um prédio de onde os insurgentes atiravam sobre a Gare Saint-Lazare. Do Opéra à Gare du Nord, ao longo de toda a Rue Lafayette, os soldados do 190º regimento de segurança protegeram a tiros de metralhadora e granada a circulação de seus veículos nessa via de comunicação vital.

Exasperados com os ataques incessantes dos quais eram objeto e com o estrondo da batalha que se aproximava, muitos alemães cometeram gestos de selvageria que deixaram as ruas de Paris vermelhas com o sangue dos últimos mártires. No Boulevard Raspail, um tanque que patrulhava abriu fogo sobre um grupo de donas de casas que faziam fila à porta de uma padaria na vã esperança de conseguir alguns gramas de pão.

Quando os locatários do número 286 do Boulevard Saint-Germain, um prédio como milhares de outros, viram uma tropa SS invadir aos berros os apartamentos, eles entenderam que seriam executados. Os soldados fizeram todos os locatários descer à rua e os alinharam à frente de um muro, com as mãos para cima. Por quinze longos minutos, os infelizes esperaram ser fuzilados por algum motivo ignorado. De repente, porém, os soldados SS foram embora como tinham chegado. Por um milagre que nunca seria explicado, os locatários do número 286 do Boulevard Saint-Germain foram poupados.

Para os homens do coronel Rol, o estrondo dos canhões aliados foi motivo de sobressalto. Apesar da penúria trágica de armas e munições, as FFI levavam a insurreição a novos bairros que ainda não tinham se sublevado. Em pouco tempo, dezenas de feridos e mortos em muitas escaramuças violentas afluiriam aos postos de primeiros socorros e aos hospitais.

Sob a colunata da Comédie-Française, à frente dos medalhões que representavam Racine, Molière e Victor Hugo, feridos e mortos dos dois lados se amontoavam em meio a um cheiro terrível de sangue e corpos em decomposição. Os parisienses que naquela manhã passaram na frente do famoso teatro se depararam com uma cena insólita. Em seus jalecos brancos de enfermeira manchados de sangue, duas lindas mulheres exaustas devoravam um sanduíche ao lado dos cadáveres de quatro soldados alemães. Eram Marie Bell e Lise Delamare.

Os confrontos mais violentos ocorreram em torno da Place de la République. Os 1.200 alemães bem armados entrincheirados na caserna metralhavam impiedosamente os FFI que os cercavam. Conduzidos por um estudante de medicina de 25 anos chamado René Darcourt e por um marceneiro de trinta anos chamado René Chevauché, os homens de Rol lutavam com inigualável heroísmo. O *Unteroffizier* Gustav Winkelmann, o alemão que cinco dias antes se refugiara num café da Place de la République, viu, entre duas partidas de bilhar, um jovem se atirar sobre um soldado e o apunhalar com uma faca de cozinha.

Em pouco tempo, porém, infiltrando-se pelos túneis do metrô que passava embaixo da caserna, os alemães começaram a atacar os sitiantes pela retaguarda. Selvagens enfrentamentos corpo a corpo ocorreram nos túneis escuros, onde os homens gritavam e assobiavam para se reconhecer. Às vezes, o clarão de uma granada ou a chama de uma rajada de metralhadora iluminava as abóbadas, enquanto as explosões não paravam de ecoar.

Mas a proeza mais notável dos heroicos insurgentes de Paris passou totalmente despercebida. Um punhado de membros das FFI que se preparavam para abrir fogo sobre os seis grandes caminhões alemães que se dirigiam à Place de l'Étoile, e que naquele momento desciam a deserta Avenue des Champs-Élysées, provavelmente salvariam Paris de uma verdadeira catástrofe. Pelo vidro interno do último caminhão, o *Unteroffizier* Hans Fritz, da 177ª Pionierkompanie, podia ver as pesadas caixas cheias de explosivos que ele descarregaria dentro de poucos minutos no pátio da Câmara dos Deputados. Esses explosivos, ele sabia, seriam usados para destruir vários monumentos de Paris. Fritz e o motorista ouviam o tique-taque regular que vinha de uma pequena caixa de papelão colocada entre eles em cima do banco de couro preto. Na caixa estavam os mecanismos para armar as bombas-relógio. Fazia quarenta minutos que o comboio deixara o túnel de Saint-Cloud com seu perigoso carregamento. O regular tique-taque dos relógios da morte pontuou os mais longos segundos de vida do sapateiro berlinense.

À primeira rajada que os pegou de surpresa, o motorista, atingido mortalmente, caiu sobre o volante e o caminhão desamparado bateu numa árvore da avenida. Apavorado, Fritz saltou da cabine e começou a gritar. Mas os outros caminhões seguiram em frente. Friz começou a correr como um louco para fugir do caminhão maldito que, ele tinha certeza, explodiria. Ele se manteve escondido por várias horas num arbusto à frente do Théâtre des Ambassadeurs. Quando a noite caiu, o *Unteroffizier* conseguiu voltar à Câmara dos Deputados e foi informado de que apenas um dos seis caminhões de explosivos chegara ao destino.

No grande escritório do chefe de gabinete da Prefeitura de Polícia, todos estavam sérios. Pela segunda vez em cinco dias, Edgar Pisani acabava de descobrir que restavam apenas cinco minutos de munição aos policiais sitiados. Enquanto isso, na Place du Parvis, à frente da prefeitura, três tanques e soldados da infantaria alemã se posicionavam para dar início, ao que parecia, ao ataque final. "Onde está Leclerc?", perguntou Pisani. Certo de que não obteria resposta, o estudante ligou para a gendarmaria do pequeno vilarejo de Longjumeau, a quarenta quilômetros de Paris. Do outro lado da linha, Pisani ouviu uma voz que começou a gritar: "Eles estão aqui, passando sob nossas janelas... Ouça...". Em seu receptor, Pisani ouviu o estrondo ininterrupto das colunas de tanques. "Pare o primeiro oficial que puder", ele pediu, "e traga-o ao telefone!" Depois de um longo silêncio, Edgar Pisani e o prefeito Luizet ouviram a voz de um oficial de Leclerc. Era o capitão Alain de Boissieu. Ele saltara de seu jipe para responder ao chamado do policial. Boissieu ouviu uma voz ansiosa dizer: "Apressem-se, pelo amor dos céus, apressem-se! Não temos mais munição... Vamos ser dizimados".

38

Com a testa colada no suporte de borracha de seu periscópio, o cabo Lucien Davanture, piloto do tanque *Viking*, tentava desesperadamente tirar seu Sherman da trajetória de um canhão de 88mm escondido atrás de uma casa da pequena aldeia de Savigny-sur-Orge, dezoito quilômetros ao sul de Paris. Como a cada vez que se sentia observado por um inimigo invisível, o borgonhês Davanture sentiu medo. De repente, poucos metros à frente, ele viu uma longa chama alaranjada saindo de uma casa na beira da estrada. Davanture, mergulhado na escuridão, ouviu uma chuva de pedaços de vidro cair sobre o teto do tanque: passando rente à tampa de sua torre de tiro, um tiro acabava de pulverizar o espelho de seu periscópio. Desesperado, o cabo entendeu que o *Viking*, privado de periscópio, se tornara um elefante cego, e que o próximo tiro seria fatal. Naquele momento, ele ouviu em seus fones, calma e precisa, a voz de seu chefe. "Lucien", ele dizia, "faça o que eu disser. Para trás... rápido! Mais para trás... para a direita, Lucien... mais rápido." Como um autômato, Davanture manobrava em meio à fumaça densa que agora enchia o tanque e lhe queimava os olhos e a garganta. Apertando os comandos de direção, ele se perguntava em que momento chegaria a bomba de 88mm que o aniquilaria junto com seus companheiros. À espera desse momento, seus músculos e cérebro se retesavam. "Em linha reta... Para a esquerda... Para a frente... Um pouco para a direita..." As ordens atingiam seus ouvidos como tiros. De repente, Davanture ouviu seu chefe gritar uma frase que ele nunca esqueceria: "Pare, Lucien! Conseguimos...".

Houve um grande silêncio na escuridão do tanque. Então Davanture, sufocando e com os olhos ardendo, se escorou para abrir o capô da torre de tiro e aspirou uma lufada de ar fresco. Ofuscado pela luz brutal, ele precisou fechar os olhos. Quando voltou a abri-los, alguns segundos depois, pensou que seu coração pararia de bater. Bem à sua frente, sob um halo dourado, se desenhava no horizonte o espetáculo glorioso que o cabo Davanture sempre imaginara daquele jeito, mas nunca vira antes: a Torre Eiffel no céu de Paris.

Quase no mesmo momento daquele início de tarde, em todas as colunas da divisão, os homens a quem Edgar Pisani e o prefeito de polícia Charles Luizet tinham lançado seu apelo de socorro viram surgir à sua frente a estrutura mágica da Torre Eiffel. E quando a avistaram, lembra o coronel Louis Warabiot, os homens foram "como que percorridos por uma corrente elétrica". Do seu tanque, o capitão Georges Buis contemplou solenemente a alta silhueta da torre e pensou que "os cruzados ao chegar às muralhas de Jerusalém, ou os navegadores de antigamente ao ver o Pão de Açúcar no Rio de Janeiro, devem ter tido a mesma sensação quase carnal" que ele sentiu naquele momento. Jean-René Champion, o tanquista americano, pensou que ela simbolizava "a coragem e a esperança indomável dos franceses". Para o judeu alemão Egon Kaim, ela era "a prova da imortalidade da França". Com a Torre Eiffel à vista, os tanques, os *half-tracks* e os caminhões, como que atraídos por um ímã, começaram a acelerar ainda mais.

Para alguns, porém, aquela silhueta familiar nunca passaria de uma promessa. O brigadeiro Patrick Descamps, o rapaz que telefonara para sua mãe para lhe dizer que colocasse o champanhe na geladeira, mal tivera tempo de ver a Torre Eiffel antes que uma bomba de 88mm atingisse seu tanque em cheio. Morto na hora, Descamps caíra em seu caixão de aço levando consigo a imagem simbólica da Paris que ele vinha libertar.

Naquela tarde de agosto, nenhum soldado da 2ª divisão blindada veria a Torre Eiffel mais de perto que o capitão Jean Callet, de 28 anos. Ela estava sob as asas do Piper-Cub que ele pilotava e que deslizava pelo céu de Paris na direção da Prefeitura de Polícia. Atrás dele, seu copiloto, o tenente Etienne Mantoux, segurava um pequeno saco de juta com um lastro de chumbo. Nesse saco estava a resposta de Leclerc ao apelo desesperado de Pisani e Luizet, uma mensagem de esperança para os defensores da prefeitura sitiada. Contemplando com êxtase o espetáculo que se abria sob suas asas, Callet se esquecera do perigo que seu pequeno, lento e solitário avião corria. O piloto passou os olhos pelas cúpulas nacaradas do Sacré-Cœur, à esquerda, até o domo cintilante dos Invalides. "Paris intacta", ele murmurou, "Paris de minha juventude..." Ele sobrevoou Notre-Dame e os três tanques entrincheirados na Place du Parvis. Viu alemães começarem a correr e parisienses nos telhados agitando seus lenços. Por uma fração de segundo, uma imagem insólita e maravilhosa apareceu à sua frente: um casal se beijando às margens do Sena.

Callet viu então, vindas do solo, faíscas que riscaram o céu com linhas luminosas. Com todas as metralhadoras, os alemães atiravam no minúsculo avião que ousava desafiá-los. Quando chegou acima de seu objetivo, a Prefeitura de Polícia, Callet empinou bruscamente o Piper-Cub. Depois, para que os alemães acreditassem que o haviam atingido, ele o fez embicar para frente e o deixou pairar como uma folha morta. Enquanto descia para o pátio da prefeitura, Callet viu uma imensa bandeira com a Cruz de Lorena se abrir e, caindo como uma flecha, o pacote lançado por Mantoux. Ele levantou o avião e, passando rente aos telhados, escapou em direção ao sul.

No pátio da Prefeitura de Polícia, o abade Robert Lepoutre, o padre que, seis dias antes, se tornara capelão dos sitiados, correu com os demais homens até o pequeno saco. Alguém o rasgou e começou a ler em voz alta a mensagem que ele continha: "Aguentem firme, estamos chegando!".*

Enquanto o avião de Callet desaparecia rente aos telhados, outro Piper--Cub surgia nos céus de Paris. Ele também se dirigia à Torre Eiffel. Os dois americanos que estavam a bordo não levavam nenhuma mensagem. O piloto Stanley B. Kocher, da Pensilvânia, e o copiloto Marvin Wold, de Illinois, ambos do 44º batalhão de artilharia, realizavam uma missão estritamente pessoal: eles tinham apostado que seriam os primeiros soldados aliados a passar embaixo da Torre Eiffel.

Fazendo pouco-caso das metralhadoras alemãs que atiravam da Escola Militar, Kocher se precipitou à esplanada deserta do Champ-de-Mars e começou a deslizar na direção da torre. Wold cantava *A marselhesa* a plenos pulmões. De repente, porém, enquanto se preparava para fotografar o momento histórico em que o Piper-Cub passaria embaixo da torre, Wold viu as pilastras da Torre Eiffel girarem a seu redor como se ele estivesse "numa cabine da roda-gigante

---

* O Piper-Cub voltou para a base cheio de tiros. Uma bomba da defesa antiaérea até mesmo arrancara seu trem de pouso. (N.A.)

de Coney Island".* Ele viu, então, que do primeiro andar da torre pendia um cabo "tão grosso quanto uma chaminé de navio". Ele teria cortado o avião no meio, como "um tablete de manteiga". "Chega por hoje", anunciou o piloto. E os dois americanos, decepcionados, mas maravilhados por terem visto Paris, desapareceram rente aos telhados, como Callet.**

39

"Meu Deus", pensou o francês com angústia, "esse alemão é um traidor!" Pela segunda vez em menos de oito horas, Lorrain Cruse encontrava Bobby Bender à cabeceira do cônsul Nordling. Com um copo de uísque numa mão e um lápis na outra, o agente do Abwehr estava debruçado sobre o mapa Michelin da região parisiense que estava aberto em cima da cama do diplomata cardíaco. Os segredos que Bender revelava eram tão extraordinários que o assessor de Chaban-Delmas se perguntou se não seriam uma maquiavélica operação montada pelo próprio comandante do Gross Paris. Acompanhando seus gestos com uma voz lenta e precisa, o agente secreto revelava ao enviado da Resistência francesa o lugar exato e o tamanho de todas as forças alemãs engajadas na defesa de Paris. "Aqui", ele dizia, "há um batalhão... Aqui, duas companhias de tanques... Aqui, várias baterias de 88mm..." Seguindo com a ponta do lápis as linhas vermelhas e amarelas que apareciam nas estradas, ele apontou para as do sul, que convergiam em Paris, e disse: "O general Leclerc precisa passar por aqui... Depois, por aqui...".

Quando o lápis de Bender chegou aos limites de Paris, Cruse viu o grafite escuro correr até o Sena, atravessar a Place du Châtelet, virar na Rue de Rivoli e parar um pouco antes da Place de la Concorde. "Este é o itinerário que as tropas devem seguir para chegar até o Meurice sem enfrentamentos", disse o alemão. Avisou seu interlocutor que eles precisariam ser rápidos. Às primeiras horas da tarde, ele anunciou, a 26ª divisão Panzer SS estava na região de Nogent-sur-Seine, ou seja, a menos de oitenta quilômetros de Paris, onde esperava a noite para continuar o avanço. Segundo os cálculos de Bender, ela alcançaria Paris ao alvorecer do dia seguinte. Portanto, uma dramática corrida havia começado. Se os Aliados chegassem antes dos reforços, o general Von

---

* Parque de diversões de Nova York. (N.A.)

** O avião dos americanos conseguiu voltar sem incidentes à pista de aterrissagem perto de Corbeil, onde um oficial esperava pelos dois aviadores. Pelo passeio sobre Paris sem autorização, Wold e Kocher foram punidos com oito dias de prisão. (N.A.)

Choltitz, ele garantiu, ofereceria uma resistência apenas simbólica, para salvar a honra. Caso contrário, porém, Bender estava convencido de que o general alemão travaria uma batalha feroz. "Em suma", concluiu o agente, "agora tudo depende de Leclerc." O elegante playboy de têmporas grisalhas esvaziou o copo de uísque de uma só vez e se endireitou. Fixando o olhar verde e penetrante nos olhos estupefatos do jovem enviado da Resistência, ele acrescentou com um sorriso: "Se fiz essas revelações, é porque tenho consciência de que servirão aos interesses superiores de meu país". Dizendo isso, o alemão se levantou, tirou o revólver do bolso e o estendeu ao francês. "Estou às suas ordens, meu comandante, prenda-me!", ele anunciou. "Veremos isso mais tarde", respondeu Cruse, "por enquanto tenho uma tarefa mais urgente a cumprir!" Cruse saiu do apartamento correndo, montou em sua bicicleta e começou a pedalar a toda velocidade rumo ao esconderijo de Chaban-Delmas.

Jacques Petit-Leroy abandonara a velha bicicleta com que partira naquela manhã de Paris para ir ao encontro de Leclerc transmitir-lhe as primeiras e dramáticas revelações de Bobby Bender. Agora, era a bordo de um jipe que ele se dirigia a Paris. No bolso do rapaz havia um ultimato assinado pessoalmente por Leclerc e endereçado a Choltitz. Ele intimava o general alemão a entregar a cidade intacta e o tornava pessoalmente responsável pelas destruições que pudessem ocorrer.

Consciente do terrível perigo que ameaçava Paris naquelas últimas horas, sabendo que só poderia entrar na cidade ao anoitecer, Leclerc designara o chefe de seu próprio tanque, o adjunto Augustin Dericquebourg, para acompanhar o jovem portador do ultimato.

O dono de um bistrô da pequena aldeia de Chevilly-Larue viu o jipe passar a toda velocidade na direção de Paris e gritou: "Os americanos chegaram!". Na mesma hora, o homem viu uma patrulha alemã surgir no cruzamento. Houve uma breve troca de tiros. O jipe começou a ziguezaguear e parou quase na frente do café. O motorista jazia inerte, com a cabeça caída para trás. Ferido nas costas, Jacques Petit-Leroy caíra para frente e gemia. O dono do bistrô o ouviu chamar "Mamãe... Mamãe...". Ele viu os alemães se aproximarem sem pressa do carro. Um deles pegou uma enorme pistola e pousou tranquilamente seu cano na têmpora do jovem rapaz. A missão de que Jacques Petit-Leroy tanto se orgulhara chegava ao fim. O general Von Choltitz nunca receberia o ultimado de Leclerc.

40

Com o estômago aquecido por um último gole de conhaque, os olhos fixos no cano do 88mm entrincheirado sob o portão da entrada principal da penitenciária de Fresnes, Willy Wagenknecht, o alemão condenado a defender a própria prisão, esperava. Ele podia ouvir o estrondo distante dos tanques franceses que avançavam lentamente por uma das cinco ruas que desembocavam à frente de sua peça de artilharia.

Da janela da sala do nono ano da escola feminina, na entrada de Fresnes, a professora Ginette Devray via os tanques cujo rumor distante Wagenknecht ouvia. Ela esperara a manhã toda por aquele momento. "Eles chegaram!", ela gritou, com os olhos cheios de lágrimas, "meu Deus, eles chegaram!" Um atrás do outro, três Sherman com a Cruz de Lorena, *La Marne*, *Uskub* e *Douaumont*, passaram embaixo de sua janela. O soldado de 2ª classe Georges Landrieux, o homem que, três anos antes, fora comprar um maço de Gauloises e desaparecera, estava de volta. As esteiras de seu tanque percorriam as ruas onde, quando criança, ele jogara bola. À esquerda, ele avistou o pequeno cemitério de Fresnes e gritou a seu vizinho, o francês mexicano Pierre Sarre: "Não vai ser aqui que vou comer capim pela raiz!".

Naquele fim de tarde cinzento, as três colunas da divisão haviam chegado, como Landrieux, aos subúrbios de Paris. Com uma largura de trinta quilômetros pela manhã, o front diminuíra pela metade ao longo do dia. Na extrema esquerda do dispositivo, a coluna do comandante Morel-Deville, encarregada de fazer barulho, encontrara depois de Trappes um grande obstáculo e parara. No centro, a coluna do tenente-coronel Paul de Langlade e do comandante Massu progredira com rapidez. Depois de forçar o difícil ferrolho de Toussus-le-Noble, as forças de Langlade tinham repelido os alemães para o outro lado do Bièvre, atravessado o aeródromo de Villacoublay e chegado às casas cinzentas do subúrbio de Clamart. Agora, os soldados da infantaria de Massu se preparavam para descer ao Sena e pisar em Paris à noite, do outro lado da Pont de Sèvres.

À direita do dispositivo, a última coluna, do coronel Pierre Billotte, encontrara ao longo de seu avanço uma resistência obstinada dos alemães. Agora, nos subúrbios da cidade, Billotte se via bloqueado por um ferrolho ferozmente defendido que impedia a entrada em Paris, tão hermeticamente fechada quanto uma rolha de vinho. Instalado na grande estrada Orléans–Paris, cujo cruzamento de Croix-de-Berny estava interrompido por barras de ferro e peças antitanque, o ferrolho se firmava à esquerda no vilarejo de Antony e à direita na prisão de Fresnes.

A imensa prisão que Pierre Lefaucheux e seus colegas tinham deixado nove dias antes fora convertida numa inexpugnável fortaleza pelos 350 detentos alemães. Naquela manhã, um batalhão do 132º regimento de segurança viera se unir aos defensores. O oficial que o comandava, o *Hauptmann* Heinrich Harms, recebera 27 anos antes a Cruz de Ferro de 1ª classe por ter proibido os franceses de entrar numa pequena aldeia do Mosa que também se chamava Fresnes. Protegidos por sacos de areia, dois outros canhões antitanque de menor calibre e várias metralhadoras pesadas estavam posicionados de cada lado do 88mm de Wagenknecht. Do portão de entrada, o alemão podia alcançar com seus tiros três das cinco ruas que conduziam à prisão.

Para o ataque à prisão de Fresnes, o capitão Emmanuel Dupont, o oficial que, num pomar da Normandia, contara ao capelão Roger Fouquer sua premonição de morrer antes de chegar a Paris, dividiu seus blindados e soldados de infantaria em três grupos. Ele ordenou aos tanques *La Marne*, *Uskub* e *Douaumont* que subissem a Avenue de la République e atacassem de frente o portão da entrada principal. Os dois outros grupos foram encarregados de avançar até o mesmo portão ladeando os muros da prisão.

Enquanto manobrava o pesado veículo pelas ruas familiares de seu vilarejo, Georges Landrieux mostrou a Pierre Sarre, copiloto do *La Marne*, o campanário quadrado da igreja onde se casara e a vitrine vazia do café-tabacaria onde ele comprava seus Gauloises. Os três tanques dobraram à esquerda e entraram na Avenue de la République. À frente, a trezentos metros, dissimulado sob o portão da prisão, estava o canhão de Wagenknacht.

Da torre de tiro do *Vieil Armand*, um dos Sherman que avançavam ladeando os muros da prisão, o brigadeiro Pierre Chauvet observava de binóculo as defesas laterais da entrada principal e se perguntava o que os alemães estariam esperando para abrir fogo. Agachado atrás de seu canhão, Willy Wagenknecht se fazia exatamente a mesma pergunta. Ele agora conseguia ver os tanques cujo rumor distante ouvira havia pouco. Avançavam lentamente em sua direção, passando pelas pequenas casas da Avenue de la République. Às suas costas, ele sentia a respiração nervosa de seu ex-companheiro de cela, o SS de dezenove anos Karl Richter. Wagenknecht apontou o canhão para o tanque à frente e decidiu contar até dez. Então, o alemão ouviu uma voz gritar: "O que estão esperando, bando de m...? Atirem, maldição!".

O capitão Dupont e seu adjunto, o subtenente Marcel Christen, que guiavam a pé o avanço dos blindados pelos muros da prisão, ouviram o estardalhaço da explosão. Christen viu o primeiro tanque da Avenue de la République subir nos ares sob o impacto do tiro e cair no chão num estrondo metálico. Do gêiser de chamas que jorrou do tanque, Christen viu sair um primeiro homem, com as duas pernas arrancadas, depois outro, com o uniforme pegando fogo.

Pierre Sarre, o soldado com o uniforme em chamas, rolou no chão para tentar deter o fogo. Apagando com as mãos as últimas chamas, ele começou a correr com o soldado José Molina sob a rajada de metralhadora que os perseguia. Por duas vezes tocado de raspão por balas explosivas, seu uniforme cheio de óleo voltou a pegar fogo. Com o braço atingido por um tiro, Sarre acabou alcançando junto com Molina o pórtico de uma casa, sob o qual eles se abrigaram. Naquele momento, porém, uma bomba explosiva atingiu a casa, decapitando o soldado Molina e fazendo chover sobre Sarre um dilúvio de vigas e telhas incandescentes. Horrorizado, Sarre viu seu uniforme incendiar novamente.*

Agora, de todos os lados, os tanques de Dupont provocavam uma chuva de obuses na entrada da prisão. Fabien Casaubon, piloto do *Uskub*, disse a si mesmo que só "os Fritz para morrer defendendo uma cadeia". Ainda avançando sob os muros da prisão, o subtenente Marcel Christen pensou: "Se não conseguirmos liquidar esse maldito 88, toda a companhia morrerá". Christen ouvia acima de sua cabeça o assobio lúgubre das bombas que Pierre Chauvet, do *Vieil Armand*, lançava. De repente, houve uma explosão terrível. Um dos projéteis de Chauvet atingira um caminhão de munições logo atrás do canhão de Wagenknecht. Milagrosamente ileso, o alemão agiu num reflexo. Abandonou a carcaça retorcida do 88 e começou a correr pela espessa nuvem de fumaça que dissimulava a entrada da prisão. Em sua corrida desenfreada, ele cruzou com os tanques sobre os quais acabava de atirar. Conseguindo se esgueirar por entre os muros das casas sem que ninguém o visse, ele chegou ao pequeno cemitério de Fresnes. Ali, exausto, se deixou cair numa vala. Enquanto recuperava o fôlego, um pensamento extraordinário passou por sua mente. "Meu Deus", ele pensou, "estou livre."

Na entrada da prisão, porém, os alemães continuavam atirando. Dupont e Christen avançavam e estavam a apenas cinquenta metros do portão. De repente, da nuvem de fumaça que ocultava a porta de entrada, Christen viu surgir uma espécie de fantasma com as roupas rasgadas, o rosto escuro e ensanguentado. O alemão atirou uma breve rajada com sua metralhadora.

---

* Gravemente queimado, o franco-mexicano Pierre Sarre, que não conhecia Paris, não pôde entrar na capital com seus camaradas, mas sobreviveu aos ferimentos. Três meses depois, em sua primeira saída de convalescente, ele deixou o hospital Val-de-Grâce para visitar o pequeno cemitério de Fresnes, onde vários de seus camaradas estavam enterrados. Teve então uma incrível surpresa. Num dos túmulos, encontrou o próprio nome. Ao pular do tanque em chamas, ele perdera a carteira, que fora encontrada junto ao corpo do soldado José Molina. Como nenhum documento fora encontrado com Molina, ele fora enterrado como Pierre Sarre. (N.A.)

Christen ouviu um "Oh!" a seu lado e viu o capitão Dupont girar sobre si mesmo e cair no chão, com a cabeça aberta. Naquele momento, Christen viu um de seus tanques, o *Notre-Dame de Lorette*, avançar a toda velocidade e girar bruscamente na frente da entrada da prisão. Atirando com todas as armas, o tanque empurrou o 88 de Wagenknecht e, esmagando feridos e sobreviventes, se precipitou para dentro da prisão. Para o piloto do *Notre-Dame de Lorette*, o soldado de 2ª classe Jacques Neal, a prisão de Fresnes não tinha segredos. Preso pela Gestapo, ele ali passara treze meses.

Atrás do *Notre-Dame de Lorette*, os três últimos tanques do capitão Dupont fizeram o mesmo e finalmente silenciaram os defensores.

O preço dessa vitória foi alto. Os destroços enegrecidos de cinco Sherman se espalhavam pelos arredores da prisão de Fresnes. No meio da Avenue de la République, no posto à frente da carcaça carbonizada do *La Marne*, dois olhos contemplavam fixamente o céu, onde grandes nuvens deslizavam na direção de Paris. Georges Landrieux estava morto, tivera o peito dilacerado por um fragmento do primeiro tiro de Willy Wagenknecht. Num bolso de seu uniforme enegrecido, intacto, estava o maço de Camel que Georges Landrieux trouxera para a mulher de sua viagem para a eternidade.

A dois quilômetros de Fresnes, em Croix-de-Berny, o tenente Jean Lacoste, do 501º regimento de tanques, com as costas rentes ao muro do Parc de Sceaux, caminhava como um caranguejo na direção de um cruzamento. Nesse cruzamento, onde passavam a autoestrada nacional Orléans–Paris e a pequena estrada pela qual ele avançava, havia outro canhão de 88mm defendendo a grande artéria que levava a Paris. O próprio tanque de Lacoste, o *Friedland*, e várias companhias de Sherman tinham sido detidos pelos tiros mortíferos daquele canhão. Tentando contorná-lo, Lacoste encontrara aquela pequena estrada, ao longo da qual, metro por metro, ele avançava a pé para fazer um reconhecimento do local.

Lacoste agora podia ouvir o estalo metálico da culatra do canhão alemão e até mesmo as ordens do artilheiro no comando. Ele avançou mais alguns centímetros e percebeu então, suspensa acima da rua, a boca do 88 cuspindo chamas. Uma daquelas bombas caiu a dois quilômetros dali, ao lado do Mercedes do padre Roger Fouquer. O capelão sentiu uma dor violenta na perna direita e caiu. O tecido de sua roupa queimara na altura da coxa. Ao ver o pedaço de metal incandescente que estava a seu lado na rua, o padre agradeceu ao Senhor e se benzeu. As quatro carteiras cheias de dinheiro e de cartas que levava no bolso desde que os soldados as tinham entregue a ele detiveram o fragmento de bomba que, caso contrário, teria seccionado sua artéria femoral.

Assim como chegou até ali, o tenente Jean Lacoste recuou até o *Friedland* com as costas rentes ao muro e passou instruções para a equipe. Com o canhão de 105mm voltado para o ponto exato onde o 88mm dos alemães apareceria, o tanque acelerou.

Para que o estrondo da arma alemã abafasse o som das esteiras, o *Friedland* avançava em pequenos solavancos a cada vez que o 88 atirava. Como um animal se aproximando da presa, o tanque logo chegou ao fim do muro. Lacoste esperou que o 88 atirasse uma última vez e gritou "Fogo!". O *Friedland* pulou para a frente, atirando à queima-roupa com toda sua potência. Numa fração de segundo, Lacoste viu corpos voando pelos ares e se desintegrando no meio de uma chuva de pedaços de ferro. Ele viu braços, pernas, capacetes e o suporte do canhão caírem num magma confuso de carne e aço. "Meu Deus", ele pensou, com náuseas, "a guerra é impiedosa." Então apertou no pedal de seu rádio e anunciou: "A todos os demais Oscar! Aqui Oscar Um. O tubo de calefação se foi pelos ares!".

41

Ao longo de todo o dia, distante e solitária, a alta silhueta de Charles de Gaulle percorrera o terraço do castelo de Rambouillet. Às primeiras horas da manhã, das janelas do modesto aposento que ele ocupava no sótão do castelo, De Gaulle acompanhou a passagem, sob a chuva torrencial, das colunas imponentes da 2ª divisão blindada. Com amargura, ele pensou em todos os infortúnios que um exército mecânico formado por sete unidades como aquelas teria evitado à França.

De hora em hora, De Gaulle seguira com impaciência o difícil avanço da divisão a caminho de Paris. Ele esperara entrar na capital antes da noite. Mas as notícias da batalha tinham aos poucos mostrado que sua expectativa seria frustrada. A longa viagem que trazia o líder da França Livre do exílio duraria mais uma noite.

Nas primeiras edições dos novos jornais da Resistência, trazidos a ele de Paris, De Gaulle encontrara a confirmação de suas suspeitas em relação aos motivos e objetivos de seus adversários políticos. Os líderes da insurreição queriam formar um comitê de recepção que acolheria o general De Gaulle, o tomaria sob sua asa e se encarregaria de apresentá-lo à capital. De Gaulle não se prestaria a essa manobra. Ele só aceitaria uma investidura, conferida diretamente pela voz das massas.

Com cortesia, mas secamente, portanto, De Gaulle recusou a oferta de ser, assim que chegasse à capital, "recebido" no Hôtel de Ville pelos líderes da insurreição. Ele mandou dizer que primeiro iria "ao centro", ou seja, ao ministério da Guerra, onde, quando a ocasião se apresentasse, ele é que receberia os líderes da insurreição. Quanto aos comitês que representavam esses líderes, o Conselho Nacional da Resistência (CNR) e o Comitê Militar de Ação (COMAC), De Gaulle já selara seus destinos. Ele logo os levaria para o que mais tarde chamaria de "a gloriosa história da Libertação", isto é, o passado.

Pela segunda vez naquele dia, De Gaulle pediu a Geoffroy de Courcel, um de seus colaboradores mais íntimos, que o acompanhasse em um curto passeio pelas alamedas do parque. Durante uma caminhada anterior, o general comunicara a Courcel a impaciência que sentia de entrar em Paris e precipitar a prova de força que estava decidido a travar com seus adversários políticos. Dessa vez, porém, fumando nervosamente um Craven, De Gaulle ficou imerso no silêncio de seus pensamentos. Courcel se absteve de interrompê-lo. Como todos os homens que o cercavam, Courcel sabia que De Gaulle colocara sua ansiosa atenção de chefe político, e também de pai, nos difíceis combates do dia. Num dos destruidores de tanques que pela manhã tinham passado sob as janelas do castelo de Rambouillet havia um jovem tenente orgulhoso e firme: Philippe de Gaulle, seu único filho.

* * *

A vinte quilômetros das majestosas torres do castelo de Rambouillet, numa campina perto da pequena aldeia de Maintenon, outro general manifestava a mesma impaciência de Charles de Gaulle. O general americano Leonard T. Gerow, comandante do Fifth Corps, ao qual pertencia a 2ª divisão blindada, percorria ansiosamente a barraca que abrigava seu posto de comando. Detendo-se bruscamente, Gerow se virou para o chefe de seu 2º gabinete, o coronel John Hill, e disse com raiva que se Leclerc fosse americano, ele já o teria destituído. Fazia exatamente dezessete horas que o comandante do Fifth Corps estava sem notícias de Leclerc. De manhã, ele ficara sabendo que o general francês, infringindo a ordem tática n. 21 que lhe fora dirigida na véspera, deslocara seu eixo de marcha em cerca de vinte quilômetros para sudeste. Leclerc não avisara nem a Gerow nem à 4ª divisão americana, que estava no flanco direito dessa mudança de itinerário. Convencido, erroneamente, que os alemães não tinham condições de lhes opor uma resistência importante, Gerow previra que a 2ª divisão blindada entraria em Paris por volta do meio-dia. O dia todo, o próprio Bradley, muito preocupado com as revelações de Rolf Nordling, pressionara Gerow a acelerar o avanço e ocupar Paris antes que o governador alemão se decidisse a explodir a cidade. Exasperado, o próprio Gerow se lançara à procura de Leclerc, mas não o encontrara. No exato momento em que o americano voltava para seu posto de comando, um Piper-Cub aterrissava numa campina vizinha para lhe levar uma mensagem impositiva do 1º exército, instando-o a ocupar Paris o mais rápido possível. A mesma mensagem ordenava que Gerow avançasse a 2ª divisão blindada e ordenasse a entrada imediata em Paris da 4ª divisão de infantaria americana, "quer a 2ª divisão blindada já esteja na capital ou não". Em outras palavras, se os franceses não tivessem sido capazes de entrar em Paris primeiro, como lhes fora permitido, azar o deles: os soldados de Gerow os precederiam.

Gerow telefonou à 4ª divisão de infantaria e transmitiu ordens. Depois, começou a escrever de próprio punho uma mensagem severa e precisa para Leclerc, ordenando-lhe que forçasse vigorosamente seu avanço à tarde e continuasse a progredir ao anoitecer. Gerow estendeu a folha de papel ao coronel John Hill e lhe disse para entregá-la em mãos a Leclerc. Enquanto o coronel subia no jipe, o general americano acrescentou secamente: "Não quero saber se tiver que ir até o inferno para encontrar esse maldito francês, Hill, mas não volte antes de falar com ele".*

Furioso, ainda mais impaciente que De Gaulle e Gerow, Philippe Leclerc percorria naquele momento, com a bengala na mão, uma pequena via de seiscentos metros em Croix-de-Berry. Leclerc podia ouvir, vindo do sul e do oeste, os tiros de canhão de seus tanques, que se esforçavam para destruir os últimos pontos defensivos alemães que resistiam na estrada Orléans–Paris. Nem De Gaulle nem Gerow precisavam pressionar Leclerc. Ao longo de todo o dia, seus oficiais o ouviram ordenar incansavelmente que eles fossem mais rápidos. Assombrado com o SOS trazido de Paris por Jacques Petit-Leroy, ele

---

* Em seu livro, História de um soldado, o general Bradley explicou o atraso da 2ª divisão blindada na marcha rumo a Paris de uma maneira que despertou a indignação dos franceses: "Os homens da 2ª divisão blindada", escreveu Bradley, "tiveram muita dificuldade de abrir passagem pela população francesa, que atrasou seu avanço, mergulhando-a em vinho e aclamações. Embora eu não possa culpá-los por ter aproveitado a acolhida de seus compatriotas, eu não podia esperar que eles acabassem de festejar até Paris".

Embora seja verdade que a acolhida delirante da população tenha em certos momentos apresentado reais problemas às colunas da 2ª divisão blindada, não resta dúvida de que a obstinada resistência alemã é que, naquele dia, foi a única responsável pelo atraso da divisão para entrar em Paris. O general Bradley talvez ignorasse, ao escrever esse trecho, que a 2ª divisão blindada perdeu naquele dia mais de duzentos homens na marcha a Paris. (N.A.)

temia chegar tarde demais, quando Choltitz já tivesse começado a destruir a cidade. Decepcionado e irritado com a perspectiva de não poder entrar naquela mesma noite em Paris, Leclerc começou a martelar nervosamente o asfalto com a ponta da bengala.

O capitão de abundante barba ruiva que apareceu na estrada à frente de um destacamento de *half-tracks* também espumava de raiva. Por duas vezes em meia hora, Raymond Dronne tivera certeza de que, adiante, o caminho para Paris estava livre. Ele pedira a seu chefe de corpo autorização para seguir na frente, mas toda vez ele recebera ordens de se unir ao resto da coluna no eixo principal. Quando avistou o "patrão", Dronne pulou do jipe, correu em sua direção e se manteve em posição de sentido.

"O que está fazendo aqui?", perguntou Leclerc. Varrendo para longe com a bengala as explicações do capitão, Leclerc exclamou: "Dronne, você sabe que nunca deve cumprir ordens absurdas!". Depois, agarrando subitamente o oficial pelo braço, o general ordenou: "Quero que você siga imediatamente para Paris, para o coração de Paris. Leve o que quiser e avance. Não se preocupe com os alemães. Avance e ponto final. Diga aos parisienses para aguentar firme. Chegaremos lá amanhã". Leclerc acompanhou o oficial até o jipe. Oito dias antes, quando notara o estranho nome do jipe no para-brisa, Leclerc ordenara ao capitão que o apagasse. Vendo o nome ainda ali, Leclerc teve um sobressalto. "Pensei ter lhe dado uma ordem", ele exclamou. Dronne grunhiu que não tivera tempo de executá-la. Leclerc balançou a cabeça. "Quando penso", ele murmurou com ar sonhador, "que este jipe será o primeiro a entrar em Paris!"

No para-brisa, em grandes letras brancas, estava de fato o nome do tanque. Ele se chamava *Mort aux Cons* [morte aos imbecis].

Em poucos minutos, Dronne constituiu seu pequeno destacamento. Eram três Sherman com nomes de vitórias napoleônicas, *Romilly*, *Montmirail* e *Champaubert*, e meia dúzia de *half-tracks*. Depois de passar breves instruções a seus homens, o oficial pulou em seu jipe. Lançando um olhar rápido para o retrovisor, ele de repente percebeu o tamanho de seu fracasso pessoal. Em vez de bonito e limpo, como ele prometera estar para as parisienses, Dronne estava sujo e desgrenhado. Seu uniforme estava manchado de óleo e suor, e seu rosto estava preto de poeira e fumaça.

O capitão de barba ruiva ligou o motor. Então, dirigindo ao pequeno grupo de curiosos que se reunira em torno do jipe, ele perguntou:

"Alguém sabe qual o caminho mais curto para Paris?"

42

Paris ouvia o ronco surdo do canhão, que aumentava de hora em hora e se aproximava da cidade, que logo seria invadida. Confinados em seus pontos defensivos, quase isolados pelas FFI do coronel Rol, os soldados alemães de Paris esperavam o ataque final, que aconteceria a qualquer momento.

Os comandantes dos trinta principais *Stützpunkte* (pontos de apoio) tinham jurado ao *Führer* que se defenderiam "até o último cartucho". Esse juramento, Hitler só o exigira uma vez no front ocidental: em Saint-Malo, onde os soldados da Wehrmacht, sem munição, lutaram com armas brancas nas ruínas da fortaleza.

Entrincheirados em alguns dos mais gloriosos monumentos da capital transformados em verdadeiras fortalezas, os homens do general Von Choltitz se preparavam para a mesma resistência desesperada. Na Place de la République, atrás das altas muralhas da caserna Prince Eugène, um comandante SS reuniu seus homens e anunciou que duas divisões blindadas SS marchavam sobre Paris. "Precisamos aguentar a todo custo", ele ordenou, "até que os reforços venham nos render." No pátio da Escola Militar, Bernhardt Blache, o *Feldwebel* que no sábado anterior vira seus homens "queimando como salsichas" na frente da Prefeitura de Polícia, ouvia o comandante Otto Mueller discursar para os defensores: "Senhores", ele dizia, "cumpriremos a ordem de nosso *Führer*. Lutaremos até o fim". A unidade de metralhadoras comandada pelo *Feldwebel* recebeu então como última refeição antes da batalha um enorme presunto da Westfália. Mas a ideia de morrer para defender a Escola Militar tirou o apetite de Bernhardt Blache. Ele só conseguiu dar uma mordida no apetitoso presunto.

No Palais du Luxembourg, o zelador Marcel Macary e o eletricista François Dalby viram os jovens soldados SS da guarnição começarem a construir, com vistas ao ataque final, uma grande barricada na frente da entrada principal. Dalby sabia que, apesar de todos os seus esforços, os alemães tinham minado praticamente todo o prédio. Ele se perguntava com angústia se eles não explodiriam tudo no último minuto, num gesto de suicídio coletivo. No bairro, centenas de parisienses se faziam a mesma pergunta e evacuavam às pressas seus apartamentos.

No hall revestido de sacos de areia do hotel Meurice, mais importante *Stützpunkt* da cidade, o homem que carregava o peso de defender Paris se dirigia com raiva aos próprios oficiais. Alguns minutos antes, um tenente-coronel da Feldgendarmerie se permitira aconselhar ao comandante do Gross Paris que fugisse da "ratoeira" da capital enquanto ainda era tempo e que ordenasse à guarnição o abandono da cidade. "O *Führer* me enviou a Paris", berrava Choltitz, com o rosto vermelho de raiva, "e a responsabilidade é toda minha aqui. Faremos exatamente o que eu ordenar e obrigarei à obediência, com a arma na mão, os que se rebelarem. Que cada um assuma seu posto e espere por minhas ordens." A voz gutural do general atravessou o hall como uma rajada de metralhadora. "Se eu vier a cair", ele continuou, "ordeno que o coronel Jay me substitua e que o chefe de estado-maior, o coronel Von Unger, lhe preste apoio."

No silêncio que se seguiu a essas palavras, o capitão Klaus Engelmeier, um médico da Westfália, pensou: "Meu Deus! Ele vai nos obrigar a morrer neste hotel".

Apesar da tensão que reinava nos diferentes pontos defensivos, alguns soldados conseguiram passar aquelas últimas horas como turistas da belle époque.

O *Quartiermeister** Erich Vandam, da 325ª divisão, comprou na pequena banca de um vendedor ambulante que passava sob os tiros da Place de la Concorde um último suvenir de Paris: um cinzeiro com uma pequena Torre Eiffel. No dia seguinte, enquanto uma baioneta francesa empurrasse Vandam numa fila de prisioneiros, o alemão veria o mesmo ambulante vendendo o mesmo cinzeiro aos primeiros soldados americanos.

Para outros soldados, aquele era o momento das despedidas. Duas semanas antes, o *Oberfeldwebel* Walter Hoffmann oferecera à namorada Jeannette Domat um jantar com champanhe num restaurante clandestino em homenagem a seu 26º aniversário. Naquela noite, diante da pesada porta da Escola Militar, ele a beijou uma última vez. Como presente de despedida, o alemão só encontrara para oferecer à jovem parisiense um grande pedaço de toucinho.

Outro soldado conseguiu se esgueirar pela terra de ninguém que separava a fortaleza alemã do Palais du Luxembourg da barricada das FFI na Rue de Tournon e entrou num pequeno hotel. Era Eugen Hommens, o alemão cujo revólver as FFI tinham roubado onze dias antes às margens do Marne. Em um quarto do hotel, Hommens encontrou Annick, sua amante, e lhe disse adeus. Mais uma vez, a jovem lhe suplicou que desertasse. Mas Hommens disse que não. Ao perigo potencial representado por uma mulher ciumenta, o alemão ainda preferia a ameaça dos tiros das FFI. Para o *Feldwebel* Erwin Conrad, aquela foi uma noite cheia de lembranças: com uma garrafa de conhaque numa mão, uma metralhadora na outra, Conrad contemplava com melancolia,

---

* Quartel-mestre, responsável pela administração financeira e pelo abastecimento de uma unidade militar. (N.T.)

de uma janela do hotel Claridge, a Avenue des Champs-Élysées deserta. Ele conhecia cada metro quadrado de sua pavimentação. Por seis meses, Conrad fizera parte do desfile triunfal que descia a avenida todos os dias ao meio-dia.

No outro extremo de Paris, atrás das enormes muralhas do castelo de Vincennes, Georges Dubret ainda estava vivo. Graças a um milagre. Dubret e seus companheiros foram alinhados cinco vezes diante das metralhadoras dos SS que tinham assassinado tantos de seus camaradas. Ao longo do dia, eles tinham visto os carcereiros abandonarem sucessivamente todos os edifícios do castelo. Enquanto eles se perguntavam que destino os últimos soldados lhe reservariam, viram a porta da cela se abrir. Um sargento lhes fez sinal para sair.

No pátio onde os SS se preparavam para partir, estava o pequeno *Führer* que assassinara o comissário Silvestri. O soldado apontou para o refeitório e gritou que eles podiam comer tudo o que quisessem. Os cinco policiais fingiram se dirigir ao pequeno edifício. Depois que viram o último alemão atravessar a ponte levadiça do castelo, eles se detiveram e começaram a correr em sentido contrário, até atravessar a mesma ponte levadiça aos gritos de "Viva a França". Naquele exato momento, três grandes explosões fizeram a terra tremer. O impacto fez Dubret cair no chão. Voltando a se levantar, ele viu uma nuvem de poeira e destroços subindo como um gêiser por trás das muralhas do forte. O refeitório para onde o pequeno *Führer* enviara os franceses tinha acabado de explodir.

Numa rua de Nanterre, no outro extremo da capital, o tenente Bob Woodrum caminhava tristemente em direção à loja de Louis Berty. Desde a prisão do charcuteiro, seis dias antes, o americano não tinha notícia do amigo. Agora, ele pensava, restavam poucas chances de que Berty ainda estivesse vivo. Ao entrar no pátio da casa, o aviador ouviu, surpreso, sons de vozes vindos da loja. Toda Nanterre parecia ter marcado encontro na pequena charcutaria. Entre os presentes, Woodrum viu o pálido rosto de um homem sorridente. Era Louis Berty. Milagrosamente, Louis Berty também conseguira escapar do pelotão de execução do forte de Mont-Valérien, cujos tiros ele ouvira por quatro anos. Depois de três dias de difíceis negociações, o cônsul Nordling conseguira, de seu leito de doente na Rue d'Anjou, a libertação dos prisioneiros da prefeitura de Neuilly. Quando o americano avistou o homem que o escondera, colocando em risco a própria vida, ele sentiu os olhos se encherem de lágrimas. E gritou: "*Well done*,* Louis". Ao ouvir aquelas palavras, os vizinhos de Berty descobriram com espanto que o gigante loiro que eles viam entrar e sair da charcutaria sem nunca abrir a boca não era nem surdo nem mudo... nem francês.

---

* Muito bem. (N.T.)

43

Nas ruas apinhadas de gente de Longjumeau, a 27 quilômetros de Paris, um oficial americano acabava de resolver o angustiante problema que o atormentava desde a véspera. Em troca de dois maços de cigarro, o capitão Bill Mills, chefe de operações de um batalhão da 4ª divisão americana, conseguiu o documento mais precioso que ele poderia encontrar naquele dia: um mapa de Paris.

A 4ª divisão deixara a Normandia com tanta pressa e sua missão em Paris fora tão inesperada que seus chefes não tinham tido tempo nem de providenciar, junto aos serviços do SHAEF, os mapas necessários. Alguns minutos antes, o oficial que comandava a divisão, o major-general Raymond Barton, reconhecera diante dos oficiais que não tinha a menor ideia da localização do objetivo atribuído à sua unidade: a Prefeitura de Polícia.

Mills abriu alegremente o precioso mapa. No alto à esquerda, estava escrito o nome do impressor: "A. Lecomte, 38, Rue Sainte-Croix-de-la-Bretonnerie". Logo abaixo, em letras grandes, o americano descobriu o título exato do documento graças ao qual, dentro de poucas horas, as vanguardas de toda a 4ª divisão encontrariam seu caminho rumo ao coração da capital francesa. Ele se intitulava *Itinerário Prático do Estrangeiro em Paris*.*

Esgotados pelo longo deslocamento sob a chuva, pela falta de informações e pela fumaça dos escapamentos, os homens da 4ª divisão se reuniam em três grupos ao sul da capital. Estavam apenas à espera da ordem de marchar sobre Paris. Para alguns, como o sargento Milt Shenton, de Maryland, "Paris era um sonho que finalmente se realizava". Para outros soldados de infantaria, porém, como Willie Hancock, da Geórgia, temeroso da ideia de uma batalha de ruas, "Paris é só mais uma cidade ocupada pelos alemães, antes de Berlim e do retorno para casa". Alguns americanos atribuíam um significado especial à perspectiva de entrar em Paris. Naquela noite, no saco de dormir, o tenente-coronel Dee Stone apalpou no bolso de sua jaqueta um velho envelope amarrotado que continha uma carta. Aquele pedaço de papel se tornara para Stone uma espécie de talismã. Ele o levava consigo desde o dia em que, em novembro de 1943, deixara sua casa em Forest Hills e embarcara para a Inglaterra. A carta desembarcara com ele no dia 6 de junho e o acompanhara ao longo de todos os sangrentos combates na Normandia até que, ainda vivo, ele chegara aos subúrbios de Paris. No dia seguinte, cumprindo a promessa que fizera a seu autor, ele entregaria a carta a seu destinatário em Paris.

---

* Depois da guerra, Mills mandou emoldurar esse mapa como uma relíquia. Ele decorou a sala de jantar de sua casa, em Concord, na Carolina do Norte. (N.A.)

O subtenente Jack Knowles, chefe de uma seção do 22º regimento de infantaria, e seu adjunto, o sargento Speedy Stone, estavam furiosos. O comandante da companhia acabara de anunciar que a entrada em Paris seria "um verdadeiro desfile" e que todos os homens deveriam, portanto, usar gravata. Nem Stone nem Knowles tinham tocado, ou sequer visto, uma única gravata desde que haviam saído da Inglaterra. Stone, um sujeito muito astucioso, prometeu a seu tenente que encontraria os preciosos ornamentos até a manhã seguinte. Para Speedy Stone, Paris "bem valia um desfile".

Encostado no tronco de um choupo, perto de Trappes, o sargento Larry Kelly, de 42 anos, estava radiante de felicidade. O gigante loiro da Pensilvânia sentia um carinho quase místico pela França. Vinte e sete anos antes, mentindo a idade, ele se engajara aos quinze anos no corpo expedicionário americano e lutara por oito meses na França, onde fora ferido duas vezes.

Na noite do desembarque, Kelly saltara de paraquedas na Normandia com a 82ª divisão aerotransportada. Ferido pouco depois, fora transferido para o regimento de artilharia de campanha que hoje acompanhava a coluna do comandante Morel-Deville e do qual ele era o batedor de vanguarda. Kelly sabia que, dentro de algumas horas, ele teria todas as chances de ganhar a aposta que fizera na noite de 5 para 6 de junho: ser o primeiro americano a entrar em Paris.

À luz do crepúsculo, o tenente Warren Hooker, chefe de seção de uma companhia do 22º regimento de infantaria, e seu adjunto, o sargento Ray Burn, subiram até o topo de uma velha torre de vigia perto de Orly e contemplaram com maravilhamento a linha dos telhados de Paris. Hooker reconheceu cada um dos monumentos de que falavam os livros de história e os romances de Alexandre Dumas. O espetáculo que se abria diante de seus olhos pareceu quase familiar ao oficial. Porém, sua experiência de soldado de infantaria lhe dizia, infelizmente, que no dia seguinte ele não teria tempo de visitar todas as maravilhas com que sonhava desde a infância. Seu destino, e o de seus camaradas, era "salpicar a cidade com seu sangue e seguir em frente". Hooker se lembrou com tristeza dos versos de um poema de Robert Frost que aprendera no liceu: "Tenho promessas a cumprir e milhas a percorrer antes de poder dormir".

Uma silhueta alegre atravessou a porta do Hôtel du Grand Veneur, em Rambouillet. Larry Leseur, o repórter radiofônico da emissora americana CBS que ficara sabendo da libertação de Paris na cadeira do dentista, voltara a tempo para assistir à verdadeira libertação. Abrindo caminho pela massa compacta de jornalistas que invadira o hotel, Leseur avançou até o colega Charlie Collingwood, cuja reportagem imaginária sobre a libertação fora difundida por engano.

"Excelente reportagem, Charlie!", exclamou Leseur. Collingwood esboçou um sorriso constrangido. Depois, começou a vasculhar seu bolso e dele tirou um pequeno objeto enrolado em papel-alumínio, que estendeu a Leseur com um sorriso. Era uma barra de chocolate.

Das colinas de Sèvres, à esquerda do front, até as vastas planícies de Orly, devastadas e castigadas, os homens da 2ª divisão blindada interromperam seu avanço rumo a Paris para pernoitar. Em Fresnes e Croix-de-Berny, eles tinham acabado de destruir, sem saber, o último entrave que encontrariam até o coração da capital. O caminho até Paris estava livre.

Naquela noite, em quase todas as unidades, vários lugares estavam vazios. O general Hubertus von Aulock mantivera sua palavra. Ele fizera os franceses pagarem caro pelo direito de entrar na capital. Em todas as estradas tomadas, as três colunas da divisão tinham deixado para trás um rastro de veículos calcinados, de mortos e de feridos. Dos dezesseis *half-tracks* de uma seção da 10ª companhia do regimento do Chade, restava apenas um veículo. Uma companhia de um regimento de tanques perdera um terço de seus blindados somente no ataque de Fresnes.

As pesadas perdas e as horas extenuantes que todos tinham acabado de viver abalaram o moral dos homens da 2ª divisão blindada. Seu único consolo era saber Paris muito próxima, ao alcance do som de suas vozes, do outro lado daquela última fileira de casas de subúrbio. A viagem estava quase concluída.

Jean René Champion, piloto do *Mort-Homme*, temia apenas que os americanos chegassem antes dele em Paris, ou que seu motor estragasse. Paris estava ali, bem perto, "como uma amante adormecida". Perto do Sherman *Norvège*, o capitão Georges Buis começou a cantarolar uma canção que ele mesmo compusera no deserto da Líbia. Acompanhado na gaita de boca por seu atirador, Buis cantava: "E todos os nossos caminhos são ruas de Paris…". Deitado na plataforma traseira do *Douaumont*, perto de Fresnes, o sargento Marcel Bizien olhava para o céu. Seus camaradas ouviram Bizien jurar que no dia seguinte prestaria homenagem à memória dos seus antepassados corsários bretões. Ele tentaria abalroar um tanque alemão. E cumpriria sua palavra.

Na entrada da prisão que Bizien e seus camaradas tinham tomado de assalto algumas horas antes, uma dúzia de FFI apareceu escoltando um soldado alemão prisioneiro. Com a cabeça baixa, o rosto devastado, Willy Wagenknecht passou pelo portão e entrou no pátio cheio de destroços. Para o alemão que tinha sido obrigado a defender sua própria prisão, aquele retorno foi o momento mais cruel da guerra. A estada de Wagenknecht em Paris acabaria no lugar onde começara: dentro de uma cela de Fresnes.

De todos os homens da divisão que naquela noite viram, alinhados, os elementos que no dia seguinte seriam os primeiros a partir para Paris, nenhum se emocionou mais que o subtenente René Berth, de quarenta anos, do regimento do Chade. Quando René Berth avistou o rapaz loiro que passava de pé dentro de um *half-track* da 97ª companhia de QG, ele começou a gritar "Raymond! Raymond!". Era seu filho. Dois anos antes, sem dizer nada à mãe, o jovem colocara algumas roupas numa mochila de escoteiro e partira a pé para ir ao encontro do pai e dos Franceses Livres. Naquela noite de agosto, Louise Berth ainda não sabia se seu marido e seu filho estavam vivos ou mortos.

Acima do barulho das esteiras, pai e filho conversaram e prometeram se encontrar no dia seguinte em Paris e fazer uma surpresa a Louise Berth. "Mamãe vai fazer uma cara quando chegarmos juntos", gritou Raymond ao pai. Vendo a silhueta viril do filho desaparecer, René Berth sentiu o peito se inflar de orgulho. Lágrimas de ternura encheram seus olhos de guerreiro.

"Amanhã, 25 de agosto", ele repetiu para si mesmo, "será o aniversário de Louise. Que surpresa para ela!"

44

Em uma antiga extração de areia, na saída de Longjumeau, o homem que dava ordens a René Berth e a todos os camaradas da 2ª divisão blindada estudava um mapa aberto sobre o capô de seu *half-track* de comando. De todos os mapas que Philippe Leclerc e os oficiais de seu estado-maior tinham estudado durante aquela guerra, talvez nenhum revelasse uma realidade tão angustiante. Aquele era um mapa de Paris com inúmeros círculos vermelhos indicando os pontos defensivos alemães, os *stützpunkte* que os oficiais de Choltitz tinham jurado defender "até o último cartucho". Em quase todos os casos, os círculos vermelhos cobriam um tesouro arquitetônico da cidade. Se os alemães, pensou Leclerc, se aferrassem àqueles pontos de apoio com a mesma tenacidade que tinham demonstrado ao longo da estrada naquele dia, somente a artilharia dos tanques e os canhões de campanha poderiam expulsá-los. No dia seguinte, a destruição da Place de la Concorde, da Câmara dos Deputados, do Palais du Luxembourg e da Rue de Rivoli talvez fosse o preço que Paris precisaria pagar por sua libertação. Virando-se para os oficiais silenciosos a seu redor, Leclerc deu ordens severas proibindo a utilização da artilharia pesada sem seu consentimento. "Viemos para libertar Paris", ele disse, "e não para destruí-la."

O general e seus oficiais caminharam alguns metros e se agacharam em torno de uma pele de katambouru que Ahmed, o ordenança de Leclerc, desenrolara sobre uma pedra. Ahmed distribuiu o jantar: uma simples lata de ração de combate.

Enquanto a noite caía, aqueles poucos homens que representavam o novo exército francês compartilharam em silêncio, segundo o rito esparciata que tinham observado nos desertos da Líbia e da Tripolitânia, a última refeição no exílio, às portas da capital de seu país. Endurecidos nas fornalhas da África, onde tinham queimado a gordura do corpo e purificado a alma, eles estavam muito longe dos oficiais da *drôle de guerre*,* que jantavam à luz de velas nos castelos da retaguarda. Terminada a refeição, eles se enrolaram em seus jelabas e dormiram ao relento ao lado dos jipes ou *command-cars*.

A 27 quilômetros dali, em pleno coração de Paris, no imenso refeitório no subsolo do Hôtel de Ville, os líderes da Resistência também começavam a refeição da noite. Sentados em bancos, cadeiras, caixas viradas, com fuzis e granadas sobre as mesas de madeira, os defensores do imenso prédio, exaustos e silenciosos, jantavam naquele cenário medieval.

Grandes copos de vinho tinto se entrechocavam fazendo um ruído metálico, enquanto uma dezena de "colaboradoras" prisioneiras, com a cabeça raspada como uma bola de bilhar, o rosto abatido, serviam o prato único do estranho banquete: massa com lentilha.

Foi um "sinistro e deprimente jantar", lembra Jacques Debû-Bridel, o homem que três dias antes quebrara um vidro para acalmar o tempestuoso encontro dos líderes da Resistência. Por dois dias, os defensores do Hôtel de Ville tinham esperado ser atacados a qualquer momento pelos alemães. Agora, eles também sabiam que duas divisões Panzer SS se aproximavam de Paris. Debû-Bridel e a maioria dos resistentes reunidos naquela noite no refeitório do Hôtel de Ville estavam convencidos de que o destino lhes arrebataria no último momento a frágil vitória à qual eles tão ferozmente tinham se agarrado por cinco dias.

Na outra ponta da deserta Rue de Rivoli, para a qual estava voltada uma fachada lateral do Hôtel de Ville, no quarto 238 do hotel Meurice, Dietrich von Choltitz vestia uma camisa de seda branca. Sentindo a barbatana do colarinho apertar seu pescoço, o governador pensou: "Engordei em Paris". Era a

---

* A "guerra de mentira" foi o período inicial da Segunda Guerra Mundial, durante o qual praticamente não houve combates armados. (N.T.)

primeira vez desde sua chegada à capital francesa que o general alemão vestia um colarinho duro. Em cima da cama estava o paletó branco cuidadosamente passado que ele vestiria naquela noite com a calça cinza com listra vermelha de oficial de estado-maior. Choltitz o usara uma única vez, sete meses antes, durante a recepção que oferecera perto de Anzio, na Itália, para comemorar sua promoção à patente de general de divisão. Agora, ele o usaria em outra ocasião, sem dúvida a última recepção em que o comandante do Gross Paris apareceria por muitos anos. No primeiro andar do hotel Meurice, na grande sala ocupada pelo secretariado do estado-maior, os colaboradores do general se preparavam para oferecer ao chefe um jantar de despedida.

Raros eram, no estado-maior, aqueles que ainda tinham alguma ilusão sobre o destino que esperava a guarnição do Gross Paris. No grande mapa fixado à parede da sala de operações, os oficiais tinham movimentado ao longo de todo o dia as pequenas bandeiras vermelhas que indicavam o fulminante avanço aliado. As bandeiras agora estavam plantadas às portas de Paris. À noite, chegara um relatório alarmante do OB West sobre o conjunto do front. Ele revelara a Choltitz uma notícia que Bobby Bender não parecia conhecer: os americanos tinham forçado a barragem sobre o Sena, ao sul de Melun, e rumavam para o Leste sem encontrar oposição. Para tentar detê-los, duas divisões alemãs tinham recebido ordens de se movimentar para o Sul, na direção de Nogent-sur-Seine e Troyes. Choltitz entendera que só poderia contar com suas próprias tropas. Pois aquelas duas divisões eram exatamente as que tinham sido prometidas para o reforço de Paris: a 26ª e a 27ª Panzer SS.

Abotoando o colarinho na frente do espelho oval do banheiro, o general alemão pensou que, ao nascer do dia seguinte, ou seja, dentro de algumas horas, os Aliados chegariam para o golpe de misericórdia. Ele esperara o ameaçador comandante da Luftwaffe o dia todo, mas este não viera. O general começou a pensar com amargura naquele oficial, em Hitler, em Jodl, em Model. Ele se lembrou da boca deformada do *Führer* lhe dizendo em Rastenburg: "Tenha certeza, *Herr* General, de que receberá de mim todo o apoio necessário". Em vez de reforços, porém, Choltitz recebera algumas mensagens e as britadeiras da 813ª Pionierkompanie. Incapaz de defender Paris pela força das armas, o OKW decidira se dar o prazer de riscá-la do mapa. Choltitz sabia que o OKW esperava um único gesto de sua parte: ordenar aos homens do capitão Ebernach a ativação de todos os detonadores.

O conquistador de Sebastopol tinha certeza de que, na noite seguinte, estaria morto nas ruínas do hotel ou preso pelos franceses. Ele tinha imaginado outro fim para si mesmo e para seu país num distante dia de maio de 1940, quando, no aeródromo de Rotterdam, saltara de um Junker. Choltitz pegou o frasco de água-de-colônia que o cabo Helmut Mayer lhe trouxera dez dias antes e vaporizou o rosto, decidido a causar boa impressão nos colaboradores. Quando ele guardou o frasco, seus olhos se fixaram na etiqueta. Ele nunca a notara antes. Ela dizia *Soir de Paris* [Noite de Paris].

Como um comandante prestes a afundar junto com seu navio, Dietrich von Choltitz saiu do quarto e se dirigiu num passo tranquilo ao jantar de despedida.

Em outro quarto de hotel, uma linda jovem morena colocava um vestido preto de lantejoulas prateadas. Cita Krebben se olhou no espelho e pensou que o último vestido feito por sua costureira parisiense estava realmente muito bom. Com a amiga Hildegarde Grun, secretária do coronel Von Unger, e a bela e voluptuosa Annabella Waldner, intendente dos governadores alemães de Paris, Cita Krebben era uma das últimas mulheres alemãs que ainda estavam em Paris. A elegância natural da jovem muniquense de 23 anos e o convívio assíduo com uma costureira da Rue Washington a haviam transformado na mais parisiense das alemãs. Quando ela entrou, um pouco depois, na sala de jantar à luz de velas onde o general e seus colaboradores tomavam o aperitivo, todos os olhares se voltaram para ela. O próprio Choltitz encheu sua taça de Cordon Rouge e sugeriu um brinde "à saúde das magníficas mulheres alemãs, cuja solidariedade ao longo da guerra tornou menos duros os golpes do destino". Todos ergueram suas taças. Aquele foi, lembra o conde Dankvart von Arnim, "um momento comovente". O oficial observou os rostos a seu redor; Unger estava glacial, como sempre; frívolo e até encantador naquela última noite, Jay troçava; Clemens Podewills, um correspondente de guerra surpreendido em Paris pela insurreição, bebia seu champanhe, imperturbável; o único que deixava transparecer suas preocupações era o capitão Otto Kayser, um antigo professor de literatura em Colônia. À tarde, Kayser trouxera de uma patrulha perto da Comédie-Française um cartaz que proclamava, ainda escorrendo de cola: A CADA UM SEU BOCHE.

Enquanto todos se esforçavam para demonstrar alegria, Arnim viu um mensageiro entrar e murmurar algumas palavras ao ouvido do general, que saiu da sala na mesma hora.

O comandante do Gross Paris era chamado ao telefone. Fraca e distante, ele reconheceu a voz familiar de um velho companheiro de armas, o general Walter Krueger, então comandante do 58º corpo Panzer. Krueger ligava de um telefone de campanha na região de Chantilly, a quarenta quilômetros da capital. "Estou indo para Paris", anunciou Krueger brincando, "iremos ao Sphinx esta noite!"*

---

* O Sphinx era um dos mais famosos prostíbulos de Paris. (N.A.)

Contudo, Krueger não telefonava apenas para brincar. Model ordenara que ele reunisse todos os blindados disponíveis do 58º corpo para enviá-los com urgência ao socorro de Choltitz. Mas Krueger, com a voz grave e triste, acrescentou que, naquela noite de agosto, não tinha nenhum tanque disponível para socorrer o amigo. Dos 120 mil homens e dos oitocentos tanques com que o 58º corpo Panzer começara a batalha da Normandia, restavam apenas alguns destroços em plena debandada, espalhados pelos campos ao sul de Chantilly. Krueger garantiu a Choltitz, no entanto, que lançara todos os oficiais que pudera encontrar, assim que recebera a ordem de Model, em busca dos poucos blindados que ainda lhe restavam. No caos atual, porém, ele não sabia se estes chegariam a tempo. Depois de um longo silêncio, Krueger perguntou ao amigo o que ele pensava fazer. "Não sei", respondeu o governador de Paris, "a situação é muito ruim." Um novo silêncio se fez. Então os dois homens se desejaram tristemente: *"Hals und Bein bruch"* (Quebre o pescoço e a perna). Era uma velha expressão alemã que significava "boa sorte".

Digno e cheio de estilo, o maître passava a travessa de prata cheia de aspargos. Para aquele último jantar, Annabella Waldner, a anfitriã que por quatro anos regalara a nata da Alemanha nazista e da Itália fascista à mesa dos governadores de Paris, tinha escolhido pessoalmente o que a despensa do Meurice continha de mais raro e delicioso. Depois dos aspargos ao molho holandês, os convidados degustaram um *foie gras* e uma especialidade de Gourguilev, o chef búlgaro do Meurice, profiteroles ao chocolate, a sobremesa preferida do marechal Rommel.

Às luzes bruxuleantes dos candelabros de prata maciça que Annabella Waldner colocara na mesa, os convivas começaram a jantar. Sentado entre Cita Krebben e Hildegarde Grun, Dietrich von Choltitz, esforçando-se para ser um comensal loquaz e divertido, evocou suas lembranças de pajem na corte da rainha da Saxônia.

Em pouco tempo, porém, a voz do general se tornou nostálgica e todos sentiram amargamente a tristeza do momento. Mergulhado na própria melancolia, o conde Dankvart von Arnim olhava fixamente para o fundo de seu prato. De repente, entre duas cabeças de aspargo, ele viu uma imagem que o lembrou brutalmente da realidade: o Arco do Triunfo. Para aquela última refeição na Paris que Hitler ordenara destruir, Dietrich von Choltitz comia na louça de um aparelho de jantar que seu predecessor encomendara especialmente à manufatura de Sèvres. No fundo de cada prato havia, pintado à mão ao lado do emblema da Wehrmacht, um monumento da cidade de Paris.

45

Na penumbra do anoitecer, como Napoleão ao voltar da ilha de Elba 129 anos antes, o capitão de barba ruiva levou um susto ao ver a placa que acabava de surgir à sua frente: PARIS – PORTE D'ITALIE. De boca em boca, essas palavras percorreram toda a pequena coluna. Nos tanques e nos *half-tracks*, os homens se abraçaram, começaram a gritar, berrar, gesticular de alegria. No jipe *Mort aux cons*, Raymond Dronne entendeu que tinha acabado de ganhar a corrida iniciada quatro anos antes. Ele seria o primeiro oficial francês a entrar em Paris.

    Tímidos e temerosos, os moradores da Porte d'Italie, que tinham se fechado em casa ao ouvir o estrondo dos tanques, começaram a aparecer nas janelas. Ao ver homens sem o pesado capacete da Wehrmacht e com simples gorros, alguém gritou de repente: "Os americanos!". De voz em voz, esse grito se espalhou por todo o bairro. Homens, mulheres e crianças saíram de todas as portas, de todas as ruas. Rapidamente, surgindo de todos os lados, uma onda humana cercou os veículos do pequeno destacamento. O capitão que tanto quisera estar bonito para as parisienses se viu submergido por dezenas delas, jovens, velhas, loiras, morenas, que se acotovelavam e se empurravam para abraçá-lo, apertar sua mão ou apenas tocar seu uniforme, preto de poeira e fuligem. Uma mulher vestida de alsaciana chamada Jeannine Bouchaert conseguiu inclusive subir no jipe e se sentar ao lado do guerreiro comovido.

    Levando a alsaciana que cantava a plenos pulmões e agitava uma bandeira tricolor como um talismã, Dronne seguiu em frente pelo meio da multidão. Seguido por seus tanques, ele entrou na Avenue d'Italie, depois num labirinto de pequenas ruas que levavam ao Sena. A coluna prosseguia tão rápido que os parisienses mal tinham tempo de ver a Cruz de Lorena dos Sherman que avançavam na escuridão. Na frente da Gare d'Austerlitz, os primeiros tiros alemães saudaram a passagem dos tanques franceses. Mas estes seguiram em frente sem responder, passaram pela Pont d'Austerlitz, ainda de pé apesar das ordens de destruição de Hitler, e chegaram à margem direita. Subindo o Quai des Célestins na velocidade máxima do jipe, Dronne sentiu a garganta apertada de emoção. À sua esquerda, recortada à luz do crepúsculo, erguia-se a silhueta impressionante de Notre-Dame. Ele dobrou à direita. Em meio a faíscas cintilantes, os três tanques e os seis *half-tracks* dobraram por sua vez e se postaram à frente do bastião das liberdades municipais parisienses, o Hôtel de Ville. Dronne saltou do jipe. Como se tivesse acabado de cair em outro planeta, ele contemplou, paralisado, a imensa fachada renascentista danificada por tiros e decorada com bandeiras tricolores. No mostrador do relógio, os ponteiros marcavam 9h22.

Mil novecentos e trinta e um dias, dezesseis horas e cinquenta e dois minutos depois que o primeiro soldado da Wehrmacht pisou em Paris, na Porte de la Villette, o exército francês voltava à capital.

Alguns segundos antes, a frágil silhueta de Georges Bidault subira na mesa vacilante do refeitório do subsolo. Com a voz rouca de emoção, Bidault exclamara: "Os primeiros tanques do exército francês atravessaram o Sena. Eles estão chegando ao coração de Paris". O eco de suas palavras ainda vibrava no silêncio das abóbadas quando o rumor dos tanques chegando à praça se fez ouvir. Os homens se levantaram. Em meio ao estrondo da louça se quebrando e dos copos de vinho rolando pelo chão, eles começaram a entoar *A marselhesa*. Depois, como uma horda desenfreada, eles correram para a rua e se atiraram sobre o capitão hirsuto e cambaleante de cansaço. O repórter de rádio Pierre Crénesse pulou no tanque *Champaubert* com seu microfone na mão e abraçou o primeiro homem que saiu da torre de tiro. "Parisienses", ele gritou ao microfone, "vocês vão ouvir a voz de um soldado francês, o primeiro soldado a entrar em Paris." Colocando o microfone à frente do atônito soldado de 2ª classe, Crénesse fez a primeira pergunta que lhe veio à monte. "De onde você é?", ele perguntou. "De Constantinopla", respondeu o soldado Firmin Pillian...

Graças à eletricidade, que milagrosamente retornara, 3,5 milhões de parisienses começaram a acompanhar, pelos aparelhos de rádio, os primeiros minutos da melhor noite de suas vidas. "Os Aliados chegaram! Parisienses, é a libertação! Espalhem a boa nova! Que a alegria estoure em toda parte", bradavam os locutores. Do alto da torre do *Champaubert*, com a voz embargada de emoção, Crénesse citava Victor Hugo: "Acordem, chega de vergonha! Voltem a ser a França! Voltem a ser a grande Paris!".

Ao ouvir essas palavras, milhares de parisienses abriram as cortinas e as venezianas, abraçaram os vizinhos, a quem nunca tinham dirigido a palavra, se precipitaram às ruas, começaram a gritar de alegria. Em todas as janelas abertas, ouvia-se *A marselhesa*, a plenos pulmões, no máximo volume.

Nas sacadas, nas portas, nas janelas; nas calçadas, nas avenidas e no alto das barricadas; na escuridão da noite, a cidade inteira, reencontrando sua liberdade e seu orgulho, cantava junto com o rádio. As palavras vibrantes do hino vingador eram ouvidas em todas as casas, passavam de rua em rua, ecoavam e se amplificavam até envolver toda Paris num coro triunfal.

Raymond Dronne sentiu os olhos pesados de poeira e cansaço se encherem de lágrimas. Naquele momento, que se tornaria o mais memorável de sua vida, ele ouviu *A marselhesa* entoada por mil gargantas na praça do Hôtel de Ville, ecoando em toda parte. Ela lhe parecia "sublevar a cidade inteira, como uma onda sonora". Não muito longe dali, bonita e frágil num vestido preto, o rosto marcado pelo cansaço e pela emoção, uma mulher cantava com ardor. Era Marie-Hélène Lefaucheux. Dronne pensou então na propaganda de Vichy, que repetia sem parar que os homens da França Livre eram a vergonha da pátria.

As últimas notas da *Marselhesa* se desvaneciam quando um locutor voltou ao microfone para um novo apelo: "Aos padres que nos ouvem ou que possam ser avisados por suas paróquias, pedimos que toquem os sinos com força para anunciar a entrada dos Aliados em Paris".

Por quatro anos, os sinos de Paris tinham permanecido mudos. Nenhuma vez, durante a ocupação alemã, seus campanários tinham soado a hora do culto, do nascimento de Jesus, da ressurreição de Cristo ou do funeral de um parisiense. Agora, porém, respondendo ao apelo do rádio, sacudindo a poeira de quatro anos de silêncio e de luto, os sinos voltaram aos céus de Paris. Do alto da torre sul de Notre-Dame, o grande sino de treze toneladas que no dia 2 de setembro de 1939 soara o alarme da guerra começou o primeiro carrilhão da alegria.

Da colina de Montmartre, a Savoyarde, o sino de dezessete toneladas da basílica de Sacré-Cœur, que uma geração anterior de parisienses construíra para agradecer a Deus por ter libertado Paris e a França dos prussianos, logo respondeu ao chamado do sino principal de Notre-Dame. Uma a uma, de uma ponta à outra da cidade, as igrejas começaram a badalar a nova. No espaço de alguns minutos, o céu inteiro foi sacudido pelos cem campanários de Paris. Nas janelas, os parisienses choravam de alegria e emoção.

Quando Colette Massigny e Gilles de Saint-Just, os noivos de Saint--Germain-des-Prés, ouviram o sino da velha igreja vizinha, eles correram até seu pequeno gramofone, colocaram um disco e giraram o botão até o volume máximo. A rua inteira ouviu a voz rouca que os alemães tinham proibido nos últimos quatro anos. Louis Armstrong cantava *Basin Street Blues*.

No outro extremo de Paris, a enfermeira Madeleine Brinet soltou o lápis e começou a ouvir a balbúrdia dos sinos. Durante todo o anoitecer, na salinha do posto de primeiros socorros da Rue de Naples, ela só ouvira um som: o gemido dos doentes. Em seu caderninho vermelho, a jovem mulher escrevera algumas palavras que resumiam aquele último dia de insurreição. "Cinco mortos hoje. Recebi famílias. Atrozes cenas de desespero." Agora, o carrilhão da Libertação cobria os gemidos dos feridos. Virando a página do caderno, Madeleine Brinet começou a registrar com zelo, no alto de uma folha em branco, a data do dia seguinte: "Sexta-feira, 25 de agosto – Dia de Glória". Mas a página de 25 de agosto ficaria em branco para sempre no caderninho da enfermeira. Vítima dos últimos confrontos, aquele dia de glória seria o de sua morte.

Do fundo das cozinhas do Palais du Luxembourg, Pierre Pardou, o membro da Resistência que saqueava os estoques da Milícia de Vichy, também ouviu os sinos e pensou: "Alguma coisa está acontecendo". Pela primeira vez, Franz, seu gordo carcereiro, evitou pronunciar a frase habitual: "Você limpar cozinha essa noite, pois amanhã você fuzilado". O súbito silêncio do alemão preocupou Pardou.

No blocause do hotel Majestic, Willy Krause, o tanquista transferido para a infantaria, ouviu o rumor distante dos sinos e se fez uma pergunta ridícula: "Quem está sendo enterrado numa hora tão tardia?". Rudolf Ries, o *Feldgendarme* que anunciara a frágil trégua de Nordling pelas ruas de Paris, entendeu que o fim estava próximo quando o som do primeiro carrilhão chegou à Kommandantur do Opéra. "Acabou!", ele disse a seu colega, o *Unteroffizier* Otto Westermann.

Do telhado do ministério dos Correios e Telégrafos, o cabo Alfred Hollesch não perdeu nada daqueles momentos inesquecíveis: primeiro *A marselhesa*, se elevando nas ruas escuras, depois a explosão dos sinos, que "acompanhavam o hino como uma maré". Comovido, Hollesch pensou "estar assistindo, impotente, a suas últimas horas de liberdade".

Quando Werner Nix, o *Feldwebel* que dez dias antes amaldiçoara Choltitz por causa de um desfile, ouviu o estranho carrilhão no hall do hotel Continental transformado em ponto defensivo, ele pensou apenas que "amanhã a guerra terá acabado, os franceses romperam seus grilhões".

Nas profundezas do posto de comando Duroc, o líder da insurreição que rompera esses grilhões não ouviu o carrilhão libertador. Quando Rol e seus oficiais foram informados por telefone da chegada dos primeiros tanques de Leclerc ao Hôtel de Ville, eles decidiram brindar à vitória. Sem champanhe, o líder das FFI serviu um líquido viscoso no copo de seus camaradas, o inesgotável licor Bénédictine que o dono de um restaurante da Place Saint-Michel lhe enviara em várias caixas.

Outros parisienses também não ouviriam os sinos da Libertação naquela noite. Furioso com o silêncio do campanário de sua paróquia, o jovem Dominique de Serville, de treze anos, tentou telefonar para o pároco de Saint--Philippe-du-Roule. Mas não conseguiu linha. Congestionada por centenas de ligações, a linha do pároco estava constantemente ocupada.*

---

* No domingo seguinte, durante a grande missa de ação de graças, o jovem rapaz descobriria por que os sinos de sua igreja tinham ficado mudos naquela noite. "Meus caríssimos irmãos", declarou o cônego Jean Muller no púlpito, "agradeço a todos aqueles que, na noite de quinta-feira, me telefonaram para pedir para tocar os sinos em homenagem à Libertação. Infelizmente, nossa paróquia não tem nem campanário nem sinos." Com um sorriso paterno, o bom pároco emendou: "Penso que chegou a hora de preenchermos essa lacuna. A coleta deste primeiro domingo de Libertação será utilizada para dar à paróquia de Saint-Philippe-du-Roule um campanário... e sinos!". (N.A.)

Em nenhum outro lugar, porém, o som dos sinos de Paris causou maior impressão do que numa pequena sala iluminada à luz de velas do primeiro andar do hotel Meurice. Ao ouvir o rumor a princípio distante e hesitante que chegava até eles, os comensais se calaram subitamente. Então, como ondas quebrando na areia, o som dos sinos cresceu e entrou pela janela aberta.

"Por que os sinos estão tocando, *Herr* General?", perguntou Cita Krebben, ingenuamente. Dietrich von Choltitz se acomodou no encosto da cadeira e esperou um longo momento antes de responder. Depois, numa voz calma e resignada, ele disse: "Eles tocam para nós, minha querida amiga, anunciam a entrada dos exércitos inimigos em Paris neste exato momento!".

Choltitz viu um brilho de espanto iluminar vários rostos. Irritado, ele perguntou se algum dos convidados daquele jantar esperava outro desfecho. Inflamando-se subitamente, o general passeou o olhar pelos oficiais a seu redor e falou com dureza. "Vocês parecem surpresos! Mas o que esperavam?", ele perguntou. "Faz anos que dormitam num mundinho de sonhos, o que sabem de fato da guerra? Então ignoram o que aconteceu com a Alemanha na Rússia e na Normandia?" Cada vez mais mordaz, o comandante do Gross Paris deu livre curso à sua indignação: "Senhores, posso anunciar-lhes o que a doce vida em Paris parece ter-lhes ocultado: a Alemanha perdeu a guerra e nós a perdemos junto com ela".

Essas duras palavras puseram um fim brutal à alegria fictícia do jantar de despedida. O coronel Hans Jay se serviu de uma última taça de champanhe e por alguns segundos contemplou as pequenas bolhas que subiam até a superfície. Depois, o charmoso coronel que tinha sido uma das mais célebres figuras da Paris noturna fez a única coisa que lhe restava fazer em sua última noite em Paris: dormir. O conde Dankvart von Arnim saiu discretamente e subiu até seu quarto. Antes de ir para a cama, o jovem oficial abriu o pequeno caderno de capa verde onde todos os dias registrava os acontecimentos de sua vida. Numa página em branco, ele escreveu uma única frase: "Acabo de ouvir a badalada de meu próprio funeral". Depois, Arnim pegou o grande livro que estava na mesa de cabeceira e o abriu na página do capítulo que ele leria antes de dormir. Era a *História da França* e o capítulo se intitulava "O massacre da noite de São Bartolomeu". A data da noite daquele massacre fez o oficial estremecer. Trezentos e setenta e dois anos antes, a noite de São Bartolomeu acontecera num 24 de agosto.

Sozinho no grande gabinete para o qual se retirara, Dietrich von Choltitz pegou o telefone e pela segunda vez em 24 horas ligou para o Grupo de Exércitos B. O comandante do Gross Paris acabava de receber a confirmação de que uma vanguarda aliada entrara havia pouco em Paris. Ele sabia que ao alvorecer, atrás daquela vanguarda, viria o grosso das tropas inimigas. Do outro lado da ligação, Choltitz reconheceu a voz do chefe de estado-maior.

"Boa noite, Speidel", ele disse numa voz grave, "tenho uma surpresa para você, ouça bem, por favor..."

Choltitz aproximou o telefone da janela escancarada para a noite e para a balbúrdia dos carrilhões. De repente, se lembra Seidel, o rumor claro e potente dos sinos invadiu o sinistro bunker iluminado com luz neon onde o chefe de estado-maior vivia nos últimos seis dias. Speidel ergueu os olhos para seu ajudante de campo, o capitão Ernst Maisch, que ouvia em outro aparelho, e pousou o olhar estupefato na gravura de Notre-Dame pendurada na parede de concreto.

"Está ouvindo?", perguntou Choltitz com impaciência.

"Sim", respondeu Speidel. "São sinos, não é mesmo?"

"De fato, *Herr* General, são os sinos de Paris que tocam para anunciar à população a chegada dos Aliados."

Um longo silêncio se fez. Depois, Choltitz repetiu que tinha, de acordo com as ordens que o Grupo de Exércitos B lhe transmitira, concluído os preparativos de destruição das pontes, das estações ferroviárias e dos prédios ocupados pelo exército alemão. Mas disse que queria saber se podia contar com o Grupo de Exércitos para garantir a evacuação de seus homens e dele mesmo depois que essas destruições fossem concluídas. Houve, Choltitz se lembra, um novo e longo silêncio. Até que o governador de Paris ouviu Speidel dizer numa voz lenta e resignada: "Não, *Herr* General, temo que infelizmente não...".

Choltitz soltou um breve suspiro e perguntou a seu superior se este tinha uma última ordem a lhe dar. Speidel respondeu que não. "Então, meu caro Speidel, só me resta lhe dizer adeus. Permita-me confiar à sua proteção minha mulher e meus filhos, que estão em Baden-Baden." "Conte comigo", respondeu Speidel, com a voz embargada.

Com um gesto cansado, Choltitz colocou o telefone no gancho. A linha direta do comandante do Gross Paris, Opéra 3.240, só soaria mais uma vez antes do fim.

46

Era meia-noite. Na sacada do primeiro andar do Meurice, dois vultos se delineavam na escuridão. Pela última vez em seu efêmero comando, Dietrich von Choltitz respirava o ar fresco da noite de Paris. A seu lado estava uma jovem mulher silenciosa que fora uma das mais brilhantes anfitriãs da Wehrmacht na França. Naquela última noite, Annabella Waldner pedira para ficar no hotel Meurice. No dia seguinte, ao alvorecer, como todas as alemãs que ainda estavam em Paris, Annabella seria confiada à Cruz Vermelha para ser repatriada a seu país.

No céu de Paris, outro tipo de ruído substituía a balbúrdia dos sinos e dos cantos patrióticos. Choltitz e Annabella podiam ouvir o crepitar furioso das armas que tinham voltado a atirar. Os vinte mil homens do general alemão não haviam demorado a lembrar aos parisienses que a hora da libertação definitiva ainda não soara e que os três tanques do capitão Dronne eram uma aparição simbólica. A rajada de uma metralhadora da Wehrmacht atingiu o gabinete do presidente do Conselho Municipal, estilhaçando a cabeleira de mármore de um busto de Luís XIV e a taça de champanhe que Georges Bidault se preparava a esvaziar. Na Prefeitura de Polícia, enquanto um jovem membro da Resistência chamado Félix Gaillard oferecia ao capitão Dronne a recompensa mais preciosa que o libertador desgrenhado poderia desejar ao fim de seu périplo, um banho quente, o estrondo das explosões voltou a ecoar. Num ataque relâmpago, os Panzer do coronel Kayser lembravam à cidadela insurgente que suas esteiras e seus canhões ainda eram senhores das ruas de Paris. Em toda a cidade, os soldados de Choltitz esvaziavam suas últimas munições. Nas ondas de rádio, as vozes entusiasmadas de Pierre Crénesse e de seus colegas da primeira emissora francesa livre se tornavam angustiadas. "Parisienses, voltem para casa, fechem as janelas, não sejam massacrados inutilmente... nem tudo acabou."

Annabella Waldner ouviu o general de paletó branco soltar um suspiro profundo. Com as duas mãos na balaustrada da sacada, Choltitz murmurava para si mesmo: "O que posso fazer agora?". A mulher se virou para o general e respondeu que, de todo modo, era tarde demais. "Só lhe resta pensar em seus filhos", ela disse com convicção. Choltitz sentiu um imperceptível arrepio. Ela acrescentou: "Eles vão precisar do senhor".

Fez-se então um longo silêncio durante o qual o general, pensativo, percorreu com um último olhar as sombras do Louvre, que se perfilavam sobre a claridade do céu. Choltitz disse: "Talvez você tenha razão, minha pequena Annabella". Dizendo isso, pegou a mão da jovem e a levou aos lábios. Ele lhe desejou boa-noite, atravessou seu gabinete e se dirigiu para o quarto.

No longo corredor escuro, Dietrich von Choltitz ouviu um passo apressado às suas costas. Ele se virou rapidamente. Ao ver a silhueta alta que apareceu à sua frente, o general levou um susto. O capitão Werner Ebernach também tinha ouvido o carrilhão dos sinos de Paris e entendeu o que significava.

O jovem oficial vinha perguntar ao comandante do Gross Paris se este tinha uma última ordem para lhe dar. "Não", Choltitz respondeu secamente, "não tenho mais nenhuma ordem para você, Ebernach." Lembrando então ao general que sua companhia fora destacada a título provisório junto à guarnição de Paris, Ebernach pediu autorização para aproveitar a última noite para tentar deixar Paris com sua unidade. Anunciou que tomara disposições para deixar em Paris uma seção de sapadores a fim de que os explosivos instalados pudessem ser detonados quando o general ordenasse. Choltitz mediu o jovem oficial de alto a baixo. Ele disse apenas "Sim, Ebernach, você pode ir" e entrou em seu quarto.

Cinco andares acima, num canto do terraço do hotel Meurice, um jovem casal se abraçava ternamente. Os dois namorados estavam sozinhos no mundo. Do telhado do hotel, com toda Paris a seus pés, eles coroavam sua noite com um espetáculo inesquecível: fogos de artifício que abrasavam o horizonte como uma chuva de estrelas multicores. O cabo Helmut Mayer, ordenança do general Von Choltitz, e Maria Schmidt, a bela telefonista do estado-maior, eram provavelmente os únicos alemães que não tinham ouvido o toque de sinos anunciando o fim da ocupação. No momento em que os sinos de Paris tinham começado a soar, eles degustavam, na intimidade do pequeno quarto do cabo, o suculento jantar que o cozinheiro do Meurice preparara especialmente para eles. Levemente embriagados, eles olhavam em silêncio para os rastros luminosos que riscavam o céu e se perguntavam o que significariam. Aqueles eram, pensava o fiel ordenança, os mais lindos fogos de artifício que ele já vira. Em pouco tempo, porém, voltando à sobriedade no ar da noite, Helmut Mayer entendeu o que queriam dizer aquelas centelhas luminosas e explosões. Na colina de Meudon, o artilheiro Anton Rittenau explodia os estoques de bombas de seus canhões de 88mm.

O cabo sentiu o corpo da linda telefonista estremecer a seu lado e decidiu amá-la a noite toda.

Choltitz dormia. Arnim, Unger, Jay, Bressensdorf e Kayser dormiam. No confortável palacete onde tantos oficiais alemães viveram seus gloriosos anos de ocupação, só se ouviam, naquela última e breve noite de verão, os passos pesados dos sentinelas nos corredores e o crepitar intermitente dos teletipos na sala de transmissões.

Deitada no sofá do grande gabinete deserto do general, Annabella Waldner havia acabado de adormecer quando a campainha do telefone começou a tocar. Às cegas, na escuridão, ela conseguiu chegar até a mesa e atender. Ela ouviu uma voz distante e distorcida pedindo para falar com Dietrich von Choltitz.

"Ele está dormindo", ela respondeu, "devo acordá-lo?"

Um breve silêncio se fez. A voz respondeu com certa lassidão: "Não, não o acorde. De todo modo, é tarde demais... Diga-lhe... Diga-lhe que o general Krueger ligou". A voz hesitou e Annabella teve a impressão de ouvir, do outro lado do fio, um suspiro profundo: "Diga-lhe que meus tanques não chegarão".

TERCEIRA PARTE
A LIBERTAÇÃO

1

O dia de glória chegou.* Faz quatro anos que Paris espera por esse dia que finalmente nasce. Nenhuma brisa, nenhuma nuvem, um céu azul imaculado. A natureza e a História parecem ter se unido para criar um dia maravilhoso, único, que Paris, a França e o mundo jamais viram. E que a História talvez jamais volte a ver. Ao acordar naquele 25 de agosto de 1944, festa de São Luís, padroeiro da França, 3,5 milhões de franceses se sentem prontos para desaguar sobre a capital libertada uma onda tão grande de felicidade e alegria que um soldado americano, o romancista Irwin Shaw, exclamaria: "A guerra deveria terminar hoje".

Eles estão chegando. Depois de contar os anos, os meses, os dias, os parisienses agora contam os últimos minutos. Em milhares de lares, mães febris procuram tesouros guardados há tanto tempo: uma garrafa de champanhe empoeirada, um vestido feito com um pedaço de tecido comprado no mercado negro, uma bandeira tricolor proibida há quatro anos, estandartes americanos com o número de estrelas e de listras variáveis, flores, frutas, um coelho, tudo aquilo que, em suma, uma cidade entusiasmada e grata pode oferecer a seus libertadores.

Perto da Place de la République, no apartamento dos pais, Jacqueline Malissinet, de 21 anos, coloca a saia plissada que seus dedos adormecidos pelo frio fizeram no inverno anterior especialmente para o dia da Libertação. Enquanto ela se veste, uma pergunta estranha passa de repente pela cabeça da jovem. Ela acaba de se formar em inglês e, hoje, ela percebe, pela primeira vez na vida falará com um americano. "Como será ele?", ela se pergunta. Esse americano será um capitão desgrenhado e coberto de pó, com a barba por fazer, natural de uma cidade industrial da Pensilvânia. Ele aparecerá de pé sobre um jipe na Pont de la Concorde, bonito e sorridente, e se tornará seu marido.

No outro extremo de Paris, perto da igreja Saint-Philippe-du-Roule, cujo campanário não tocara na noite da véspera, Nelly Chabrier, uma morena bonita, secretária de um advogado, coloca o vestido rosa que sua mãe lhe deu para o grande dia. Depois, como uma andaluza esperando a serenata do

---

* Primeiro verso de A marselhesa, hino nacional da França: Allons enfants de la patrie, le jour de gloire est arrivé [Avante, filhos da pátria, o dia de glória chegou]. (N.T.)

namorado, ela se instala à janela para ver a chegada dos primeiros tanques de Leclerc. Num deles, dentro de poucas horas, aparecerá um gigante sujo de óleo. Ele será o homem cujo sobrenome ela passará a usar dentro de um ano.

Preparando-se para a batalha final, as FFI do coronel Rol reforçam a pressão em torno dos pontos defensivos alemães e se preparam para o ataque que coroará com uma vitória gloriosa cinco dias de combates heroicos. Entre eles, um rapagão loiro de 24 anos beija a mãe e sai correndo de casa. Graças aos estoques da célebre farmácia familiar, Georges Bailly havia abastecido com medicamentos todos os postos de primeiros socorros do bairro da Concorde. E agora ele socorrerá os últimos feridos e acolherá os libertadores.

Da vitrine de sua pequena farmácia em Saint-Cloud, Marcelle Thomas avista um homem armado com um fuzil. Ela reconhece o bombeiro Jean David. "Meu Deus", ela pensa, "não deveriam colocar um fuzil nas mãos de David." Como todos em Saint-Cloud, a srta. Thomas conhece o fraco do bombeiro pelo vinho tinto. E hoje David prometera a seus camaradas tomar o mais belo porre de sua vida.

Para muitos parisienses, aquele dia trará uma alegria mais inesquecível que a própria libertação. Mães logo reencontrarão seus filhos, mulheres seus maridos, crianças seus pais. Em seu apartamento da Rue de Penthièvre, a sra. Boverat não pregou o olho a noite toda. Ao alvorecer, com o marido e a filha Hélène, ela vai de bicicleta até o famoso regimento de boinas pretas de que uma interlocutora desconhecida lhe falou ao telefone. Ela terá a resposta para a pergunta que a obcecou a noite toda: qual dos dois filhos, Maurice ou Raymond, está de volta?

Uma jovem mulher chamada Simone Aublanc recebera de Lucien, seu marido, uma única carta em três anos. Ela vinha de um campo de prisioneiros da Alemanha oriental. Lucien dizia apenas: "Vou tentar ir ao encontro de Datiko num campo vizinho". Datiko, Simone sabia, era um tio russo de Lucien que estava morto há cinco anos. Mas Simone entendera que o marido quisera dizer que tentaria fugir e entrar na Rússia. Essa única carta e a certeza íntima de que Lucien estava vivo – "porque se estivesse morto", ela pensava, "eu teria sentido" – tinham alimentado por três anos as esperanças da pequena Simone. E nessa manhã, antes de deixar seu apartamento para esperar a Libertação na casa dos pais, Simone sente uma espécie de premonição: Lucien voltará hoje. Ela está tão convencida disso que decide deixar uma mensagem para ele com a zeladora. "Querido, estou na casa do papai", ela escreve apenas. E assina Poulet, o apelido que Lucien lhe deu quando eles se casaram. "Para não atrair azar", Simone não coloca nenhum nome no envelope.

Num pequeno apartamento de Neuilly, um homem retira de um armário a bandeira americana que prometera dar a seus amigos do ministério da Saúde, perto da Place de l'Étoile, pela Libertação. O americano Norman Lewis trouxera essa bandeira da América em 1917, quando, jovem Sammy,* lutara para libertar a França. Tendo se tornado um banqueiro próspero, Lewis se instalara em Paris e se casara com uma francesa. Depois de Pearl Harbour, fora preso pelos alemães. Ferido com um tiro na perna, fora solto um pouco depois. Nessa manhã, Lewis enrola a preciosa bandeira em jornal. E, mancando com suas muletas, o rosto radiante de felicidade, ele se põe a caminho da Place de l'Étoile.

Dois parisienses desconhecidos têm uma promessa a cumprir. Pierre Lorrain, de 53 anos, chefe do serviço de manutenção das fábricas Renault de Boulogne-Billancourt, jurara que faria a primeira bandeira tricolor tremular sobre a usina. Ele esperara a noite toda numa das oficinas, até o minuto em que poderia cumprir sua promessa. Por volta das oito horas da manhã, Lorrain telefona para a mulher: "Eles estão chegando, estamos livres, ouviu, estamos livres! Vou içar a bandeira!". Lorrain promete voltar para casa depois dessa breve cerimônia.

O oficial bombeiro Raymond Sarniguet também jurara fazer a bandeira tricolor tremular no céu de Paris. Para Sarniguet, se trata de uma vingança pessoal. Ele quer ser o primeiro a içar as três cores no topo do monumento de onde, numa triste tarde de junho de 1940, ele precisara retirá-la com suas próprias mãos. Esse monumento é a Torre Eiffel.

Cercados em seus *Stützpunkte*, os defensores alemães de Paris também contavam os minutos que os separavam do ataque final. Como muitos soldados da Wehrmacht, o *Unteroffizier* Otto Kirschner, de 35 anos, precisou ouvir o discurso inflamado de seu chefe. Na Komamndantur da Place de l'Opéra, o coronel Hans Römer, de Wiesbaden, exclamou: "Precisamos lutar até o último cartucho por nosso *Führer* bem-amado".

Na maioria dos pontos defensivos, o último café da manhã dos combatentes foi uma bebida inesperada: meia garrafa de conhaque. Na Câmara dos Deputados, o *Unteroffizier* Hans Fritz, que na véspera caíra numa emboscada das FFI com seu caminhão de explosivos, recebeu ordens de recuperar o veículo. Mas assim que Fritz percorreu alguns metros ele se deparou com

---

* Durante a Primeira Guerra Mundial, os soldados das forças armadas americanas eram chamados de Sammies pelos franceses em alusão ao Tio Sam. (N.T.)

barricadas construídas à noite pelas FFI. Preso sob o fogo cruzado das metralhadoras francesas, Fritz bateu em retirada. No alpendre sob o qual o alemão se refugiara, uma velha senhora entreabriu a porta. Educadamente, ela pediu ao suboficial que fizesse a gentileza de usar seu fuzil em outro lugar.

Fritz soltou um suspiro. Ele tinha perdido a vontade de usar seu fuzil, fosse do alpendre daquele prédio ou de qualquer outro lugar. "Para mim, a guerra acabou!", ele confessou à velha senhora com uma espécie de alívio. Então decidiu esperar em seu esconderijo. Quando visse o primeiro soldado inimigo, largaria o fuzil e se renderia.

Ao menos um alemão tivera a possibilidade de escapar ao destino que esperava Hans Fritz e seus vinte mil companheiros da guarnição do Gross Paris. Joachim von Knesebeck, diretor da Siemens na França, viajara para Berlim no início da insurreição. Ninguém lhe dissera que Paris estava a ponto de cair. Nesse último dia de ocupação, eis que ele estava de volta à cidade. Quando a zeladora de seu prédio viu chegar o gigante loiro, ela exclamou: "Deve estar maluco, senhor Knesebeck! Assim vai acabar morto!". A zeladora disse isso e correu até o porão para buscar uma velha bicicleta para o alemão: "Salve-se agora mesmo", ela aconselhou.

De uma janela do hotel Meurice, o capitão Otto Kayser, antigo professor de literatura em Colônia, que na véspera vira num muro de Paris o terrível slogan do coronel Rol, "A cada um seu boche", contemplava junto com o jovem conde Von Arnim o nascer do sol sobre a cidade. Kayser estava angustiado. "Os parisienses certamente vão se vingar", ele dizia, "eu me pergunto se algum dia poderemos voltar para cá..." Algumas horas depois, o capitão Kayser receberia uma resposta definitiva para essa pergunta.

Do outro lado da Rue de Rivoli, nos jardins das Tulherias, o general Von Choltitz, acompanhado do coronel Hans Jay, passava em revista pela última vez as tropas camufladas sob as árvores de trezentos anos. Choltitz suspirou ao ver a borda do espelho d'água onde, há poucos dias, as crianças de Paris empurravam seus barquinhos. Hoje, elas tinham sido substituídas por soldados sem camisa. Eles se lavavam e faziam a barba na água tranquila onde flutuava, com a quilha para cima, um barquinho esquecido. Contemplando as folhagens avermelhadas dos jardins, o azul do céu, o sol que acariciava os telhados, Dietrich von Choltitz pensou com amargura que os parisienses teriam um lindo dia de libertação. Depois, virando-se bruscamente, ele caminhou na direção de um Panther que guardava a entrada dos jardins, com o canhão apontado para a Champs-Élysées. "Atenção", ele anunciou aos membros da tripulação, "hoje eles chegam de verdade."

Na central de transmissão do Gross Paris, o *Unteroffizier* Otto Vogel estava inconsolável. Ele tinha acabado de tentar uma última ligação para a família, em Bad Wimpfen. Mas o telefonema não fora além de Reims. No gabinete do *Unteroffizier*, os telefones de Hypnose tocavam sem parar. "Alô", atendia Vogel, "aqui é o comando do Gross Paris." Do outro lado, porém, vozes em francês ou inglês é que lhe respondiam. Zombeteiras. Pedindo para fazer reservas de quartos no Meurice para a noite. Por volta das oito horas da manhã, o teletipo secreto começou a crepitar de repente. Ele transmitia uma pergunta do OKW ao comandante do Gross Paris sem sequer se dar ao trabalho de codificá-la. Otto Vogel arregalou os olhos e leu: "A destruição dos objetivos de Paris já teve início?", perguntava a mensagem.

2

Para o sargento Milt Shenton, o soldado cujo sonho de criança pobre tinha sido conhecer Paris, a perspectiva de entrar na cidade se tornara um pesadelo. Shenton tinha acabado de ser informado que fora designado como batedor de sua companhia e que esta tinha justamente a missão de conduzir toda a 4ª divisão até Paris. Isso significava, portanto, que ele seria um dos primeiros alvos da linha de tiro das metralhadoras alemãs. Shenton já tivera aquela honra durante outra ocasião memorável. No dia 6 de junho, tinha sido o primeiro soldado de sua divisão a pisar nas areias da praia de Utah. Ele sobrevivera. Mas um homem não poderia ter tanta sorte duas vezes na vida, ele pensou. Naquela manhã, enquanto enchia seu jipe de cartuchos e granadas, Shenton praguejava contra Paris e os parisienses.

Em Fresnes, na Croix-de-Berny, na Pont de Sèvres e mais adiante, nas pequenas aldeias de Nozay e Orphin, os homens da 2ª divisão blindada e da 4ª divisão americana se preparavam, como o sargento Shenton, para a última jornada que os conduziria ao coração de Paris.

Eles percorreriam quatro itinerários. A oeste da capital, os franceses do coronel Paul de Langlade, que tinham alcançado Pont de Sèvres na noite anterior, chegariam à Place de l'Étoile passando por Auteuil e pelo Bois de Boulogne. A sudoeste de Paris, as tropas do coronel Pierre Billotte estavam divididas em dois grupos de assalto. O primeiro, comandado pelo coronel Louis Dio, entraria pela Porte d'Orléans, passaria por trás da Gare Montparnasse, pelos Invalides e chegaria à Câmara dos Deputados e ao Quai d'Orsay. O segundo, comandado pelo próprio Billotte, entraria pela Porte de Gentilly, passaria pela prisão da

Santé e pelo Palais du Luxembourg e, atravessando o Quartier Latin, desceria a Rue Saint-Jacques até a Prefeitura de Polícia e Notre-Dame.

O 12º regimento da 4ª divisão americana, precedido por uma vanguarda do 38º *cavalry reconnaissance squadron*, seguiria o caminho tomado na véspera pelo capitão Dronne, isto é, a Porte d'Italie, a Gare d'Austerliz e a Prefeitura de Polícia. Atrás desses elementos, os 8º e 22º regimentos da mesma divisão atravessariam a cidade e seguiriam para o nordeste para proteger os arredores de um eventual contra-ataque alemão.

As preciosas informações que indicavam com exatidão a localização dos pontos defensivos alemães e os itinerários para evitá-los, comunicadas na véspera pelo agente Bobby Bender, do Abwehr, a Lorrain Cruse, não tinham chegado a Leclerc. Ao alvorecer, Cruse pegara sua bicicleta para levá-las pessoalmente ao estado-maior de Leclerc. Perto da Pont de Sèvres, ele encontrara o coronel de Langlade, mas este perdera o contato por rádio com Leclerc. Além disso, os três grupos de assalto franceses já estavam em marcha rumo a seus objetivos. Desde o alvorecer, tanques e *half-tracks* franceses e americanos atravessavam a toda velocidade os subúrbios oeste e sul da capital. Suas colunas se estendiam por vários quilômetros. Para os soldados da 2ª divisão blindada que voltavam para casa, assim como para os americanos cheios de curiosidade, a simples orientação dada naquela manhã pelo capitão Billy Buenzle, de Nova Jersey, chefe do 38º *cavalry reconnaissance squadron*, resumia a ordem do dia: "*Put the show on the road, and get the hell into Paris*" (Coloquem o pé na estrada e entrem em Paris o mais rápido possível).

3

À frente do jipe do sargento Milt Shenton, a rua parecia deserta e cheia de armadilhas. Ao longo das calçadas estreitas, todas as janelas tinham sido cuidadosamente vedadas. O único ser vivo que o americano viu foi um gato preto se esgueirando furtivamente por uma fachada. E o único som que ele ouvia parecia ser a batida de seu próprio coração. Uma placa de trânsito azul e branca apareceu. Era a mesma placa que o capitão Dronne vira na noite anterior. "Paris – Porte d'Italie", ela anunciava. Acima de sua cabeça, Shenton ouviu de repente o rangido de uma veneziana. Ele se virou e liberou o gatilho da carabina. Então outra veneziana começou a se abrir, depois uma terceira. De uma janela, ele ouviu uma mulher gritar: "Os americanos!". Shenton viu um homem em mangas de camisa e duas mulheres de roupão correrem na direção de seu jipe. O americano parou e logo sentiu um abraço forte em torno de seu pescoço. O homem beijava as duas bochechas do pequeno sargento de Maryland.

Shenton viu então, saindo de todas as portas, um fluxo intenso de parisienses. Seu jipe logo desapareceu sob uma pirâmide de corpos emaranhados que se acotovelavam para encostar no libertador. Quase asfixiado, Shenton, que dois minutos antes se sentira sozinho a caminho de Paris, chorava de emoção e se perguntava como seguir em frente naquele mar de gente.

A mesma cena se repetia em toda parte.

Nas estradas tomadas pela 2ª divisão blindada, a loucura era coletiva. Quando os parisienses viam a Cruz de Lorena nos Sherman e os nomes *Austerlitz*, *Verdun* e *Saint-Cyr* nas torres de tiro, sua alegria transbordava. Bandos de jovens mulheres e crianças se penduravam em cada tanque e em cada *half-track*. Os motoristas dos jipes eram esmagados por todos os que queriam beijá-los, tocá-los, dirigir-lhes a palavra. Quem não conseguia se aproximar atirava flores, cenouras, rabanetes, qualquer coisa que tivesse a oferecer. Quando os veículos partiam, a multidão corria atrás deles, os perseguia de bicicleta, formando um delirante cortejo triunfal.

À frente das esteiras do tanque *El Alamein*, a multidão era tão compacta, e as mulheres que subiam na torre de tiro tão numerosas, que o tenente Jacques Touny precisou dar uma rajada de metralhadora para cima a fim de se soltar. O capitão Georges Buis, exausto por duas noites sem dormir, com os olhos pesados, tinha a impressão de que seu tanque passava pela multidão "como um ímã pela limalha de ferro". Exatamente às 8h30, Jean René Champion parou o tanque *Mort-Homme* na Place du Châtelet e ficou à espera de novas ordens. Champion passaria naquela praça as cinco horas mais inesquecíveis de sua vida. A multidão cantava, dançava, berrava em torno de seu tanque e matava a sede do franco-americano com vinho e champanhe.

Tomados de assalto por centenas de parisienses, os blindados do pelotão logo desapareceram sob o mar de gente. Atônito com o frenesi popular, Léandre Médori, um pequeno corso de dezenove anos que via Paris pela primeira vez, não parava de repetir, numa espécie de êxtase: "Como Paris é grande, meu Deus!".

O repórter radiofônico Larry Leseur entrou na capital dentro de um tanque da coluna Langlade. Ao ver a corrida irresistível dos tanques franceses em Paris, lágrimas lhe vieram aos olhos. Ele rememorava uma cena que o assombrava desde 1940. Naquela mesma estrada, deixando Paris para trás, ele vira uma mulher que fugia empurrando um carrinho de bebê. A coitada prendera ao gorro do bebê um ramo de tília, na esperança de escondê-lo dos Stukas que metralhavam a estrada.

No itinerário dos soldados da 4ª divisão, uma acolhida não menos delirante os aguardava. O capitão Ben Welles, do OSS, tinha a impressão de "ser carregado por uma imensa onda de emoção que nos empurrava para o coração de Paris". "Avançávamos como num sonho", ele recorda. Nadando no oceano de flores que cobriam o chão à frente de seu *command-car*, Welles se inclinou e beijou uma elegante senhora de cabelos grisalhos que estava na ponta dos pés e oferecia a bochecha ao americano. "Até que enfim vocês chegaram", ela exclamou. "Agora Paris pode voltar a ser Paris." Três semanas depois, Welles reencontraria a senhora numa recepção e ela lhe seria oficialmente apresentada. Era neta de Ferdinand de Lesseps, construtor do canal de Suez. Para o sargento Donald Flannagan, de Nova York, a acolhida dos franceses foi tão extraordinária que "todo americano tinha a impressão de ser Lindbergh aterrissando em Le Bourget".

Quando chegou ao Sena, perto dos Invalides, o comandante S. L. A. Marshall, do serviço histórico do exército americano, fez um curioso cálculo: havia 67 garrafas de champanhe dentro de seu jipe. Inúmeras foram as cenas que ficariam gravadas para sempre na memória dos libertadores. Para o soldado Stanley Kuroski, de uma companhia de estado-maior, seria a de "um velho de longos bigodes, com o peito coberto de condecorações, mais ereto que um mastro, que chorava em silêncio". O coronel Barney Oldfield, do setor de imprensa do SHAEF, se lembraria de uma velha senhora paralisada, deitada numa maca, que acompanhava a entrada dos libertadores por um espelho que ela segurava com o braço estendido acima da cabeça. Como se quisesse se dirigir ao céu azul acima de si, ela repetia: "Paris foi libertada, Paris foi libertada".

Algumas lembranças seriam estranhas. O soldado de transmissões Oren T. Eason, ligado à 2ª divisão blindada, notou uma loira bonita pendurada num poste de luz, gritando a plenos pulmões: "Ei, rapazes, sou do Brooklyn!". Um cartaz pendurado acima da porta de uma garagem chamou a atenção do soldado John Eckert. Em letras grandes, Eckert leu: "Norristown, Pensilvânia. Good Gulf Gasoline". Norristown era sua cidade natal.

Mas apesar de todos os espetáculos vistos nas ruas transbordantes de alegria, nada impressionou mais os libertadores do que a imensa onda de reconhecimento com que centenas de milhares de parisienses os envolveram. O comandante Frank Burk, do Mississippi, submergido pelo oceano humano que rebentava sobre seu jipe, acreditou testemunhar a maior alegria que o mundo já conheceu. "Por 25 quilômetros", relembra Burk, "milhares de pessoas se amontoavam a nossa frente para apertar nossa mão, nos beijar, nos encher de vinho e comida". Uma linda parisiense pulou no pescoço do soldado do serviço de criptografia Brice Rhyne soluçando: "Esperamos vocês há quatro anos". O soldado da Virginia respondeu, surpreso: "Mas os Estados Unidos só entraram na guerra há três anos!". "E daí?", respondeu a jovem, "sabíamos desde o primeiro dia que vocês viriam."

Ao ver a multidão que envolvia os homens de sua companhia, o capitão Jim Mullens, de 24 anos, natural da Carolina do Sul, pensou estar assistindo à mais enorme e mais alegre quermesse da História.

Em todas as ruas, os parisienses cheios de reconhecimento atiravam para os soldados tudo o que tivessem a oferecer. O tenente Lee Lloyd ouviu uma mulher gritar "suvenir, suvenir!" à frente de seu *half-track* e se virar bruscamente para o homem que estava a seu lado na multidão. Ela arrancou o cachimbo da boca dele e o atirou ao americano. Antes que o oficial do Alabama tivesse tempo de devolver o objeto ao proprietário, o *half-track* já passara.

Segurando um prato cheio de cachos de uva, uma garotinha correu até o tenente John Welch Morgan. Ela lhe ofereceu as frutas, deixadas por um alemão em sua loja. Quando Morgan engoliu a primeira uva, uma mulher alta e bonita que estava ali perto disse em voz alta: "Que coisa... São as primeiras uvas que vejo em quatro anos". Constrangido por aquela confissão, o americano lhe ofereceu algumas. Mas a mulher recusou. "Não, obrigada, meu jovem", ela disse. "Hoje tudo é para vocês."

O soldado Mickey Esposito, ex-campeão de boxe de Nova Jersey, atravessou Paris sem se deter. À passagem de seu caminhão, "dezenas de braços se estendiam em nossa direção para nos agradecer". De repente, Esposito sentiu algo na palma de sua mão. Era um minúsculo elefante de marfim branco, um pouco maior que uma bola de gude. O americano se perguntou quem teria lhe dado aquele presente. No mar de rostos que cercavam o caminhão, Esposito viu uma velha senhora com a cabeça coberta por um xale preto, o rosto magro e enrugado olhando fixamente para ele, e entendeu que ela é que entregara aquele pequeno amuleto a um soldado que nunca mais veria. Ela levantou timidamente a mão e agitou os dedos em sinal de adeus. Esposito, certo de que o elefante lhe traria sorte, o guardou no bolso da camisa.*

---

* Por meses a fio, Esposito levou consigo o pequeno elefante no bolso da camisa, convencido de que ele o ajudaria a sair são e salvo da guerra. No dia 19 de novembro de 1944, às nove horas da manhã, rastejando atrás de um tanque na floresta de Hürtgen, na Alemanha, o americano foi surpreendido por um terrível bombardeio de artilharia. Para se acalmar, ele começou a apalpar o bolso da camisa. Mas o pequeno elefante não estava mais lá. Esposito vasculhou os outros bolsos. Em vão. "Estou perdido", ele pensou. Uma hora depois, enquanto esperava embaixo de uma árvore o fim do bombardeio, uma bomba alemã arrancou suas pernas. Ele sobreviveu e foi morar em Nova Jersey. (N.A.)

Nas ruas em festa, muitos parisienses viveram momentos memoráveis. O cenógrafo cinematográfico Paul Bertrand se imobilizou na frente dos jipes da 2ª divisão blindada. Ele não conseguia acreditar nos próprios olhos. Se os americanos são capazes de construir um veículo desses, ele pensava, "a guerra com certeza está ganha". Alguns parisienses se precipitaram na direção dos primeiros americanos com o único objetivo de poder finalmente falar livremente algumas palavras em inglês. Um advogado de origem americana chamado Robert Miller correu até o primeiro *half-track* que passava por seu apartamento em La Muette. Ele desejou boas-vindas aos soldados em inglês, mas não obteve resposta e desejou-as em francês, igualmente sem sucesso. Estupefato, Miller se perguntou se eles seriam surdos-mudos. Descobriu, então, que eram voluntários espanhóis.

Certo de que aquele seria o dia da Libertação, Colette Massigny saíra ao alvorecer da mansarda de Saint-Germain-des-Prés onde seu noivo Gilles de Saint-Just se escondia. De volta a sua casa, em Passy, ela colocou o vestido de seda azul que guardara para a ocasião e foi ao encontro dos libertadores. Na Rue de la Pompe, onde todas as venezianas ainda estavam fechadas, deparou-se com um estranho e pequeno carro ocupado por três soldados de capacete. Ela caminhou na direção do primeiro jipe que via na vida e interpelou os soldados, que olharam para a linda parisiense cujas palavras eles não entendiam com a mesma placidez dos espanhóis diante do advogado Miller. "Vocês são americanos?", ela perguntou então em inglês. "Sim, minha linda!", exclamou o motorista. O reflexo de Colette foi imediato. Ela se atirou em seu pescoço. Na mesma hora, dezenas de moradores dos prédios vizinhos que observavam a cena escondidos atrás das venezianas saíram de casa. O jipe logo desapareceu sob uma avalanche humana. Colette ouviu então duas venezianas de madeira baterem acima de sua cabeça. Erguendo os olhos, ela viu numa janela um jovem com um trompete dourado na mão. Levando o instrumento aos lábios, o desconhecido começou a tocar uma *Marselhesa* vibrante, a mais bonita que Colette Massigny já ouvira.

Mas também ocorreram, no avanço triunfal dos libertadores, algumas tragédias. Do jipe onde estava, o general americano Siebert avistou de repente o primeiro tanque de uma coluna da divisão Leclerc explodir sob uma mina teleguiada, matando na hora cinco franceses que viviam o momento mais importante de suas vidas. Tomados pela raiva e pela vingança, membros das FFI prenderam um grupo de alemães, que foram derrubados e atirados sob as esteiras dos tanques como pedaços de carne. De seu *half-track*, que atravessava a Porte d'Orléans, o médico militar Yves Ciampi viu um velho soldado da

Wehrmacht, com o uniforme em farrapos, um saco nas costas, cruzar de bicicleta na frente dos tanques. Incapaz de frear a bicicleta, o alemão caiu. Quando Yves Ciampi se virou, atrás de seu *half-track* havia uma massa vermelha no calçamento, "o que restou daquilo que segundos antes tinha sido um homem".

Nas primeiras horas de avanço, as tropas aliadas não encontraram resistência. Entrincheirados em pontos defensivos, cercados pelas FFI, os alemães esperavam calmamente que os sitiantes os atacassem e expulsassem. Grupos isolados às vezes abriam fogo, fazendo os civis fugirem como bandos de pardais. Por alguns minutos, os libertadores de Paris se viam sozinhos nas ruas.

As primeiras tropas chegaram ao coração da cidade por volta das oito horas da manhã. Exausto, o capitão Georges Buis cochilava na torre de tiro do tanque. Bruscamente acordado pelo desligar do motor, ele abriu os olhos e levantou a cabeça. O que viu ficaria gravado em sua memória para sempre. Acima dele, inundadas pelo sol, estavam as torres de Notre-Dame. O capitão Billy Buenzle, do 38º *cavalry reconnaissance squadron,* também acabava de chegar ao coração de Paris. Por uma hora, se esgueirando pelas pequenas ruas do Quartier Latin e da margem esquerda, franceses e americanos haviam corrido para ser os primeiros a entrar na Île de la Cité. O capitão Buis e seus tanques haviam ganhado. Eles chegaram alguns segundos antes dos blindados do capitão Buenzle. Gritando de alegria ao microfone, o americano anunciou com voz triunfal a seu chefe de corpo, o coronel Cyrus A. Dolph, que havia chegado "ao próprio coração de Paris". "Como diabos é que sabe?", perguntou o coronel, incrédulo. "Mas por Deus", respondeu Buenzle furioso, "estou bem na frente do pórtico da Notre-Dame!"

Em todas as colunas que se dirigiam para o centro da capital, os libertadores finalmente viram com os próprios olhos o objeto de seus velhos sonhos. Pequenas, bronzeadas, elegantes, as parisienses eram ainda mais bonitas do que eles imaginavam nos desertos da África ou nos pomares da Normandia. Inclinado sobre o parapeito do *half-track Lunéville*, o soldado Marcel Ruffin se deixava beijar por dúzias delas. Seu rosto logo se tornou um enorme cogumelo escarlate. O cabo Lucien Davanture tinha a deliciosa impressão de ser literalmente atacado pelas parisienses. Incapaz de satisfazer a todas, Davanture decidiu instituir um sistema de prioridade para a visita da torre de tiro do tanque *Viking*: "As mais bonitas primeiro!". O soldado de 1ª classe Charlie Haley, do 12º regimento americano, se perguntou: "Quantas mulheres é possível beijar num só dia?". À noite, o americano calcularia ter beijado "cerca de mil".

Para muitos soldados da divisão Leclerc, mais comovente ainda que a acolhida delirante da multidão foi o momento de reencontro com a família e os amigos. Na Avenue de La Bourdonnais, o cabo Georges Bouchet viu do alto do *half-track Larche* uma mulher passar correndo por uma rajada de metralhadora e se atirar nos braços de um soldado soluçando "Meu filho, meu filho". Perto da Place du Châtelet, o brigadeiro Georges Thiolat avistou duas silhuetas familiares. Eram seus pais, que pedalavam na direção de seu tanque numa bicicleta de dois lugares. O capitão André Gribius, que acabara de encontrar os pais em Versalhes, bendizia o Senhor por ter colocado uma caixa de ração a mais em seu jipe. Ele mal reconhecera os pais: a mãe emagrecera vinte quilos e o pai, quinze.

Perto da Porte d'Orléans, uma mulher ansiosa pedalava ao longo de uma fileira de Sherman. Ela parava na frente de cada tanque e fazia a mesma pergunta: "Onde está o regimento de boinas pretas?". Era a sra. Boverat, que procurava o filho.

De todos os reencontros que aconteceram naquele dia, talvez nenhum tenha sido mais comovente do que o que permitiu ao cabo Lucien Davanture rever o irmão. Ele sabia que este se escondera em Paris para escapar à deportação para a Alemanha. Em todas as ruas, o cabo procurara seu rosto no meio da multidão. Agora, no coração de Paris, perto da Pont Neuf, enquanto seu canhão de 75mm apontava para a loja La Samaritaine, Davanture avistou um homem se aproximando lentamente de seu Sherman. Quando este chegou na frente da esteira do tanque, Lucien pensou que seu coração fosse parar. Encolhido dentro de um uniforme de polícia duas vezes maior que ele, incrivelmente magro, com uma braçadeira das FFI, estava o irmão que ele não via há três anos. Os dois irmãos que simbolizavam as metades de uma mesma França combatente se atiraram um nos braços do outro como que impelidos por uma corrente elétrica e se abraçaram demoradamente. Mas aquele primeiro encontro duraria apenas alguns instantes. O *Viking* logo receberia ordens de se movimentar na direção das Tulherias, onde Dietrich von Choltitz emboscara quatro Panther. O membro das FFI tentou entrar na torre de tiro para acompanhar o irmão, mas viu que poderia incomodar os combatentes e desistiu. Lucien Davanture, com a testa apoiada no visor do periscópio, ficou sozinho com suas lágrimas de alegria. Atrás do tanque, o agente de polícia se posicionaria entre os soldados de infantaria e os membros das FFI. Os dois irmãos atacariam juntos as Tulherias.

Nem todos os encontros tiveram um desfecho feliz. Na Rue de la Pompe, o spahi Robert Perbal, natural de Rombas, uma pequena aldeia da Lorena, reencontrou um compatriota que lhe revelou que seu pai fora deportado dois anos antes para Buchenwald. Na praça do Hôtel de Ville, o tenente Henri Karcher viu um jovem caminhar na direção de seu *half-track*. "Com licença", lhe disse o desconhecido, "por acaso o senhor conhece meu irmão, Lucien Loiseau? Não temos notícias desde que ele partiu para se juntar a De Gaulle, há três anos." Karcher olhou para o jovem em silêncio. E disse: "Conheci Lucien, de fato. Ele era meu melhor amigo". Pousando seus olhos claros sobre o civil, Karcher acrescentou: "Foi morto em Bir Hakeim…". O oficial viu o jovem empalidecer e se afastar sem dizer uma palavra.

Para muitos soldados da divisão de Leclerc, o telefone, que alguns tinham tido a surpresa de poder utilizar na véspera, foi naquela manhã o primeiro laço que os reuniu a suas famílias. O soldado de 1ª classe Jean Ferracci rabiscava num pedaço de papel o nome e o número de sua irmã, dona de uma charcutaria em Montmartre, e os entregava à multidão a cada vez que seu *half-track* parava. Em pouco tempo, o telefone da charcutaria não pararia de tocar para anunciar a volta do irmão. Perto de Saint-Cloud, o cabo Max Giraud ouviu um comerciante oferecer seu telefone para uso. Giraud pulou do jipe e discou o número do pai, um confeiteiro do centro. "Mas como", exclamou o atônito homem, "então você não está preso na Alemanha?" No Châtelet, o sargento Pierre Laigle, chefe do tanque *Villers-Cotterêts*, entrou num bistrô e ligou para a noiva, de quem não tinha notícias havia quatro anos. Quando ouviu o som de sua voz, Laigle foi incapaz de articular uma palavra. Até que conseguiu balbuciar uma frase banal e maravilhosa: "Eu te amo".

Aquele dia de glória também foi ocasião de "reencontros" para alguns raros americanos. Encarregado de requisitar o Petit Palais para instalar um centro de interrogatório de colaboradores, o tenente Dan Hunter, do OSS, foi um dos primeiros americanos a chegar ao centro de Paris. Hunter fez uma careta ao ver a carcaça aberta do Grand Palais, que abrigara as esperanças de Jean Houcke e de seu circo, e entrou no Petit Palais, logo em frente. O conservador do espaço, porém, gentilmente conduziu o americano para fora. Era absolutamente impensável, ele disse, instalar soldados num museu que continha obras tão preciosas. Hunter anunciou secamente que sua unidade se instalaria ali dentro de três horas. O conservador explicou ao americano que a coleção de objetos raros então exposta no Petit Palais tinha sido oferecida por um americano, um grande amigo da França, chamado Edward Tuck. Ao ouvir esse nome, o oficial caiu na gargalhada. "Então tudo bem", ele anunciou, "Tuck é meu primo-irmão."

Ao atravessar Paris, o comandante dos fuzileiros navais Franklin Holcombe decidiu fazer um pequeno desvio para passar no número 72 da Rue de l'Université e visitar sua tia Sylvia Sheridan, uma velha senhora um pouco excêntrica que havia anos se firmara como a protetora da colônia parisiense de russos brancos. Pegando o caminho mais curto para entrar na casa da tia, o oficial pulou a janela do térreo. Ereta e digna, a velha senhora estava lendo numa poltrona. Ao ver aquele fuzileiro naval de uniforme verde, que podia ser confundido com o *Feldgrau* da Wehrmacht, ela correu até a sala e começou a gritar. Quando enfim reconheceu o sobrinho, ela lhe disse numa voz aguda de professora que se dirige a um aluno endiabrado: "Franklin, foi na Escola Naval que você aprendeu a entrar no apartamento de uma dama pela janela?".

O coronel Jade Amicol, chefe do Intelligence Service na França, que saíra de Paris com a missão Nordling, voltou à cidade com as primeiras colunas de libertadores. Acompanhado do tenente-coronel Ken Downes, do OSS, e do tenente John Mowinckle, um fuzileiro naval bigodudo criado em Paris, ele chegou ao pequeno convento em cuja porta, 22 dias antes, o paraquedista Alain Perpezat batera para entregar sua preciosa mensagem. A superiora do convento, Irmã Jean, abriu a portinhola. Quando reconheceu o visitante, ela gritou de alegria e abriu o portão. De repente, porém, seu rosto ficou pasmo de espanto ao ver no topo do para-brisa o nome do jipe que entrava no pátio do convento. Downes, um antigo correspondente de imprensa em Paris, chamara seu jipe de *Pet de Nonne*.* Recuperada da surpresa, a superiora levou os visitantes ao pequeno parlatório e lhes entregou alguns papéis, nos quais eles encontraram todo o plano de retirada alemã ao norte e a leste de Paris.

A oeste da capital, a coluna do comandante François Morel-Deville se aproximava de Pilz, o depósito de explosivos de Saint-Cloud. Ela avançava sob o mesmo estrondo de aclamações que saudava o resto da divisão. Uma jovem parisiense chamada Denise Marie beijava todos os homens que passavam por ela. De repente, num *half-track*, ela notou um fuzileiro naval de pompom vermelho que adormecera de exaustão. Ela subiu no veículo e começou a sacudi-lo suavemente. Ele abriu os olhos. Denise Marie sorriu e se inclinou para depositar um beijo em sua testa. Por alguns segundos, ela ficou imóvel contemplando os grandes olhos azuis do soldado que a encarava com ternura. Denise tirou um pedaço de papel da bolsa, rabiscou seu nome e seu endereço e o estendeu ao soldado, murmurando: "Volte, se puder". O fuzileiro naval Laurent Thomas voltou dois dias depois. Uns anos depois, ele voltaria para sempre. Denise Marie tinha acabado de acordar o homem que se tornaria seu marido.

Infelizmente, nem todos os libertadores foram recebidos com um beijo e um sorriso de mulher. Em Corbeil, da janela de uma casa onde estavam refugiados, a cinquenta metros do Sena, dois americanos tentavam enxergar o

---

* Peido de freira. (N.T.)

que acontecia atrás do nevoeiro que subia do rio. Eram o tenente Jack Knowles, oficial instruído a fazer seus homens usarem gravatas para entrar em Paris, e seu adjunto, o sargento Speedy Stone. Na última hora, os dois americanos tinham recebido ordens de fazer um reconhecimento das margens do Sena. Não encontrando nenhum sinal dos alemães, Knowles e o sargento desceram com cuidado até o rio. De repente, porém, houve uma breve troca de tiros. Knowles se atirou no chão atrás de uma árvore, mas ouviu às suas costas uma voz fraca pedindo socorro. Era Speedy Stone. Crivado de balas, o sargento morria. Em torno do colarinho de sua camisa havia um pedaço de tecido sujo: a gravata que ele conseguira para sua entrada em Paris.

No outro extremo da capital, um jipe ultrapassava uma coluna de *half--tracks* e descia a toda velocidade a colina de Saint-Cloud pela Rue Dailly. Ao ver aquele bólide passar, o cabo Max Giraud, do 12º regimento de caçadores da África, pensou: "Aí vai um com pressa de chegar em Paris!". O sargento americano Larry Kelly, observador do 155º regimento de artilharia de campo, estava de fato com muita pressa. Na noite do desembarque, ele apostara que seria o primeiro soldado americano a entrar em Paris. Ao volante de seu jipe, Kelly chegou à ponte de Saint-Cloud e se precipitou até Paris, que ficava do outro lado do rio.

Ao ver aquele estranho veículo com uma metralhadora, o bombeiro Jean David, o homem que a farmacêutica Marcelle Thomas vira passar naquela manhã com um grande fuzil, pensou: "Um alemão!". Ele mirou e esvaziou sua munição no jipe. Atingido por seis tiros, o sargento Kelly desabou sobre o volante do carro, que bateu no parapeito da ponte. Abatido por engano a cinquenta metros de seu sonho, Kelly nunca entraria em Paris.*

---

* O sargento Kelly foi imediatamente levado para a farmácia da srta. Thomas, que lhe prestou os primeiros socorros. O comportamento de Kelly tocou muito a farmacêutica. Apesar do sofrimento, Kelly pediu para que o bombeiro que o atingira não fosse culpado e distribuiu o conteúdo de seu maço de cigarros. Ele foi levado ao hospital Percy, em Clamart. Três dias depois, desesperado, David foi visitá-lo e lhe levou uma garrafa de vinho. Paralisado, Kelly voltou aos Estados Unidos, mas permaneceu em contato com Marcelle Thomas. Escreveu mais de vinte cartas. Na última, dizia: "Ainda não sei quando poderei me levantar. Meus ferimentos ainda me fazem sofrer terrivelmente, mas não importa: ajudamos um grande povo a se libertar e sempre me lembrarei de você". Transtornada com essa tragédia, a srta. Thomas mandou editar um magnífico álbum em reconhecimento ao sargento americano e a todos os soldados que morreram ao entrar em Paris. Intitulado Nous nous souvenons [Nós nos lembramos], ele contém poemas, desenhos e textos especialmente redigidos por escritores, poetas e artistas parisienses. Kelly nunca veria esse livro. Três dias antes de recebê-lo, ele morreria em decorrência dos ferimentos, num hospital militar da Pensilvânia, em 1º de outubro de 1946. Depois de sua morte, a farmacêutica de Saint-Cloud se manteve fiel à sua lembrança. Durante anos aconteceu uma cerimônia comemorativa a cada 25 de agosto no lugar onde foi ferido o pobre soldado americano que queria ser o primeiro em Paris. (N.A.)

A algumas centenas de metros da ponte de Saint-Cloud, num pequeno apartamento de Boulogne-Billancourt, uma mulher chorava na frente da mesa onde preparara o café da manhã. Pierre Lorrain, seu marido, não havia voltado. Assim que realizara o gesto com o qual sonhara por quatro anos, içar a bandeira tricolor no teto de sua fábrica, um caminhão cheio de soldados alemães passara pela rua. Uma saraivada de tiros ecoara no céu daquela manhã de agosto. Atingido por sete tiros, Lorrain desabara ao pé do mastro, sob as dobras tricolores da grande bandeira.

Aqui e ali, o som dos tiros começava a se misturar aos clamores de alegria da multidão. Os primeiros tiroteios, que recomeçavam em toda a cidade, lembravam brutalmente que vinte mil soldados alemães, pouco menos que seus adversários, ainda ocupavam as ruas de Paris e lutariam para defender sua conquista.

À frente de seus blindados, o tenente Pierre de la Fouchardière, do 501º regimento de tanques, chegava à Place de l'Observatoire totalmente deserta, depois de atravessar um mar de gente. Ele ouviu tiros, pulou do Sherman e começou a correr na direção do único ser humano que conseguiu avistar, um senhor que se escondia sob um grande portão.

"Senhor, onde estão os alemães?", ele perguntou.

4

Os alemães estavam na esquina. No imenso Palais du Luxembourg com sua cúpula de oito faces, nos jardins cheios de graciosas estátuas das grandes damas da história da França, setecentos homens de capacete estão prontos para lutar até o último cartucho. Ao alvorecer, seu imaginativo comandante, o coronel Kayser, o oficial que tivera a ideia de usar escudos humanos nas torres de tiro dos tanques, distribuiu a cada homem meio litro de conhaque e um maço de cigarros. Eugen Hommens, o dentista do 1º batalhão de alerta que, na véspera, se recusara a desertar, recebeu um maço de seu cigarro preferido, o R6. Ao fim do jardim, no blocause ao lado da longa fachada cinzenta da Escola de Minas no Boulevard Saint-Michel, o *Feldwebel* Martin Herrholz, de 27 anos, da 8ª companhia do 190º regimento de segurança, apalpa com confiança a arma que está à sua frente, a bazuca alemã Panzerfaust. Com uma arma daquelas, Herrholz ganhara a Cruz de Ferro de 1ª classe perto de Rostóvia, sobre o rio Dom, fulminando quatro tanques T34 soviéticos. Pela primeira vez, ele a utilizaria contra um tanque americano.

Agachados nos buracos cavados nos canteiros de gerânios e begônias de que os jardineiros do *Feldmarschall* Sperrle tinham cuidado com tanto zelo durante quatro anos de ocupação, o *Obergefreiter* Hans Georg Ludwigs e os paraquedistas da 6ª Fallschirm Panzer Jäger Division vigiam as entradas dos jardins, de acesso interditado, com metralhadoras. Acima deles, no telhado do palácio, um observador da 484ª companhia de Feldgendarmerie monitora de binóculo as ruas que convergem para o palácio. Assim que o primeiro soldado inimigo se aproximar, ele avisará o coronel Von Berg, que, trinta metros abaixo da terra, no antigo abrigo antiaéreo do marechal Sperrle, comanda a defesa do prédio. A ponta de lança do coronel alemão são os tanques do 5º regimento de segurança, que guardam todas as entradas do palácio. Numa delas, com o canhão voltado para o eixo da Rue de Vaugirard, está o *Unteroffizier* Willy Linke, chefe do Panther que no sábado anterior conduzira o primeiro ataque contra a Prefeitura de Polícia. No visor de seu periscópio, Linke pode ver as colunatas do Théâtre de l'Odéon à esquerda e, no fim da rua, a fachada escura da Sorbonne. A rua está deserta, as venezianas dos prédios estão fechadas. Nenhum libertador passara por ali. Na torre de tiro cheia de bombas, o alemão lembra de seu Báltico natal e pensa que aquela é "a calmaria antes da tempestade".

O enorme complexo que os homens do coronel Von Berg se preparam para defender se estende por praticamente um bairro inteiro. Seu coração é o Palais du Luxembourg, que se prolonga para o oeste em outro prédio, o Petit Luxembourg, antiga residência do presidente do Senado. Na outra ponta dos jardins, ao sul, fica o longo edifício do liceu Montaigne e, ao lado, a grande fachada da Escola de Minas.

A apenas sessenta metros dos dois blocauses que flanqueiam essa escola, do outro lado do Boulevard Saint-Michel, um grupo de civis se preparou a noite toda para desencadear a tempestade que o tanquista Willy Linke espera. Numa sala de exames do número 12 da Rue de l'Abbé-de-l'Épée, onde gerações de alunos tinham prestado o *baccalauréat*, um jovem de cabelos desgrenhados se prepara para ordenar o assalto contra os homens do coronel Von Berg. Ele usa dragonas de coronel e é comunista. Seu nome é Pierre Fabien. Aos 25 anos, já foi ferido três vezes, na Espanha e na Tchecoslováquia, onde lutou como voluntário contra os fascistas. Por duas vezes, escapou das garras da Gestapo, na última vez alguns minutos antes de ser executado. Dois anos antes, foi responsável por derrubar, na plataforma da estação de metrô Barbès, o primeiro oficial alemão morto em Paris.

Faz cinco dias que Fabien e as FFI atacam os alemães do Luxembourg, obrigando-os a se fechar na fortaleza. Agora, o jovem coronel pode dar a ordem pela qual anseia desde o início da semana. "Hoje, tomaremos o Luxembourg!", anuncia. Ele chama seu adjunto e ordena: "Rousseau, hora H: 8h30".

Com a camisa toda aberta em seu peito de adolescente, uma braçadeira tricolor no braço e uma velha Mauser na mão, um garoto se esgueira pela Rue de l'Odéon deserta. Ele é um dos homens de Fabien. Seu nome é Jacques Guierre. Ele fez vinte anos naquela manhã. Sua missão é vigiar as cercanias do palácio para o ataque. Do café Arbeuf, na Place de l'Odéon, onde entra, ele ouve o estrondo dos blindados alemães e avista, atrás das colunatas do teatro, os capacetes dos soldados que protegem os arredores do Luxembourg. "Preciso vê-los mais de perto!", ele diz à sra. Arbeuf. "Você já comeu, ao menos, pequeno?", pergunta a dona do bistrô. Guierre faz que não com a cabeça. "Então coma isso. Tem que lutar de barriga cheia!" O jovem membro das FFI morde o enorme sanduíche e esvazia a pequena taça de Sancerre que o acompanha. "Obrigado, e viva a França!", ele grita, pegando a velha Mauser. Três ou quatro segundos depois, a sra. Arbeuf ouve uma detonação. Ela vê a silhueta branca que atravessa a praça cambalear e cair como uma marionete numa poça de sangue. Jacques Guierre morre no dia de seu aniversário.

Várias explosões sacodem o bairro. Dois carros blindados do coronel Kayser fazem um ataque nas cercanias do palácio e bombardeiam um grupo FFI escondido num pequeno hotel na esquina da Rue de Vaugirard com a Rue Monsieur-le-Prince. Das janelas, os homens atiram granadas nos blindados de cruzes negras, mas os projéteis ricocheteiam nas blindagens. Uma bomba explode num quarto e incendeia o mobiliário. Em pouco tempo, uma densa fumaça preta invade o prédio. Em meio ao barulho das explosões e ao assobio dos tiros, os homens se interpelam, encorajam, gritam. Duas jovens mulheres em vestidos de verão rastejam pelos corredores e puxam os feridos até a sala de jantar. Entrincheirado atrás da porta do térreo, um homem de regata espera o momento em que os alemães irromperão no hotel. Ele segura uma comprida faca de cozinha cuja lâmina brilha na penumbra. É o açougueiro do bairro. Ele conta decapitar o primeiro alemão que passar na sua frente. De repente, os sitiados veem os carros blindados alemães baterem em retirada e voltarem às pressas para dentro do palácio. Eles ouvem, então, vindo do Boulevard Saint-Michel, o rangido das esteiras dos tanques Sherman do tenente Pierre de la Fouchardière. O oficial finalmente encontrara os alemães. De sua torre de tiro, ele observa a fachada da Escola de Minas, para onde se dirige.

O *Feldwebel* Martin Herrholz, o operador da bazuca, também espreita no visor de sua mira o tanque que avança. No exato momento em que o alemão decide atirar, La Fouchardière avista o blocause e grita ao piloto Lucien

Kerbrat: "Para a direita, rápido!". O tiro do Panzerfaust passa logo atrás do tanque e atinge a fachada da casa em frente numa chuva de fogo. O alemão solta um palavrão. Ele errou seu primeiro tanque americano.

La Fouchardière salta no chão e pede que três membros das FFI de Fabien o acompanhem. O oficial quer localizar com exatidão as posições alemãs na Escola de Minas. Os quatro homens entram no prédio bem em frente à escola e sobem ao quarto andar. Eles batem à primeira porta. Uma velha senhora, toda de preto, abre. "Tenente Pierre de la Fouchardière, da divisão Leclerc", anuncia o jovem oficial. Abaixando-se, ele faz um beija-mão cerimonioso e guia seus companheiros até a sala, para grande espanto da senhora. Da janela da sala, os visitantes conseguem observar, a menos de trinta metros de distância, o interior da Escola de Minas. Atrás dos sacos de areia posicionados nos parapeitos das janelas, La Fouchardière vê os capacetes dos defensores alemães. É uma sensação estranha: em quarenta meses de combate, o oficial nunca vira o inimigo tão de perto. Como um personagem de faroeste, La Fouchardière brande seu Colt, se aproxima de uma janela, estende o braço, dá dois ou três tiros e recua. Os alemães respondem. Em pouco tempo, o elegante salão de paredes cobertas de livros velhos se enche de pólvora e fumaça. Sentada num canto da peça, a idosa, afetando uma dignidade ofendida, observa com um espanto mesclado de alegria a sala se tornar um pequeno campo de batalha. Depois de esvaziar o último pente de tiros, La Fouchardière deposita a arma fumegante sobre uma mesa no formato de rim e se deixa cair numa poltrona de veludo vermelho.

Vários pelotões de Sherman cercam o Luxembourg. Em seus fones, o tanquista Willy Linke ouve a voz seca do chefe de pelotão, o *Oberleutnant* Klaus Kuhn: "Quatro tanques inimigos estão chegando à Rue Gay-Lussac". "Maldição, onde fica a Rue Gay-Lussac?", se pergunta o alemão. Ele gira o periscópio em todas as direções e acaba descobrindo, cinquenta metros à direita, a silhueta maciça de um tanque obuseiro avançando lentamente. Na mesma hora, do alto do "lança-batatas" *Le Mousquet*, o tenente Philippe Duplay, do 12º regimento de couraceiros, avista o tanque alemão e ordena ao piloto que dê marcha a ré antes que o alemão tenha tempo de atirar. A primeira coisa que vem à mente do francês é lançar seus tanques na direção do Luxembourg pelos jardins. Mas ele percebe de repente que aquele seria um erro desastroso: os jardins provavelmente estão minados. Acompanhado por alguns soldados de infantaria e por um punhado de membros das FFI de Fabien, Duplay decide fazer a pé um reconhecimento dos jardins. O pequeno grupo atravessa correndo o Boulevard Saint-Michel. Por milagre, uma bomba derrubara uma barra da grade. Assim que o primeiro homem consegue se esgueirar no jardim, as metralhadoras dos paraquedistas alemãs abrem fogo. Atingido no peito, o couraceiro Marcel Portier desaba no chão. Semi-inconsciente, com as mãos crispadas sobre o ventre, ele começa a gemer "Mamãe... Mamãe..." enquanto os camaradas o puxam até a grade. Para passar seu corpo por ali, um membro das FFI vai buscar numa trincheira alemã uma picareta, com a qual começa a ampliar a abertura entre as barras.

Enquanto isso, a trezentos metros dali, o jipe do capitão Alain de Boissieu, chefe do esquadrão de proteção de Leclerc, chega à Place de l'Observatoire. Decidido a expulsar os alemães do Luxembourg por todos os meios à sua disposição, Boissieu ordena que os tanques mirem diretamente no Senado. Ao ver a torrente de tiros que atinge as fachadas do imponente prédio, o jovem oficial pensa que é estranho atirar no Senado. É um pouco como atirar no governo. Um obus de 105mm atinge em cheio o observatório do coronel Kayser, no telhado do palácio. Boissieu vê o corpo do *Feldgendarme* que o ocupava ir pelos ares entre vigas e destroços.

Acima de tudo, porém, o jovem capitão quer destruir os tanques alemães. A inesperada resistência do Senado obrigara Leclerc a instalar seu posto de comando na Gare Montparnasse, em vez de no hotel Crillon, como estava previsto. Se, como teme Boissieu, os Panzer do Luxembourg decidirem sair para explodir a Gare Montparnasse, nada poderá detê-los. "Pelo amor dos céus", Alain de Boissieu diz a seus homens, "bombardeiem os tanques!"

Dentro do palácio, os sitiados não demonstram nenhum sinal de cansaço ou intenção de abandonar a luta. No andar térreo, na sala de jantar com lambris dourados onde Napoleão e Joséphine davam seus banquetes, hoje transformada em posto de primeiros socorros, o *Stabsarzt*** Heinrich Draber, um cirurgião de 28 anos, auxiliado pelo dentista Eugen Hommens, corta a carne ensanguentada dos feridos, salpica os ferimentos com sulfamida, improvisa curativos. Várias dezenas de homens jazem sobre os tapetes centenários que recobrem o ilustre parquê. Para aguentar em meio ao nauseabundo cheiro de éter e sangue, Eugen Hommens toma conhaque em pequenos goles.

Da janela da cozinha do primeiro andar, o prisioneiro Pierre Pardou e seu carcereiro, o cozinheiro Franz, veem os jovens SS correndo para posições de combate. Eles usam colares de cartuchos no pescoço. O cozinheiro Franz muda seu refrão. Ele já não pede ao prisioneiro que limpe a cozinha antes de ser fuzilado. Ele se contenta em repetir, incansavelmente: "*Alles Kaput... Alles Kaput*".

---

* Médico militar. (N.T.)

Num blocause ao lado da Escola de Minas, o *Feldwebel* Martin Herrholz aponta seu Panzerfaust para outro Sherman e atira. A bola de fogo atravessa o bulevar. Dessa vez, Herrholz não erra o alvo. O projétil incendeia um tanque do 501º regimento. Nesse momento, o alemão desaba junto com seu blocause sob uma chuva de pedras e ferragens. Seu projétil interceptara uma bomba explosiva lançada pelo cabo Claude Hadey, cujo tanque *Bautzen* está entrincheirado na esquina da Rue Soufflot. A bomba pulveriza o blocause, matando os dois operadores de uma metralhadora e soterrando o suboficial, que sai milagrosamente ileso.

Quando o tenente Philippe Duplay consegue voltar para o tanque, depois de trazer dos jardins do Luxembourg o corpo do couraceiro Portier, ele ouve em seus fones a voz furiosa do capitão Boissieu, que grita: "Os Panzer, maldição, exploda os Panzer!". Duplay avista então um enorme sujeito descendo de um *half-track* com a estrela branca que acaba de parar ao lado de seu tanque. Um americano. Reunindo todos os seus conhecimentos de inglês, Duplay afeta seu melhor sotaque e se dirige ao americano: "*Excuse me, sir, do you have by any chance a bazooka?*" [Com licença, senhor, por acaso teria uma bazuca?].

Alguns minutos depois, como dois jovens gentlemen a caminho do clube, o francês e o americano atravessam o Boulevard Saint-Michel com a bazuca no ombro. Fazendo pouco caso dos tiros que passam por eles como chicotadas, eles seguem num passo decidido para acertar as contas com o Panther de Willy Linke.

5

Enquanto o tenente Duplay e o soldado desconhecido avançavam na direção de seu objetivo, os homens da 2ª divisão blindada aos poucos apertavam o cerco em torno dos outros pontos defensivos da capital: a Câmara dos Deputados, o Quai d'Orsay, o enorme complexo da Escola Militar, o hotel Majestic e os arredores do Arco do Triunfo, a Place de la République, o hotel Crillon, a Kriegsmarine e toda a Rue de Rivoli, onde ficava o quartel-general de Choltitz.

Antes de desencadear o ataque geral contra esses pontos defensivos, o coronel Billotte, que finalmente recebera as informações enviadas na noite da véspera por Bobby Bender a Lorrain Cruse, decidiu enviar um ultimato ao general alemão. Bender convencera Cruse de que a simples presença da 2ª divisão blindada na cidade deveria provocar a rendição de Choltitz. Promovendo-se a general de brigada pelas circunstâncias, Billotte redigiu uma nota ameaçadora e inapelável para Choltitz, na qual lhe dava meia hora para "dar um fim a toda resistência", sob pena do "extermínio total" de sua guarnição. Billotte enviou a mensagem a Bender, no consulado da Suécia, por um de seus oficiais, o comandante Horie. Quando o agente do Abwehr tomou conhecimento de seu teor, uma ruga de preocupação apareceu em seu rosto. Ele temia que o tom e o conteúdo desse ultimato fossem brutais demais para que o governador de Paris aceitasse se submeter. Por fim, por insistência de Nordling, Bender aceitou levar sem demora a mensagem ao hotel Meurice.

Depois de conseguir passar por todas as barreiras de *Feldgendarme* e sentinelas que naquela manhã faziam do bairro do Meurice uma zona em estado de sítio, Bender, em um elegante terno civil, conseguiu encontrar o conde Von Arnim, a quem entregou o documento. Arnim, por sua vez, o entregou ao coronel Von Unger. Depois de tomar conhecimento da mensagem, Unger decidiu não a transmitir ao general. Para o frio e rígido chefe de estado-maior, um ultimato daqueles era absolutamente inaceitável. Ao entrar no gabinete do comandante do Gross Paris, Unger se contentou em anunciar: "Os franceses lhe enviaram um ultimato". A palavra ultimato faz Choltitz responder secamente: "Não aceito ultimatos". A mensagem foi devolvida a Bender, portanto, que a levou de volta ao consulado da Suécia. Alguns minutos depois, numa voz consternada, o agente do Abwehr comunicava o fracasso ao emissário da divisão Leclerc. Mas Bender acrescentou que, a seu ver, o comandante do Gross Paris só ofereceria uma resistência simbólica, uma "batalha final para salvar a honra", depois da qual aceitaria capitular com sua guarnição. O alemão disse isso e parou para pensar. Depois, encarando o oficial francês com seus olhos azuis, ele disse: "Concentre o primeiro ataque no Meurice. Assim, a destruição dos outros monumentos ocupados pela Wehrmacht talvez possa ser evitada".

No universo glacial e irreal do bunker do OKW na Prússia Oriental, Adolf Hitler ainda se recusava obstinadamente a perder a última joia que lhe restava de um império que deveria "durar mil anos". Na véspera, o *Feldmarschall* Model, espantado com o avanço fulminante da 2ª divisão blindada, avisara o OKW que a situação em Paris se tornara "crítica".* A situação criada pelo comandante-chefe do Oeste em Paris fracassara: faltaram-lhe 24 horas. Model avisara ao OKW que a 47ª divisão de infantaria, destinada a apoiar Choltitz até a chegada das 26ª e 27ª divisões Panzer, não conseguiria alcançar os subúrbios de Paris antes do meio-dia de 25 de agosto. Model vasculhara toda a região

---

* Grupo de exércitos B-Ia-0360/44-23.00-24-8-44. (N.A.)

parisiense por oficiais de seu estado-maior na esperança de enviar a Paris algo que permitisse a Choltitz aguentar até a chegada da 47ª divisão e dos Panzer. Assim, enviara à capital um batalhão de carros blindados, um regimento de infantaria e alguns tanques que tinham sobrado de uma divisão aniquilada na Normandia. Esses esforços desesperados lembravam os dos franceses em junho de 1940. O resultado seria o mesmo. Os reforços de Model eram fracos demais e chegariam tarde demais.

Um pouco depois da uma hora da tarde tem início a primeira conferência estratégica do grande quartel-general de Rastenburg. À frente de Hitler está o relatório de operações do Grupo de Exércitos B para a primeira parte do dia 25 de agosto. Ele chegara de Margival alguns minutos antes do início da conferência e anunciava que as forças aliadas estavam ao centro de Paris, onde "atacam nossos pontos defensivos com sua artilharia e sua infantaria".* Hitler não está preparado para aceitar essa realidade. Ele tem um dos ataques de raiva que se tornam cada vez mais frequentes e começa a gritar que é inconcebível que o inimigo tenha conseguido entrar na cidade com tanta facilidade. Virando-se bruscamente para Jodl, ele grita que há oito dias ele ordena que a capital francesa seja defendida até o último homem. E agora ele fica sabendo que Paris, símbolo de todas as suas vitórias passadas, lhe será arrancada. Ele se recusa a aceitar esse fato. Hitler nunca abandonará a capital cuja conquista o fizera sapatear de alegria, como milhões de homens tinham visto nas telas de cinema. Três meses antes, ele ainda era o senhor de um império que se estendia das tundras geladas da Lapônia até as areias ardentes das pirâmides, e das rochas irregulares da Ponta do Raz aos subúrbios de Moscou. Hoje, o eco dos canhões já pode ser ouvido sob os grandes carvalhos de Rastenburg. As cidades alemãs, Berlim, Hamburgo, Colônia, as cidades do Ruhr, lembram um cenário de desolação lunar. Hitler semeou o vento e a Alemanha está colhendo a mais terrível tempestade de toda a sua história.

"A queda do ferrolho de Paris", ele repete, "levaria ao desmembramento de todo o front do Sena. Ela tornaria obrigatória a retirada das rampas de lançamento de mísseis e comprometeria gravemente a guerra contra a Inglaterra." Depois de um longo silêncio, o *Führer* declara que se a perda de Paris se revelar inevitável, então o inimigo deverá encontrá-la como "campo de ruínas". Ao dizer isso, relembra Warlimont, Hitler é sacudido por um novo acesso de raiva. Ele grita que deu as ordens necessárias para que a cidade fosse destruída. Que designou pessoalmente unidades especiais para preparar as destruições. "Essas ordens foram executadas?", ele pergunta ao chefe de seu

---

* Grupo de exércitos B-Ia-0580/44-12.45-25-8-44. (N.A.)

estado-maior. "Jodl", ele berra com sua voz rouca, "Paris está em chamas?" Um silêncio pesado toma conta do bunker. Warlimont vê a seu redor os rostos petrificados de seus colegas.

"Jodl", repete Hitler, batendo o punho na mesa, "quero saber: Paris está em chamas? Paris está, sim ou não, pegando fogo?"

Diante do silêncio do chefe de estado-maior, Hitler ordena que um oficial telefone imediatamente ao OB West e obtenha um relatório das destruições operadas na cidade. Depois, Hitler ordena a Jodl que repita a Model pessoalmente que sua missão imperativa continua sendo defender Paris até o último homem e realizar todas as destruições previstas. "Se é verdade", acrescenta Hitler, "que o inimigo se infiltrou em alguns bairros da capital, ele deve ser expulso hoje mesmo e por todos os meios." Por fim, antes de passar ao exame da situação no front oriental, o *Führer* anuncia ter tomado uma última decisão. Antes de ordenar a remoção das rampas de lançamento de mísseis para o leste , ele as utilizará de maneira espetacular. Virando-se para Jodl, Hitler ordena que se prepare um ataque massivo de mísseis V-1 e V-2 sobre Paris. Todos os aviões disponíveis da Luftwaffe deverão ser mobilizados para arrematar a destruição dos mísseis. O líder do Terceiro Reich quer ter certeza de que, ao cair nas mãos dos Aliados, Paris não passe de um "campo de ruínas".

A Paris que escapava ao demente líder do Reich era naquele momento o palco das cenas mais extraordinárias. Na imensa cidade abalada por um acontecimento único em sua história tão antiga, o melhor e o pior, o cômico e o trágico se aproximariam, se misturariam, se entrelaçariam ao longo daquele fabuloso dia. Numa esquina, a multidão cercava os libertadores num delírio de alegria. Na esquina seguinte, os mesmos libertadores avançavam com dificuldade em meio à fumaça das explosões e ao assobio dos tiros. Perto do Palais du Luxembourg, um corpo estava coberto de flores. Era o do soldado desconhecido que acompanhara o tenente Philippe Duplay com sua bazuca. A cinquenta metros do Panther de Willy Linke, o americano fora morto com um tiro na cabeça.

Da sacada de seu apartamento, que abrigara tantas reuniões secretas da Resistência, Solange Pécaud, amiga de Alexandre Parodi, acompanhava com angustiado maravilhamento o avanço dos soldados de Leclerc na direção da fortaleza alemã da Escola Militar. Talvez ela pudesse, da sacada, ver os dois carros blindados que passavam lado a lado a toda velocidade. Aquelas oito rodas deslizavam em silêncio pelo asfalto enquanto a tripulação de capacete vermelho, desdenhando dos tiros que vinham de todos os lados, gritava de alegria nas torres de tiro. Como duas bigas romanas, os dois blindados do regimento de spahis aceleravam na direção da Torre Eiffel. Uma hora antes, ao entrar em Paris, o motorista de um dos carros, o brigadeiro Pierre Lefèvre, apostara com o motorista do outro veículo, o soldado de 1ª classe Étienne Krafft, que seria o primeiro a passar embaixo da Torre Eiffel, em troca de "um banquete no Maxim's". Esquecendo a guerra por alguns segundos, os dois soldados lançaram seus carros na direção da torre. Ao chegar entre os dois pilares, a mais de sessenta quilômetros por hora, Krafft pensou de repente: "Meu Deus, e se o terreno estiver minado?". Tarde demais, ele já havia passado. Krafft soltou um grito triunfal. Ele tinha acabado de ganhar um jantar no Maxim's.

Quase na mesma hora, ouviu-se um ruído abafado na sacada ensolarada de Solange Pécaud. Atingida por uma bala perdida, a jovem caiu morta no lindo dia de libertação aguardado com tanta esperança.

Na estrutura metálica que se elevava acima da cabeça do soldado de 1ª classe Étienne Krafft, um homem ofegante também disputava uma corrida. Ele carregava um grande pacote, atado às pressas. Era a bandeira tricolor. O capitão bombeiro Raymond Sarniguet podia ver a silhueta do homem que estava acima dele nas vigas de ferro e que subia a toda velocidade. Sarniguet sabia que aquele homem também levava uma bandeira tricolor embaixo do braço e que estava decidido a cravá-la na Torre Eiffel. Sarniguet fizera aquela cansativa ascensão de 1.750 degraus pela última vez em 13 de junho de 1940, às 7h30 da manhã, quando, chorando como uma criança, tivera que recolher com as próprias mãos a grande bandeira que seria substituída no topo da torre pelo emblema da suástica. Com o coração acelerado, as pernas doloridas, Sarniguet perseguia com uma energia desesperada a silhueta solitária que o precedia. Como um corredor ao ver a linha de chegada, ele acelerou e, a menos de duzentos degraus do topo, conseguiu ultrapassar seu rival num sprint final. Quando chegou ao último degrau, o capitão bombeiro deu um último pulo na direção do mastro. Ele ganhara. Então, começou a desenrolar a bandeira. Pobre bandeira! Tinha sido feita com três lençóis costurados. O vermelho era rosa, o branco era cinza e o azul era violeta. Mas era a bandeira da França. Em posição de sentido, com os olhos cheios de lágrimas, o bombeiro de Paris içou o manto sagrado. Era meio-dia de 25 de agosto de 1944. Sob o belo céu de verão, o vento suave ondulou as três cores acima da capital. Em pouco tempo, foi como se o mundo inteiro as visse tremular.

6

"*A*chtung!"

Os homens se levantam ao ouvir o comando que ecoa sob os lustres da sala de jantar. Retesado no mesmo uniforme de dragonas douradas usado dezenove dias antes para ver Hitler, com a Cruz de Ferro no pescoço e o monóculo, o ar distante e solene, o general Von Choltitz entra na sala. Saudando os oficiais com um imperceptível movimento de cabeça, ele se dirige para sua mesa, perto das janelas da sala de jantar.

Apesar do cansaço que marca seus traços, ele parece descansado e disposto. Tomara um banho e fizera a barba antes de vestir o uniforme no qual realizaria o último ato de sua carreira de general alemão.

Quando ele chega à mesa, o coronel Hans Jay pede que ele não se sente no lugar de sempre, de costas para a janela. Jay teme que um tiro o atinja pela janela. "Verdade, Jay", responde Choltitz, "mas hoje, mais do que nunca, quero me sentar no lugar de sempre." Dizendo isso, o pequeno general puxa a cadeira e se senta. O relógio de pêndulo da sala de jantar soa uma vez. É uma hora da tarde.

Para o capitão Jacques Branet, de 29 anos, e para seus duzentos soldados reunidos na Place du Châtelet, a menos de mil metros da sala de jantar onde o relógio acaba de soar, aquela é a hora H. Branet, um dos veteranos mais prestigiosos da divisão Leclerc, tem ordens de capturar o general alemão. Para atacar o quartel-general, o capitão divide seus homens em três grupos de assalto. O primeiro irá pelo Quai de la Mégisserie, passará sob as abóbadas graciosas dos guichês do Louvre e entrará nos jardins das Tulherias. O segundo avançará ao longo das elegantes vitrines da Rue Saint-Honoré até a Place Vendôme e atacará o hotel Meurice por trás. O terceiro, que ele dirigirá pessoalmente, subirá a Rue de Rivoli, sob as arcadas centenárias. Branet planeja entrar no quartel-general do comandante do Gross Paris pela porta principal.

O ataque tem início como um passeio dominical. Na entrada da Rue de Rivoli, Henri Karcher, o tenente que na véspera procurava o rosto do filho na multidão de Orsay, conduz os soldados do regimento do Chade e um grupo de FFI do coronel Rol sob os vivas de uma multidão entusiasmada que os agentes de polícia mal conseguem conter.

A imensa artéria construída em homenagem a uma vitória napoleônica oferece ao jovem tenente um espetáculo penetrante. Até a Place du Palais-Royal e o início das Tulherias, todas as janelas e portas ostentam bandeiras tricolores. Depois deles, até a Place de la Concorde, outros emblemas ornam a rua: os pesados estandartes vermelhos e pretos da Alemanha nazista.

Os Sherman do 501º regimento seguem os soldados de infantaria de Karcher em pequenos avanços. A cada parada, mulheres escalam os tanques e cobrem as tripulações de beijos e flores. Na esquina da Rue des Lavandières Sainte-Opportune, outrora célebre pelo número de prostíbulos, o soldado de 1ª classe Jacques d'Estienne, atirador do *Laffaux*, vê uma bela loira se atirar em seus braços. Sob o choque desse ataque afetuoso, D'Estienne cai para dentro da torre de tiro, em cima de um projétil. A mulher logo o acompanha. O soldado ouve, então, em seu fone, uma voz gritando: "Avante". D'Estienne se endireita e vê outra cabeleira loira no posto de comando. Jack Nudd, o piloto, dá de ombros e acelera. E é com essas duas passageiras insólitas, duas parisienses loiras e sorridentes, que o *Laffaux* se lança ao ataque do Meurice.

Os soldados de infantaria do tenente Karcher deixaram para trás as ovações dos parisienses. A rua em que eles avançam agora está deserta, silenciosa, ameaçadora. Às vezes, acima de suas cabeças, eles ouvem uma veneziana batendo, uma janela se abrindo. Levam um susto e voltam as armas para as fachadas. Mas atrás das janelas eles só veem vultos ansiosos que os advertem do perigo.

Das aberturas de seu blocause, na entrada das Tulherias, o *Hauptmann* Otto Nietzki, da Wehrmachtsreife, avista os atacantes. Essa visão, estranhamente, o lembra de "uma procissão da semana santa".

Nos jardins das Tulherias, o *Feldwebel* Werner Nix, do 190º regimento de segurança, corre de tanque em tanque para avisar às tripulações dos cinco Panther que o inimigo está chegando. Ele distribui cigarros para cada tanquista e grita: "Boa sorte!". Quando chega ao último tanque, o alemão ouve grunhidos estranhos, vindos de um carrossel infantil. São os sobreviventes da vara de porcos evacuada três dias antes da Rue Marbeuf pelo *Oberfeldwebel* Obermueller, impacientes. À beira de um espelho d'água, Nix se depara com uma cena que o toca ainda mais. Um oficial lambuza calmamente o rosto com uma espuma branca e começa a fazer a barba. "Mais um que quer estar limpo para morrer", pensa o *Feldwebel*.

De uma janela do Meurice, os soldados Fritz Gottschalk e Hubert Kausser, do 1º regimento de segurança, também avistam a infantaria de Karcher avançando com cautela de pilar em pilar, diante dos vultos massivos e lentos dos blindados. As fitas da metralhadora MG 42 dos dois alemães enchem o chão do quarto como um tapete dourado.

No térreo, o cabo Helmut Mayer entra com discrição na sala de jantar. O ordenança para atrás do general Von Choltitz, se inclina com deferência e murmura em seu ouvido: "*Sie kommen, Herr General!*" (Eles estão chegando).

Na rua, ao lado das arcadas da Rue de Rivoli, um pequeno tanque Hotchkiss com a cruz preta gira rapidamente e fica de frente para os tanques de Branet, que se aproximam. Ao ver o blindado alemão, o primeiro Sherman, *Douaumont*, abre fogo. Atingido pelo primeiro projétil, o Hotchkiss voa pelos ares.

Depois do tiro de canhão do *Douaumont*, a batalha se inflama em toda a rua. Na sala de jantar do Meurice, os vidros estouram sob o impacto das explosões. Choltitz, imperturbável, termina sua refeição. Depois, tão calmo quanto num exercício militar, o general se levanta e dirige algumas palavras aos oficiais, visivelmente com pressa de chegar a um abrigo mais seguro do que aquela sala de jantar cheia de estilhaços. "Senhores", ele anuncia, "nosso último combate começou. Que Deus os proteja." E ele acrescenta: "Espero que os sobreviventes desse combate caiam nas mãos das tropas regulares, e não nas da população". O comandante do Gross Paris sai da sala de jantar. Na escada, Choltitz para na frente de um pequeno forte de sacos de areia. Ao operador de uma espingarda automática que mantém sua arma apontada para a porta principal, o general diz algumas palavras de encorajamento. "Em Munster, minha fazenda e minha mulher me esperam há cinco anos!", responde com um suspiro o velho soldado.

Enquanto o general segue seu caminho, Arnim olha com tristeza para aquele velho soldado e se pergunta se um dia ele reencontrará sua mulher, sua fazenda e sua cidade.

Lá fora, do blocause na esquina da Rue de Rivoli com as Tulherias, o *Hauptmann* Otto Nietzki metralha a primeira onda de infantaria. Seguindo com os olhos as balas traçantes que correm pela fachada do ministério das Finanças, Nietzki conta os homens que caem como pinos na calçada. De um pequeno forte na Place des Pyramides, as metralhadoras do *Oberleutnant* bávaro Heinrich Thiergartner imobilizam os atacantes, que, na outra calçada, avançam sob as arcadas. Para os soldados da 2ª divisão blindada e para os membros das FFI que os acompanham, já não há palmas ou flores. "A metralhadora, rápido!", grita Karcher.

Enquanto o operador de metralhadora Georges Decanton abre fogo sobre o pequeno forte do *Oberleutnant* Thiergartner, Karcher vê surgir à sua frente um velho de barbicha manejando um antigo bacamarte em que o sujeito coloca munição pelo cano. De pé no meio do tiroteio, o velho soldado defende seu pequeno forte alemão, desaparecendo a cada tiro na nuvem de fumaça de sua espingarda.

O fogo cruzado dos defensores alemães rompe o primeiro assalto da infantaria. O capitão Branet decide lançar seus tanques para liberar os pontos defensivos. Guiados pelo sargento Marcel Bizien, o bretão do *Douaumont* que jurara que "hoje seus ancestrais poderiam se orgulhar dele", os cinco Sherman de Branet passam pela infantaria. Na Place des Pyramides, Jacques d'Estienne, atirador do *Laffaux*, avista bem à sua frente, a vinte metros de distância, três alemães que preparam uma nova metralhadora aos pés da estátua de Joana d'Arc. D'Estienne abre fogo. Num êxtase horrorizado, ele vê um jorro de cabeças, braços e troncos caindo numa sinistra guirlanda sobre o bronze dourado da Donzela de Orléans.

Percorrendo seu grande gabinete, agora invadido pelo estrondo da batalha, Dietrich von Choltitz dita uma última carta. Ela é endereçada ao cônsul Nordling. Desde que a bela Cita Krebben e suas amigas tinham se colocado sob a proteção da Cruz Vermelha, ao alvorecer, Choltitz estava sem secretária. Restava apenas, para registrar suas palavras, o fiel cabo Mayer. "Caro senhor Nordling", ele começa, "receba o testemunho de meu profundo reconhecimento..." O general se interrompe e dá alguns passos na direção da janela. Ele estremece. O inimigo está ali. Sob a sacada onde viveu, nas duas últimas semanas, tantos momentos difíceis de reflexão e incerteza, Choltitz acompanha o movimento de um Sherman com a torre de tiro aberta e o canhão girando lentamente na direção da entrada do hotel. Fascinado, Choltitz vê a boina preta do chefe do tanque, que tem o busto para fora da torre de tiro. Ele se pergunta se o homem é francês ou americano. "Seja o que for", ele pensa, "não deve levar essa batalha muito a sério para deixar a torre de tiro aberta desse jeito." Ao lado do general, Arnim olha com preocupação para o canhão que continua girando para a porta. "Meu Deus, o que ele vai fazer?", ele pergunta. Choltitz responde calmamente que, ao que tudo indica, ele vai atirar. "Haverá uma pequena explosão, e nós começaremos a ter problemas." Nesse momento, de uma janela, um alemão atira uma granada e Choltitz vê o projétil cair sobre o tanquista de boina preta.

O subtenente Albert Bénard, chefe do *Mort-Homme*, sente o projétil acertar sua boina e deslizar pelas costas, depois rolar para o fundo da torre de tiro. Bénard se atira sobre a granada para tentar jogá-la para fora. Tarde demais. Ela explode, enchendo o oficial e o atirador de estilhaços. Com as roupas em chamas, os dois saem rapidamente do tanque e rolam sobre o asfalto, enquanto o piloto Jean René Champion acelera em meio à nuvem de fumaça que envolve o Sherman.

Ao ver as tochas humanas que se arrastam no chão, os alemães param de atirar por alguns segundos. No telhado da Kriegsmarine, o *Korvettenkapitän* Harry Leithold ordena a seus homens que não matem os dois feridos. Atrás da fumaça que sobe do *Mort-Homme*, Leithold vê surgir a horda cerrada dos Sherman de Branet. Em poucos segundos, pensa o *Korvettenkapitän*, eles chegarão à Place de la Concorde, onde um tanque Panther está à espreita, com o canhão voltado para a Place de l'Étoile. Do alto do telhado, Leithold gesticula desesperadamente para tentar avisar o chefe do tanque alemão do perigo, mas o sujeito está ocupado demais para ver os gestos. Em seu visor acaba de aparecer, no topo da Champs-Élysées, um alvo perfeito: um destruidor de tanques. O 88mm do Panther começa a cuspir fogo e chamas.

Na esquina da Place de l'Étoile, o último poste de luz da Avenue des Champs-Élysées, atingido em cheio pelo obus que acaba de ser lançado pelo Panther da Place de la Concorde, voa pelos ares. Um pequeno pedaço de ferro e vidro cai sobre o destruidor de tanques que passa tranquilamente na frente do Arco do Triunfo. Esse tanque é o *Simoun*. Numa estreita torre de tiro onde se amontoa a tripulação, um curioso odor se sobressai ao cheiro da batalha. Ele vem do depósito de munição, cujo fundo ainda guarda, em decomposição, o famoso pato. Mais dois obuses passam por cima do *Simoun*. O primeiro pulveriza os pés da *Marselhesa* de Rude, no Arco do Triunfo. O segundo passa pelo grande arco, assobiando nos ouvidos do coronel Paul de Langlade e do comandante Henri de Mirambeau, que se recolhiam por um instante à frente do túmulo do Soldado Desconhecido antes de atacar o ponto defensivo vizinho do hotel Majestic.

Um pouco abaixo na Avenue des Champs-Élysées, um quarto obus explode contra uma árvore, arrancando de uma só vez a perna de um cinegrafista que acabava de subir num caminhão para filmar a cena. O ferido é transportado para o escritório do cenarista cinematográfico Paul Bertrand. Alguns segundos depois, uma mulher alta e loira irrompe na sala. Ela segura um pedaço de carne ensanguentada. "Encontrei a perna", ela se limita a dizer.

Na Place de l'Étoile, o segundo mestre Paul Quinion, chefe do *Simoun*, perscruta com seu binóculo o Panther da Place de la Concorde. "Mady, rápido, um explosivo", ele ordena a seu atirador, "para uma distância de 1.500!" O antigo ebanista de Montparnasse regula a distância no visor de mira. De repente, ele hesita. Sem avisar o chefe de tanque, ele gira o botão mais três vezes, para uma distância de 1.800 metros: Mady acaba de se lembrar de um detalhe que lera no almanaque Vermot. O almanaque dizia que o comprimento da Champs-Élysées, do Arco do Triunfo à Place de la Concorde, era de 1.800 metros. O almanaque estava certo. O primeiro obus acerta o Panther em cheio. E de repente, vendo a nuvem de fumaça que sobe do tanque, Mady exclama: "Meu Deus! Dois metros para a direita e eu teria explodido o Obelisco!".

Na Place de la Concorde, de uma janela do Crillon cheia de sacos de areia, o *Quartiermeister* Erich Vandam nota a fumaça que escapa da esteira estraçalhada do Panther. De repente, ele vê surgir na Rue de Rivoli um Sherman que se precipita sobre o tanque imobilizado.

É o *Douaumont*. De sua torre de tiro, o sargento Marcel Bizien acaba de avistar o Panther. "Tanque alemão à esquerda!", grita Bizien ao atirador. "Fogo!" A bomba explosiva do *Douaumont* atinge a blindagem do Panther sem perfurá-la. E Bizien vê a torre de tiro do alemão girar lentamente em sua direção. No Panther, a mão da tripulação gira as seis toneladas da torre de tiro: o obus de Mady destruiu o sistema elétrico de rotação. "Um perfurador, maldição!", grita Bizien. Na fumaça acre que enche o *Douaumont*, o carregador busca às apalpadelas um novo obus e o coloca na culatra. "Fogo!", grita Bizien.

O projétil atinge o tanque, que é imediatamente envolvido por uma nuvem de fumaça. Na escuridão, o atirador Bizien se enganara. Em vez do projétil perfurador, ele carregara o canhão com o projétil fumígeno. O Panther está a apenas trezentos metros do tanque francês. Um segundo depois, antes que Bizien possa recarregar, o 88mm do Panther atinge o *Douaumont* à queima-roupa. Num estalo, o descendente de corsários bretões entende que sua única chance é abalroar o tanque alemão antes que o terrível 88 tenha tempo de atirar. "Passe por cima!", ele grita no interfone para piloto, Georges Campillo. Na mesma hora, Campillo aperta fundo no acelerador e lança o *Douaumont* para frente. Do ponto defensivo da Kriegsmarine, o *Korvettenkapitän* Harry Leithold vê o Sherman avançar como uma locomotiva na nuvem de fumaça que envolve o Panther. Aquela visão, como o alemão dirá mais tarde, o faz pensar em "um duelo da Idade Média".

Na torre de tiro, Bizien cerra os dentes. Um pouco abaixo, com as costas molhadas de suor gelado, Campillo se atira para trás antecipando o choque. Como lanças, os canhões dos dois tanques se cruzam. Em meio a um gêiser de faíscas e um estrondo de trovão, setenta toneladas de aço se aguilhoam no meio da praça mais bonita do mundo. O eco da formidável colisão ressoa por um breve momento, depois o silêncio invade a praça inteira.

Atordoadas pelo choque, quase asfixiadas pela fumaça, as tripulações dos dois tanques ficam por um momento inertes. Quando volta a si, Bizien abre os olhos. A imagem que vê o faz pensar em sua região natal. Ele aponta para a flecha do Obelisco, que no meio da fumaça parece "a mezena de um veleiro dentro do nevoeiro". O pequeno bretão saca seu Colt, pula para fora do tanque e se aproxima do Panther. Quase na mesma hora, Campillo ouve a explosão surda de uma granada e vê Bizien saindo da nuvem de fumaça, gritando com raiva: "Merda! Os canalhas fugiram!"*

Fascinado com aquele espetáculo, o *Korvettenkapitän* Harry Leithold olha agora para o Sherman que se separa da carcaça fumegante do tanque alemão e recua. Nesse momento, ele ouve um tiroteio e vê a silhueta sentada na torre de tiro cair para a frente. Atingido por um tiro na nuca, vindo da janela logo abaixo de Leithold, o sargento Bizien desaba no fundo do tanque. A alegria triunfante do pequeno bretão durara pouco, o tempo de cumprir uma promessa e morrer.

Ao ver os dois espectros que caminham em sua direção na fumaça das arcadas da Rue de Rivoli, os homens do tenente Karcher abrem fogo. Um grito lancinante ecoa: "Não atirem, é Bénard!". Apoiados um no outro como dois bêbados, o atirador Louis Campani, com as costas cheias de estilhaços, e o tenente Albert Bénard, chefe do *Mort-Homme*, cegado pelo sangue que escorre em seu rosto, se arrastam à frente da infantaria amiga que avança sob as arcadas da Rue de Rivoli. No caos e na confusão, os dois feridos, sem perceber, passam na frente da porta de entrada do Meurice.

Em seu grande gabinete logo acima daquela porta, Dietrich von Choltitz, com o ar sombrio e resignado, acabava de tomar uma grande decisão.

Um pouco mais cedo, o coronel Hans Jay interviera junto ao velho amigo. "Você precisa decidir", ele disse com voz premente. "Vai ficar aqui brincando de esconde-esconde com os americanos o dia todo ou vai acabar com isso de uma vez por todas e se render?" Jay estava obcecado com a ideia de que Choltitz morreria na batalha do Meurice. Ele sabia que uma única ordem pessoal do general poderia obrigar os comandantes dos pontos defensivos, decididos a lutar até o último cartucho, a se renderem antes do aniquilamento total entre as ruínas de alguns dos mais bonitos prédios de Paris.

---

* Alguns segundos depois da colisão, o Quartiermeister Erich Vandam viu, de sua janela no hotel Crillon, quatro silhuetas emergirem da fumaça e fugirem na direção das Tulherias. Dez meses depois, quando o mesmo tanque Douaumont estragou numa estrada alemã, um tanquista da Wehrmacht que passava numa coluna de prisioneiros reconheceu o nome do tanque pintado na torre de tiro. Ele conseguiu sair da coluna e abordou o novo comandante do Douaumont para lhe dizer que estava a bordo do Panther que fora aguilhoado pelo Sherman no dia 25 de agosto de 1944. O alemão contou que a tripulação conseguira, graças à proteção da fumaça do obus fumígeno atirado pelo Sherman, sair do tanque e correr na direção das Tulherias. Lá, o alemão e seus colegas tiraram as boinas pretas e arrancaram as insígnias. Na confusão da batalha, eles se passaram por soldados da 2ª divisão blindada. Com a chegada da noite, ele atravessara Paris a pé até o subúrbio e conseguira voltar às linhas alemãs. Ele não sabia o que tinha acontecido com seus colegas de tripulação. (N.A.)

Choltitz começou a pensar. Com tristeza e cansaço, percebeu que não poderia condenar seus homens a morrer numa batalha sem objetivo. Ele mandou chamar o coronel Von Unger. Se os terroristas e a população tentassem invadir o hotel Meurice, o combate deveria continuar, ele ordenou. Mas se as tropas regulares chegassem primeiro, ele ofereceria sua rendição depois de uma breve batalha para salvar a honra. Por fim, Choltitz ordenou a Unger que trouxesse a bandeira assim que os primeiros soldados inimigos entrassem no prédio. Depois ele saiu do gabinete e foi esperá-los abrigado numa pequena peça que dava para o pátio interno.

No quarto do general, com os gestos precisos e minuciosos adquiridos em sete anos de serviço, o cabo Mayer preparava a última mala do comandante do Gross Paris. Ele guardou algumas roupas de baixo, três camisas, um paletó de uniforme e um par de calças com listras vermelhas. Num quarto vizinho, o tenente Von Arnim enfiava numa bolsa algumas barras de chocolate, o grande pulôver que sua mãe tricotara para ele no inverno anterior e dois livros. O primeiro era a *História da França*, de Jacques Bainville. O segundo, *Guerra e paz*, de Tolstoi.

Na rua, os franceses se aproximam. Três homens atravessam a Rue de Rivoli em meio a uma nuvem de fumaça e se atiram ao chão diante das grades das Tulherias. Ao levantar a cabeça, um deles, o subtenente Henri Riquebush, descobre com horror que está bem na frente da janela de tiro de um blocause alemão. Esticando o braço na fumaça, Riquebush sente de repente um pedaço de metal queimar sua mão. É o canhão da metralhadora do blocause, que acaba de ser abandonado por seus defensores.

Do outro lado das Tulherias, o sargento Georges Thiollat, chefe do Sherman *Francheville*, vê o obus perfurante que ele acaba de lançar percutir na esteira de seu alvo, um Panther entrincheirado na frente da Orangerie, com o canhão virado para o Sena. Na mesma hora, a torre de tiro do tanque alemão começa a girar a toda velocidade na direção do Sherman. Thiollat lança um segundo obus, que erra o alemão. A próxima bomba é lançada pelo Panther. Thiollat vê o canhão do tanque se imobilizar. Sua furiosa rotação é interrompida por um tronco de árvore.

Na Rue de Rivoli, o chefe do tanque *Montfaucon* olha com consternação para as balas traçantes que saem de suas metralhadoras e atingem o prédio à frente, o hotel Continental. Antes da guerra, o sargento Perthuiset trabalhava na recepção desse hotel. Na entrada, onde um Mercedes da Wehrmacht está pegando fogo, ele recebia os Rolls e os Hispano de toda a Europa. Era ao diretor do Continental que Perthuiset devia o fato de estar, naquele momento, na torre de tiro de um Sherman. Seu chefe ficara tão satisfeito com os serviços dele que recompensara o jovem recepcionista com um estágio no Savoy de Londres. Surpreendido na capital britânica pela guerra e pelo armistício, Perthuiset respondera ao apelo de De Gaulle e se engajara.

Enquanto Perthuiset lança com tristeza uma última rajada em seu antigo hotel, um alemão atira pela janela uma granada que explode a defesa antiaérea do tanque. Ferido por vários estilhaços, o antigo recepcionista cai no fundo da torre de tiro.

Dos cinco Sherman que há quarenta minutos entraram na Rue de Rivoli, três já abandonaram a luta sob a chuva de tiros e granadas que os alemães lançam dos imóveis ocupados. O romancista americano Irwin Shaw, soldado de 2ª classe no serviço fotográfico do exército, vê um tanque passar à sua frente com o motor em chamas. Enraivecidos com a morte de seus camaradas, os homens do *Laffaux*, um dos dois tanques remanescentes, começam a atirar loucamente sobre tudo o que está ao alcance de suas armas. "*Laffaux*, cuidado, maldição! Vocês estão acabando com a praça mais bonita do mundo!" Assim que a voz furiosa do capitão Branet ecoa, uma nova voz começa a crepitar nos fones do Sherman. Ela anuncia que Pierre Laigle acaba de ser morto no *Villers-Cotterêts* e que seu tanque está fora de combate. "Merda!", exclama Jacques d'Estienne, atirador do *Laffaux*. "Então só sobramos nós!"

7

Atrás do hotel Meurice, na esquina da Rue Saint-Honoré com a Rue de Castiglione, onde acaba de aparecer com seu tanque, o aspirante Marcel Christen descobre com estupor um verdadeiro campo de batalha. "Meu Deus", ele pensa, "é Stalingrado!" Vários veículos ardem como tochas no meio da Rue de Castiglione. Grades de ferro retorcidas, vitrines estilhaçadas, fachadas abertas e cadáveres alemães enchendo a rua conferem à vizinhança do hotel Continental um aspecto aterrorizante. O jovem oficial, que na véspera participara do ataque da prisão de Fresnes, saca o Colt e pula no chão. Acompanhado do cabo Henri Villette, piloto de seu tanque, ele passa de alpendre em alpendre até a entrada do Continental. Os franceses se veem cara a cara com um pequeno capitão da Wehrmacht que, com o capacete na mão, surge na porta do hotel. "Rendam-se!", grita o alsaciano Christen em alemão. "Ja, ja!", responde o alemão, erguendo os braços na mesma hora. Os dois homens conduzem o prisioneiro até o hall do hotel, cheio de sacos de areia. Logo surgem oficiais alemães de todos os lados, com as mãos para o alto. Sempre que vê um alemão com a Cruz de Ferro, Villette se atira sobre ele e arranca a medalha. Ele as coleciona desde a Líbia. Presas a seu cinto, Villette carrega as dezessete que retirou dos alemães que derrubou pessoalmente. No hall do Continental, o pequeno cabo olha com maravilhamento para todas as medalhas pretas que surgem à sua frente. Ele nunca viu um tesouro tão grande.

Andar por andar, Christen e o cabo fazem uma rápida limpa no hotel. Quando eles chegam ao quinto andar, Christen ouve um leve gemido atrás de uma porta. Ele a derruba com um pontapé e descobre um grupo de americanos esqueléticos acorrentados à parede. "Ei, rapazes", grita o aspirante, estupefato, "vocês estão livres!"

A infantaria e as Forças Francesas do Interior invadem o hotel por sua vez e capturam os últimos alemães. São exatamente 14h30. O primeiro ponto defensivo de Choltitz acaba de cair.

Na frente do Meurice, porém, a batalha continua com violência. Preso sob o fogo da metralhadora do *Hauptmann* Otto Nietzki, que varre as Tulherias, o tenente Yves Bricard grita a um oficial alemão que surge de um arbusto com as mãos para cima: "Já prendo você", e se deita no chão. Na esquina da Rue Saint-Roch, D'Estienne, atirador do *Laffaux*, último sobrevivente dos cinco Sherman que tão alegremente tinham partido ao assalto da Rue de Rivoli noventa minutos antes, avista um oficial caindo sob as arcadas. O capitão Branet não entrará no hotel Meurice. Com o corpo cheio de estilhaços de granada, ele cai a cinquenta metros de seu objetivo. Alguns segundos depois, D'Estienne sente garras lacerando sua carne. Ele passa a mão nas costas e a puxa de volta cheia de pedaços de pele e tecido ensanguentado. Uma granada acaba de explodir em seu tanque. D'Estienne se agarra à culatra do canhão e continua atirando, com os dentes cerrados. Mas seus olhos se turvam. Ele vê a Rue de Rivoli dançar à sua frente, depois mais nada. Desmaia. O último Sherman abandona o combate e retorna a toda velocidade até o posto de primeiros socorros da Comédie-Française, onde já estão o *Montfaucon*, do antigo recepcionista do Continental, e o *Villers-Cotterêts*, de Pierre Laigle. O *Douaumont*, no fundo do qual jaz Bizien, está parado da Place de la Concorde. Na Rue Royale, abandonado por seu último ocupante, o piloto René Champion, o *Mort-Homme* segue queimando.

Após a partida do *Laffaux*, um breve e pungente silêncio se faz na Rue de Rivoli. Depois, o estrondo dos blindados recomeça. O capitão Buis e seus Sherman substituem Branet e se dirigem à Place de la Concorde a toda velocidade. Ao atravessar a praça, Buis avista, da torre de tiro do *Norvège*, a carcaça enegrecida do Grand Palais. "Pena que essa porcaria não queimou completamente", ele murmura ao atirador, o cabo Henri Jacques. "Verdade!", responde o cabo. "E se déssemos o golpe de misericórdia?", pergunta Buis. O atirador começa a procurar um projétil de fósforo entre as munições da torre de tiro. Alguns segundos depois, o cabo anuncia com tristeza que não havia mais nenhum projétil de fósforo no *Norvège*. "Com simples explosivos não conseguiremos, meu capitão", ele acrescenta. "Pena!", replica Buis, que volta a seguir na direção do Meurice. Do teto da Kriegsmarine, o *Obergefreiter* Karl Frœlich vê o tanque do capitão passar. Depois de quarenta minutos de tiroteio ininterrupto, o cano da metralhadora do alemão está incandescente e a arma inteira mergulhada em um mar de cartuchos. Outro espetáculo atrai o olhar do operador da metralhadora. Três silhuetas de branco correm sob o fogo cruzado até chegar um membro das FFI que acaba de cair diante da balaustrada do metrô Concorde, bem na entrada da Rue de Rivoli. Enquanto Madeleine Brinet, a enfermeira que na véspera à noite anunciara, no alto de uma página em branco de seu diário, que aquele dia seria o da vitória, agita suavemente uma pequena bandeira com a cruz vermelha para implorar piedade aos combatentes, o estudante de farmácia Georges Bailly e o jovem pianista Claude Touche colocam o ferido numa maca. Nesse momento, Frœlich ouve a seu lado o crepitar de uma metralhadora que acaba de abrir fogo. Ele vê um fuzileiro de dezenove anos esvaziar raivosamente uma fita inteira de cartuchos no pequeno grupo. Frœlich se atira em cima dele. Tarde demais. O jovem fuzileiro acertara os três socorristas, cujos corpos amontoados criam uma mancha branca e vermelha nos paralelepípedos da rua. No pequeno relógio de Madeleine Brinet, roçado por uma bala, são exatamente três horas da tarde.

O tenente Henri Karcher contempla a placa oval à sua frente. "Hotel Meurice – Restaurante", ele repete com um maravilhamento mesclado de respeito. No exato momento em que se ele vira para dar uma ordem, um tiro traçante passa de raspão por seu supercílio. "Que sorte incrível", ele exclama, entendendo de repente que se ele não tivesse se virado, o tiro, penetrando pelo olho esquerdo, atravessaria sua cabeça de lado a lado.

Pela segunda vez em sua vida, Karcher entra no Meurice. Ele se lembra de ter estado ali logo antes da guerra, com um amigo jornalista que o convidara para beber um uísque com a rainha da Romênia.

Com a metralhadora na mão, o tenente e os três homens que o seguem passam pela porta do hotel. A primeira imagem que surge diante dos olhos dos franceses é um imenso retrato de Hitler, que reina numa vitrine cheia de bolsas, caixinhas e joias. A vitrine voa pelos ares. O primeiro gesto de Karcher ao entrar no quartel-general do comandante do Gross Paris é atirar na efígie de Hitler. No entanto, do alto de seu posto protegido por sacos de areia, o velho soldado de Munster tem o francês em sua linha de mira e abre fogo. Karcher se atira atrás do balcão da recepção e retira uma pequena bola preta do cinto. Uma granada de fósforo. Ele arranca o pino com os dentes e atira a granada no meio do salão. Milhares de partículas inflamadas começam a turbilhonar numa nuvem de fogo, espalhando um cheiro ácido. O soldado de 1ª classe Walter Herreman, alsaciano, atinge o fosso do elevador com um lança-chamas. Nesse momento, ele avista um capacete da Wehrmacht quicando de degrau em degrau. O velho soldado de Munster nunca mais verá sua fazenda. A granada de Karcher o matou.

Da espessa fumaça que escurece o hall emerge a silhueta de um oficial alemão com as mãos para o alto. Karcher pula sobre ele e encosta o cano fumegante de sua metralhadora na cintura do sujeito. "Todos os homens, um por um, com as mãos para o alto e sem armas!", ele ordena. A ouvir essas palavras, traduzidas por Herreman, o alemão grita uma ordem. O tiroteio cessa, os defensores do térreo, cobertos de fuligem, suor e sangue, saem da fumaça e se rendem aos três franceses. Com um sorriso irônico, Karcher vê passar aquele bando desvairado e cegado pelo fósforo, que tosse e titubeia e tem as roupas em farrapos, último símbolo da arrogante Wehrmacht cuja lei reinava sobre Paris.

Nesse momento, um oficial usando calças com as listras vermelhas do estado-maior aparece. Ele passa por cima do corpo do velho soldado sem olhar para baixo, desce as escadas e caminha até Karcher. O francês se planta à sua frente. "Onde está seu general?", ele pergunta.

O general está sentado atrás de uma longa mesa, no canto de uma sala acima de Karcher. Dietrich von Choltitz, com a cabeça entre as mãos, parece perdido em pensamentos. À sua frente, no forro de seda do capacete em cima da mesa, está o estojo contendo a pequena pistola 6.35mm que em poucos instantes ele entregará aos vencedores. Choltitz pegou aquela arma emprestada: ele nunca teve uma pistola na vida. Unger, Jay, Bressendorf e Arnim esperam a seu lado. Como os antigos, que atiravam suas espadas nos escudos dos vencedores, eles atiram as pistolas em cima da mesa. Para todos esses homens, que foram chefes ouvidos e temidos, aquela é a hora da verdade. Dietrich von Choltitz espera o desfecho sem aparentar nenhuma emoção. Ele não tem nada de que se censurar. Seus soldados estão cumprindo as ordens do *Führer*. Eles estão lutando "até o último cartucho". Sua honra de soldado está intacta. E quando ele próprio se tornar prisioneiro, ele poderá, com honra, ordenar a seus homens que entreguem as armas. Ele acredita poder encarar sem medo o julgamento da História. Não havia permitido que Hitler colocasse em prática sua vingança sobre a capital à qual o destino o enviara dezenove dias antes para coroar uma longa carreira a serviço da Alemanha. Naqueles últimos momentos de liberdade, Choltitz está convencido de ter se portado, tanto em relação a si mesmo quanto em relação a seu país, com perfeita lealdade. O oficial em pé à sua esquerda, o cínico e sedutor coronel Hans Jay, está mais preocupado. Ele faz uma viagem imaginária. No colapso que aguarda a Alemanha, quando os Aliados tiverem dividido as ruínas de seu país, ele pensa que não haverá espaço para pessoas como ele. E Jay se pergunta em que país se exilar.*

Para o jovem Ernst von Bressensdorf, esses últimos minutos trazem a perspectiva maravilhosa de um novo começo. A seu lado, seu amigo Dankvart von Arnim pensa que "finalmente termina a guerra que tomou os melhores anos de sua vida". Estranhamente, porém, ninguém parece mais sereno que o glacial, austero e distante coronel Von Unger. Arnim nota que os traços do rosto do chefe de estado-maior, à direita de Choltitz, se abrandam de repente e que a rigidez desaparece de seus gestos. Unger tira do bolso uma grande carteira e folheia lentamente, com o rosto iluminado por alguma felicidade interna, as fotografias dos filhos.

Quando a porta se abre, Dietrich von Choltitz levanta a cabeça. O cabo Helmut Mayer acaba de entrar. Pela segunda vez em pouco mais de duas horas, o ordenança bate discretamente os calcanhares: "*Sie kommen, Herr General*".

Dessa vez, "eles" estão no fim do corredor. Quando Karcher chegou ao primeiro andar, poucos segundos antes, ele se viu diante de um grupo de alemães com as mãos para o alto. De repente, um deles estourou numa risada histérica. Era um pequeno tenente careca. Num francês impecável, ele gritava: "Esse é o melhor dia da minha vida... Sou austríaco. Odeio os nazistas. Faz três dias que fui trazido para cá! Ah, como estou feliz!". O pequeno tenente disse isso e se atirou aos pés do estupefato francês e começou a beijar furiosamente suas botas.

No longo corredor escuro ao fim do qual o comandante vencido do Gross Paris o aguarda, Henri Karcher sente as têmporas latejarem. "Meu caro, não vá errar sua deixa!", ele repete para si mesmo. Uma lufada de recordações lhe vem à mente. Ele volta a ver o rosto dos camaradas deixados para trás no longo caminho que tem aquele corredor como ponto de chegada: Loiseau, morto em Bir-Hakeim, cujo irmão ele acabara de reencontrar, Bessonier, morto na

---

* Embora tivessem dito que a divisão da Alemanha em zonas de ocupação seria temporária, Jay decidiu se expatriar ao sair da prisão. Ele se instalou na Irlanda, onde viveu uma pacata e confortável vida de criador de cavalos. (N.A.)

Normandia, de quem ele leva, naquele exato momento, o Colt na mão. Todos os camaradas que ele, em suma, vai representar naquele momento.

O oficial alemão que o precede para na frente da porta. Karcher entra. Choltitz se levanta. Karcher se põe em posição de sentido e se apresenta:

"Tenente Henri Karcher, do exército do general De Gaulle!", ele anuncia.

"General Von Choltitz, comandante do Gross Paris", responde o alemão.

Karcher pergunta a Choltitz se ele está disposto a se render.

"*Ja!*", este responde.

"Então o senhor é meu prisioneiro!"

"*Ja!*", suspira Choltitz.

Nesse momento, um segundo oficial francês entra na sala. Ao ver o comandante Pierre de la Horie, o rosto do coronel Hans Jay estremece. Os dois se conhecem de longa data. Antes da guerra, outros combates já os haviam oposto: nas pistas de competições hípicas europeias, onde cada um representava a equipe militar de seu país. Quando seus olhares se cruzam, o alemão e o francês se inclinam discretamente um na direção do outro. La Horie se vira então para Choltitz: "General", ele declara, "o senhor decidiu resistir. O senhor lutou e isso nos custou muitos homens. Exijo que ordene um cessar-fogo imediato em todos os pontos defensivos que ainda resistem." La Horie ordena então que o general alemão o siga. Depois, dirigindo-se a Karcher, ele acrescenta com cerimônia: "Meu caro colega, queira fazer a gentileza de se ocupar 'dos outros'!".

O general alemão aperta as mãos de Jay e Unger, murmura a cada um o velho "*Hals und Bein bruch*" (Quebre o pescoço e a perna), ajusta o capacete e sai.

Quando eles saem, Karcher pede para inspecionar o quartel-general do Gross Paris. O coronel Von Unger se oferece para acompanhar o francês. Ao entrar no antigo gabinete de Choltitz, Karcher vê um grande pedaço de tecido cuidadosamente dobrado em cima da mesa do general.

"O que é isso?", ele pergunta a Unger.

"A bandeira do estado-maior do Gross Paris", responde o alemão. "Foi trazida para cá há pouco, quando o senhor entrou no hotel", ele explica.

"Perfeito", responde o francês. "Muito bem, entregue-a a mim oficialmente."

Os dois oficiais estão sozinhos na peça cheia de fumaça. Da rua, chega até eles o crepitar intermitente do tiroteio que continua nas Tulherias e na Place de la Concorde. Da calçada abaixo sobe um rumor mais preocupante. A multidão começa a cercar o Meurice. Frente a frente, em impecável posição de sentido, os dois oficiais se cumprimentam. Depois, num gesto solene, o coronel de cabelos brancos coloca nas mãos do jovem vencedor o enorme emblema vermelho e preto que por quatro anos, dois meses e dez dias tremulara no alto do mastro do número 228 da Rue de Rivoli.

Concluída a breve cerimônia, Karcher pega o telefone preto que está sobre a mesa de Choltitz e disca um número. "Auteuil 04-21?", ele pergunta ao ouvir um clique do outro lado. Reconhece uma voz familiar. "Papai", ele diz ao sogro, um general da reserva, "apresento-lhe meus cumprimentos. Aqui é o tenente Henri Karcher. Apesar das previsões desfavoráveis que o senhor havia feito sobre minha carreira militar, tenho a honra de lhe anunciar que acabo de prender o general alemão comandante da praça de Paris, seu estado-maior e sua bandeira!"

Na rua logo abaixo, o comandante La Horie, com o revólver em punho, tenta proteger seu prisioneiro. Impassível, Dietrich von Choltitz resiste sem pestanejar ao ataque da multidão em fúria. Mulheres com o rosto deformado pela raiva se atiram sobre ele, tentam arrancar suas dragonas, cospem em seu rosto. Homens gritam insultos. Ao ver o general alemão caminhando com as mãos para o alto, o povo de Paris não consegue conter a raiva acumulada ao longo de quatro anos de ocupação, de humilhações, de prisões, de torturas, de fuzilamentos e de deportações. E Choltitz paga pelos nazistas que o precederam, por todos os nazistas da Alemanha.

"Serei linchado", pensa o general. Às suas costas, ele ouve a respiração ofegante de seu fiel ordenança Mayer. O cabo aperta a empunhadura da valise que cuidadosamente preparara para aquela triste viagem. A cada passo, enquanto seus braços começam a baixar, tomados pelo cansaço, Choltitz ouve a voz angustiada de Mayer: "Mais alto, mais alto, *Herr* General, se o senhor não levantar os braços eles vão nos matar!". À frente deles, ao longo de toda a Rue de Rivoli, um grito de triunfo corre de boca em boca: "O general alemão foi preso". Na Place des Pyramides, uma mulher de quarenta anos se atira sobre o antigo comandante do Gross Paris, enche as bochechas e lhe acerta um grande cuspe no rosto, logo abaixo do monóculo. Uma voluntária da Cruz Vermelha se coloca entre eles, protege o alemão com o próprio corpo. Tocado por esse ato de compaixão inesperado, Choltitz, que passa naquele momento na frente da estátua dourada de Joana d'Arc, murmura à sua protetora: "A senhora é como Joana d'Arc".

La Horie avista acima das pessoas o casco retangular de um *half-track*, para o qual arrasta seu prisioneiro. Em meio ao empurra-empurra, ele se esquece do ordenança. Horrorizado, Mayer vê o *half-track* arrancar, deixando-o sozinho no meio da multidão aos berros. Com uma coronhada de fuzil, um membro das FFI arranca a valise e começa a golpeá-la para esvaziar seu conteúdo. Mayer consegue escapar das mãos que puxam seu uniforme e começa a correr, agarrando-se à blindagem do *half-track*. Acima dele, o cabo avista a silhueta tranquilizadora do general. Por um instante, porém, Choltitz esquece de seu ordenança. Enquanto é conduzido à prisão, ele contempla, petrificado, um espetáculo do qual nunca se esquecerá. Uma parisiense de cabelos soltos começa a dançar *La Carmagnole** no meio da Rue de Rivoli. Acima de sua cabeça, ela brande com triunfante alegria o mais extraordinário troféu daquele dia de Libertação: as calças com listras vermelhas do comandante do Gross Paris.

8

No coração de Paris, na sala de jantar apainelada da Prefeitura de Polícia, à frente da Sainte-Chapelle, outro general, com as roupas cobertas de poeira, acabava de sentar à mesa. Philippe Leclerc atingira a mais gloriosa etapa da longa viagem que o conduziria até o Reno. Ele cumprira a promessa feita em Cufra. Era o libertador de Paris. Por um desses acasos mágicos de que a História está cheia, esse triunfo acontecia exatos quatro anos depois que Leclerc se pusera a caminho de Paris. Havia sido, de fato, na tarde de 25 de agosto de 1940 que começara para o oficial picardo a epopeia da reconquista. Naquele dia, atravessando de canoa o Vuri, um rio africano, ele unira Camarões à França Livre. Todo seu exército se encontrava naquela canoa. Dezessete homens: três oficiais, dois missionários, sete agricultores e cinco funcionários. Quatro anos depois, Leclerc voltava à frente de dezesseis mil soldados, que constituíam a unidade mais moderna do exército francês ressuscitado.

À frente do general, do outro lado de um buquê de flores, está o jovem coronel cuja insurreição justamente conduzira Leclerc a Paris. Em seu velho uniforme da guerra espanhola, que seis dias de combate em Paris tinham recoberto por uma nova camada de glórias, Rol almoça à mesa de Leclerc. Fazendo pouco caso das intrigas políticas, Leclerc aperta a mão do líder comunista cuja existência e cujo papel ele até então ignorava.

Para o chefe da 2ª divisão blindada, esse primeiro almoço em Paris libertada durará apenas o tempo dos aperitivos. Um oficial vem lhe murmurar algumas palavras ao ouvido. Leclerc se levanta na mesma hora e entra na peça vizinha, uma sala de bilhar. Ali, Philippe Leclerc receberá dentro de alguns

---

* La Carmagnole: famosa canção da Revolução Francesa que celebrava a queda da monarquia. (N.T.)

instantes a rendição oficial do último general alemão comandante da capital da França.

Ele ouve os gritos e assobios da multidão reunida no pátio da imensa prefeitura, que cinco dias antes quase fora destruída pelos tanques e Stukas do estado-maior da Wehrmacht. Uma porta se abre. Ofegante, com o rosto congestionado, o general alemão entra e caminha na direção de Leclerc. As apresentações são breves. "Sou o general Von Choltitz", ele anuncia. "*Ich bin der General Leclerc*", responde o chefe da 2ª divisão blindada, no alemão aprendido na academia militar de Saint-Cyr. O tenente Alfred Betz, que acaba de chegar à prefeitura a bordo do jipe *Mata Hari* e que servirá de intérprete oficial, fica impressionado com a aparência bem-cuidada que, apesar das violências que acaba de sofrer, Choltitz mantém-se ereto em seu uniforme de gala. Embora seja atarracado e rechonchudo, ele emana uma distinção que desperta um certo respeito. Choltitz, por sua vez, tem seu primeiro encontro com um general francês e fica espantado com o aspecto "incrivelmente descontraído" do homem a quem entregará sua rendição. Para esse encontro histórico, Leclerc usa seu habitual traje de campanha, o mesmo dos combates da África e da Normandia: camisa sem gravata, calça cáqui, botas americanas. Sem condecorações ou insígnias, apenas duas pequenas estrelas em cada ombro.

Os dois homens discutem brevemente os termos do ato de capitulação preparado por Betz. Depois, o jovem tenente estende ao general alemão sua velha caneta Waterman de ponta retrátil com a qual ele prestara, logo antes da guerra, os exames de Direito. Nesse exato momento, Rol entra na sala. Furioso por não ter sido convidado para a cerimônia da qual se sente, com razão, um dos principais artífices, o líder das FFI insiste junto a Leclerc para que seu nome também conste na ata de capitulação, ao lado do chefe da 2ª divisão blindada. Leclerc acaba aceitando. Os dois generais combinam então de enviar um oficial alemão e um oficial francês para levar a ordem de rendição a cada um dos pontos defensivos que ainda resistem. Choltitz assinará essas ordens na Gare Montparnasse, onde fica o posto de comando de Leclerc. É de lá que partem os emissários.

Quando Dietrich von Choltitz volta ao *half-track* que o conduzirá à Gare Montparnasse, a multidão se torna tão ameaçadora que Betz precisa sacar a pistola para proteger o prisioneiro. Lançando um olhar desdenhoso para aquele que, algumas horas antes, tinha o destino de Paris em suas mãos, o motorista do *half-track* fecha a porta blindada atrás do general alemão e exclama: "Veja só, o grande porco ainda é ágil!". Da janela de uma sala da Prefeitura de Polícia onde está preso, um pequeno homem transtornado vê desaparecer no Boulevard du Palais, em pé no *half-track*, a silhueta imóvel e ereta do general a quem ele servira fielmente por tanto tempo. Muitos anos se passarão antes que Helmut Mayer volte a ver o general Von Choltitz. No Boulevard du Palais, no alto da Torre do Relógio, a primeira badalada das quatro horas acaba de soar.

A notícia da capitulação do comandante do Gross Paris se espalha pela cidade, onde a alegria do povo não conhece limites. Talvez nunca antes na história do mundo uma cidade inteira tenha aberto seu coração como Paris naquele dia. Para o correspondente de guerra americano Ernie Pyle, a alegria da capital francesa representa "o momento mais bonito, mais estrondoso de nossa época" (Pyle acrescenta que "o soldado que não estiver com uma garota em cada braço é um pobre diabo".) "Tentar descrever com palavras o que Paris é hoje", escreverá seu colega Ed Ball, "seria o mesmo que tentar pintar em preto e branco um pôr do sol no deserto."

Ao longo de todo esse dia magnífico, recuperando sua chama, energia e generosidade, Paris amou, gritou, dançou e também morreu, com um entusiasmo delirante. Mergulhado nesse júbilo, o capitão George Knapp, capelão protestante de Indiana, pensou estar vivendo a "experiência mais exaltante de sua vida". Outro capelão americano, o capitão Lewis Koon, da Virgínia – em cujo jipe estava pintada em letras brancas a palavra *Chaplain* (capelão) – ouvirá gritos de: "Oh, Charlie Chaplin!". Por toda Paris, as pessoas abriam as garrafas de champanhe cuidadosamente guardadas para o dia da Libertação. Na Avenue de la Grande-Armée, enquanto se protegia dos tiros embaixo de um caminhão, o coronel David Bruce viu um homem elegante se arrastar em sua direção. Bruce, líder do OSS para a Europa, que entrara em Rambouillet com Hemingway, olhou com espanto para aquele senhor distinto que parecia totalmente à vontade de barriga na sarjeta. "Desculpe-me, coronel", disse o homem, "permite-me convidá-lo para tomar uma taça de champanhe em minha casa?"

Quando o coronel Russ Forgan, do OSS, entrou em seu hotel preferido, o Hôtel de France et de Choiseul, ele ficou boquiaberto. O diretor veio lhe oferecer uma bebida infinitamente mais rara que champanhe: uma garrafa de bourbon. Ele a tirara do esconderijo no fundo do jardim onde a enterrara no dia em que os alemães entraram em Paris. O bravo sujeito jurara oferecer aquela preciosa garrafa ao primeiro libertador que visse.

Para a maioria dos soldados desgrenhados e exaustos da 2ª divisão blindada e da 4ª divisão americana, nenhum presente era mais apreciado do que a oferta de um banho. Foi no apartamento do número 2 da Avenue Léon-Bollée que o soldado Charlie Haley, do 4º batalhão de engenharia, tomou o seu. Uma mulher, suas duas filhas e seu filho esfregaram com força a sujeira acumulada desde a Normandia no corpo do americano que, em pé numa banheira, de calção, se deixava lavar, maravilhado. O capitão Jim Smith, de uma companhia antitanques do 12º regimento, foi convidado para a mesma cerimônia por uma bonita loira. Não tendo nem banheira nem ducha em seu pequeno alojamento, a jovem instalou o convidado num banquinho de madeira no meio da cozinha e começou a esfregá-lo dos pés à cabeça, enquanto o capitão, que acreditava estar sonhando, esvaziava uma garrafa de champanhe.

A cidade em festa não se contentou em aclamar seus libertadores. Em cada rua, em cada avenida, os soldados foram cobertos de pequenos presentes, com os quais, apesar do despojamento de quatro anos de ocupação, os parisienses queriam expressar sua gratidão. Vinte anos depois, o sargento Douglas Kimball, de New Hampshire, recorda: "Ah, Paris! Seus 'obrigado' ainda ecoam em meus ouvidos!".

Na Avenue des Champs-Élysées, o brigadeiro Philippe Grard, do regimento de spahis, ofereceu a um ex-combatente da Primeira Guerra um maço de Camel. "Ah, rapazes", exclamou o velho, "aposto que vocês não fumam tabaco de verdade há muito tempo!" Dizendo isso, ele tirou do bolso o pequeno pacote de sua preciosa porção mensal e começou a enrolar com zelo para Grard e seus três colegas quatro cigarros do "gris" da ocupação.

No banco de trás do jipe do sargento Don Flannagan estava Jeannie, o pequeno coelho descarnado recolhido nas ruínas de uma fazenda normanda, que se tornara a mascote da companhia. Parado no meio da multidão, Flannagan viu um parisiense se aproximar de seu jipe. Nos braços, o homem segurava um grande coelho, que oferecia a Flannagan para que o americano pudesse "comer um bom e gordo coelho e não esse animal esquelético que levava consigo".

Mais que os presentes dessa multidão anônima, a imensa gratidão de todo um povo comovia os libertadores a cada esquina. Tantos parisienses abraçavam o soldado do 12º regimento George Mac Intyre que ele tinha a impressão, ao chegar à Place de l'Étoile, de ter passado num triturador. Mac Intyre, que se dizia pequeno, quase careca e semidesdentado, saltou do carro para esticar as pernas e viu um vulto se destacar na multidão que já fazia um círculo a seu redor. Era uma linda jovem de dezoito anos. Por alguns segundos, ela contemplou fixamente o americano sujo e mal barbeado, enquanto as pessoas se amontoavam ao redor. Depois, de repente, com o rosto cheio de felicidade, ela começou a gritar: "Agora o povo da França pode reerguer a cabeça! Que Deus abençoe nossos libertadores! Viva a América! Viva a França!". Ela se atirou nos braços de Mac Intyre, pegou suas mãos, que beijou loucamente, e caiu de joelhos à sua frente. Comovido e constrangido, o soldado ajudou a jovem a se levantar e a abraçou sob as aclamações da multidão. Para o pequeno soldado de New Jersey com os olhos cheios de lágrimas, o gesto daquela jovem apagara em um instante todos os sofrimentos vividos durante aquela guerra.

Em seu pequeno apartamento do número 102 da Rue de Richelieu, a sra. Jacques Jugeat ouvia os gritos de alegria dos moradores do bairro. Aos 71 anos, viúva, sozinha em Paris, a sra. Jugeat ouvia esses rumores de alegria com um pouco de melancolia. Para a velha senhora, o dia da Libertação transcorreria, como a maior parte dos dias da ocupação, à espera de notícias do filho, do qual estava separada havia quatro anos. Ela não ouviu a primeira batida na porta. Na segunda, ela levou um susto e pensou que alguém se enganara. Na terceira, vagamente preocupada, acabou indo abrir.

À sua frente estava um grande rapaz sorridente, vestido num estranho uniforme. Ele lhe estendeu um envelope amassado, que levava no bolso como um talismã. Quando a velha senhora desdobrou a folha de papel que ele continha, começou a chorar baixinho. Era uma carta de seu filho. O tenente-coronel Dee Stone cumprira sua promessa. Ele entregara à destinatária a carta que seu vizinho lhe confiara dois anos antes, na noite de sua partida para a Europa. O americano morava perto de Nova York, no mesmo prédio do filho da senhora.

Nas ruas de Paris, invadidas por uma festa fantástica, aconteciam as cenas mais estranhas. Com uma garrafa numa mão, um fuzil na outra, membros das FFI extremamente empolgados perseguiam nos telhados alguns franco-atiradores alemães. Nos Champs-Élysées, a banda dos bombeiros tocava sucessivamente *God Bless America* e *A marselhesa*. Em torno dos pontos defensivos alemães que ainda resistiam, soldados da 2ª divisão blindada e membros das FFI lutavam e morriam juntos, enquanto a poucas ruas de distância outros soldados festejavam sua vitória ao fim dos combates. Colunas de prisioneiros alemães, desnorteados e esfarrapados, começavam a desfilar pelas ruas. A cada momento, soldados americanos e franceses, entregues à alegria de festejar a libertação com os parisienses, eram chamados a voltar "até a esquina" para exigir a rendição dos alemães que se recusavam a se entregar às FFI.

O tenente-coronel Ken Downes e John Mowinckle, os dois americanos que tinham acabado de levar Jade Amicol a seu pequeno convento, decidiram tomar uma bebida. O único lugar que lhes pareceu digno de recebê-los naquele dia de glória foi o bar do hotel Crillon. Quando entrou no famoso palacete, Downes teve um sobressalto. O hall estava cheio de alemães de mochila nas costas e armas a tiracolo. Eles olharam com espanto para os dois americanos. Até que um alemão avançou até eles. "Vocês são americanos?", ele perguntou. Diante da resposta afirmativa de Downes, o alemão declarou: "Então nós nos rendemos, mas somente a vocês, não àquela gente", ele acrescentou, apontando com desprezo para a multidão que se amontoava na rua.

"Quantos vocês são?", perguntou Downes.

"Cento e setenta e seis", respondeu o alemão.

Downes pareceu pensar por um instante. Depois, virando-se para Mowinckle, declarou: "Tenente, cuide desses prisioneiros". Depois de dizer isso, Downes saiu e foi em busca de um bar mais acolhedor. Sozinho com seus 176 prisioneiros, Mowinckle decidiu desarmá-los. Ele ordenou que depositassem os fuzis no vestiário. Terminada a operação, o americano começou a inspecionar o hotel. No primeiro andar, encontrou uma sala imensa ainda cheia dos restos do último almoço que os ocupantes do hotel tinham feito algumas horas antes. Naquele momento, no outro extremo da sala, uma porta se abriu. Mowinckle viu um tenente francês de gorro vermelho aparecer. Os dois homens sorriram um para o outro e correram ao mesmo tempo até o tesouro que tinham acabado de descobrir no meio da peça. Uma caixa de champanhe. Frente a frente diante da preciosa descoberta, os oficiais se cumprimentaram. "Tenente Jean Biehlmann, do serviço de inteligência francês", anunciou o oficial de gorro vermelho. "Tenente John Mowinckle, do serviço de inteligência americano", respondeu o outro. "Sugiro dividirmos", disse o francês, "seis para você, seis para mim." Mowinckle se curvou educadamente e os dois esvaziaram a caixa. Depois, com os braços cheios de garrafas, eles desceram num passo solene a grande escadaria, passaram pelos prisioneiros atônitos e saíram do Crillon rindo como dois estudantes que tivessem pregado uma boa peça em alguém.

Perto dali, dois caminhões cheios de membros das FFI paravam na frente de outro palacete. Usando boinas sujas, vestindo regatas e macacões manchados de óleo, os setenta homens que pareciam um bando de proletários pronto para defender Madrid entraram no mais luxuoso hotel de Paris, o Ritz da Place Vendôme. À frente deles marchava o homem que os conduzira até ali, Ernest Hemingway.

No hall deserto, eles só encontraram para recebê-los um homem aterrorizado, o assistente do diretor. Mas este reconheceu, sob a barba desgrenhada, o estranho líder daquele grupo esfarrapado. "Não é possível! Sr. Hemingway", ele exclamou para o antigo cliente, "o que está fazendo aqui?" Hemingway anunciou que pretendia se instalar no hotel com "seus" homens. Passada a surpresa, o funcionário perguntou o que podia oferecer a beber ao alegre bando que invadira os salões do palacete. Hemingway pareceu refletir por um segundo. "Ora... 71 dry martinis", ele respondeu com um sorriso malicioso.

Ao longo de toda a manhã, Yvette Boverat, seu marido e a filha do casal, Hélène, percorreram Paris de bicicleta em busca de um regimento de boinas pretas. Da Porte d'Orléans, onde assistiram à entrada das primeiras tropas em Paris, eles desceram, pelo Boulevard Saint-Michel, até o Hôtel de Ville. E tinham finalmente conseguido identificar o regimento que procuravam. Era o 501º regimento de tanques de combate, a unidade que havia tomado o Meurice.

Na Place du Châtelet, os Boverat encontraram soldados de boinas pretas. Mas nenhum deles, infelizmente, conhecia Maurice ou Raymond Boverat. Eles então foram à ilha Saint-Louis, onde estariam outros elementos do regimento. Por uma hora, os Boverat percorreram as ruas e ruelas da pequena ilha. A todas as pessoas que encontravam, eles faziam a mesma pergunta ansiosa: "Você viu soldados com boinas pretas?". Por fim, na frente de um pequeno café, dois membros das FFI que montavam guarda junto a um jipe revelaram à família cansada que um militar de boina preta dormia no pátio. Hélène foi a primeira a sair correndo. Quando ela chegou ao pátio, viu de fato um soldado dormindo num canto, à sombra, como um anjo. "Ele é grande demais para ser um de meus irmãos", pensou a jovem. Seu pai e sua mãe logo chegaram. Os três Boverat, segurando a respiração, contemplaram o soldado adormecido. A sra. Boverat se inclinou sobre o rosto hirsuto coberto por uma barba de três dias. E esticou a mão, pousando-a no ombro do soldado adormecido, com aquele gesto afetuoso que ela acordara o filho Maurice em todas as manhãs de sua infância.

Maurice abriu os olhos. Primeiro, viu o rosto da irmã. "Como está bonita!", ele pensou. A jovem olhava fixamente, com os olhos cheios de lágrimas, para aquele jovem que era apenas um garoto quando tinha partido. "Como ele cresceu!", ela pensou. Depois, vendo o objeto metálico que pendia de seu cinto, uma fita de metralhadora, ele disse com espanto: "Oh, você ainda toca gaita?".

Um velho ônibus subia a Rue Lafayette a toda velocidade. Numa curva, pessoas tinham pulado em sua plataforma e começado a cantar *A marselhesa*.

Ao volante, estava o cabo Lucien Aublanc, marido da pequena Simone, que por quatro anos tivera certeza de que ele continuava vivo, pois "se ele tivesse morrido, eu teria sentido", ela dizia.

Nos jardins das Tulherias, onde os últimos combates tinham acabado havia pouco, Lucien Aublanc pegara aquele estranho veículo, no qual acelerava em busca de Simone. Quando chegou à estreita Rue Baudin, todos os moradores acorreram às janelas. Da sacada, Simone foi a primeira a ver o soldado que descia do ônibus. Na rua, alguém gritou: "É um Leclerc!". Ao ouvir essas palavras, Simone pensou: "É Lucien!". Ela desceu as escadas enlouquecidamente e se precipitou para fora. Diante do enorme sujeito que apareceu à sua frente, ela se deteve. Ela olhou para a boina preta, a farda verde e as estranhas botas de amarrar que ele usava. "Para mim", ela se recorda, "era um homem que vinha da lua, de tão espantada que fiquei." Lucien olhava para a mulher de saia preta com suspensórios e camisa azul, incapaz de dizer uma palavra. Então ele começou a sorrir e disse timidamente: "Ah! Você está de batom". Simone sorriu e perguntou: "Por que tirou a barba?". Houve então entre aquelas duas pessoas que se encontravam depois de quatro anos de separação um silêncio interminável. Uma multidão muda de emoção se amontoara em torno deles. Simone viu então Lucien procurar algo no bolso e tirar um enorme sabonete Palmolive. "Tome", ele disse, "demorei... mas aqui está, trouxe um sabonete para você." Então Lucien e Simone caíram na gargalhada e se atiraram nos braços um do outro.

De tanto sorrir e beijar todas as jovens que corriam em sua direção, o capitão Victor Vrabel, do 12º regimento americano, sentia dor nos músculos das bochechas. Na Pont de la Concorde, o jipe do capitão foi literalmente engolido pela multidão. Entre os cem rostos que giravam a seu redor, o americano viu o de uma jovem que o encarava numa espécie de êxtase. Uma pergunta absurda veio à mente do oficial. "Senhorita", ele perguntou, "por acaso é loira natural?" A jovem respondeu em inglês e começou a fazer perguntas ao belo americano coberto de pó que sorria mostrando todos os dentes. "Meu Deus, como ele é jovem para já ser capitão!", ela pensou. O oficial convidou a linda parisiense para dançar. Ela pareceu hesitar, mas acabou aceitando "desde que minha mãe possa nos acompanhar". Então ela lhe passou seu endereço. Ao ver em sua caderneta, porém, a longa lista de nomes que o oficial já recolhera, Jacqueline Malissinet não teve nenhuma ilusão: havia pouquíssimas chances de ela voltar a ver o simpático americano. Olhando com tristeza para a jovem que se afastava na multidão, Vrabel pensou: "Fazer o quê, é a guerra! Garotas sérias não saem com soldados". Quando Jacqueline contou à mãe o encontro que acabara de ter, esta exclamou: "Quem sabe? Talvez um dia você se case com ele!".

"Ora, mamãe", replicou Jacqueline, "nunca mais o veremos." Jacqueline estava enganada. Dois anos depois, ela se casaria com o capitão de grande sorriso.*

Em outro bairro de Paris, no quarto andar de um prédio imponente da Avenue Mozart, outra parisiense, com um penhoar sobre os ombros, acompanhava a passagem dos libertadores. Diante das colunas de *half-tracks* do comandante Massu, que percorriam o asfalto sob sua janela, Antoinette Charbonnier chorava todas as lágrimas que tinha. Para ela, a Libertação significava o fim de um mundo, o fim de sua vida com o capitão alemão Hans Werner, o belo oficial vitorioso de 1940, com quem ela saboreara aquela época a seu ver abençoada: a Ocupação. Com um gesto brusco, Antoinette fechou as venezianas e foi se deitar, tentando esquecer o que vira e ficar a sós com suas lembranças.

Na penumbra familiar daquele quarto, em que cada móvel e bibelô a lembravam de Hans Werner, Antoinette estava atenta à campainha do telefone. Mas naquele dia o capitão não lhe telefonaria. Deitado na cama de um hotel mal-afamado da Rue Henri-Rochefort, onde ela o escondera no início da insurreição, fazendo-o passar por um resistente polonês procurado pela Gestapo, o alemão ouvia o surdo martelar dos tanques libertadores, que para ele também significava o fim de um mundo.**

Da janela da grande sala onde tinha sido feita prisioneira com todas as *souris grises* que ficaram em Paris, a linda secretária muniquense Cita Krebben acabava de ouvir o estrondo dos primeiros tanques aliados. Para a última viagem, que a levaria de volta à Alemanha sob a proteção da Cruz Vermelha, a jovem alemã vestira seu tailleur mais elegante, um conjunto de xantungue bege claro. Conduzidas até o hotel Bristol, na Rue du Faubourg Saint-Honoré, Cita Krebben e suas colegas foram presas pelas FFI, que encontraram em algumas malas pratarias, lençóis de hotel e até revólveres. No caminho para a prisão provisória onde estava naquele momento, Cita Krebben passara por uma multidão quase tão furiosa quanto a que acabava de ameaçar o ex-comandante do

---

* Ao deixar Paris, Vrabel chamou seu jipe de Jacky, em homenagem ao breve encontro que ele tivera na Pont de la Concorde. Em novembro de 1944, depois da batalha da floresta de Hürtgen, o oficial obteve sua única dispensa de guerra: três dias em Paris. Barbeado, num uniforme impecável, ele foi bater à porta do número 86 da Rue de la Folie-Méricourt. Ele estava tão limpo que Jacqueline demorou a reconhecê-lo.

Eles se casaram no dia 30 de setembro de 1946, logo antes do regresso de Vrabel aos Estados Unidos. (N.A.)

** Três meses depois da Libertação, Antoinette Charbonnier e Hans Werner foram denunciados e presos. Antoinette passou seis meses em Fresnes e Werner quase dois anos num campo de prisioneiros. Ele foi libertado no final de 1946 e eles se casaram pouco depois. (N.A.)

Gross Paris. Entre todos os sinais de hostilidade que a jovem recebeu ao passar, houve um do qual ela nunca se esqueceria. Na esquina da Rue Jean-Mermoz, uma mulher furiosa se aproximou dela e começou a cuspir em suas roupas. Era a costureira que fizera aquele tailleur agora coberto com seu cuspe.

Quando ouviu o barulho dos tanques na rua, Cita conseguiu chegar até a janela. Por cima do ombro de um guarda, ela viu os cinco Sherman cobertos de pó e lama que haviam parado na esquina da Rue du Faubourg Saint-Honoré com a Rue Jean-Mermoz. Ao ver a multidão que corria até os vencedores, Cita pensou com resignação que "dessa vez a guerra realmente acabou". Leu os nomes pintados nas torres de tiro. Um chamou sua atenção, pois tinha uma consonância alemã. Ela se perguntou por que um tanque francês se chamava *Hartmann Willerkopf*.

Todos os moradores do bairro cercavam os cinco tanques do aspirante Marcel Christen, que Cita contemplava da janela. Suas blindagens carregavam as marcas dos combates travados na véspera diante de Fresnes e, naquele momento, na frente do hotel Continental. No meio da multidão estavam o sapateiro Antoine, o açougueiro Leclerc, Fillon, joalheiro da Rue Rabelais, o romancista Paul Andréota e sua mulher Gloria, o jovem Dominique de Serville e seus pais, o policial Robert e a velha sra. Chassaigne-Goyon, cujo falecido marido dera nome a uma praça nos arredores. Thérèse, a zeladora surda do número 19 da Rue Jean Mermoz, estava ali com sua colega do número 20, a cartomante que havia quatro anos religiosamente anunciava a Libertação para "a próxima primavera". Um pouco mais adiante naquela confusão via-se uma batina. O cônego Jean Muller, pároco da igreja sem sino de Saint-Philippe-du-Roule, também aclamava os libertadores. Na frente da padaria Daloyau, perdida na multidão, estava a jovem secretária Nelly Chabrier, que naquela manhã pusera o lindo vestido rosa que sua mãe lhe dera para aquele grande dia. Para todos os moradores, aquele pequeno bairro de Paris igual a todos os outros se tornara o vilarejo mais fraterno do mundo.

Nelly Chabrier olhava para o enorme sujeito coberto de pó que estava de pé na torre de tiro do *Hartmann Willerkopf*. Como que atraída por uma força estranha, ela não conseguia tirar os olhos dele. Mas no mar de rostos que a cercava, Marcel Christen não via a jovem. Ela rabiscou então algumas palavras num pedaço de papel. "Você é o tipo de francês que queremos ver e conhecer. Se um dia voltar a Paris, será sempre bem-vindo no número 20 da Rue Jean Mermoz, Élysées 09-82", escreveu espontaneamente. Usando os cotovelos, ela conseguiu fazer seu bilhete chegar até o jovem oficial. Quinze meses depois, o cônego Jean Muller casaria Nelly Chabrier e o aspirante Marcel Christen na igreja Saint-Philippe-du-Roule, a poucos passos do lugar onde havia parado, no dia da Libertação, um tanque chamado *Hartmann Willerkopf*.

9

Em outros pontos da cidade, a batalha corre solta. As guarnições dos pontos defensivos alemães aos quais ainda não fora transmitida a ordem de rendição de Choltitz cumprem seu juramento ao *Führer*. Elas lutam com ardor. Em torno dos blocauses atacados por todos os lados pelos soldados da 2ª divisão blindada e pelas FFI, os combates são furiosos. Nesses últimos minutos, vários homens ainda perecerão, vítimas de sua coragem ou por simples fatalidade. Na Avenue Kléber, diante do vasto complexo de blocauses e hotéis que cerca o Majestic, sede do governo militar que durante quatro anos reinou sobre a França Ocupada, uma granada arranca o pé de um pequeno senhor de chapéu preto que troca tiros com os soldados de Massu. Ele é um comerciante suíço chamado Fernand Zacker. De manhã, ele anunciara à mulher: "Marthe, também vou libertar Paris". Algumas horas depois, Marthe chegará de bicicleta à Avenue Kléber e começará a procurar, entre os destroços e cadáveres que cobrem a avenida, o pé de seu marido. Depois de o encontrar, ela o enrolará com cuidado e o guardará em sua bolsa. Na sola do sapato, na ponta do pé, estava toda a fortuna do casal: vinte moedas de ouro.

Alguns instantes depois, para proteger os primeiros prisioneiros do hotel Majestic da raiva da multidão, o comandante Henri de Mirambeau e alguns soldados da infantaria do regimento de marcha do Chade os conduzem até o cinema Empire, na Avenue de Wagram. À frente da pequena coluna, com as mãos para o alto, avança o comandante SS que acaba de sair do Majestic com uma bandeira branca para se render a Mirambeau. De repente, enquanto os prisioneiros e sua escolta entram na Avenue de Wagram, o oficial SS abaixa os braços e tira uma granada da manga, atirando-a sobre Mirambeau.

De uma janela do ministério da Saúde, na Place de l'Étoile, um espectador horrorizado acompanha a cena. Trata-se de Norman Lewis, o civil americano que acorrera de muletas para levar aos amigos a bandeira estrelada que ele havia escondido para a Libertação. Ele vê Mirambeau cair em meio a uma poça de sangue enquanto os soldados abrem fogo sobre os prisioneiros. O tiroteio eclode por todos os lados. O antigo Sammy de 1917 pagou caro por seu desejo de ver Paris ser libertada. Uma rajada de balas perdidas atingiu sua janela, matando-o na hora.

Do outro lado do Sena, escondidos atrás de um plátano do Quai d'Orsay, os soldados Léandre Medori, camponês corso que achara Paris tão grande, e seu colega Jean Ferracci, que distribuíra a dezenas de parisienses o número de telefone de sua irmã, vigiam com angústia as janelas do ministério de Relações Exteriores, de onde parte um tiroteio mortífero. A cada vez que eles colocam a cabeça para fora, tiros enviam para longe pedaços de casca do plátano. Os soldados que abandonam o abrigo são derrubados na hora. "Parecia um jogo de boliche da festa de Sainte-Marie-de-Lota", lembra Medori. De repente, o pequeno corso ouve um ruído surdo às suas costas. Jean Ferracci cai em silêncio. Medori ouve então o rangido das esteiras dos tanques que vêm substituir os soldados que caem como moscas. Ele vê um Sherman que gira à sua frente e se precipita sobre a grade do ministério de Relações Exteriores. É o *Saint-Syr* do subtenente Jean Bureau. Na mesma hora, uma chuva de pequenas granadas cinza redondas, que Medori nunca vira, cai sobre o tanque. Bureau acabara de telefonar a seus pais de um prédio vizinho. "Papai", ele anunciara com orgulho, "vou atacar o ministério de Relações Exteriores!" Alguns instantes depois, Medori vê uma chama saindo de uma janela. A torre de tiro do tanque à sua frente voa pelos ares numa chuva de faíscas. Um tiro de bazuca acaba de destruir o *Saint-Cyr*. Jean Bureau e os quatro colegas são sepultados no fundo de seu caixão de aço.

Atrás do parapeito da janela protegida por sacos de areia, de onde ele usa uma metralhadora contra seus atacantes, o alemão Willy Werner ouve a voz do oficial da Luftwaffe que comanda o ponto defensivo das Relações Exteriores. O oficial anuncia a seus homens que acaba de recusar a rendição. Ele acrescenta estar convencido de ter correspondido com esse gesto à vontade de todos os defensores. Willy Werner não ousa protestar, mas assim que seu chefe sai da sala, ele abandona a metralhadora, se esgueira pelos corredores e desce até a adega para esvaziar a garrafa de conhaque que leva no bolso e esperar tranquilamente o fim da guerra.

Do outro lado do ministério de Relações Exteriores, na frente da Câmara dos Deputados, onde as bazucas alemãs acabam de atingir dois Sherman do 12º regimento de couraceiros, um simples brigadeiro trava uma pequena guerra solitária. Serge Geoffroy cumpria a promessa feita dois dias antes a seus colegas do *Marie Jill*, o tanque obuseiro em pane que a divisão abandonara num pomar da Normandia. Geoffroy tinha encontrado atalhos. Como um navio fantasma, o *Marie Jill* entrara sozinho em Paris, à frente de todas as colunas. Agora, com um Colt na mão, o gorro vermelho enfiado na cabeça como uma crista de galo, Geoffroy atravessa a pé a Pont de la Concorde e avança na direção da Câmara dos Deputados para matar os alemães. De repente, Geoffroy avista uma silhueta que agita um grande lenço branco e avança em sua direção. É um oficial da Wehrmacht. Quando os dois homens estão separados por apenas uma dezena de metros, um obus passa assobiando e pulveriza um poste de luz que desaba exatamente entre eles. Depois que a fumaça que os envolve por alguns instantes se dissipa, o alemão grita "*Kamarad*" e faz um sinal para o francês o seguir. Eles chegam juntos ao pé da mureta em torno da Câmara. O alemão aponta para o alto do muro e faz Geoffroy entender que é preciso escalá-lo, "pois lá no alto, muitos alemães fazer *Kamarad*". O porteiro que está sob o pórtico do prédio, na esquina da Rue de Bourgogne com o Boulevard Saint-Germain, vê então com estupefação o francês de gorro vermelho ajudar o alemão a subir ao topo da mureta. O alemão estende o braço ao brigadeiro e então o ajuda a subir por sua vez. Os dois homens pulam no jardim e o alemão começa a correr na direção de uma porta envidraçada. "Meu Deus", pensa Geoffroy, "me dei mal." Com uma granada na mão esquerda, o Colt na mão direita, ele avança. Atrás da porta de vidro há um cadáver. Quando ele entra na peça, com o dedo no gatilho, se depara com trinta oficiais, em pé ao longo de um balcão. Sem saber, Geoffroy acaba de entrar no bar da Câmara dos Deputados. Ele vê um coronel caminhar até ele com um copo numa mão e uma garrafa de martíni na outra. O alemão enche o copo até a borda, bate os calcanhares e o estende ao francês. Geoffroy coloca a granada em cima do balcão e pega o copo. Ele nunca recusara um copo na vida. Ele o esvazia de um só gole. Depois, grita: "Soltem suas armas! Todos para o pátio!" Enquanto os alemães obedecem, Geoffroy, com o rosto radiante de alegria, se serve de mais uma dose, e de uma terceira. Em pouco tempo a garrafa de martini fica totalmente vazia. O principal centro de resistência da Câmara dos Deputados acaba de capitular.

Na frente da Escola Militar, o brigadeiro Pierre Lefèvre e o soldado de 1ª classe Étienne Krafft, os dois motoristas dos carros blindados que tinham se lançado numa corrida desenfreada sob a Torre Eiffel, disputam outra competição mais perigosa. Sob a porta de entrada da Escola Militar há um canhão alemão de 88mm voltado para a Torre Eiffel. Esgueirando-se de cada lado da vegetação do Champ-de-Mars, os dois carros blindados chegam a toda velocidade à Place Joffre, passam em disparada na frente da escola e abrem fogo à queima-roupa, com todas as armas ao mesmo tempo. O chefe do carro de Lefèvre, o *maréchal des logis* Jean Feller, descarrega seu Colt sobre os soldados alemães que, ele recorda, "abaixaram a cabeça". Nos fones, Lefèvre ouve a voz de Feller gritando "Viva!" em triunfo. A manobra dura vários minutos. O 88mm alemão dá um último tiro e depois silencia. Quase sem munição, os carros blindados param, enquanto os primeiros Sherman aparecem. De uma janela do primeiro andar da Escola Militar, Bernardt Blache, o *Feldwebel* cujos homens "queimavam como salsichas" seis dias antes na frente da Prefeitura de Polícia, vê as terríveis silhuetas dos tanques avançando lentamente na esplanada do Champ-de-Mars. Deitado sobre um colchão à frente da metralhadora, Blache ouve os gemidos de seu vizinho, um padeiro de Munique de quem um estilhaço acaba de arrancar o braço. Para ocupar a mente, Blache começa a contar os tanques, mas logo desiste. São numerosos demais. Os primeiros Sherman abrem fogo sobre a longa fachada. O choque de um projétil que explode numa peça vizinha arranca o capacete de um alemão. De repente, para o berlinense de 24 anos que havia entrado em Paris quatro anos antes junto com as primeiras tropas da vitoriosa Wehrmacht, a guerra se torna um inferno.

Horrorizado com o estrondo da batalha que acontece em torno da Escola Militar, o cabo Walter Hollesch, que ocupa, perto dali, um setor do ministério dos Correios e Telégrafos, em cujo teto ele estava na véspera para ouvir os sinos de Paris, reúne seus homens e anuncia que decidiu se render. Para resolver essa formalidade, Hollesch encontra um meio astucioso. Ele quebra o vidro do alarme de incêndio do ministério. Assim que ouve a voz do bombeiro de plantão, ele anuncia: "O ministério dos Correios e Telégrafos está pronto para capitular".

Uma chuva de granadas de morteiro cai naquele momento dentro do pátio da Escola Militar. Da sacada de um prédio da Rue Savorgnan-de-Brazza, o brigadeiro Jacques Ménard, seu colega Michel Jouys e a "senhora muito simpática" que acaba de acolhê-los "para lançar algumas 'pedras' de morteiro sobre os alemães" veem os alemães enlouquecidos correndo para todos os lados no pátio.

Bernardt Blache esvazia a última fita da metralhadora no tanque que acaba de parar na frente da porta de entrada, mas as balas ricocheteiam na blindagem soltando faíscas. Desencorajado, o alemão se levanta e abandona a peça. Nesse momento, ele sente o assoalho tremer sob seus pés. Pela janela do corredor, ele vê um Sherman irromper no pátio. Blache se lembraria para sempre do nome do tanque, pintado na torre de tiro coberta de destroços: *Verdun*. Ao ver o veículo, o alemão decide descer ao térreo e se render. Alguns minutos depois, ele é preso junto com uma dezena de camaradas numa pequena sala cuja janela tem vista para a praça. Um soldado entra gritando: "Hitler *Kaput*" e manda os prisioneiros saírem, um por um, pela janela. A cada vez que um alemão passa pela janela e pula na calçada, Blache ouve uma breve rajada de metralhadora. Ele começa a tremer como uma folha, convencido de que os franceses executam seus prisioneiros. Da calçada da frente, o soldado Étienne Krafft vê os alemães caindo uns sobre os outros, mortos à queima-roupa pelos civis. Krafft começa a correr e grita: "Parem, parem, eles são 'meus' prisioneiros!". Oito corpos estão estendidos na calçada. Agora é a vez de Bernardt Blache passar pela janela. O alemão entende que vai morrer. No momento de pular, ele ouve uma voz gritando algumas palavras: "Merda, merda, parem de atirar!".

Soldados do regimento do Chade aparecem e se colocam entre os civis e os prisioneiros.

Étienne Krafft entra em um prédio, bate a uma porta e pede permissão para usar o telefone. Ele disca Invalides 02-63. Do outro lado, ele reconhece a voz de seu pai.

"Bom dia, papai, é Étienne", ele diz.

"Étienne?"

"Sim, seu filho Étienne."

"Impossível..."

Então Krafft ouve outra voz: "Quem é?". Seu pai responde à sua mãe: "É Étienne". Gritos ecoam no telefone. Até que Krafft ouve de repente a voz de sua mãe, que pergunta:

"Meu querido, qual sua patente?"

"Segunda classe, mamãe!"

Sua mãe repete com espanto: "Segunda classe!". "Sim, quer dizer simples soldado, Amélie!", explica seu pai, que pega o aparelho.

"Papai, coloque o champanhe para gelar, estou chegando!"

"Étienne, Étienne, faz dezoito meses que o champanhe está gelando!"

Enquanto isso, na Place de l'Étoile, um velho desce de sua bicicleta e olha, estupefato, para o pequeno avião que passa um metro acima de sua cabeça e pousa na entrada da Avenue de la Grande-Armée. Da cabine, ele vê descer um rapagão em uniforme de capitão. "Hubert!", exclama o velho, estupefato. Ele acaba de reconhecer seu filho, o capitão Hubert Rousselier, de quem não tinha notícias havia quatro anos.

10

Enquanto os estrondos da batalha aos poucos esmoreciam, os ocupantes de Paris desfilaram pela última vez pelas ruas inundadas de sol e alegria, em meio a gritos, cantos e aclamações aos libertadores. Diante das fileiras de soldados desnorteados e horrorizados que, de cada ponto defensivo, rumavam para seu último destino parisiense – uma caserna de bombeiros, os porões da Prefeitura de Polícia, o hall da Gare Montparnasse –, o povo de Paris tinha dificuldade de conter sua raiva. Como se quisessem apagar de uma só vez quatro anos de sofrimento, rancor e medo, homens e mulheres se atiravam sobre os soldados de Choltitz aos socos, enchendo-os de insultos e cuspindo sobre eles, até mesmo matando-os.

Em vez de enfrentar a vingança da multidão em fúria, alguns alemães, como o tenente da divisão Panzer da caserna da Place de la République, preferiram estourar os miolos no último segundo. Outros, como o soldado Georg Kilber, do 3º regimento de segurança, colocaram roupas civis e conseguiram se misturar à multidão, onde aclamaram os libertadores. Outros fizeram uso de astuciosos estratagemas. O capitão Zigesar-Beines, oficial que dois dias antes era prisioneiro das FFI no Grand-Palais, foi para o hospital americano de Neuilly, vestiu um pijama e se instalou num quarto para esperar tranquilamente a chegada dos americanos.

Em geral, porém, poucos alemães conseguiram evitar os duros e humilhantes momentos pelos quais o próprio Dietrich von Choltitz passara havia pouco na Rue de Rivoli.

Para o *Feldwebel* Ewin Conrad e para o soldado Fritz Gottschalk, que todos os dias ao meio-dia, por meses a fio, desfilavam pela Champs-Élysées atrás de uma suástica, esse último desfile é uma cruel inversão das coisas. Empurrado, esbofeteado, com as roupas arrancadas, Gottschalk avança pela Rue de Rivoli sob os escarros da multidão.

Alguns metros atrás, com as mãos na nuca, o rosto ensanguentado, Werner Nix, o *Feldwebel* que participara com tanta repugnância do último desfile de Choltitz, cambaleia como um bêbado sob os murros que chovem de todos os lados. Na esperança de evitar o castigo, no Boulevard Saint-Germain o *Unteroffizier* Hans Fritz, o alemão cujo caminhão de explosivos caíra numa emboscada, distribui cigarros aos FFI que escoltam as colunas e grita a plenos pulmões: "Não sou alemão, sou bávaro!". No caminhão que o conduz à Prefeitura de Polícia no meio de uma multidão enfurecida, Rudolf Ries, o *Feldgendarme* que cinco dias antes anunciara a trégua nas ruas de Paris, pensa implacavelmente numa imagem de seu livro de história no colégio. Ela representava as carroças de condenados da Revolução Francesa.

De outro caminhão, que avança como um carro fúnebre, ao longo dos muros do Luna Park, na Porte Maillot, o *Feldwebel* Paul Schehl contempla com melancolia as tendas de feira onde ele passara tão bons momentos com sua namorada francesa. Naquele momento, um disparo ecoa. Schehl sente uma ardência na perna e algo viscoso escorrendo para dentro de sua bota. Ele acaba de ser atingido por uma bala perdida. Na Avenue de Neuilly, Ernst Ebner, o sargento da polícia militar que cinco dias antes se embriagara nos festejos de seu 38º aniversário, ouve o vizinho murmurar: "Ao menos essa maldita guerra acabou". Ele vê o homem que diz essas palavras levar a mão ao peito e fazer uma careta. Uma bala acaba de atravessar seu coração. Na Place du Châtelet, o *Gefreiter* Paul Seidel, estafeta do estado-maior, se depara com um espetáculo que lhe parece ainda mais insuportável que sua própria marcha sob os golpes da multidão. De uma pequena rua, surge um grupo de mulheres aos prantos, nuas da cintura para cima, com os seios pintados com suásticas, as cabeças raspadas. Nas placas que pendem de seus pescoços, Seidel consegue ler: "Fui a puta dos alemães".

Às vezes, o ódio ao alemão não poupa nem os feridos. Numa ambulância que se dirige ao hospital Saint-Antoine, um oficial alemão gravemente ferido sente de repente uma mão se aproximar de sua garganta. É a mão de Jacques d'Estienne, atirador do tanque *Laffaux*. D'Estienne acaba de descobrir o alemão na maca ao lado da sua. Tomado de uma raiva súbita, ele consegue, ainda que semiparalisado, se endireitar e esticar o braço sadio até a garganta do alemão, estrangulando-o. Ao puxar a mão de volta, ele arranca a Cruz de Ferro do oficial e a coloca no bolso. Seu gesto é tão rápido que o padre enfermeiro que está na ambulância só tem tempo de gritar: "Meu filho!".*

Mas dos vinte mil alemães que passaram naquele dia pelas ruas de Paris, os que mais cruelmente padeceram a humilhação desse último desfile foram os oficiais do estado-maior do Gross Paris. Os parisienses se atiraram com particular violência sobre esses homens que personificavam a tirania nazista. Empurrando os soldados e os FFI que os escoltavam, mulheres se atiraram sobre eles, arranharam seus rostos e cuspiram neles. Homens os derrubaram a socos, pontapés, coronhadas. A rua logo ficou cheia de corpos, pisoteados pela multidão.

Na Rue de Rivoli, no meio da longa coluna, avança a alta silhueta do conde Dankwart von Arnim. Na véspera, antes de adormecer em sua última

---

* Alguns momentos depois, a Cruz de Ferro do oficial recém-estrangulado quase custa a vida a Jacques d'Estienne. Na sala de triagem do hospital Saint-Antoine, uma enfermeira esvazia seus bolsos e coloca sua carteira e a Cruz de Ferro sobre seu peito. Há tantos feridos na sala que os cirurgiões decidem primeiro tratar os franceses. D'Estienne se lembra da voz do cirurgião que, ao passar pelas macas, diz: "Alemão... Alemão... Alemão...". Ao chegar na frente de D'Estienne, o cirurgião vê a Cruz de Ferro sobre seu peito, diz "Alemão" e passa sem se deter. D'Estienne solta um urro selvagem e grita: "Eu, alemão? O senhor está maluco!" e desmaia. Ele se acorda uma hora depois, depois de os cirurgiões extraírem 25 dos 37 estilhaços de granada que tinham atingido suas costas durante o ataque do Meurice. (N.A.)

noite de liberdade, Arnim lera o relato da noite de São Bartolomeu. Ele tem certeza de que vai morrer. Lúcido e resignado, ele pensa: "Vou pagar por todos os crimes de meus compatriotas". Naqueles últimos minutos, o jovem ajudante de campo do general Von Choltitz decide pensar em coisas agradáveis. Então, no meio daquela multidão enfurecida que acaba de arrancar sua bolsa, ele relembra a velha casa da família em Brandemburgo, os cinco mil hectares de lavouras, charnecas e bosques onde ele caçava o cervo e o javali quando criança. Ao chegar à fachada cinzenta do ministério das Finanças, Arnim vê um civil armado com um revólver se atirar aos berros sobre o oficial que caminha a sua frente, ao lado de seu amigo Ernst von Bressensdorf. Com a cabeça descoberta e as mãos na nuca, o capitão Otto Kayser, ex-professor de Colônia que lera nos muros de Paris o lema "A cada um seu boche", tenta se livrar do agressor. Com o rosto deformado pelo ódio, porém, o civil se agarra nele como uma sanguessuga, pega sua pistola, encosta o cano na têmpora do alemão e atira. Horrorizado, Arnim tropeça no corpo de Kayser e segue em frente. "Logo será minha vez", ele pensa.

Para alguns franceses, esse dia de libertação também é o momento de prestar contas. Os colaboradores que não tinham tido a sabedoria ou a possibilidade de fugir nos furgões do ocupante foram presos às dezenas, e muitas vezes executados sem julgamento. Os atiradores de telhados, que a sinistra Milícia de Vichy deixara para trás para semear o pânico na população, são sucessivamente cercados, capturados e executados em público. Ao atravessar a Place de la Concorde, onde 35 anos antes ele vira passar Woodrow Wilson a caminho de Versalhes para assinar o tratado que deveria ter garantido ao mundo uma paz eterna, o tenente-coronel Stone vê uma massa ensanguentada no calçamento. Do telhado do hotel Crillon, um fanático atirava sobre a multidão, explicam os FFI ao americano.

A "guerra dos telhados" foi, infelizmente, ocasião de muitos mal-entendidos que tragicamente macularam esse dia inesquecível. Da sacada na Avenue d'Italie, Max Goa, o dentista que plantava rabanetes para oferecer legumes aos judeus e aviadores aliados que hospedava, tinha visto os tanques de Leclerc passarem ao longo de todo o dia. Como muitos parisienses, Max e Madeleine Goa decidiram abrir a única garrafa de champanhe que tinham para celebrar a libertação esperada com tanta ânsia. Naquele momento, do telhado da frente, partiram alguns tiros. Max correu até a sacada e, pegando o binóculo, começou a examinar os telhados. Na rua, alguém apontou para a pequena sacada onde ele acabara de aparecer, como um vulto armado de um objeto preto, e começou a gritar: "Foi ele, foi ele!". Então três FFI entraram correndo no prédio e subiram até a casa dos Goa. Os FFI agarraram o dentista e a mulher, os empurraram escada abaixo e os atiraram na rua, onde a população enfurecida começou a espancá-los. Conduzidos à prefeitura do 13º arrondissement para serem julgados perante um tribunal do povo, Max e Madeleine Goa negaram com todas as suas forças o crime descabido que lhes era atribuído. Na rua, porém, a massa sedenta de vingança e sangue gritava "Pena de morte!" e Max Goa lhe foi entregue. A cena foi atroz. Mãos furiosas agarraram o inocente dentista e o atiraram sob as esteiras de um Sherman que passava a toda velocidade. Enquanto isso, depois de uma paródia de julgamento, um pelotão de execução fuzilava Madeleine Goa. No dia seguinte, o corpo rígido e ensanguentado da pequena resistente que salvara tantos judeus e aviadores foi atirado na frente da porta de seu prédio com um cartaz sobre o peito: "Traidora da Pátria".*

11

A bordo de um Hotchkiss preto conversível, Charles de Gaulle avança rumo a seu encontro marcado com a História. À medida que diminuem os últimos quilômetros que o separam da capital, ele se sente ao mesmo tempo tomado de emoção e cheio de serenidade. À revelia dos Aliados e sem seu consentimento, a bordo de um carro francês dirigido por um motorista francês, De Gaulle chega à cidade, onde os tiroteios seguem ecoando. Ele entra pela porta que, numa noite de junho de 1940, em meio ao caos da fuga, deixara para trás. Em poucos minutos, ele assistirá ao desfecho da Libertação, que será, como ele desejara, uma questão essencialmente francesa.

Precedido por um carro da 2ª divisão blindada, o Hotchkiss preto pega a Avenue d'Orléans, ocupada por uma exaltada maré de parisienses que finalmente descobrem o verdadeiro rosto do homem que, ao longo de quatro anos, no sombrio período de ocupação, encarnara o destino eterno de seu país.

---

* Os três membros das FFI que prenderam os Goa eram na verdade criminosos comuns fugidos da prisão da Santé. Eles mais tarde foram presos e julgados. A morte trágica dos Goa foi um exemplo, entre vários outros, do espírito de vingança e de "justiça popular" que maculou o dia da Libertação e as semanas que se seguiram. Esse espírito de vingança veio à tona em várias execuções sumárias ordenadas pela justiça expressa de tribunais improvisados e por atos de vingança pessoal ou política que com frequência não tinham nenhuma relação com a ocupação propriamente dita. Ao instaurar "tribunais do povo", o Partido Comunista foi, muitas vezes, responsável por esses abusos. No entanto, é preciso reconhecer que muitos atos perpetrados em nome do partido por aqueles que se diziam sob sua autoridade ocorreram sem seu consentimento ou conhecimento. (N.A.)

Um pouco mais longe, no coração de Paris, do outro lado do Sena, na frente da grande fachada coberta de estátuas do Hôtel de Ville, um pequeno grupo de homens se prepara, naquele momento, para selar aquela entrada triunfal com uma acolhida oficial. Os líderes da insurreição aguardam o general De Gaulle para recebê-lo na Paris libertada. Eles esperarão em vão. O Hotchkiss preto não se dirige ao Hôtel de Ville. Extraordinariamente aclamado pela multidão, ele dobra na Avenue du Maine rumo a outro destino. Quando finalmente para, na frente do posto de comando de Leclerc, o grande relógio da Gare Montparnasse marca quatro e meia da tarde. O longo exílio de Charles de Gaulle acaba de chegar ao fim.

De Gaulle entra na estação sob aclamações da multidão e avista uma silhueta familiar. É seu filho Philippe, que, levando uma das quinze ordens de rendição que o general alemão acaba de assinar, parte na companhia de um oficial da Wehrmacht rumo à Câmara dos Deputados, onde alguns alemães ainda resistem.

Na plataforma 21, onde Leclerc o esperava, De Gaulle toma conhecimento da ata de capitulação. Ao ler a primeira linha, seu rosto endurece bruscamente. Com uma voz glacial, ele observa a Leclerc que o nome de Rol não deve figurar naquele documento. Leclerc é o oficial de patente mais elevada, cabe a ele, e somente a ele, enquanto chefe de todas as forças militares francesas, receber a capitulação de Choltitz. Para De Gaulle, a manobra é clara: os comunistas querem se apropriar do título de libertadores de Paris. Charles de Gaulle não tem a menor intenção de deixar que façam isso. Já naquela manhã, numa proclamação saudando a libertação de Paris, o CNR, a assembleia política da Resistência, omitindo De Gaulle e seu governo, se manifestara em nome da nação francesa, direito que o general lhe contestava. Ele via essa proclamação como um desafio à sua autoridade. De Gaulle logo responderia abertamente a tal desafio.

Antes de deixar a estação, ele aperta a mão de alguns oficiais do estado--maior de Leclerc ali presentes. De repente, um homenzinho de boina surge à sua frente. De Gaulle mede de alto a baixo aquela estranha figura, curiosamente vestida com um velho uniforme puído. É Rol. O coronel das FFI tem a impressão de que De Gaulle hesita. Até que uma mão, em um braço imenso, se estica na direção da sua e a aperta calorosamente.*

---

* A não ser pela menção ao nome de Rol, De Gaulle tinha todos os motivos para estar satisfeito com a maneira como a ata de capitulação fora redigida. Leclerc seguira fielmente suas instruções. Ele aceitara a rendição de Choltitz não em nome do comando aliado do qual dependia, mas em nome do Governo Provisório da República Francesa. Foi o único caso, desde o desembarque, em que uma importante capitulação foi negociada unilateralmente por um dos Aliados. (N.A.)

De Gaulle passa sob a grande placa que indica a "Chegada de bagagens", sai da estação e entra em seu Hotchkiss. Sempre precedido pelo carro blindado, o pequeno cortejo se põe em movimento e se dirige ao prédio de onde Charles de Gaulle, na noite de 10 de junho de 1940, partira para sua longa viagem: o ministério da Guerra.

No Boulevard Raspail, tiros ecoam à passagem do cortejo. Enquanto sua escolta responde, o general desce do carro para assistir aos duelos que acontecem a seu redor. Impassível, com um cigarro Craven nos lábios, a alta silhueta se mantém ereta enquanto tiros assobiam e ricocheteiam a seu redor. Ao ouvir o som de uma bala atingindo o porta-malas do carro, De Gaulle se vira para Geoffroy de Courcel, que deixara Paris junto com ele em junho de 1940, e exclama com ironia: "Então, Courcel, ao menos voltamos em melhores condições do que aquelas em que partimos!".

Num passo lento e solene, o líder da França Livre finalmente sobe os degraus da entrada do palacete do ministro da Guerra, de onde sua vanguarda retirara havia pouco, às pressas, os bustos do marechal Pétain, e também expulsara os membros do COMAC, que tiveram a ingenuidade de ocupar o prédio antes de sua chegada.

De Gaulle encontra aquele prédio venerável do mesmo jeito que o deixara. O mesmo porteiro que o saudara quando ele partira o acolhe naquele dia. O vestíbulo, a escada e as armaduras decorativas são os mesmos de outrora. No gabinete do ministro, nenhum móvel, nenhuma tapeçaria, nenhuma cortina, nada foi mexido. Sobre a mesa, o telefone continua no mesmo lugar. E nos botões de chamada aparecem os mesmos nomes. No entanto, pensa De Gaulle, "feitos gigantescos abalaram o universo. Nosso exército foi aniquilado. A França esteve à beira do colapso".*

Nada falta nos prédios da República, de fato, apenas o Estado. De volta para casa, De Gaulle decide começar a reconstruí-lo.

12

Munidos dos papéis assinados pelo general Von Choltitz, os oficiais do estado-maior do Gross Paris, "geminados" a seus vencedores franceses, deixam a Gare Montparnasse para levar as ordens de rendição aos pontos defensivos que ainda resistem.

---

* Memórias do general De Gaulle, Tomo II, "L'Unité", p. 306. (N.A.)

Ao elegante coronel Jay cabe entregá-las em uma fortaleza situada num bairro que ele nunca frequentara: a caserna Prince Eugène, na Place de la République. Seu colega francês lhe explica que estivera "ausente por muito tempo", portanto é o próprio Jay que conduz a pequena expedição. Na Place de la République, Jay desdobra uma toalha branca e leva ao comandante da fortaleza a ordem de Choltitz. Mas o oficial se recusa a depor as armas. Ele anuncia que decidiu resistir até a chegada das duas divisões blindadas SS que estão a caminho de Paris. Jay tem muita dificuldade para convencê-lo de que esses reforços nunca chegarão e que as FFI logo invadirão a caserna e causarão um massacre.

O *Hauptmann* Otto Nietzki, preso nas Tulherias, é enviado à Kommandantur de Neuilly. De repente, um homem furioso salta sobre o jipe e, apontando para Nietzki começa a gritar: "Foi ele, foi ele! Ele matou minha mulher!". Somente a intervenção do oficial americano que acompanha o alemão consegue impedir a multidão de o linchar.

A maioria dos famosos *Stützpunkte* logo depõem as armas. E, pela primeira vez em cinco dias, os tiros cessam de ecoar em quase todas as ruas de Paris.

Na Rue d'Anjou, na penumbra do grande salão do consulado da Suécia, um alemão exausto apresenta pela segunda vez em 24 horas sua solitária rendição. Trata-se de Bobby Bender, o misterioso agente do Abwehr. Ele se levanta, caminha na direção de um cabide onde seu impermeável está pendurado, pega um revólver e volta a se colocar em posição de sentido na frente de Lorrain Cruse. Dessa vez, o jovem assessor de Chaban-Delmas aceita o revólver.

Ao fim do dia, um único ponto defensivo ainda resiste, o mesmo que foi o primeiro a abrir fogo: o Palais du Luxembourg. Preta de fumaça, com as fachadas crivadas de tiros, a fortaleza do coronel Kayser aguenta firme e os SS que a ocupam se recusam a ceder uma polegada de terreno. Para obter sua rendição, o general Von Choltitz designa seu próprio chefe de estado-maior, o coronel Von Unger, acompanhado de dois oficiais franceses, o coronel Jean Crépin, comandante de artilharia da 2ª divisão blindada, e o capitão André Righini. Recebidos por três SS de uniforme preto que encostam o cano das metralhadoras em suas costas, o alemão e os franceses penetram sob a cúpula de oito faces e são conduzidos ao grande salão apainelado do térreo. Ali, o coronel Crépin se depara com um espetáculo desolador que ele nunca esquecerá. O assoalho está coberto de capacetes, cartuchos, caixas de munições abertas; as cortinas e as tapeçarias foram arrancadas e rasgadas. Sobre os grandes tapetes orientais, no centro da peça, mortos e moribundos se amontoam desordenadamente. O coronel Kayser, de monóculo, a Cruz de Ferro no pescoço, ouve em silêncio a leitura da ordem trazida por Unger. Naquele exato momento, jovens oficiais SS em traje de combate, armados de metralhadoras, entram na peça e ameaçam executar o coronel Kayser e, junto com ele, os oficiais de seu estado-maior, os franceses e todos aqueles que quiserem cessar o combate.

Pelas janelas que dão para os jardins, Crépin e Righini avistam soldados trazendo seus colegas feridos e voltando imediatamente para o combate, correndo de árvore em árvore. Jovens SS com roupas camufladas, fitas de metralhadora em torno do pescoço, irrompem a todo momento na sala para prestar contas aos oficiais. Crépin olha então para o relógio e calcula que a missão corre o risco de dar errado. Ele anuncia secamente que o coronel comandante da guarnição dispõe de uma hora para obter o cessar-fogo de todos os pontos defensivos, reunir todos os seus homens no pátio central e entregar as armas e instalações intactas. Caso contrário, eles não serão tratados como prisioneiros de guerra. Depois que suas palavras são traduzidas pelo coronel Von Unger, há um momento de hesitação entre os presentes. Então o coronel Kayser fica vermelho como um pimentão e grita que, por ordem do *Führer*, é preciso cessar o combate. Crépin e Righini se lembram de ter visto os oficiais SS ficarem bruscamente mais pálidos que cadáveres e arrancarem suas insígnias e condecorações. Depois de um último "*Heil* Hitler!", eles começam a sair um por um do salão.

A bandeira branca logo tremula sobre o Senado, mas o combate não cessa imediatamente. Entrincheirados em casamatas e tanques, os SS da guarnição ainda utilizam as últimas munições. Eles deixam apenas algumas balas de revólver, caso caiam vivos nas mãos da multidão enfurecida.

Enquanto os primeiros alemães começam a se reunir no pátio cheio de escombros, um grupo de civis aparece dando gritos de alegria. São os prisioneiros franceses detidos no Senado. Entre eles está Pierre Pardou, o resistente que pilhava os depósitos da Milícia de Vichy. No grupo de alemães que agora enche o pátio, Pardou avista seu carcereiro, o grande cozinheiro Franz, com as mãos para cima. O alemão lhe faz um sinal para que ele venha até ele, abaixa rapidamente uma mão, vasculha seu bolso e entrega um envelope ao francês. Num último esforço de encontrar algumas palavras em francês, ele diz: "Para minha mulher".

Como um minerador que tivesse ficado vários dias soterrado no fundo de um poço, François Dalby finalmente emerge da sala da central elétrica do palácio para também contemplar aquele espetáculo. Mas Dalby ainda precisará ficar mais 48 horas no prédio que ele ajudou com grandeza a salvar da destruição. Ele deve acompanhar a operação de retirada dos explosivos. Exatamente às 19h35, ao fim do ultimato do coronel Crépin, o coronel Kayser, com o monóculo atarraxado ao olho, a Cruz de Ferro no pescoço, uma imensa bandeira branca nas mãos crispadas, atravessa pela última vez o pórtico do palácio no qual ele havia reinado como senhor onipotente por nove dias. Atrás dele, seguem-no numa interminável fileira os setecentos homens da guarnição. Entre eles, cansado e desanimado, encontra-se o dentista Eugen Hommens. De repente, ao passar na frente de um Sherman parado na Rue de Vaugirard, Hommens leva um susto. Na torre de tiro do tanque, abraçada a um soldado francês, ele reconhece Annick, sua jovem amante que, na véspera, suplicara que ele desertasse por ela.

Walter Hoffmann, o *Oberfeldwebel* que dera à amante, de presente de despedida, um pedaço de toucinho, também teria uma triste experiência com a inconstância feminina. Empurrado a coronhadas para fora da Escola Militar, Hoffmann reconheceu entre as mulheres que vaiavam os prisioneiros a gentil atendente de restaurante que tantas vezes o servira em seu Soldatenheim preferido. Mas ainda mais magoado ficou o cozinheiro da Kriegsmarine que passava pela Avenue Victor-Hugo ao lado do tenente da Luftwaffe Johannes Schmiegel. Com uma espécie de obstinação animal, o cozinheiro repetia sem parar: "Se Jeannette me encontrar, ela me tira dessa". Na frente de uma escola da Avenue Raymond-Poincaré, Jeannette encontrou o ex-amante. Ela correu até ele e cuspiu em seu rosto.

Naquelas últimas horas, vários prisioneiros devem suas vidas a uma rápida intervenção dos soldados que os escoltavam, homens da 2ª divisão blindada ou das FFI. Um civil enfurecido se atira sobre o tenente Schmiegel e o derruba. Na mesma hora, como uma matilha desenfreada, a multidão começa a pisotear o alemão. Schmiegel vê então acima de sua cabeça um imenso soldado marroquino fazer movimentos circulares com a carabina e conseguir dispersar a multidão.

Roger Cadet, o jovem policial que quase fora fuzilado dois dias antes, encontrou numa fileira de prisioneiros que saía da Escola Militar o alemão que o salvara, o capitão Wagner. Este perguntou preocupado ao jovem francês se era verdade que os membros das FFI matavam todos os alemães. "Dou-lhe minha palavra", garantiu-lhe o policial, "de que será tratado como um prisioneiro de guerra." Cadet acompanhou o alemão à caserna à qual eram conduzidos os prisioneiros da Escola Militar. Ele contou sua história ao brigadeiro de gendarmaria encarregado de vigiá-los e pediu que "cuidasse muito bem" do capitão. Dois dias depois, Cadet voltou a ver o gendarme. Entre os quinze alemães que seriam fuzilados em represália a um ato de barbárie cometido em Le Bourget, este lhe contou que estava o nome de Wagner. No último momento, porém, lembrando-se da recomendação de Cadet, o gendarme substituíra o capitão Wagner por outro prisioneiro.

O crepúsculo envolvia a cidade com uma luz suave. As armas tinham se calado por toda parte, e os raros tiros que ainda ecoavam vinham de alguns atiradores em telhados isolados. A conquista daquele silêncio havia custado caro. Quarenta e dois soldados da 2ª divisão blindada tinham caído durante aquele dia e 77 tinham sido feridos. Entre a população civil, contavam-se 127 mortos e 714 feridos. Em torno de cada um desses mortos tinham se formado ilhas de dor, contra as quais rebentavam as ondas de alegria que arrebatavam a cidade.

Na frente do ministério de Relações Exteriores, uma jovem corria feliz na direção dos homens da companhia do capitão Charles d'Orgeix. Era a irmã mais nova do soldado Jean Ferracci, cuja chegada ela ficara sabendo por vários telefonemas anônimos. Ela nunca voltaria a vê-lo. Ferracci havia morrido atrás de um plátano, atingido por 34 tiros de metralhadora.

Na Place du Châtelet, outra jovem corria de tanque em tanque. A cada soldado, ela perguntava: "Conhece meu noivo, Pierre Laigle?". Os homens de gorros pretos balançavam a cabeça e desviavam o olhar. Nenhum teve coragem de lhe dizer que ele fora morto na Rue de Rivoli, na torre de tiro de seu tanque.

Numa pequena casa de subúrbio, em Choisy-le-Roi, Louise Berth esperava no batente da porta. Ela viu um homem de uniforme caminhar em sua direção. Era seu marido. René Berth se atirou nos braços da mulher e começou a chorar como uma criança. A feliz reunião de família, pela qual ele esperara com tanta impaciência, não aconteceria. Duas horas antes, enquanto voltava para casa para "fazer uma surpresa à mãe no dia de seu aniversário", Raymond, seu filho, fora atingido por um tiro na cabeça perto do metrô Dupleix.

13

Da Pont d'Arcole e das margens do Sena até as fachadas dos velhos imóveis da Rue de Rivoli, uma massa numerosa e multicolorida enchia toda a Place de Hôtel de Ville. Ali, naquela praça cheia de história, onde a República fora proclamada em 1870 e a Comuna um ano depois, milhares de parisienses esperavam havia horas por um acontecimento não menos histórico: a primeira aparição oficial do general De Gaulle. Todos estavam impacientes para finalmente ver em carne e osso o homem que, por quatro anos, dera esperanças à França ocupada.

De Gaulle quase não conseguiu comparecer a esse encontro. Em seu gabinete no ministério da Guerra, o general acabara de receber pela primeira vez aquele que fora seu representante político em Paris, Alexandre Parodi. Para Parodi, a conversa fora exaustiva. De Gaulle lhe comunicara sem rodeios o quanto a proclamação do CNR lhe desagradava. Mas o que mais espantara Parodi fora o ponto de vista particular a partir do qual De Gaulle olhava para a situação política. O general parecia realmente acreditar que os comunistas lutariam pelo poder. Para ele, organizações como o CNR não passavam de instrumentos mais ou menos disfarçados da ação do Partido. Todos contribuíam, a seu ver, para instaurar uma autoridade que o excluiria. E, naquele dia, Parodi não compartilhava dessa maneira de De Gaulle de avaliar os objetivos de seus adversários políticos.*

Em tom definitivo, De Gaulle informou a Parodi que não tinha a menor intenção de ser recebido pelo Conselho Nacional da Resistência ou pelo Comitê Parisiense de Libertação. Ele não tinha motivo algum para visitar os representantes da autoridade municipal. Ele lembrou a Parodi que era o líder do governo. Por isso, ele é que receberia o CNR e o CPL quando tivesse tempo e em seu ambiente.

Consciente da amargura que a recusa de aparecer no Hôtel de Ville causaria à população parisiense, Parodi suplicou a De Gaulle que reconsiderasse, mas o general se manteve inflexível. Parodi decidiu tentar uma última cartada. Calculando que alguém que conhecesse De Gaulle melhor do que ele talvez conseguisse convencê-lo, ele mandou buscar o prefeito de polícia Charles Luizet.

Depois de uma longa conversa durante a qual Luizet destacou ao general a desastrosa impressão que sua recusa causaria, o prefeito de polícia finalmente conseguiu convencê-lo. Antes de partir para o Hôtel de Ville, porém, De Gaulle informou ao prefeito que havia tomado duas decisões. A primeira concernia a visita que ele antes faria à Prefeitura de Polícia, símbolo da resistência gaullista. A segunda dizia respeito à única recepção que ele considerava válida: um encontro direto entre o povo de Paris e ele, enquanto líder do governo. Anunciou que decidira conduzir, no dia seguinte, um desfile triunfal que, partindo do túmulo do Soldado Desconhecido, desceria a Avenue des Champs-Élysées

---

* Depois de 1944, Parodi, que foi vice-presidente do Conselho de Estado, parece ter mudado a opinião que tinha quanto aos verdadeiros objetivos dos adversários políticos do general. Ele declarou aos autores deste livro que, com o passar do tempo, chegou à conclusão de que De Gaulle provavelmente tinha uma perspectiva mais realista da situação do que a dele. No entanto, o general, na sua opinião, superestimava o poder comunista e subestimava sua própria popularidade. (N.A.)

e seguiria até Notre-Dame, os dois símbolos da tradição e da perenidade da França, dos quais ele próprio havia sido a personificação ao longo de quatro anos. Com essa gloriosa marcha, ele responderia às pretensões dos membros do CNR e lhes mostraria, e também ao mundo, de que lado estava o povo da França. Não tinha a menor intenção, aliás, de convidar oficialmente o CNR para essa cerimônia histórica. Quando acabou de ditar suas ordens, De Gaulle exclamou secamente: "Bom, se precisamos ir, vamos!".

No Hôtel de Ville, os líderes da insurreição passavam da decepção à raiva. Ficaram de início surpresos de não ver De Gaulle chegar, depois exasperados, por fim irritados. Pálido e preocupado, Georges Bidault, presidente do CNR, percorria o gabinete do presidente do Conselho Municipal murmurando: "Ninguém nunca me fez esperar assim". Os membros do CNR – sem dúvida era o que De Gaulle queria – ficaram indignados que ele tivesse escolhido visitar primeiro a Prefeitura de Polícia, "a casa dos tiras", antes de ir ao Hôtel de Ville, "a casa do povo". Fernand Moulier, o jornalista que entrara em Paris uma semana antes dos Aliados, ouviu um dos membros do CNR resmungar: "Aqueles canalhas pararam por quatro anos e agora De Gaulle vai vê-los e homenageá-los". Apontando com um gesto amplo para a praça cheia de gente, Bidault exclamou: "O povo está aqui, e não na 'casa dos tiras'. Se preciso, celebraremos a Libertação sem ele".

Para De Gaulle, as ambições do CNR ou, em todo caso, da maior parte de seus membros eram essencialmente políticas. A seu ver, eles viam na insurreição a maneira de satisfazer essas ambições. Eles queriam apresentar De Gaulle oficialmente ao povo de Paris. Com esse gesto, esperavam lhe conferir seu apadrinhamento. Estavam dispostos a convidá-lo para suas reuniões, que aconteceriam num importante palácio nacional. Acima de tudo, porém, eles tinham redigido as linhas gerais de uma solene "proclamação da República", que contavam fazer De Gaulle ler à multidão, reatando assim com as tradições republicanas da praça do Hôtel de Ville. Bidault levava o texto no bolso. Essa proclamação era uma hábil manobra que se propunha não apenas a marcar o fim do regime de Vichy como também, mais sutilmente, o fim do governo de Argel. Ela fazia do CNR o instaurador de uma nova República da qual De Gaulle seria, de certo modo, o mandatário. Tais eram os sonhos ambiciosos, mas desprovidos de realismo, de Georges Bidault e seus amigos políticos. Para esses homens, o despertar seria brutal.

Os membros do CNR já estavam nos degraus de entrada do Hôtel de Ville quando, surgindo acima da multidão em delírio com sua estatura elevada, De Gaulle os alcançou.

Vestindo um simples uniforme cáqui e nada além da Cruz de Lorena e da insígnia das Forças Francesas Combatentes, De Gaulle passou na frente da guarda de honra a passos largos e em mangas de camisa e seguiu na direção de Georges Bidault, que o esperava para fazer as apresentações. Mas De Gaulle não lhe deu tempo para isso. Ele subiu direto as escadas e Bidault foi obrigado a segui-lo.

Chegando no gabinete do presidente do Conselho Municipal, os dois homens fizeram breves pronunciamentos. Bidault foi comovente. De Gaulle respondeu com um arroubo de sua eloquência majestosa.

"Por que esconder a emoção que nos embarga a todos, homens e mulheres, nesses minutos que ultrapassam cada uma de nossas pobres vidas?", ele perguntou. Então declarou aos que o cercavam: "O inimigo vacila, mas ainda não foi abatido... Mais do que nunca, a unidade nacional se faz necessária". E acrescentou: "A guerra, a unidade e a grandeza, este é meu programa". Quando ele terminou, Bidault tirou discretamente do bolso a proclamação. "Meu general", ele exclamou com sua voz rouca, "o senhor tem aqui, a seu redor, o Conselho Nacional da Resistência e o Comitê Parisiense de Libertação. Nós lhe pedimos que proclame solenemente a República diante do povo aqui reunido." De Gaulle encarou o pequeno homem à sua frente com um olhar glacial. "A República", ele respondeu secamente, "nunca deixou de existir."

De Gaulle se aproximou da janela e se deparou com o mar de gente que enchia a praça do Hôtel de Ville. Quando finalmente apareceu, a multidão impaciente e superexcitada se manifestou numa enxurrada de aplausos e aclamações. Em pouco tempo, uma única e mesma voz se elevou de todas as gargantas, repetindo: "De Gaulle... De Gaulle...". Atrás da alta silhueta do general estava o tenente Claude Guy, seu fiel ajudante de campo. Vendo a pouca altura da balaustrada, Guy segurou o cinto do general para impedi-lo de cair no vazio caso ele fosse atingido por um tiro. Sem se virar, mas numa voz que todos ouviram na sala às suas costas, De Gaulle resmungou: "Me deixe em paz!".

Depois de cumprimentar a multidão com os grandes gestos que se tornariam familiares a todos os franceses, De Gaulle deixou a sacada. E deu uma piscadela para Claude Guy. "Obrigado", ele disse.

Depois de alguns rápidos apertos de mão, ele foi embora como havia chegado, a passos largos. Ele não pronunciara nem o nome do CNR nem a palavra "Resistência". Na sala vizinha, o champanhe continuava esperando: ele tampouco fizera um brinde à Libertação. De Gaulle conseguira não ser solenemente apresentado aos membros do CNR. Quanto à proclamação preparada por Georges Bidault, ela continuava dentro de seu bolso.

Enquanto De Gaulle deixava o Hôtel de Ville, os membros do CNR ouviam com uma amargura não dissimulada as aclamações e os gritos da multidão, que faziam vibrar as últimas vidraças ainda intactas do imenso prédio. O comunista Pierre Meunier ouviu então um de seus colegas murmurar com raiva: "É simples! Ele nos enganou!".

A primeira vitória, que De Gaulle acabava de obter no Hôtel de Ville, não seria a única do dia. Num gabinete insuficientemente mobiliado dos Invalides, enquanto o som de tiros ainda ecoava, dois homens assinavam um documento de 37 páginas. Na emoção e no tumulto da Libertação, esse gesto passou quase totalmente desapercebido. No entanto, a feliz coincidência do calendário, que fizera a libertação de Paris cair no dia da festa de São Luís, se estendia a outro acontecimento: a assinatura do tratado franco-americano relativo aos Assuntos Civis. Em Washington, no mês de julho anterior, De Gaulle e Roosevelt tinham aceitado seus termos pessoalmente. Ao longo de várias semanas, especialistas haviam discutido as modalidades. Mas a assinatura, apesar das pressões de Eisenhower, fora adiada dez vezes. Por fim, no mesmo dia da Libertação, o brigadeiro general Julius Holmes voara do quartel-general do SHAEF a bordo do L5 pessoal de Eisenhower e aterrissara num campo de trigo perto de Paris para levar o texto do acordo ao general Pierre Kœnig. Mas, mesmo naquele último minuto, o primeiro documento por meio do qual a América enfim reconhecia oficialmente a autoridade de Charles de Gaulle apresentava um erro. Mais uma vez, Washington prescrevera a Eisenhower comunicar que ele estava "autorizado a assinar esse acordo desde que as autoridades francesas tenham a intenção de permitir ao povo francês escolher livremente seu governo". Com De Gaulle, um preâmbulo desses não era propício a facilitar as coisas. Enquanto os signatários de um acordo análogo entre a Grã-Bretanha e a França tinham sido os ministros de Relações Exteriores, o governo americano exigira que o acordo com a França fosse assinado por militares. Com esse artifício, Roosevelt queria evitar que o acordo pudesse ser confundido com um reconhecimento de direito do governo de Charles de Gaulle. E agora, no momento em que colocava sua assinatura na 37ª página do longo documento, o general Julius Holmes, ex-diplomata de carreira, podia avaliar, à luz do que acabava de ver nas ruas de Paris, o abismo que separava aquele texto da realidade. Ele sabia que ninguém em Washington esperava ver o governo do general De Gaulle se estabelecer e funcionar antes de várias semanas. Aquela breve viagem a Paris acabara de lhe revelar a verdade: "Nada, a não ser a força, poderia expulsar De Gaulle". Holmes pensava com certo prazer em todas as dificuldades que o Departamento de Estado logo enfrentaria para modificar aquele documento cuja tinta ainda nem secara.

Na verdade, pensava Holmes, "De Gaulle nunca tivera a intenção de estar, naquele dia, em qualquer outro lugar que não Paris". E o diplomata americano, meditando com ironia sobre seu próprio papel, pensou a mesma coisa que o resistente anônimo do Hôtel de Ville: "Mais uma vez, De Gaulle habilmente nos enrolou".

No prédio da Kriegsmarine, na Place de la Concorde, um alemão ainda escapava dos vencedores. O *Korvettenkapitän* Harry Leithold conhecia, melhor do que seu próprio apartamento em Berlim, todos os cantos e recantos do Palais de Gabriel. Depois dos confrontos na Place de la Concorde, ele se escondera numa pequena sala do segundo andar. Tendo visto seus homens saírem com as mãos para o alto depois da rendição do Meurice, ele se mantivera ali, pensando em tentar fugir à noite para chegar às linhas alemãs. Agora, ele só esperava a escuridão. Leithold podia ouvir os gritos da multidão, que vinham da praça. Aproximando-se prudentemente do peitoril da janela, ele olhou para fora. Naquele momento, viu um carro preto chegando lentamente da Rue de Rivoli e entrando na praça logo abaixo de sua janela. Leithold pegou o fuzil e, num reflexo, mirou. "Esses franceses são realmente loucos!", ele pensou. Em sua linha de tiro, a menos de cem metros, apareceu, sentado no banco de trás, um general francês usando um quepe cáqui. Leithold seguiu a silhueta, com o dedo no gatilho. Bom atirador, ele tinha certeza de que o derrubaria com um só tiro. Ainda mais porque o homem, alto e corpulento, era um alvo fácil. "Matar um general francês seria uma maneira bastante gloriosa de terminar a guerra", ele pensou. Então Leithold testemunhou uma cena inesperada. Ele viu a multidão correr como uma onda até o carro preto e começar a aclamar loucamente aquele general desconhecido. Leithold entendeu que não sairia vivo daquele prédio se atirasse: a multidão invadiria o lugar e o lincharia. Quem quer que fosse aquele general francês, o alemão decidiu que sua própria vida valia muito mais do que a dele. Assim, deixou a arma no peitoril da janela, desceu ao térreo e se rendeu.

Dois anos depois, num campo de prisioneiros de guerra, o capitão Leithold descobriria, graças a uma foto numa revista, a identidade do general francês que naquele dia estivera na mira de seu fuzil: o general De Gaulle.

14

As primeiras sombras do crepúsculo caíam sobre a cidade libertada. Paris se deixava entorpecer pelo êxtase do cansaço como um corpo exausto de tanto fazer amor. Depois das alegrias e emoções, o momento era de suavidade e ternura. O sargento Armand Sorriero, do 12º regimento americano, se esgueirou na ponta dos pés, com a carabina no ombro, para dentro da catedral de Notre--Dame. Na imensa nave escura e silenciosa, o pequeno soldado da Filadélfia teve de repente a impressão de que "a guerra nunca existira". Ele se ajoelhou e começou a rezar. De repente, porém, pensou "que não convinha entrar na casa de Deus com uma arma feita para matar". Quando saiu da catedral, Sorriero foi interpelado por duas freiras de Saint-Vincent-de-Paul, que o levaram para a praça vizinha. Ali, elas o fizeram sentar num banquinho e começaram a lavar alegremente a sujeira e a graxa de seu rosto com a água quente que levavam em um pequeno jarro de porcelana. Sorriero, comovido, pensou que era "o Bom Deus que lhe agradecia por ter ido à igreja".

O capitão George W. Knapp, capelão protestante do mesmo regimento, havia decidido, por sua vez, ser o primeiro americano a subir no alto da Torre Eiffel. Ele começou a pé a longa e exigente ascensão que o capitão de bombeiros Raymond Sarniguet realizara poucas horas antes com sua bandeira tricolor. Uma hora depois, sem fôlego, com as pernas trêmulas, chegando ao topo, Knapp tirou uma pequena bandeira americana do bolso e a prendeu a uma trave da torre. Depois, espetou nela um pedaço de papel, onde escrevera: "Esta bandeira foi aqui plantada pelo primeiro americano a subir na Torre Eiffel".

Naquele dia de libertação, outro americano, o tenente Burt Kalisch, da seção de atualidades cinematográficas do SHAEF, quis visitar o túmulo de Napoleão. Ele tamborilou na porta de bronze da capela dos Invalides para que alguém a abrisse. O guarda do venerável local girou a maçaneta da enorme porta, que se entreabriu. Ao ver o americano, ele murmurou com voz cavernosa: "Você é um admirador do Imperador?". Kalisch respondeu sem hesitar que "o Imperador com certeza era uma grande glória da França". Grunhindo, o guarda abriu a porta e o americano pôde entrar. Ele se apoiou na balaustrada e contemplou com emoção o túmulo iluminado por feixes luminosos nos quais dançavam grãos de poeira dourada. Mas sua silenciosa meditação logo foi perturbada por um sussurro. Já que o americano era um verdadeiro admirador de Napoleão, o guarda lhe concederia um privilégio reservado aos visitantes especiais. Ele lhe permitiria "tocar o glorioso sarcófago". Os dois homens desceram a escada de mármore até a base de granito e o som de seus passos produziu ecos que soaram por um bom tempo sob a abóbada. E quando Kalisch saiu da capela, o velho guarda, que tinha o peito cheio de condecorações, ofereceu ao oficial um modesto presente. Um cartão-postal do ilustre monumento, no qual escrevera as seguintes palavras: "Ao primeiro americano que, no dia da Libertação, visitou o túmulo do Imperador".

Na Avenue des Champs-Élysées, o soldado George Mac Intyre foi abordado por um padre, que lhe disse que uma de suas paroquianas estava morrendo de câncer e desejava conhecer um soldado americano. A velha senhora, ele disse, queria ver um americano com seus próprios olhos, para ter certeza de que os Aliados tinham de fato chegado e que ela morreria numa Paris libertada.

Alguns minutos depois, o soldado entrou num pequeno quarto. Num grande leito, ao lado de uma estátua de Santa Ana, estava deitada uma velha senhora muito magra cujo rosto se iluminou de repente com um clarão de alegria. Ela usava, lembra Mac Intyre, "uma camisola de renda e uma touca na cabeça". Sua primeira pergunta ao ver o americano foi: "Quando vocês chegam em Berlim?".

"Em breve", respondeu Mac Intyre.

Apesar da dificuldade de fala, a velha senhora começou a interrogar avidamente o visitante. Ela lhe pediu detalhes sobre o desembarque, sobre as destruições na Normandia, quis saber se "as pessoas o haviam acolhido bem". Por fim, com um ardor que surpreendeu o soldado, ela lhe perguntou: "Quantos alemães o senhor matou?". Duas vizinhas que tinham entrado na peça ofereceram um copo de conhaque ao pequeno soldado, embargado pela emoção daquela cena insólita. "Viva a América!", murmurou a velha senhora. "Viva a França!", respondeu o americano. Então Mac Intyre vasculhou seus bolsos e colocou sobre a cama tudo o que eles continham: duas barras de chocolate e um sabonete. A senhora esticou o braço na direção de sua mesinha de cabeceira, pegou um pequeno crucifixo e o estendeu ao americano, dizendo: "Ele o protegerá durante o restante da guerra". O soldado se inclinou e a beijou nas duas bochechas emaciadas. Ele prometeu voltar no dia seguinte. No dia seguinte, porém, a velha senhora estaria morta.

Em Saint-Germain-des-Prés, o coronel Jim Luckett olhava com nostalgia para o terraço do café onde ele havia passado, dezesseis anos antes, algumas horas memoráveis de sua vida de estudante. Naquele dia, porém, Luckett não tinha tempo para parar no Les Deux Magot. Ele se dirigia com pressa a um endereço que levava fazia um ano em sua caderneta: Rue des Beaux-Arts, número 10. No terceiro andar desse prédio ficava o apartamento que Luckett ganhara em uma aposta. Naquele dia, porém, no número 10 da Rue des Beaux-Arts, uma segunda surpresa aguardava o americano. No apartamento, Luckett encontrou uma locatária: uma loira deslumbrante que se atirou "em seus braços como uma bomba de 88mm".

Orgulhoso de seu feito, Fernand Moulier, o jornalista francês que derrotara todos os colegas na corrida até Paris, entrou no hotel Scribe para coletar o montante de todas inúmeras apostas que ganhara. No batente da porta, o coronel Ed Pawley, oficial de informação do SHAEF, o deteve. "Não é permitida a entrada em roupas civis, meu caro. Coloque um uniforme!"

Um encontro importante aguardava, naquela noite de libertação, o conde Jean de Vogüé, membro do COMAC, cuja intervenção, quatro dias antes, fizera os líderes da Resistência decidirem romper a trégua de Nordling. Vogüé raspou o bigode que deixara crescer na Resistência. Depois, com um buquê de flores na mão, ele foi bater à grade do elegante palacete de sua família, no número 54 do Quai d'Orsay.

Uma criada abriu a porta. Reconhecendo o visitante, ela deu um passo para trás e exclamou, com os braços para o céu: "O senhor Jean voltou". Vogüé entrou na suntuosa morada e se dirigiu ao pequeno salão onde sua mãe estava. Então ofereceu o buquê à mãe que um dia ele fingira não reconhecer na rua.

"Então você voltou de Londres?", perguntou a sra. de Vogüé.

"Nunca estive em Londres, mãe", respondeu o rapaz, "fui um dos líderes da Resistência."

A mulher levou um susto.

"Oh, Jean!", ela disse. "Como pôde fazer isso? Então se associou a esses bandidos, a esses comunistas?"

Dizendo isso, a condessa, desesperada, se deixou cair numa poltrona.

Uma acolhida igualmente desconcertante esperava o tenente da 2ª divisão blindada Philippe Duplay.

Quando Duplay chegou à Avenue de Neuilly, à frente do prédio onde moravam seus primos, ele ouviu as venezianas se fecharem bruscamente e viu as pessoas fugirem. Ninguém respondeu à campainha, que ele tocou várias vezes. Estava prestes a ir embora quando ouviu uma voz trêmula atrás da porta:

"Quem é?", ela perguntou.

"Sou eu, Philippe."

"Que Philippe?"

"Philippe Duplay."

A porta então se abriu bruscamente.

"Você nos assustou", exclamou sua prima. "Pensamos que os alemães tinham voltado."

Duplay simplesmente esquecera que o veículo com o qual ele havia chegado à Avenue de Neuilly era um carro alemão, o Volkswagen da Wehrmacht que ele capturara na Normandia.

Ninguém abriu para o sargento André Aubry quando ele bateu à porta do necrotério do Hôtel-Dieu, que fechava à noite. Aubry foi embora, triste.

Ele fora dar um último adeus a seu melhor amigo, o pequeno bretão Marcel Bizien, que lançara seu tanque sobre o Panther da Place de la Concorde.

O soldado Léon Cole, da Geórgia, nunca vivera um dia como aquele. Na direção de seu jipe, que ele passeava pelas ruas tortuosas de Montmartre, Cole podia ouvir, rolando, os tomates com que a multidão entusiasmada enchera o veículo. Na esquina de uma rua, Cole foi abordado por um casal de certa idade. "*I speak English*", disse a mulher sorrindo. Cole também sorriu e lhe ofereceu alguns tomates. Agradecendo, a senhora e o marido convidaram o americano para beber algo em seu apartamento. Cole hesitou. Era proibido pelo regulamento. "Ao diabo com o regulamento hoje!", ele decidiu. Ele desceu do jipe e subiu, atrás do casal, os cinco andares que levavam ao apartamento.

A mulher pegou então o fazendeiro da Geórgia pela mão e o conduziu até a janela. De uma só vez, o americano se deparou, estendida à sua frente, com a maravilhosa vista de que tanto ouvira falar, com que tanto sonhara por anos a fio. Na penumbra da noite, ele adivinhou os contornos da Torre Eiffel, das torres de Notre-Dame, dos meandros do Sena. Seus anfitriões lhe serviram uma grande taça de conhaque. Lado a lado, o velho casal francês e o grande americano desengonçado, com a carabina no ombro, contemplaram a escuridão que descia sobre Paris.

De repente, o admirável panorama que se estendia à frente se iluminou. Pela primeira vez desde o dia 3 de setembro de 1939, todas as luzes de Paris inflamaram a cidade. Em homenagem à Libertação, os eletricistas tinham acabado de restabelecer a iluminação pública.

Diante daquela beleza toda, Cole soltou um grito. A seu lado, lentamente, a mulher levantou seu copo acima da sacada, acima de Paris.

"À Cidade Luz", ela disse num murmúrio. Cole se virou para ela e, através da penumbra, viu que ela chorava. Então o pequeno fazendeiro da Geórgia percebeu que estava chorando também.

15

De todas as funções que o comandante Robert J. Levy exercera na vida, a que ainda o aguardava seria sem dúvida a mais difícil, ele pensou.

O corretor de valores nova-iorquino era o oficial de ligação americano junto a Charles de Gaulle. Depois de procurar em vão o general por três dias, ele finalmente o encontrara em Paris, na noite da Libertação. Observando o rosto de todos os que saíam de seu gabinete, Levy podia imaginar o humor em que De Gaulle estava. Ao que tudo indica, ele devia estar péssimo. O americano facilmente entendia o motivo. Na sede do ministério da Guerra, ocupada três horas antes, parecia reinar a mais perfeita confusão. A eletricidade havia sido cortada, os telefones só funcionavam em alguns gabinetes e apenas para ligações em Paris. Pessoas entravam, saíam, se interpelavam, se encontravam ruidosamente numa confusão indescritível.

Depois de um longo momento, o tenente Guy finalmente introduziu Levy no gabinete do general. De Gaulle se levantou e, por cima de sua ampla escrivaninha ministerial, mediu de alto a baixo o pequeno comandante americano. "Muito bem, Levy", ele disse, "espero que fale francês. Conheço a língua inglesa, mas não tenho intenção de falá-la."

Depois de dizer essas palavras, De Gaulle levantou o braço e, num grande gesto impaciente, como se quisesse varrer de uma só vez a escuridão, o barulho e a desordem que o cercavam, começou a reclamar: "Como posso governar a França nesse caos?".

Encarando o oficial americano com um olhar colérico, De Gaulle enumerou as três coisas de que precisava para de fato poder governar a França naquela noite: cigarros Craven, latas de ração de combate e lanternas de cabeça.

Levy bateu os calcanhares, fez uma saudação e saiu. Em seu jipe, convencido da grande importância de sua missão, começou a percorrer Paris em busca das preciosas provisões que faltavam a Charles de Gaulle para governar a França.

Ele conseguiu os Craven com um colega britânico e encontrou as latas de comida num caminhão da 4ª divisão parado na frente do hotel Crillon. No entanto, teve muita dificuldade para obter as lanternas de cabeça. Ele acabou encontrando um caminhão cheio delas estacionado numa pequena estrada de subúrbio. Levy precisou conversar bastante com o soldado que se negava a se desfazer dos preciosos instrumentos. Por fim, depois de fazê-lo entender que o futuro das relações franco-americanas dependia naquele momento de sua atitude, ele conseguiu convencer o soldado a ficar de costas enquanto ele pegava uma dúzia daquelas pequenas lanternas que iluminariam a primeira noite de Charles de Gaulle em Paris.

Enquanto o comandante Levy saía do ministério da Guerra, outro americano descia as escadas de um prédio vizinho, na Rue de Grenelle. Imperturbável, ele passou por um correspondente da BBC que suplicava ao guarda FFI à porta que o deixasse entrar. Larry Leseur finalmente ganhara: ele acabava de transmitir pelas ondas de rádio a primeira verdadeira reportagem radiofônica sobre a libertação de Paris. Era o maior "furo" de sua carreira. Para encaminhá-la, Leseur tivera uma ideia simples, mas genial. Ele fora a um estúdio da rádio francesa e conseguira que sua reportagem fosse transmitida diretamente de Paris.*

Num pequeno bar de Pigalle vizinho ao Bal Tabarin, o rival de Leseur, o repórter radiofônico Charlie Collingwood, finalmente encontrara um pouco de paz entre as prostitutas e os maus elementos de Montmartre. Aqueles eram os únicos habitantes de Paris que não pareciam conhecê-lo. Ao longo de todo o dia, sempre que dissera seu nome, o americano que transmitira por rádio a notícia prematura da libertação de Paris fora insultado. A cena mais difícil acontecera na casa de Marie-Louise Bousquet. Indignada com a leviandade do charmoso americano que recebera antes da guerra em sua sala, ela lhe fizera críticas amargas.

Agora, porém, naquele bar de Pigalle, Collingwood podia enfim mostrar seu rosto sem medo. Enquanto Roger, o proprietário, lhe falava pela terceira vez de suas aventuras amorosas em Hollywood, o infeliz repórter dizia para si mesmo que fora um erro Marconi inventar o rádio!

Em toda a cidade envolvida pela escuridão da primeira noite de liberdade, três milhões e meio de parisienses e seus quarenta mil libertadores começavam o jantar da vitória.

Onde quer que estivessem, os soldados da 2ª divisão blindada e da 4ª divisão distribuíram aos parisienses maravilhados as provisões que estes tinham até mesmo esquecido que existiam. Numa rua perto da Bastilha, uma garotinha pediu a um soldado "uma outra bola vermelha como a que ele acabara de lhe dar". Era uma laranja, que a menina nunca tinha visto antes. Nos milhares de lares ameaçados pela fome, havia quase sempre uma última lata de conserva, uma última garrafa para acompanhar o jantar da vitória. Em alguns pontos, como na Rue de la Huchette, o saque de um restaurante clandestino permitiu que alguns parisienses tivessem um festim inesperado. Mas, copiosos ou frugais, em toda parte esses jantares aconteceram com alegria. E centenas de soldados americanos descobririam que, nas mãos das donas de casa francesas, as latas de ração de combate podiam adquirir um sabor que eles nunca teriam imaginado.

No ministério da Guerra, um cozinheiro chamado às pressas preparava o primeiro jantar parisiense do general De Gaulle. Ele também acabara de

---

* Os técnicos franceses gravaram a reportagem e decidiram difundi-la a cada hora em seus próprios programas. A gravação foi imediatamente captada em Nova York e retransmitida em toda a América. Por essa iniciativa, que claramente violava as regras da censura, Leseur foi severamente punido pelo SHAEF. Seus privilégios de correspondente de guerra foram suspensos por trinta dias, o que obrigou "o infeliz americano" a passar um mês em Paris sem nada para fazer, ao menos profissionalmente! (N.A.)

chegar a Paris, mas tinha sido enviado para servir outro chefe de Estado. Ele era o cozinheiro do marechal Pétain.

Macilentos e exaustos, os homens do posto de comando de Rol voltavam à superfície depois de cinco dias de vida subterrânea. Eles festejaram a vitória no restaurante da Place Saint-Michel que, com seu toucinho e seu licor Bénédictine, permitira que eles sobrevivessem no fundo de seu abrigo.

Na sala de jantar do hotel Meurice, tomado pelos destroços, no exato lugar onde o general Von Choltitz fizera sua última refeição algumas horas antes, um jovem tenente se sentou à mesa diante de um banquete pantagruélico. Era Henri Karcher, o oficial da 2ª divisão blindada que tomara o Meurice.

Não longe dali, na sala de jantar de outro hotel, um comensal dava gritos escandalizados: o maître do Ritz acabava de levar a conta a Ernest Hemingway.

"Aceito gastar milhões para defender a França, ou para prestar-lhe uma homenagem", gritava Hemingway, "mas não darei nenhum centavo a Vichy." Na parte de baixo da nota, de fato, o maître acrescentara maquinalmente a pequena quantia que sempre constava em suas contas: as taxas instauradas por Vichy.

Jean-René Champion, motorista do *Mort-Homme*, o Sherman que queimara na frente do Meurice, jantaria duas vezes naquela noite. Ao atravessar as Tulherias depois de um primeiro jantar com uma família parisiense que o convidara, ele se deparara com um grupo de membros das FFI que o obrigaram a dividir com eles uma refeição de sardinhas e vagens.

À saída do jantar que acabara de oferecer na Prefeitura de Polícia ao general Holmes, o americano que assinara com Kœnig o acordo relativo aos Assuntos Civis, o prefeito Charles Luizet ofereceu um copo de conhaque a seu convidado e o conduziu até a janela. À frente dos dois homens, se erguia na escuridão a flecha da Sainte-Chapelle. Luizet aproveitou aquele momento para contar, em tom de confidência, uma coisa que ele julgava da maior importância. "Um grande perigo ameaça Paris. Se os comunistas tentarem um golpe de força, não teremos meios para lhes responder." E Luizet pediu a Holmes que providenciasse com a maior urgência armas para a polícia e para a gendarmaria, de modo que ele pudesse, "por todos os meios, manter a ordem em Paris em caso de perigo". Quarenta e oito horas depois, uma fileira de caminhões entraria discretamente no pátio da prefeitura. Sob as lonas haveria oito mil fuzis e metralhadoras, munições e várias bazucas.

Raros eram os homens da 2ª divisão blindada ou os americanos que naquela noite tinham preocupações tão sérias. Eles estavam ocupados demais aproveitando a noite, que ficaria na memória de um soldado da Carolina chamado John Holden como "a mais linda noite que o mundo jamais teve". O soldado David McCreadil, da 12ª companhia antitanques, entrou, ó maravilha!, num café onde tudo era gratuito. "Os franceses estavam loucos de alegria, as mulheres dançavam em cima do piano, estávamos todos bêbados e cantávamos a todo volume *A marselhesa*, cuja letra nem sequer conhecíamos."

Ouviam-se risadas alegres de soldados e parisienses saindo dos tanques, *half-tracks* e jipes das duas divisões. Em centenas de cafés, atrás das portas fechadas e das cortinas puxadas, as pessoas dançavam, cantavam, riam e se amavam.

Robert Mady, o canhoneiro do *Simoun* que tão oportunamente avaliara o comprimento da Champs-Élysées segundo suas lembranças do almanaque Vermot, voltou à avenida com o cair da noite, junto com a tripulação de seu tanque. Ele decidira "libertar" o Lido. E, na deserta plateia, Mady e seus camaradas degustaram um presente que os consolou por nunca terem podido comer seu pato: o melhor champanhe do cabaré mais famoso do mundo. Claude Hadey, o atirador do Sherman *Bautzen* que destruíra uma casamata na frente do Luxembourg, passou a noite num cabaré vizinho, o Gipsy. Hadey e seus colegas se revezavam para montar guarda à porta para ter certeza de que nenhum oficial viesse perturbar a festa. Mas montar guarda daquele jeito na primeira noite de Paris libertada era um prazer que todos os soldados do mundo teriam disputado.

Estranha noite! Lucien Aublanc e a mulher Simone jantaram nas Tulherias, ao pé de um *half-track*. Mehdi, o motorista argelino de Aublanc, preparou para a esposa de seu chefe um café com um pó que ela nunca tinha visto. Era Nescafé. Depois o casal se enrolou num cobertor e entrou no veículo. Foi assim que eles passaram a primeira noite depois de quatro anos de separação.

Na Rue de la Huchette e na Rue de la Harpe, na frente do posto de comando do 12º regimento americano instalado no hotel du Levant, ao som da banda dos bombeiros, acontecia um verdadeiro baile de 14 de julho. Todos os soldados tinham uma mulher nos braços, inclusive o sentinela de guarda à frente do hotel, o sargento Thomas W. Lambero. De repente, Lambero foi chamado ao telefone. Do outro lado, uma voz perguntava "se todos os homens tinham uma garota para passar a noite". Lambero garantiu "que a situação estava sob controle".

No Bois de Vincennes, o comandante de um batalhão de infantaria, preocupado em manter uma aparência de disciplina, ordenou a seus homens que armassem as barracas individuais em fileiras regulares. Também ordenou um chamado regulamentar para as seis horas do dia seguinte. No dia seguinte, quando esse chamado soou, o comandante percebeu o tamanho de seu insucesso. De todas as barracas saíram um soldado cambaleante de cansaço e uma garota semiadormecida.

Durante aquela noite enlouquecida, todas as barreiras de linguagem foram abolidas. Mas o soldado Charlie Haley, do 4º batalhão de engenharia, folheou em vão o manual de conversação fornecido pelo exército para tentar encontrar uma frase atraente para dizer à garota bonita que estava com ele. Haley percebeu então a estupidez das sugestões militares. "Não posso perguntar a ela: 'A senhorita tem ovos?'."

O sargento Ken Davis, da Pensilvânia, aprendera de cor uma única frase: "Você é muito bonita".

No meio da alegria, do entusiasmo e das gargalhadas daquela noite delirante, ninguém percebeu o caminhão que subia a Avenue d'Italie. Dentro da carroceria fechada, um dos passageiros levantou discretamente um canto da lona e deu uma espiada no carnaval das ruas. Ele avistou um soldado americano que estava debruçado para fora de sua torre de tiro e puxava para cima uma garota sob os gritos da multidão. Com tristeza, Dietrich von Choltitz deixou cair o canto da lona e suspirou. "Desta vez", ele pensou, "é toda uma fase de minha vida que chega ao fim." Ao lado dele, o coronel Hans Jay, estarrecido com o contingente americano que vislumbrara, tentou reconfortar Choltitz. "Em oito semanas, a guerra terá acabado", ele disse.

"Não tenho certeza", respondeu o general com melancolia, "você vai ver que a Alemanha terá gente louca o suficiente para se entrincheirar atrás de cada árvore e resistir até a morte."

Depois, puxando uma baforada de seu primeiro cigarro americano, Dietrich von Choltitz se apoiou nas laterais do caminhão e fechou os olhos. Deixando a cidade que ele, apesar de tudo, salvara do desastre, Choltitz ainda não sabia que estava sendo levado para um cativeiro que duraria dois anos e oito meses.*

Esgotados por tantas emoções e alegrias, os membros das FFI, os soldados da 2ª divisão blindada e da 4ª divisão americana, bem como todos os parisienses, acabaram por se entregar ao sono. A maioria adormeceu onde estava. O capitão Glenn Thorne, do 12º regimento, teve nessa primeira noite em Paris libertada a cama mais inesperada: "a borda de uma piscina cheia de crocodilos no zoológico de Vincennes". Não menos insólito foi o lugar onde o soldado Étienne Kraft, da 2ª divisão blindada, acabou deitando, na companhia de uma loira bonita chamada Kiki. O único lugar reservado que ele conseguiu encontrar na frente da Escola Militar foi um carro fúnebre. Em Aulnay-sous-Bois, uma simpática família francesa convidou o sargento Bryce Rhyne a dormir "nos lençóis brancos como a neve de sua bela cama coberta por uma manta de

---

* Depois de libertado, Choltitz foi para Baden-Baden, onde viveu modestamente, e morreu em 1963. (N.E.)

cetim". O americano recusou, mas os franceses insistiram. Por fim, depois que seus anfitriões saíram do quarto, Rhyne desceu na ponta dos pés até seu jipe para buscar o cobertor do exército. Ele estava tão sujo que não teve "coragem de estragar lençóis tão brancos". No posto de primeiros socorros dos Invalides, um ferido da 2ª divisão blindada, o soldado Léandre Médori, também dormiu numa cama pela primeira vez em meses. Pouco antes, Médori suplicara à enfermeira que não tirasse suas botas, pois ele não lavava os pés havia dez dias. No calor aconchegante dos lençóis, porém, o soldado não conseguia pegar no sono. Então Médori fez a única coisa que poderia ajudá-lo a dormir: desceu da cama e se deitou no chão.

No hospital Marmottan, outro ferido da 2ª divisão blindada, que dormia profundamente sob o efeito dos anestésicos da sala de cirurgia, acordava em sobressalto. Um pesadelo acabava de horrorizá-lo: suas pernas. Reunindo todas as forças que ainda tinha, ele se endireitou e levantou os lençóis com ansiedade. Soltando um suspiro de alívio, ele deixou a cabeça cair no travesseiro. O comandante Henri de Mirambeau, oficial ferido na Place de l'Étoile pela granada traiçoeiramente atirada por um prisioneiro alemão, se sentiu mais tranquilo. Graças a Deus, ele ainda tinha as duas pernas.

Moído de cansaço, o capitão Georges Buis entrou sem roupa em seu saco de dormir e adormeceu sob a estátua do general Marceau, na Rue de Rivoli. Perto dali, nas Tulherias, Jean-René Champion se deitou nas esteiras calcinadas de seu tanque, o *Mort-Homme*. Champion pensava nos colegas que tinham morrido naquele dia e nos parisienses que tinham rasgado seus lençóis para fazer curativos nos feridos. Para aquele franco-americano que pela primeira vez pisava na capital de seu país, Paris já não era um sonho.

Às portas da cidade, longe do tumulto dos festejos, um soldado solitário rabiscou algumas linhas em seu diário. Era o cabo Joe Ganna, o médico que dois dias antes registrara: "Chuva sobre nossos uniformes, chuva dentro de nosso café, chuva sobre nossas cabeças".

"Essas linhas deveriam ter sido escritas em Paris", ele registrou, "mas 'eles' se contentaram em nos fazer atravessar a cidade. Mulheres e crianças nos abraçavam, homens nos ofereciam tomates e vinho. Foi um dia maravilhoso, até que nos deparamos com os alemães. Então a eterna história recomeçou, tiroteios, mais homens mortos e feridos, precisamos cavar buracos e nos esconder." Um dos colegas de Ganna estava entre os mortos: o soldado de 1ª classe Davey Davidson, atingido num terreno baldio, perto de uma fábrica. Quando Ganna foi buscar o corpo, os FFI já o haviam enterrado. O soldado Davey descansaria para sempre na entrada daquela cidade onde ele esperava enfim ter uma noite de sono numa cama de verdade.

Para a maioria dos homens da 2ª divisão blindada e da 4ª divisão americana que tiveram a sorte de viver aquele dia fabuloso e sobreviver, a lembrança de tanta emoção, ternura e beleza seria para sempre associada à imagem de uma mulher.

Para o sargento Tom Connolly, essa mulher foi "uma linda loira de vestido branco" avistada no pátio do velho castelo onde seu batalhão instalara seu posto de comando. Ela se chamava Simone Pinton e tinha 21 anos. Connolly contemplou os cachos dourados que caíam sobre seus ombros e pensou que ela era a garota mais bonita que ele via desde que saíra dos Estados Unidos. O soldado se lembraria para sempre da primeira frase que a jovem lhe dirigira: "Posso lavar seu uniforme?", ela perguntou num inglês hesitante. "Ele está muito sujo."

Depois de ouvir essas palavras, Connolly se sentiu "sem jeito, mudo, sujo, terrivelmente barbudo e muito agradecido". Ao cair da noite, Simone lhe levou o uniforme que ela lavara. E, de braços dados, eles foram passear pelos arredores. Connolly teve a impressão, naquela noite, "de brindar com milhões de franceses". Por toda parte, as pessoas corriam até eles e gritavam "Viva a América!", "Viva a França!" e "Viva o Amor!". Ofereciam vinho, flores, qualquer coisa. Por fim, o casal se afastou da multidão e chegou a uma vasta campina. Então o grande sargento desengonçado de Detroit e a bonita francesa de vestido branco começaram a correr de mãos dadas até o topo de uma pequena colina arborizada. Rindo, eles se deixaram cair sobre a grama. Acima deles, Connolly podia ver miríades de estrelas e, ao longe, no coração de Paris, o contorno escuro da Torre Eiffel que se delineava sobre a claridade da noite. Simone pegou carinhosamente a cabeça do soldado e a colocou sobre seus joelhos. Ela se inclinou e o beijou, e suas mechas loiras rolaram sobre seu rosto. Depois, com um gesto tão antigo quanto o amor, ela começou a acariciar seus cabelos suavemente:

"Esqueça a guerra, meu pequeno Tom", ela murmurou, "esta noite, esqueça a guerra…"

16

Paris finalmente acorda depois de sua primeira noite de liberdade. Cansados, com a cabeça pesada depois de todas as alegrias, de todas as emoções e de todos os desvarios triunfantes da véspera, os parisienses e seus libertadores abrem os olhos para o grande sol que inunda a cidade naquele sábado, 26 de agosto.

Deitado numa cama nos fundos da loja do charcuteiro Louis Berty, o tenente americano Bob Woodrum sente de repente uma mão sacudindo-o pelo ombro. "Os alemães", ele pensa, pulando da cama. Mas Woodrum vê à sua frente um jovem e elegante tenente americano.

"Vamos, meu chapa", diz o desconhecido, "acabaram as férias, você voltou para o exército."* No quartel-general do Fifth Corps americano, no pequeno vilarejo de Chilly-Mazarin, a 24 quilômetros de Paris, um coronel alemão se aproxima do coronel Arthur Campbell e lhe estende um envelope. É Hans Jay. "Aqui está a chave do quarto do general Von Choltitz no hotel Meurice", ele diz apenas. "Ele a levou por engano e acho que não precisará dela por um bom tempo."

A quatrocentos quilômetros dali, na Alemanha, numa rua de Baden--Baden, Uberta von Choltitz, com um xale sobre os ombros, corre até o apartamento do velho amigo que a chamara "com máxima urgência". Quando ela entra, ele a abraça afetuosamente. Depois a faz sentar e lhe revela o que acabara de ouvir nas notícias proibidas da BBC. Paris havia caído. E o locutor dissera: "O general alemão no comando de Paris foi feito prisioneiro".

Acima de tudo, porém, aquele 26 de agosto pertence a Charles de Gaulle. Ele deve marcar sua entrada oficial em Paris. Ao longo de toda a noite, o rádio repetira o anúncio do grande desfile da Champs-Élysées. Até o alvorecer, profissionais ou amadores, todos os pintores da capital traçaram em milhares de bandeirinhas: "Viva De Gaulle". O dia do encontro com a História havia chegado. Ele coroaria uma cruzada de quatro anos e levaria ao plebiscito popular por meio do qual o líder da França Livre obteria a autoridade necessária para silenciar seus adversários e reerguer a França.

Para aquela longa caminhada até Notre-Dame, De Gaulle julgou necessário que a 2ª divisão blindada acompanhasse seus passos. Ele queria que a presença dos tanques e canhões mostrasse ao povo de Paris a autoridade que seu governo tinha. Mais uma vez, sem se preocupar com a hierarquia do comando aliado, ele ordenou diretamente a Leclerc que reunisse as tropas para o desfile. Fez uma única concessão: deixou um grupo tático se movimentar para o nordeste, na direção de Le Bourget, onde fora assinalada a possibilidade de um contra-ataque alemão.

Nunca na história de Paris um desfile envolveu tantos riscos. Na cidade onde ainda se escondem atiradores alemães e colaboradores acuados, na cidade

---

* Na véspera, durante uma breve caminhada por Paris, Woodrum cometera a imprudência de se apresentar ao QG provisório da aviação americana, no hotel Windsor-Reynolds. (N.A.)

às portas da qual estão acampadas as retaguardas da Wehrmacht, muito superiores em força ao pequeno destacamento da 2ª divisão blindada e ao único regimento americano de apoio, De Gaulle decide reunir mais de um milhão de habitantes e toda a elite política do país. Nunca, desde o dia em que a Armada aliada chegou às costas normandas, os aviões de Gœring tiveram um alvo mais tentador. Bastariam alguns aviões e um comando blindado um pouco decidido para que o contra-ataque alemão, chegando à Champs-Élysées, transformasse uma manifestação triunfal num desastre de consequências incalculáveis.

Mas De Gaulle decidiu correr esses riscos. Aproveitando a onda de entusiasmo produzida pela Libertação que ainda sacode Paris, ele quer impor sua autoridade sem demora. Disso depende seu futuro político e, portanto, o da própria França.

A audaciosa decisão do general provoca um conflito imediato com os americanos. Às dez horas da manhã, ignorando as ordens dadas por De Gaulle, um oficial do Fifth Corps, ao qual pertence a 2ª divisão blindada, leva ao posto de comando de Leclerc as instruções do comando aliado para o dia 26 de agosto. Preocupado por saber os flancos de Paris expostos a uma reação alemã, o general Leonard T. Gerow, comandante do Fifth Corps, ordena à divisão francesa que se posicione sem demora na fronteira nordeste da cidade.

Pouco depois, porém, o 1º exército americano recebe de seu Fifth Corps a seguinte mensagem desiludida: "*O general De Gaulle ordenou que Leclerc desfile com suas tropas do Arco do Triunfo até Notre-Dame. O estado-maior da divisão francesa, furioso de ser retirado da linha de operações, diz que Leclerc recebeu ordens imperativas e que é obrigado a executá-las. A 2ª divisão blindada estará tão absorvida que não poderemos contar com ela para uma ação de urgência por no mínimo doze horas, talvez mais*".*

Gerow é informado disso ao voltar de uma turnê de inspeção. Sufocando de raiva, ele rabisca de próprio punho uma mensagem brutal a Leclerc: "*O senhor está sob o meu comando, e não deve aceitar ordens de mais ninguém. Fiquei sabendo que o general De Gaulle ordenou que desfilasse suas tropas nesta tarde às 14 horas. O senhor não obedecerá a essa ordem e prosseguirá com a missão que lhe foi atribuída, isto é, limpar os focos de resistência de Paris e dos subúrbios. As tropas sob seu comando não participarão de nenhum desfile esta tarde nem em qualquer outro momento, a menos que recebam uma ordem assinada por mim pessoalmente*".

---

* G 3 V Corps para First United States Army, 26/08/1944, 11h30. (N.A.)

Leclerc, preso em fogo cruzado, não hesita. Seu chefe supremo é De Gaulle. No entanto, para evitar uma ruptura brutal com o Fifth Corps, ele se certifica de não estar em seu posto de comando quando da chegada das mensagens de Gerow. Infelizmente, um tenente-coronel do estado-maior do general americano acaba por encontrá-lo num restaurante perto dos Invalides. O oficial lhe entrega as ordens manuscritas do comandante do Fifth Corps e acrescenta que se a divisão participar do desfile, o general americano considerará essa recusa de obediência como um caso típico de indisciplina. Exasperado, Leclerc conduz o oficial americano ao próprio De Gaulle.

"Emprestei Leclerc a vocês", declara o general magnanimamente, "acho que posso requisitá-lo por algumas horas."

Enquanto em Paris os preparativos para o desfile triunfal chegam ao fim, em Margival o telefone começa a tocar no quartel-general do Grupo de Exércitos B. É a linha "Blitz", que telefona para o gabinete do *Feldmarschall* Model. Mas o marechal está ausente. Pela primeira vez desde que voltou da longa turnê das unidades, feita ao assumir o comando, o pequeno marechal deixou seu QG. Ele saiu para inspecionar as tropas reunidas nos arredores de Compiègne.

Do outro lado da ligação, o coronel general Alfred Jodl parece perplexo. A pedido expresso de Hitler, ele precisava falar pessoalmente com o marechal Model. Depois de uma breve hesitação, Jodl pede para que chamem o adjunto de Model, o general Hans Speidel, chefe de estado-maior do Grupo de Exércitos B. Speidel pega o aparelho. O *Führer*, diz Jodl, ordena que o ataque preparado na véspera, isto é, o bombardeio de Paris pelos mísseis V-1 e V-2, seja lançado imediatamente. O *Führer* exige que todas as rampas de lançamento de armas de tipo V espalhadas em Pas-de-Calais, no norte da França e na Bélgica façam cair sobre Paris "uma chuva de V-1 e V-2".

Jodl a seguir informa a Speidel que o estado-maior da 3ª frota aérea da Luftwaffe, que se retirara para Reims, recebera ordens de lançar um ataque aéreo sobre Paris "com todas as forças que estiverem à disposição". Speidel garante que as instruções do *Führer* serão transmitidas imediatamente e desliga. Assim, enquanto um milhão de pessoas acorrem ao coração da capital francesa, um general alemão, suando frio, com o rosto marcado pelo cansaço, se faz a pergunta mais difícil de sua vida, uma pergunta da qual o destino de uma cidade inteira depende. Speidel sabe que se Model estivesse em seu gabinete quando o telefone de Rastenburg tocara, não se passaria nem uma hora antes que as primeiras bombas V-1 e V-2 começassem a rugir nos céus de Paris. Mas Speidel logo tomou sua decisão: julgando a ordem descabida, agora que Paris caíra, ele não a transmitiu. Sete dias depois, o general Speidel seria preso pela Gestapo.*

Enquanto isso, em seu gabinete do ministério da Guerra, fumando tranquilamente um Craven, De Gaulle expõe a importância do desfile espetacular que ele oferecerá aos parisienses e ao mundo. Seu interlocutor é o comandante Robert J. Levy, a quem fora atribuída a incômoda tarefa de lhe apresentar as objeções que o general Gerow formulara a respeito dessa iniciativa.

Do ponto de vista militar, reconhece De Gaulle, Gerow tem razão. Ele admite que os riscos que vai correr são grandes. Mas, ele acrescenta, "esse desfile é necessário, pois o objetivo vale a pena".

"Esse desfile", conclui De Gaulle depois de um momento de silêncio, "promoverá a unidade política da França."

17

Solitário, solene, uma cabeça acima da multidão que o cerca, Charles de Gaulle se coloca em posição de sentido na frente do túmulo do Soldado Desconhecido. Ele se inclina sobre a pedra nua e deposita uma coroa de gladíolos vermelhos. Depois, ele faz um gesto que ninguém, desde 14 de junho de 1940, pudera fazer na presença do invasor: enquanto o toque aos mortos ecoa sob a abóbada triunfal, seguido de *A marselhesa*, ele reaviva a Chama Eterna. A seguir, o general se dirige aos tanques e aos carros blindados alinhados em torno da Étoile e os passa em revista. Amontoados nas calçadas, nas sacadas, nos telhados, milhares de parisienses o aclamam, cada vez mais alto. O general volta para a frente do Arco do Triunfo e se imobiliza. Ele olha para a Champs-Élysées por alguns instantes. Até o obelisco, 1.800 metros abaixo, uma multidão compacta se acotovela nas calçadas. O céu está azul, sem uma nuvem. O sol de agosto, abrasador, ilumina o oceano multicolorido de bandeiras, vestidos de verão e faixas. Charles de Gaulle vai viver um momento de triunfo como talvez nenhum homem jamais tenha vivido na história da humanidade.

Ele sabe, porém, que a qualquer momento um ataque aéreo alemão pode transformar o espetáculo triunfal em uma terrível tragédia, que seus adversários ficarão muito felizes de atribuir a ele. Mas ao contemplar a imensa multidão à sua frente, De Gaulle acredita na fortuna da França e em seu destino. Uma

---

* Nem Speidel nem o OKW tinham conhecimento do desfile que aconteceria naquele dia em Paris. Um terrível massacre teria acontecido se Speidel tivesse transmitido a ordem de Hitler e comandado o bombardeio de V-1 e V-2 sobre Paris. (N.A.)

viatura de polícia desce lentamente a avenida e anuncia por um alto-falante que De Gaulle "confia o cuidado de sua segurança ao povo de Paris". Quatro tanques da 2ª divisão blindada se põem em movimento com um estalo metálico, abrindo o cortejo. De cada lado da avenida, membros das FFI, policiais e bombeiros se mantêm de braços dados numa interminável corrente que contém a multidão. Atrás de De Gaulle, os líderes da nova França o seguem: Leclerc, Juin, Kœnig, os líderes da Resistência, os membros do CNR, do CPL, do COMAC, Parodi, Chaban-Delmas...

De Gaulle se vira para eles e ordena: "Senhores, um passo atrás de mim". Então, a pé, sozinho à frente de todos sob o estrondo dos aplausos e das ovações que chegam até ele e aumentam à medida de seu avanço, Charles de Gaulle começa sua marcha triunfal. Até onde sua vista alcança, há uma mesma massa viva sob o sol. Caminhando a passos largos, o general levanta e abaixa os braços, saudando a multidão num gesto cem vezes repetido.

Atrás dele, misturados num cortejo heterogêneo, avançam partidários e adversários. O próprio De Gaulle desejara aquela aparente desordem. Para esse encontro histórico, nada, nem hierarquia, nem protocolo, deveria se interpor entre o povo da França e ele.

Ao longo de toda a avenida mais bonita do mundo, a multidão transborda das calçadas, sobe nas árvores, se agarra aos postes de luz, se pendura nas janelas. Grupos compactos de pessoas se reúnem ao longo das fachadas. As sacadas estão abarrotadas. Os telhados também estão cheios. A passagem do general desencadeia a tempestade de vozes que repetem incansavelmente seu nome. Menininhas se postam à sua frente e lhe oferecem buquês multicoloridos que ele passa aos que o seguem, pessoas desmaiam sob o efeito conjunto da emoção e do sol.

Nessa multidão que parece ser um só pensamento, um só impulso, um só grito, ao ver as crianças que bradam sua alegria, as mulheres que lhe lançam vivas e encorajamentos, os homens que lhe gritam "obrigado" e os idosos em lágrimas, Charles de Gaulle, ponto focal de todo aquele arrebatamento, mais do que nuca se sente o instrumento do destino da França.

Mas não existe alegria pura. Quando De Gaulle chega à Place de la Concorde, um tiro ecoa. Diante desse barulho, como se fosse um sinal, um tiroteio tem início por todos os lados. Milhares de pessoas se deitam no chão ou correm para se refugiar atrás dos tanques e *half-tracks*. O sargento Armand Sorriero, o americano que rezara dentro da Notre-Dame com sua carabina, se esconde atrás de seu jipe. Arriscando uma espiada, o antigo soldado de Omaha Beach se sente subitamente envergonhado de seu temor. À sua frente, ele vê, indiferente ao tiroteio, De Gaulle passar "muito ereto e muito alto". Sorriero pensa então: "Ele se mantém assim por seu país".

Do outro lado da praça, o tenente Yves Ciampi, da 2ª divisão blindada, tem a mesma reação instintiva de Sorriero. Ele se agacha atrás de um tanque. De repente, porém, ele sente a ponta de uma bengala em suas costas. Um velho senhor distinto o encara com reprovação e diz: "Senhor oficial, em sua idade o senhor deveria se levantar e acabar com esse tiroteio ridículo".

Num tanque, um tanquista grita: "Meu Deus, está vindo da quinta coluna!". Ao ouvir essas palavras, atirador do tanque volta seu canhão para a fachada do hotel Crillon, conta até cinco e atira. Em meio a uma nuvem de pó, a quinta coluna da fachada do hotel Crillon desaba!

Quase ao mesmo tempo, na entrada da torre norte da Notre-Dame, um americano batia com força a uma porta. Um padre da catedral havia prometido ao tenente Burt Kalisch que o autorizaria a subir na torre para tirar fotos da cerimônia do *Te Deum* que logo começaria. Atrás da porta fechada, Kalisch ouvia vozes. Ele continuava batendo. Um civil em mangas de camisa, a barba desgrenhada, finalmente apareceu. Numa voz furiosa, ele gritou alguma coisa em francês e fechou bruscamente a porta. Kalisch e seu fotógrafo esperaram alguns minutos. Pouco depois, um imenso rumor anunciou a chegada de De Gaulle. Os dois americanos ouviram então sons de tiros. Instintivamente, Kalisch levantou a cabeça. Acima dele, no alto da torre, ele distinguiu com clareza o cano de três fuzis que atiravam sobre os fiéis reunidos na nave. Depois, ele viu as armas desaparecerem. "Meu deus", murmurou Kalisch, "eles vão matar De Gaulle."

O carro conversível em que Charles de Gaulle subiu na Place de la Concorde acaba de parar na esplanada da catedral. Impassível e solene, De Gaulle desce e duas garotinhas vestidas de alsacianas lhe oferecem um buquê tricolor. Ele caminha na direção do grande pórtico do Julgamento Final. Nesse momento, uma saraivada de tiros varre a esplanada. Os FFI e os soldados da 2ª divisão blindada respondem na mesma hora e atiram na direção dos telhados e das torres da catedral. Tiros ricocheteiam nas gárgulas e nas balaustradas, arrancam pedaços de granito que caem sobre os presentes. Os oficiais de Leclerc correm para todos os lados para acabar com o tiroteio. O próprio Leclerc, num gesto de impaciência, dá uma bengalada num de seus soldados que usa a metralhadora em todas as direções.

Imperturbável, De Gaulle segue em frente. Dentro da catedral, na penumbra da nave, as pessoas reunidas para o *Te Deum* ouviram as aclamações da multidão e o crepitar da troca de tiros. Quando De Gaulle passa pelo grande pórtico, tiros ecoam dentro da catedral. O eco das grandes abóbadas repercute as detonações como um trovão. Os fiéis, derrubando cadeiras e genuflexórios, se pisoteiam e se atiram no chão. De Gaulle, sempre à frente da comitiva oficial, percorre os sessenta metros da nave com seu passo largo e tranquilo. Uma mulher, deitada embaixo de um genuflexório, levanta prudentemente a cabeça a tempo de gritar: "Viva De Gaulle" e volta para seu irrisório abrigo. No fim da nave, Jeannie Steel, secretária de um dos oficiais do estado-maior do general, exclama: "Malditos, eles o mataram". Mas ela então avista a alta silhueta que surge na entrada da igreja e pensa: "Que belo alvo!". Ela o vê passar ereto e alto num raio de luz que, atravessando a penumbra dos arcos, parece atingi-lo no ombro como uma espada. A jovem secretária, então, que nunca tinha sido uma gaullista fervorosa, sente escorrer por seu rosto lágrimas de orgulho por aquele homem.

Ao chegar ao transepto, De Gaulle se posiciona calmamente no lugar de honra, à esquerda da nave. Atrás dele, o general Kœnig se vira para a assistência. Contemplando com reprovação a multidão deitada no chão, o vencedor de Bir-Hakeim exclama: "Vocês não têm vergonha? Vamos, de pé!". Com o livro de orações na mão, enquanto o crepitar dos tiros continua enchendo a catedral, De Gaulle canta o *Magnificat* a plenos pulmões.

Depois, abreviando a cerimônia, De Gaulle sai da catedral no mesmo passo firme com que entrara e volta para o carro.

Nada, nenhum gesto, nenhuma palavra podiam, naquele dia histórico, granjear a Charles de Gaulle mais admiração da parte de seus compatriotas do que aquela demonstração pública de coragem e serenidade. "Agora", telegrafou a seu jornal um correspondente americano que seguira o general durante toda a manifestação, "De Gaulle tem a França na palma da mão!"

Uma pergunta, no entanto, não fora respondida. Quem atirara dentro da Notre-Dame? Vários gaullistas desconfiavam que alemães vestidos de civis e milicianos não tinham sido os únicos responsáveis por aquele tiroteio.*

---

* O mistério não foi elucidado totalmente até hoje. Primeiro se acreditou que o tiroteio fora obra de milicianos de Vichy ou de alemães que permaneceram em Paris para semear o pânico na população. O argumento a favor dessa teoria é que o tiroteio começou ao mesmo tempo em diferentes bairros de Paris. No entanto, nenhum atirador foi preso com a arma na mão. Três homens que rondavam os fundos da Notre-Dame foram presos. Um foi morto pela multidão e não se pôde provar que os dois outros tivessem participado do tiroteio. Alguns atiradores foram presos e fuzilados ou linchados sem terem sido interrogados. De Gaulle declarou a Achille Peretti, responsável por sua segurança: "Os imbecis atiraram para cima". Como outras testemunhas, De Gaulle notara que ninguém ouvira o assobio dos tiros. No dia 26 de agosto, porém, os hospitais de Paris receberam cerca de trezentos feridos, muitos deles por tiros (os outros por fraturas ou contusões provocadas pelo esmagamento da multidão). Certo é que o pânico e a extensão do tiroteio foram em grande parte causados pelos tiros desordenados dos FFI e dos homens da 2ª divisão blindada respondendo aos tiros que eles pensavam dirigidos contra eles. A Prefeitura de Polícia redigiu um relatório que não apresentou conclusão definitiva. (cont.)

Na Pont au Double, dois jovens coronéis observavam os soldados que atiravam nos telhados em torno da catedral. "Acho", disse com ironia o comunista Rol ao coronel Guillebon, "que seus homens não estão acostumados aos combates de rua."

"Verdade", replica Guillebon, encarando tranquilamente o líder da insurreição parisiense, "mas acredite, eles vão aprender."

18

Seu círculo mais próximo podia ter dúvidas. De Gaulle, por sua vez, não tinha nenhuma. O tiroteio que saudara sua passagem era, ele estava convencido, obra dos comunistas. Em seu carro, enquanto voltava para o ministério da Guerra, os que o acompanhavam o ouviram murmurar: "Muito bem, senhores, existem neste país forças que estão dispostas a me suprimir para tomar o poder". Na pior hipótese, pensava De Gaulle, os tiros que haviam sido disparados tinham o objetivo de matá-lo; na melhor, visavam semear o caos que serviria às ambições políticas de seus adversários.* De volta ao ministério da Guerra, De Gaulle tomou uma decisão. As aclamações da multidão tinham mostrado o imenso apoio de que ele se beneficiava, e o tiroteio revelara o perigo que ele corria. Assim, ele decidiu tirar proveito do primeiro imediatamente para acabar com o segundo. Sua primeira iniciativa foi desarmar os Francs-Tireurs et Partisans e fracioná-los em pequenas unidades que seriam incorporadas ao exército regular e submetidas à disciplina militar.

Algumas horas depois, o general Kœnig confidenciou ao coronel Richard Vissering, do SHAEF: "Em Paris, neste momento, o pior perigo é representado pelas FFI". De Gaulle, ele disse, queria "fazer os elementos mais problemáticos vestirem o uniforme e impor-lhes uma disciplina militar". Para isso, Kœnig pediu a Vissering quinze mil uniformes com urgência. Vissering apoiou o pedido de Kœnig, comunicando ao SHAEF:

(cont.) Alguns chegaram a acreditar que os tiros da Notre-Dame foram trocados entre policiais zelosos demais. Os testemunhos de Kalisch e do fotógrafo Smith tendem, porém, a provar o contrário. Outros permanecem convencidos de que o tiroteio foi causado por comunistas. Eles teriam tentado, dessa maneira, causar uma atmosfera de insegurança para justificar a manutenção das armas das Milícias Patrióticas amplamente controladas pelo Partido. (N.A.)

* Não tendo ouvido o assobio das balas em seus ouvidos, De Gaulle acabou escolhendo a segunda hipótese em suas Memórias (volume II, p. 315). (N.A.)

"A situação, do ponto de vista da segurança pública, é alarmante. Cidadãos de todos os tipos vivem com medo de ser presos por um grupo ou por outro. A maioria desses grupos parece ter um caráter político, sendo mais poderoso o grupo comunista. A região (de Paris) está a ponto de se tornar alvo do terrorismo, portanto, e a opinião pública, de todos os lados, espera de um dia para outro a eclosão de uma guerra civil."

De Gaulle escreveu a Eisenhower para lhe dizer que era absolutamente necessário deixar a 2ª divisão blindada na capital até que a ordem estivesse totalmente restabelecida. No dia seguinte, ele combinou com Eisenhower de fazer uma divisão americana desfilar pela cidade a fim de mostrar à população a amplitude do apoio aliado de que dispunha.*

Dois dias depois, De Gaulle anunciaria a dissolução dos escalões superiores do comando das FFI de Paris. Ele declararia que "os elementos FFI que podem ser utilizados" seriam incorporados ao exército. Todas as armas deveriam ser entregues aos serviços do general Kœnig.

Ao Conselho Nacional da Resistência foi designado, em vez do Palácio Nacional ao qual aspirava, um palacete requisitado a um lorde.

Ali ocorreriam algumas reuniões, mas ele logo cairia no esquecimento. De Gaulle, é claro, não participou de nenhuma dessas reuniões. Ele apenas concedeu aos membros do CNR uma breve audiência. Durante esse encontro, estes lhe comunicaram a intenção de transformar a organização num corpo permanente que funcionaria paralelamente a sua autoridade. Também queriam colocar nas mãos do Comitê Militar de Ação, enquanto organismo militar, o controle das milícias populares. De Gaulle respondeu de maneira educada, mas seca, que o CNR já pertencia à História. Cabia à polícia garantir a ordem pública, ele disse. As milícias populares, comunistas e outras, não tinham mais propósito. Elas foram dissolvidas, assim como o COMAC, cujos membros De Gaulle sequer se dignou a receber. Dirigindo-se alguns dias depois a uma delegação de vinte líderes da Resistência de Paris, ele se contentou em fazer alguns comentários elogiosos sobre sua coragem. E declarou a seu ajudante de campo: "Eles têm muitos coronéis".

"O ferro estava quente, eu o malhei", De Gaulle escreveria mais tarde com ironia.

---

* Eisenhower designou a 29ª divisão de infantaria, que desfilou no dia 29 de agosto na Champs-Élysées e depois, no mesmo dia, foi combater no subúrbio Norte. (N.A.)

19

Um surdo rugido de motores enchia a noite. Vindo do nordeste, o rumor seguia o curso do Marne. Em pouco tempo, ele faria vibrar as janelas das pequenas casas do vilarejo de May-em-Multien, a 75 quilômetros de Paris. De seu observatório, no topo do campanário românico da igreja de Notre-Dame-de-l'Assomption, o velho *Feldwebel* avistou os aviões: dezenas e dezenas de aeronaves, asa contra asa, atravessavam o céu, míseros trezentos metros acima de sua cabeça.

A nordeste da capital, no parque do velho castelo onde o general Hubertus von Aulock estabelecera seu novo quartel-general, o capitão Theo Wulff, seu ajudante de campo, também viu passar a esquadra aérea. Ao ouvir o estrondo dos motores, Wulff se atirou numa trincheira. O veterano da batalha da Normandia sabia que o céu da França pertencia incontestavelmente aos Aliados. Wulff ouviu com atenção o rugido dos motores, cuja cadência lhe pareceu diferente da dos Marauders e dos B-17 aos quais ele estava acostumado. Wulff achou similar à dos bombardeiros Heinkel. Mas o capitão pensou que a Luftwaffe já não tinha condições de reunir tantos aviões quanto os que ele via desfilar naquela noite acima de sua cabeça. Estava enganado.

A 3ª frota aérea alemã havia voltado para uma breve e última incursão pelos céus da Île-de-France. Treze dias depois de ter dado as primeiras ordens para a defesa de Paris, 24 horas depois da queda da cidade, Adolf Hitler apresentava à capital francesa uma amostra de respeito do que ele havia projetado para ela. Speidel não enviara os V-1 e V-2. Mas a Luftwaffe do coronel general Otto Dessloch não discutia as ordens de seu *Führer*.

Wulff ouviu o rugido dos aviões desaparecer em direção ao sul. A armada de última hora, cerca de 150 aeronaves, manobrava acima do Bois de Vincennes. Alguns minutos depois, Wulff pôde ouvir, distantes e surdas, as primeiras bombas explodindo. E logo depois, ele viu se elevar no horizonte o brilho avermelhado dos incêndios causados pelas bombas incendiárias. Wulff ficou atônito. E pensou, melancólico: "Nunca mais verei tantos aviões nossos no céu ao mesmo tempo, sem dúvida".

Paris, que em sua incorrigível leviandade acreditara que a guerra havia acabado porque ela estava libertada, ouviu com incrédula surpresa o som das sirenes. Em toda a cidade, as luzes estavam acesas, as pessoas dançavam nas ruas, os cafés e os bares ecoavam gargalhadas. As primeiras bombas caíram enquanto as sirenes ainda soavam.

Perto do castelo de Vincennes, numa festa de bairro, o cabo Bill Mattern, do 20º batalhão de artilharia de campo, estava começando uma dança com uma linda ruiva quando ouviu os aviões. A jovem e todas as outras garotas desapareceram, abandonando cinquenta soldados furiosos no meio da praça. O capitão Bill Mills, o oficial que trocara dois pacotes de Camel por um mapa de Paris nas ruas de Longjumeau, estava no posto de comando de seu batalhão quando os bombardeios começaram. Ele havia instalado o posto de comando num café-dançante perto do lago Daumesnil. Algumas horas antes, Mills descobrira que o lugar servira para algo muito diferente antes da chegada de seu batalhão. Na verdade, o "café-dançante" era um prostíbulo. Agachado embaixo de uma mesa, no estrondo das bombas que caíam a seu redor, Mills se lembra de ter feito uma oração semissincera, semi-irreverente: "Meu Deus, se me tirar daqui, no futuro escolherei o posto de comando de meu batalhão com mais circunspecção".

Voltando às Tulherias, onde seus tanques estavam estacionados, o capitão George Buis ouviu um murmúrio difuso subindo de todos os cantos do jardim. Enquanto ele seguia às cegas até seu Sherman, um avião alemão lançou acima de sua cabeça um sinalizador. Um brilho súbito iluminou o jardim e Buis entendeu na hora a origem dos sons que estava ouvindo: junto a cada tanque, os homens de seu batalhão faziam amor, sem se preocupar com as bombas.

Enquanto isso, o estado-maior aliado se deparava com uma realidade dolorosa: em toda Paris, que estava cheia de armas e veículos militares, não havia nenhum canhão de defesa antiaérea. Tanto que os aviões do general Dessloch conseguiriam sobrevoar a cidade em baixa altitude por meia hora sem serem atingidos por nenhum projétil. Depois de vinte minutos, uma dezena de incêndios queimavam na noite. O maior deles era acompanhado pelo barulho de garrafas estourando. O mercado de vinhos pegava fogo. Ao fim do bombardeio, contaram-se 213 mortos e 914 feridos, além de 593 imóveis destruídos ou danificados.

Na caserna de bombeiros do Boulevard de Port-Royal onde estava preso, o conde Von Arnim ouviu um rumor ainda mais assustador que o do bombardeio. Eram os gritos de uma multidão enfurecida que se aproximava da caserna. Arnim distinguiu as vozes que gritavam: "Pena de morte! Pena de morte! Entreguem-nos os alemães!". Pouco tempo depois, começaram a chover batidas no grande portão da caserna, quatro andares abaixo. Arnim sabia que o punhado de bombeiros que guardava os prisioneiros não poderia resistir por muito tempo ao ataque da multidão em fúria. O oficial se aproximou da escada, olhou para o vazio e prometeu para si mesmo que pularia se a multidão conseguisse invadir a caserna. Ele preferia se espatifar no cimento, quatro andares abaixo, do que ser esquartejado pela horda vingadora de parisienses.

Na rua, os gritos se inflamavam, se tornavam uma ensurdecedora tempestade de ódio. E agora Arnim ouvia a multidão tentando derrubar a porta. De repente, mais forte que o rugido dos bombardeios e os clamores da multidão, o jovem oficial ouviu o estrondo das esteiras dos tanques sobre o calçamento das ruas. Ele correu até a janela e viu seis tanques com a estrela branca se posicionarem diante da caserna dos bombeiros. Para o ex-ajudante de campo do general Von Choltitz, a noite de São Bartolomeu não aconteceria naquele 26 de agosto de 1944.

Não muito longe dali, num longo corredor escuro dos Invalides, dois homens corriam, de pés descalços. Eles chegaram à frente de uma janela que dava para a esplanada. Ali, lado a lado, Pierre Kœnig e Philippe Leclerc assistiram com raiva surda ao bombardeio alemão que incendiava Paris. Então, o "jovem leão impaciente" que dois dias antes lançara seus tanques numa corrida enlouquecida para salvar Paris da destruição só conseguiu encontrar uma palavra para expressar sua raiva, repetida indefinidamente: "Malditos, malditos, malditos...".

Da janela de uma antessala do ministério da Guerra, o tenente Claude Guy também observava as luzes do incêndio. De tempos em tempos, a explosão de uma bomba produzia um breve clarão, que se prolongava em uma chuva de centelhas que salpicavam a noite. Dos prédios da rua vizinha chegavam até ele, superpostas ao estrondo das bombas, gargalhadas despreocupadas. Os parisienses continuavam celebrando a grande festa da Libertação, como se nada pudesse lhe pôr um fim.

Guy sentiu uma presença a seu lado na escuridão. Era De Gaulle. Com o ar preocupado, o general contemplou aquele espetáculo em silêncio. Depois, aguçou o ouvido para ouvir o som das risadas na noite.

"Ah", ele suspirou, "as pessoas pensam que como Paris foi libertada, a guerra terminou. Veja que a guerra continua, e o mais difícil ainda está por vir. Nossa missão está apenas começando."

Então, sem nenhum sinal de emoção, De Gaulle se afastou da janela e atravessou a escuridão para voltar a seu gabinete. À luz de uma lamparina a óleo, ele retornou à missão que estava "apenas começando".

Paris havia sido libertada quinze dias antes da data planejada pelo estado-maior aliado. Adiantando-se às previsões aliadas, às esperanças de seus partidários, aos temores de seus adversários, De Gaulle chegara na hora certa para seu encontro com a História.

Naquela noite, enquanto os outros dormiam, ele trabalhava. Era meia-noite.

Outro dia começava.

No dia 28 de agosto, às 12h45, três dias depois da capitulação do general Von Choltitz, o *Feldmarschall* Model, comandante-chefe do Oeste, endereçou a seguinte mensagem ao estado-maior de Adolf Hitler.

28/08/1944 – 12h45
P.C. Blitz

Destinatários: OKW, Estado-Maior de comando
Assunto de comando
Transmitido apenas por oficial
Ultrassecreto

Ao Estado-Maior: Primeiro Gabinete, juiz do Grupo de Exércitos
Terceiro Gabinete (original)
Primeira cópia para o Grupo de Exércitos B

Solicitei ao presidente do tribunal do Reich que seja aberto um procedimento criminal por indisciplina contra o general de corpo de exército Von Choltitz e seus cúmplices.

O general Von Choltitz não correspondeu ao que se esperava dele na qualidade de defensor de Paris.

Não sei dizer se sua falta se deve a uma lesão causada por uma máquina de guerra ou a um enfraquecimento de sua vontade e de sua capacidade de decisão por intervenção inimiga, por exemplo com armas especiais. Não podemos esquecer que essa possibilidade não deve ser imediatamente descartada.

Assinado: Marechal Model
C.-chefe do Oeste

Terceiro Gabinete N. 770/44 secreto

O que aconteceu com eles

Georges Bidault
Fundador do Movimento Republicano Popular (MRP), presidente do Conselho Provisório em 1946, presidente do Conselho de 1949 a 1950, Bidault ocupou vários cargos ministeriais até 1954. Opositor ferrenho da descolonização, ele rompeu com De Gaulle em 1959, apoiou a Organização dos Estados Americanos, entrou para a clandestinidade e se refugiou no exterior em 1963. A anistia de 1968 lhe permitiu voltar para a França. Ele morreu em 1983.

Alain de Boissieu
Comandante do 4º regimento de caçadores da Argélia em 1956, Alain de Boissieu foi nomeado, em 1958, diretor do gabinete militar de Paul Delouvrier, delegado-geral na Argélia. Ele continuou brilhantemente sua carreira, tornando-se chefe de estado-maior do exército de 1971 a 1975. Em 2002, ele foi nomeado chanceler da Ordem da Libertação.

Omar Bradley
Presidente do comitê dos chefes de estado-maior do exército americano de 1947 a 1953. Em 1952, ele publicou *A Soldier Story*, suas memórias de guerra, e dirigiu uma importante sociedade privada americana. Bradley morreu em 1981.

Georges Buis
Homem de ação, Georges Buis teve uma brilhante carreira militar, estreitamente ligada à história da descolonização (Indochina, Marrocos, Argélia). Homem de reflexão, participou ativamente do desenvolvimento de estudos militares e estratégicos (presidente da Fondation pour les Études de Défense Nationale). Homem de letras, publicou vários livros.

Jacques Chaban-Delmas
Eleito deputado pela Gironda depois da Libertação, depois prefeito de Bordeaux, Chaban-Delmas desde então esteve associado a essa cidade e região. Várias

vezes ministro sob a Quarta República, presidente da primeira Assembleia Nacional da Quinta República e primeiro-ministro de Georges Pompidou, ele foi o infeliz candidato do RPR [Rassemblement pour la République] na eleição presidencial de 1974. Chaban-Delmas faleceu em novembro de 2000.

Dietrich von Choltitz
Depois da capitulação em Paris, Choltitz foi condenado à morte pelas autoridades nazistas, por não ter executado as ordens de Hitler. Segundo a lei *Sippenhaft* – para quem as famílias de oficiais superiores respondiam por seus erros –, seus familiares também deveriam ter sido eliminados. Eles escaparam da morte graças à derrota alemã. Solto de seu cativeiro em 1947, Choltitz se uniu à família em Baden-Baden e entrou nos negócios. Ele escreveu um livro, *Soldado entre soldados*, e morreu em 1966.

Paul Delouvrier
Até 1953, Paul Delouvrier desenvolveu uma brilhante carreira no Planejamento e nas Finanças. A partir de 1954, na Comunidade Europeia do Carvão e do Aço (CECA), ele participou da construção europeia. Em 1958, o general De Gaulle o nomeou delegado-geral do governo em Argel. De 1961 a 1969, delegado-geral no distrito da região parisiense, ele se tornou "o urbanista de De Gaulle". Em 1966, ele foi nomeado prefeito da região parisiense. Em 1969, Delouvrier chegou à presidência do conselho administrativo da Électricité de France (EDF). Faleceu em 1995.

Raymond Dronne
Senador pelo Sarthe de 1948 a 1951 e conselheiro-geral de 1951 a 1976. Dronne também foi deputado de 1951 a 1962. A questão argelina o afastou dos gaullistas. Ele foi eleito para a Assembleia entre os centristas e depois entre os reformadores, de 1968 a 1978, e se tornou presidente da comissão de Defesa Nacional de 1976 a 1978. Raymond Dronne escreveu vários livros, como *Le Serment de Koufra*. Ele morreu em 1991.

Dwight David Eisenhower
Em 7 de maio de 1945, Eisenhower recebeu a capitulação em Berlim. Em 1959, foi nomeado por Truman à frente da OTAN. Em 1952, foi eleito presidente dos Estados Unidos pelo partido republicano. Reeleito em 1956, ele se retirou da vida política em 1960, conservando uma enorme popularidade. Morreu em 1969.

Charles de Gaulle
Nomeado presidente do Governo Provisório em 13 de novembro de 1945, renunciou dois meses depois. A partir de então, De Gaulle se manteve afastado da vida política oficial. Em 1958, os defensores da Argélia Francesa fizeram campanha para seu retorno ao poder. Em 1º de junho, ele se tornou chefe do governo. Em dezembro de 1958, foi eleito presidente da Quinta República, reeleito em 1965. Ele deixou o poder depois do fracasso do referendo sobre o duplo projeto de "regionalismo" e transformação do Senado, em 1969. Faleceu em 1970.

Adolf Hitler
Até o colapso da Alemanha nazista, Hitler se manteve como *Führer* do Terceiro Reich. Em 29 de abril de 1945, ele se casou com sua amante, Eva Braun, no bunker da chancelaria em Berlim, já atacada pelos russos. Depois de designar seu sucessor, o almirante Dönitz, ele se suicidou em 30 de abril com um tiro de revólver. Seu corpo foi queimado no pátio da chancelaria.

Alfred Jodl
Julgado no tribunal aliado de Nuremberg, onde foi acusado de crimes contra a humanidade, especialmente por ter assinado ordens de execução de prisioneiros, Jodl foi condenado à morte e enforcado.

Frédéric Joliot-Curie
Em 1946, ele foi o primeiro alto-comissário de energia atômica. Sua destituição, em 1950, pelo governo dirigido por Georges Bidault, devido a sua filiação ao Partido Comunista, causou grande comoção no país. No mesmo ano, ele foi eleito presidente do Conselho Mundial da Paz. A seguir, se dedicou à instauração do centro de física nuclear de Orsay. Joliot-Curie morreu em 1958.

Henri Karcher
Após o retorno ao poder do general De Gaulle, ele se tornou deputado (pela UNR) em Paris, de 1958 a 1962, depois em Moselle, de 1962 a 1967. Em 1964, foi nomeado vice-presidente da Assembleia Nacional. Derrotado por Pierre Messmer nas eleições legislativas de 1967, abandonou a política. Morreu em 1983.

Marie-Pierre Kœnig
Comandou a zona francesa de ocupação na Alemanha de 1945 a 1949. Em 1950, tornou-se vice-presidente do Conselho Superior de Guerra, e entrou para a política como deputado do RPF em 1951. Foi chamado para o cargo

de ministro da Defesa Nacional de 1954 a 1955. Morto em 1970, foi nomeado marechal a título póstumo.

Philippe Leclerc de Hautecloque
Em 23 de novembro de 1944, ele libertou Estrasburgo. Foi nomeado comandante das forças francesas na Indochina em 1945, depois inspetor das forças da África do Norte, em 1946. Morreu num acidente de avião, em 1947. Em 1952, a patente de marechal da França lhe foi conferida a título póstumo.

Pierre Lefaucheux
Tornou-se presidente-diretor geral da administração pública das fábricas Renault, em março de 1945. Lefaucheux morreu num acidente de carro em fevereiro de 1955.

Charles Luizet
Foi nomeado governador da África Equatorial francesa em 10 de maio de 1947. Faleceu em 21 de setembro de 1947.

Jacques Massu
Nomeado comandante militar do departamento de Argel em 1957 e copresidente do Comitê de Salvação Pública da Argélia e do Saara em 1958, ele se tornou governador de Metz em 1961 e comandante-chefe das forças francesas na Alemanha em 1966. Publicou, entre outras obras, *La Vraie Bataille d'Alger*. Morreu em 2002.

Raoul Nordling
Além das funções diplomáticas, ele teve uma carreira de industrial na qualidade de administrador de várias empresas suecas. Em homenagem aos serviços prestados, a Grã-Cruz da Legião de Honra e a Cruz de Guerra com Palmas lhe foram atribuídas. Morreu em 1962, em sua casa parisiense, e hoje descansa, segundo sua última vontade, num cemitério da capital.

Alexandre Parodi
Delegado permanente da França no conselho das Nações Unidas em 1946, tornou-se secretário-geral de Relações Exteriores em 1949, e seis anos depois representou a França na OTAN. Em 1960, chegou à vice-presidência do Conselho de Estado. Eleito em 1970 para a Academia de Ciências Morais e Políticas, ele se aposentou em 1971. Parodi morreu em 1979.

Edgar Pisani
Eleito senador em 1954, tornou-se ministro da Agricultura entre 1961 e 1966, e ministro de Equipamento e Habitação em 1966. Pediu demissão em 1967. Delegado do governo na Nova Caledônia em 1984, foi nomeado ministro encarregado da Nova Caledônia em 1985, depois responsável de missão em 1985 no gabinete do presidente da República. Em 1988, foi nomeado presidente do Instituto do Mundo Árabe.

Henri Rol-Tanguy
Depois da saída dos comunistas do poder, em 1947, ele permaneceu no exército, em tarefas subalternas. Foi excluído dos quadros em 1962; concedem-lhe apenas uma aposentadoria de chefe de batalhão. Em 1964, o Conselho de Estado lhe devolveu a patente de tenente-coronel e Charles De Gaulle o condecorou com a Legião de Honra. Ele foi eleito para o comitê central do PC no mesmo ano. Morreu em setembro de 2002.

Pierre Taittinger
Prefeito de Saint-Georges-des-Coteaux (Charente-Maritime) por trinta anos, continuou sua carreira política à frente do conselho municipal de Paris. Morreu em 1965.

Walter Warlimont
Depois de sair da prisão em 1947, o general Walter Warlimont se retirou para sua propriedade na região de Munique e se dedicou a escrever livros de história sobre a Segunda Guerra Mundial. Ele morreu em 1976.

Agradecimentos

Os autores deste livro desejam agradecer em primeiro lugar aos colaboradores que trabalharam com eles durante os longos meses, com frequência difíceis, que a preparação desta obra requereu.

Para com Vladimir Benz, da emissora de rádio das forças armadas americanas em Berlim, temos uma dívida de gratidão muito especial pelas árduas pesquisas na Alemanha, pelas inúmeras entrevistas com antigos combatentes alemães de Paris e pelo tempo que ele passou conosco na casa do general Dietrich von Choltitz em Baden-Baden. Sem seu precioso auxílio, teria sido impossível obter um grande número de informações sobre as atividades alemãs que este livro contém.

Expressamos agradecimentos a nossa incansável equipe de pesquisadores: Manuela Andreota, Colette Brault, Mai Jumblatt, Olivier Fleuriot de Langle, Lisette Edery, sr. Panov e Michel Renouard.

Também gostaríamos de agradecer a Dieter Wagner, da revista Der Spiegel, por seu trabalho de interpretação das centenas de metros de microfilmes de documentos alemães, e a Nina Silianof por sua preciosa colaboração na região de Munique.

Queremos agradecer especialmente a Martine Louis por ter estabelecido a cronologia dos acontecimentos da libertação de Paris e por ter posteriormente catalogado nossos documentos à medida que escrevíamos este livro.

Manuela Forget e Christiane Cieczko, Colette Modiano, por terem nos ajudado a preparar o texto em francês.

A elaboração desta obra exigiu consideráveis esforços para encontrar sobreviventes da 2ª divisão blindada e da 4ª divisão de infantaria americana, e da guarnição alemã do Gross Paris. A todos que nos ajudaram a encontrá-los, expressamos nossa gratidão. Queremos agradecer especialmente ao sr. Jean Sainteny, que gentilmente abriu para nós os arquivos do governo francês com os nomes de mais de um milhão de alemães presos na França durante a guerra. O sr. Sainteny também colocou à nossa disposição toda uma equipe que pacientemente triou esses dossiês para estabelecer uma lista de mais de dois mil alemães presos em Paris. Esses nomes foram enviados ao WAST do exército alemão em Berlim, onde, graças a seu diretor, o sr. Roder, conseguimos o endereço atual de um grande número de antigos prisioneiros que, mais tarde, foram contatados pessoalmente ou por carta.

Gostaríamos de agradecer à direção do grande jornal alemão Bild Zeitung, *que fez a gentileza de publicar em suas colunas vários chamados, graças aos quais conseguimos encontrar cerca de duzentos ex-soldados alemães da guarnição de Paris.*

Também queremos agradecer aos editores da revista Caravane, *publicação dos antigos membros da 2ª divisão blindada, por nos ter ajudado a encontrar os antigos combatentes da divisão, bem como à sra. marechal Leclerc, ao general Alain de Boissieu, ao coronel Jacques Branet e ao coronel Divry, que nos ajudaram a encontrar antigos combatentes da divisão.*

Também temos uma dívida de gratidão para com Georges McIntyre e Joseph Summa, da associação dos antigos combatentes da 4ª divisão americana, pela lista de mais de quatro mil nomes de antigos combatentes dessa divisão que eles fizeram a gentileza de nos fornecer. Queremos agradecer aos cerca de quinhentos homens que tiraram o tempo de preencher de maneira completa e minuciosa o longo questionário que lhes enviamos. Mais de cem deles, além disso, nos concederam longas entrevistas telefônicas.

O sr. Martin Blumenson, do Department of Military History do exército americano, autor de dois excelentes livros sobre a libertação da França, nos foi de grande ajuda para a verificação de informações e para encontrar as personalidades americanas mais importantes.

Oferecemos nossos agradecimentos ao sr. Sherrod East, diretor dos Arquivos Nacionais em Alexandria, Virgínia, e a toda sua equipe pela colaboração sorridente e paciente durante os longos meses que passamos estudando os arquivos do SHAEF, do 2º grupo de exércitos, do 1º exército, do Fifth Corps e da 4ª divisão. Devemos agradecimentos também ao sr. East e seus colegas por nos fornecer centenas de metros de microfilmes dos arquivos do OKW, do OB West e do Grupo de Exércitos B.

Em Paris, gostaríamos de agradecer ao sr. Pierre Messmer e ao general Pierre Kœnig por nos autorizarem o acesso aos arquivos secretos do BCRA, bem como ao coronel Le Goyer, chefe da seção contemporânea do Serviço Histórico do exército por nos ajudar, com tanta paciência, a analisar e interpretar esses arquivos.

Também queremos agradecer especialmente ao sr. Edgar Pisani, que gentilmente nos providenciou documentos descrevendo minuto a minuto os acontecimentos que se desenrolaram na Prefeitura de Polícia, onde ele mesmo desempenhou um papel importante durante a semana da libertação de Paris.

Expressamos toda nossa gratidão ao sr. Yves Bayet, que fez a gentileza de reconstituir pacientemente conosco a tomada da Prefeitura de Polícia.

O sr. Emmanuel d'Astier de la Vigerie, muito cortês, nos permitiu consultar seus arquivos pessoais, especialmente os telegramas trocados entre os quartéis--generais de Argel e de Londres do general De Gaulle.

Quando citamos em nosso livro ordens alemãs, utilizamos apenas aquelas cujo texto original pudemos encontrar nos arquivos microfilmados do exército alemão apreendidos pelos Aliados. Não conseguimos encontrar nesses arquivos nenhum vestígio de várias ordens citadas em obras anteriores sobre a libertação de Paris, nem mesmo a que ordenava ao general Dietrich von Choltitz "transformar Paris num campo em ruínas e, se preciso, sepultar a si mesmo sob as cinzas". É totalmente possível que o original desta ordem tenha sido perdido durante a destruição parcial dos arquivos do OKW. De todo modo, ela está em conformidade com o espírito das ordens que Hitler deu ao comando da guarnição de Paris em 1944.

Para reunir as informações necessárias à redação deste livro, os autores e seus pesquisadores entrevistaram pessoalmente, por carta ou por telefone, mais de 750 franceses, alemães e americanos que participaram da libertação de Paris. A todos, expressamos nossa gratidão e nosso reconhecimento pelo tempo e pelo esforço concedidos.

Mais especificamente, gostaríamos de agradecer na França a Jacques Chaban-Delmas, general Pierre Kœnig, Alexandre Parodi, coronel Henri Rol-Tanguy, André Tollet, ex-presidente do Comitê Parisiense de Libertação, Yvon Morandat, coronel André Passy de Wavrin, antigo diretor do BCRA, coronel Henri Vernon Ziegler, por seu relatório do anúncio "prematuro" da libertação de Paris nas ondas da BBC, tenente Claude Guy, ajudante de campo do general De Gaulle em 1944, conde Jean de Vogué e Pierre Villon, do COMAC, sr. e sra. Debê-Bridel, Meunier e, mais amplamente, aos membros do CNR, conde Alexandre de Saint-Phalle e sr. Roland Pré, coronel Massiet-Dufresne, chefe de estado-maior das FFI para a cidade de Paris em 1944, sr. Léo Hamon, embaixador Geoffroy de Courcel, comandante Aimé Bully, antigo mecânico do Lodestar France, general de Malraison, que pacientemente nos deram seu tempo e sua ajuda.

Gostaríamos de agradecer ao sr. Édouard Fiévet, sobrinho do falecido cônsul-geral da Suécia Raoul Nordling, e ao irmão de Raoul Nordling, Rolf, que mencionaram seu próprio papel e o do diplomata sueco durante a libertação de Paris. As informações que eles nos forneceram foram preciosas para completar as informações que o sr. Nordling nos dera antes de morrer, em outubro de 1963.

Agradecemos especialmente ao general Dietrich von Choltitz pelos longos dias que ele fez a gentileza de passar conosco em sua casa de Baden-Baden, reconstituindo minuto a minuto sua estada em Paris.

Estendemos nossos agradecimentos aos membros de seu estado-maior, que fizeram a gentileza de nos ajudar a reconstituir os últimos dias do Gross Paris: coronel Hans von Unger, coronel Hans Jay, tenente Dankvart von Arnim, seu ajudante de campo, cabo Helmut Mayer, seu ordenança, Cita Krebben, sua secretária, Annabella Waldner, anfitriã do Gross Paris, general Hubertus von Aulock e seu chefe de estado-maior, capitão Theo Wulff, que compartilhou conosco seu detalhado "diário" pessoal.

Também gostaríamos de agradecer ao general Walter Warlimont, que, graças a seus numerosos documentos pessoais, nos ajudou a reconstituir a atmosfera do quartel-general de Hitler e as conferências durante as quais o ditador alemão decidia o destino de Paris.

Entre os outros oficiais alemães que nos ajudaram em especial, gostaríamos de mencionar os generais Gunther Blumentritt e Hans Speidel, e o sr. Emil Bender, ex-agente do Abwehr.

Nos Estados Unidos, precisamos agradecer em primeiro lugar ao general Dwight Eisenhower por nos conceder uma longa entrevista em seu trem especial entre Nova York e Chicago, em 15 de dezembro de 1963, ao sr. Allen Dulles, antigo chefe da Central Intelligence Agency, ao sr. Robert Murphy, representante pessoal do presidente Roosevelt junto ao general De Gaulle em Argel, aos generais Omar Bradley, Julius Holmes, John Hills, Richard Lee, William Helmick e Thomas Betts, bem como ao ajudante de campo do general Bradley, o major Chet Hansen.

Por fim, expressamos todo nosso reconhecimento ao sr. Henri Noguères pela paciência com que ele aceitou revisar nosso manuscrito e fazer numerosas correções baseadas em sua longa experiência de historiador.

Sem a gentil colaboração de todas essas pessoas, e de centenas de outras mais, nunca teríamos sido capazes de escrever este livro.

lepmeditores
www.lpm.com.br
o site que conta tudo

Impresso na Gráfica COAN
Tubarão, SC, Brasil
2023